U053509?

# 碳账户

## CARBON ACCOUNT

卢乐书 /著

中信出版集团 | 北京

图书在版编目（CIP）数据

碳账户 / 卢乐书著 . -- 北京：中信出版社，
2023.8（2023.8重印）
ISBN 978-7-5217-5719-4

Ⅰ . ①碳… Ⅱ . ①卢… Ⅲ . ①低碳经济－研究 Ⅳ .
① F062.2

中国国家版本馆 CIP 数据核字（2023）第 081884 号

碳账户
著者： 卢乐书
出版发行：中信出版集团股份有限公司
（北京市朝阳区东三环北路 27 号嘉铭中心　邮编　100020）
承印者： 天津丰富彩艺印刷有限公司

开本：787mm×1092mm 1/16　　印张：28　　字数：310 千字
版次：2023 年 8 月第 1 版　　印次：2023 年 8 月第 2 次印刷
书号：ISBN 978-7-5217-5719-4
定价：98.00 元

版权所有·侵权必究
如有印刷、装订问题，本公司负责调换。
服务热线：400-600-8099
投稿邮箱：author@citicpub.com

此书献给为碳账户事业而努力探索的你们

# 目 录

推荐序一　解振华　5

推荐序二　王金南　9

前　言　13

**第一章　碳减排：从生产端到消费端**

　　一、全球气候变化问题的由来及应对　004

　　二、碳循环经济视角下的碳减排　010

　　三、生产端碳交易机制　014

　　四、消费端碳减排机制　024

　　五、碳账户：碳减排的金融基础设施　039

**第二章　碳账户：发展路径与案例**

　　一、国外碳账户案例　055

　　二、国内碳账户现状　066

## 第三章　碳账户的理论框架

一、从个人碳账户到居民碳账户　139

二、个人碳账户与企业碳账户的对比　142

三、碳账户的互联互通与社会效应　147

四、依托碳账户完善碳征信体系　156

五、碳账户体系建设面临的挑战　162

## 第四章　绿色助推

一、绿色助推的理论溯源　170

二、从认知与行为视角出发的绿色助推　174

三、从动机视角出发的绿色助推　190

四、绿色助推赋能碳账户　201

## 第五章　完善碳账户体系："X+碳账户"

一、碳核算　216

二、碳信用　256

三、碳审计　279

四、碳保险　289

## 第六章　碳账户的应用领域："碳账户+X"

一、碳账户作为绿色金融的创新产品　307

二、碳账户赋能绿色农业与乡村振兴　339

三、碳账户完善 ESG 评价体系，助力生物多样性保护　357

四、碳账户增强人民币国际竞争力　381

# 第七章　碳账户的发展趋势与政策视角

一、碳账户的发展趋势　395

二、平台发挥各自优势推动碳账户体系发展　407

## 推荐序一

2015年,国家主席习近平出席联合国气候变化巴黎大会开幕式,与主要国家领导人和联合国秘书长举行会谈,为推进全球气候治理进程凝聚政治推动力。各方认识到,面对气候变化挑战,没有一个国家能够置身事外、独善其身,同舟共济、合作共赢才是唯一选择。正是这样的共识和决心推动巴黎大会取得了重要成果,达成了具有里程碑意义的《巴黎协定》。2020年,习近平主席在第七十五届联合国大会上宣布中国力争2030年前实现碳达峰、2060年前实现碳中和的目标。如今,可持续发展理念已在全球深入人心,促进"人与自然和谐共生"成为国际社会的共同愿景,全球绿色低碳转型这一趋势已不可逆转。

近十年来,我国以年均3%的能源消费增速支撑了年均6.5%的经济增长,能耗强度累计降低26.2%,相当于节约14亿吨标准煤,减少二氧化碳排放约29.4亿吨,在维护能源安全、促进经济社会高质量发展的同时,为碳达峰碳中和的良好开局奠定了坚实基础。

开局良好,但任重道远。与国际先进水平相比,我国能源资源利用率、技术创新能力还有差距。作为世界上最大的发展中国家，我国仍处于工业化和城市化发展阶段中后期，能源总需求在一定时期内还会持续增长。从碳达峰到碳中和，中国承诺实现的时间节点，远远短于发达国家所用时间。能耗强度差距大、能源需求总量高、过渡时间短，这些都意味着我国实现"双碳"目标的难度和力度要比发达国家大得多。因此，我国需要加速绿色低碳转型和创新的步伐，通过付出艰苦的努力，迎来一场广泛和深刻的系统性变革。

能源是碳排放的大头，想要推进碳达峰碳中和，就必须推进能源绿色低碳转型，加快转变用能方式，实行全面节约战略，从源头有效控制减少碳排放。这个源头既在制造端，也在消费端。不仅企业要转变传统的高污染、高能耗、高排放的生产方式，也要鼓励引导居民建立绿色低碳的生活方式和消费模式。这就需要完善绿色低碳发展相关基础制度，持续拓展碳管理的广度、深度与精度，合理有效控制个人消费领域的碳排放，从而实现全生命周期的碳管理。

作为新生事物，碳账户还处于发展起步阶段。数据核算的科学性和统一性有待加强，减排场景需要进一步丰富，建立生产端与消费端互通的碳信用市场还在摸索阶段，碳账户所承载的碳资产如何更好地实现经济、社会、环境等方面综合价值……这些问题需要结合我国国内绿色金融发展、碳排放权交易市场建设，以及参与国际应对气候变化、碳定价合作的实践，不断研究、探索、论证，从而获得科学的解答，形成务实的方案。

本书的作者卢乐书女士是一名学者和金融从业者，同时也是一名碳账户产品的主理人。她长期关注研究这一领域的问题并开展了大量实践工作。她通过对国内外现存碳账户案例进行深度调研及比较分析，探索建立碳足迹追踪制度，完善碳信用方法学标准，拓展以碳账户为基础的绿色金融产品外延，思考碳账户背后的机制和未来发展方向。她将自己的研究思考进行整理归纳，完成了《碳账户》一书，为我们认识碳账户相关问题带来了很多新的视角和有益的启发，具有学术意义和现实意义。希望通过《碳账户》一书的出版，能够让社会各界更加关注这方面的问题，鼓励多方支持推动碳达峰碳中和与应对气候变化事业，为我国生态文明建设和全球绿色低碳发展贡献方案和智慧。

解振华

中国气候变化事务特使

诺贝尔可持续发展特别贡献奖得主

2023 年 5 月 17 日

# 推荐序二

实现碳达峰碳中和,既是一场硬仗,也是一场大考。当前,以低碳发展为特征的新增长路径已经成为世界经济发展的重要方向,低碳先进技术、产业体系和治理能力,将成为各国经济发展的核心竞争力之一。在此背景下,中国式现代化必须尊重自然、顺应自然、保护自然,坚持"绿水青山就是金山银山"的理念,坚持良好生态环境是最普惠的民生福祉。在这场涉及价值观念、产业结构、能源体系、消费模式等诸多层面的系统性变革中,一个非常重要的场景,就是以大数据和绿色低碳消费来引导中国公众参与到碳达峰碳中和的进程中来。而卢乐书的《碳账户》就是在这一大背景下应运而生的一部力作。

《碳账户》立足于消费端碳减排,深入分析了由消费所带动的碳信息与价值链循环,提出了促进消费端碳减排的"G-B-C"(政府-企业-消费者)模式,并着眼于国内的碳普惠机制,结合绿色助推等行为经济学理论基础,系统性梳理了国内地方政府、互联网企业及商业银行开展的个人碳账户实践。这本书构想了碳账户在不同主体、不同市场、不同区域间的互联互通,以及碳资产的货币化趋势等，从完善碳账户体系的角度，分析展望了碳核算、碳信用、碳审计、碳保险等"X"因素的发展和趋势。从拓宽碳账户应用领域的角度，提出了碳账户在绿色金融、乡村振兴、企业 ESG（环境、社会和公司治理）、人民币国际化等"X"场景的应用价值。最后，结合对碳交易、碳普惠机制以及数字技术等的发展研判，提出了碳账户未来的发展趋势，以及在碳账户建设中政府、平台企业、商业银行、个人等主体所扮演的不同角色。

卢乐书撰写的《碳账户》为我国探索碳市场制度提供了重要的参考，主要体现在三个方面：一是从理论角度探讨了实现"双碳"目标带给我们的很多重要课题，比如消费端碳减排在实现"双碳"目标中可以发挥的价值，碳资产背后的货币特征及对现有货币体系可能造成的冲击，如何利用助推等行为经济学手段改变居民的消费行为等；二是从实践层面出发，系统整理了国内外不同机构在碳账户方面的实践创新，归纳总结了碳账户建设的方法论，并延伸思考了引入碳资产对征信体系带来的变化，以及推动不同主体间碳账户互联互通的制度路径；三是在建设绿色低碳社会、碳循环经济、碳账户互联互通、绿色产业国际竞争等方面，提出了鲜明的观点和有益的建议。

在建设绿色低碳社会方面，《碳账户》强调，消费端碳减排对于实现我国经济全面绿色转型具有重要意义，公众参与是绿色低碳发展的重要驱动力，碳账户作为绿色消费路径"G–B–C"的重要抓手，既有助于激发民众的减排意愿，也有助于将消费端碳减排机制的效果向政策制定端传导，协助政策制定。在碳账户的建设过程中，应充分认识碳资产的货币化属性，以金融基础设施的标准建设碳账户体系。

在碳循环经济方面,《碳账户》认为,中华文化强调集体主义和社会凝聚力,民众天然拥有遵守社会规范的心理,对政府的信任度也较高。因此,中国具有在消费场景下引领世界循环经济发展潮流的潜力,可以借助碳账户对绿色消费行为的量化、识别与激励,实现消费环节资源节约、循环利用的产品与服务创新,形成新的商业模式,充分激发消费端碳减排对生产转型的反向引导作用,助力推进"双碳"战略。

在碳账户互联互通方面,《碳账户》提出,政府与企业应合作促成在最大范围内实现对碳核算制度与方法学的共识,同时建立碳交易与碳普惠机制,以及碳资产与金融市场、商品市场、要素市场的流通路径,为碳账户联通提供完善的市场条件。在这一过程中,政府部门是政策标准的制定方,平台企业是绿色消费场景最直接的营造方,商业银行则凭借不断提升的账户服务能力,为碳市场交易流通提供基础设施支撑。

在绿色产业国际竞争方面,《碳账户》指出,碳中和给人类生产生活方式带来的变革,以碳账户为基础设施开展的碳减排资产开发与碳市场交易,有助于激发消费端与生产端的减排潜力,提升我国的碳货币实力。目前,全球主要经济体都在争夺绿色经济下的领导权,其核心在于提高绿色技术的竞争力,碳货币是绿色科技能力的抽象化体现,将在未来的国际竞争中扮演更加重要的角色。

总之,《碳账户》所讨论的个人碳减排行为的碳核算方法,以及促进碳市场交易互通、绿色金融与绿色零售、企业 ESG 等很多内容,十分契合"十四五"时期我国生态文明建设的重点战略方向。在实现生态环境质量改善由量变到质变的关键时期，推动绿色低碳发展，建立健全绿色低碳循环发展经济体系，促进经济社会发展全面绿色转型势在必行。在这一过程中，应该利用我国的制度优势，坚持绿色低碳全面转型，引导公众绿色低碳消费，期待在全面碳账户下建立世界级的碳市场体系，为我国早日实现碳达峰碳中和目标贡献力量。

中国工程院院士
生态环境部环境规划院院长
中国环境科学学会理事长
2023 年 6 月 5 日

# 前　言

环境问题已经成为全世界共同面临的最迫切和重大的议题之一。碳中和目标的提出，给人类社会带来了前所未有的巨大颠覆，它将彻底改变以物质生产和消费为中心的发展模式，而将关注点转向人类自身和宇宙，推动工业文明转向生态文明，从而创造一种绿色低碳发展的新范式。

从我国的发展实践来看，一方面，绿色转型正深刻改变着以低成本要素优势为特征的传统生产方式，引领产业迈向高端化、智能化和绿色化；另一方面，绿色转型也需要消费端发挥反向引导作用，在广泛倡导简约适度、文明健康的生活方式的同时，完善碳核算、碳账户等绿色微观基础制度建设，形成包含个人消费领域的碳排放管理闭环。

碳账户是一种记录企业与个人的碳排放活动，从而促进其碳减排的创新工具。这个概念正逐步被官方机构、学者及公众关注和讨论。随着国家"双碳"战略的深入落地，碳账户已从零星的金融产品创新，加速推进至居民碳账户体系化建设，在这一进程中，企业碳账户和个人碳账户分头发展并各有侧重。前者以碳排放权交易机制为基础建立，通过科学核算，实现对企业碳排放水平的准确计量，进而辅助企业参与碳市场交易；后者多以碳普惠机制为基础，核心在于构建"谁减排谁受益"的正向激励机制，激发个人践行绿色低碳的生活方式，形成绿色消费的社会氛围。未来，个人与企业碳账户的联通有望实现消费端与生产端的碳资产交易，打通全社会整体的碳循环经济体系。

　　立足于碳账户这一核心概念，本书最主要的特点一是"新"，二是"全"。所谓"新"·是指，碳经济学是年轻的经济学领域，而消费端的碳经济学以及碳账户又是新之又新的概念。所谓"全"是指，本书将理论与实践相结合。在理论层面，从制度经济学、行为经济学、循环经济学等多维视角，解读碳账户的基本概念与发展方向；在实践层面，本书深入分析当前国内外丰富的碳账户案例，并以碳账户为核心向绿色金融、乡村振兴、国际货币局势等相关主题进行丰富的延展。书中既有宏观层面的政策分析，也有微观层面的路径探索，不仅从社会层面探讨了推动碳账户互联互通后的体系化构建，还从个人动机层面分析了助推个人减排行为的具体方法，尝试为读者呈现包含碳账户方方面面的完整图景。

　　碳账户不仅是一项重要的碳减排应用工具，也应作为我国金融基础设施进行搭建。从宏观角度出发，碳账户体系有助于规范全社会的减排生态，各经济主体能够利用碳账户的记录追踪功能算出自身的碳账本，将精准计量后的碳减排量形成资产落地交易，使温室气体减排这项浩大的工程可量化、可记录、可追踪，确保碳减排进程有"据"可依。尤其是个人碳账户的发展，能够将碳减排的记录从生产端延伸到消费端，打通碳循环经济中的信息流与价值链。此外，企业碳账户作为规范的碳信息和碳资产的存储工具，还能够促进生产端碳交易及碳市场的健康发展；个人碳账户作为绿色低碳政策的传导工具，能够帮助政府科学化、体系化地引导居民低碳生活。从企业角度出发，碳账户能够帮助企业准确核算并有效管理自身的碳资产，还能帮助平台企业为上下游客群搭建碳账户，将自身获客、活客资源科学投放到绿色经营阵地，既聚拢了日益增长的低碳客群，又履行了企业的 ESG 责任。从个人角度出发，碳账户成为碳普惠机制落实的基点，真正实现"谁减排谁受益"，从而激发消费端碳减排的巨大潜力。

与欧美发达国家相比，我国碳中和进程起步较晚，在生产端的很多绿色转型措施，比如碳排放权交易机制的设定等，最初也多是借鉴欧洲模式。但是，在消费端绿色转型方面，一是能够借鉴的国际经验并不多，二是碳账户的加速发展让我们看到，中国具备大力推动消费端碳减排的优质土壤。一方面，中华文化独有的社会凝聚力和我国较强的政策渗透力，使在居民中宣导绿色生活观念具有很强的群众基础；另一方面，数字中国战略下的互联网、云计算、大数据等基础设施建设，为居民碳足迹的捕捉、量化和追踪提供了能力基础。特别是 2022 年以来，我国个人碳账户平台建设呈现加速爆发趋势和多点开花局面，从年初不到 10 家的碳账户产品迅速增长到 60 余家，地方政府、监管机构、互联网企业、商业银行等依托各自的资源能力纷纷试水并快速发展。其中，互联网企业凭借用户和场景优势以及领先的科技手段，建立起一套在绿色行为采集与核算方面行之有效的方法路径；商业银行依靠丰富的账户运营经验和强大的核心业务系统，在碳账户的金融属性方面进行深度探索；地方政府和监管机构则依托管理势能逐步确立行业标准。未来，碳账户体系的不断完善还需要在用户、场景、标准程度和金融属性等方面持续深化创新，在各方努力下，不同平台的个人碳账户有望逐步打通，形成覆盖广泛、场景完善、标准统一、强金融属性的居民碳账户体系。

改革开放40余年，中国的成功是人类历史上的奇迹，但与其他国家相比，我们仍然是在传统的工业体系生态下，扮演着追赶者的角色。在碳中和带来的全新的发展模式下，中国将以绿色生产和绿色消费迎来自己的现代化，并有可能借此弯道超车，成为全球格局中的领导者。

"众力并，则万钧不足举也。"

在前进的道路上，一定会不断涌现新的机制、新的产品、新的技术，而新事物的推广，往往需要一部分人先跌跌撞撞地尝试，然后逐渐被看清、理顺，被理论化、标准化，最后被更多人复制和迭代。在低碳文明开启、新旧动能转换的大时代下，笔者有幸成为碳账户小分队里的第一批探索者，在搭建银行碳账户产品的同时，探明碳账户的背后机制和未来方向，推动碳账户生态化发展，融通数字环境信息与价值循环，实现绿色经济帕累托改进。在碳账户体系发展壮大之际，我们希望通过尽快整理出版本书，使碳账户的概念得到广泛传播，进而会聚更多人士共同参与消费端低碳转型之伟业。

本书从三个维度出发对碳账户进行阐释：一是作为碳经济学者，构建以碳账户为核心的理论体系，提出从消费端碳减排到居民碳账户的设计框架；二是作为商业银行碳账户产品的主理人，对国内外现存碳账户案例进行深度调研及比较分析；三是作为金融业的长期从业者，用较为常见的金融概念解释和拓展碳账户的外延，提出碳账户的应用与发展问题。

但是，受到碳账户实践新颖性和理论创新性的限制，本书中关于碳账户发展的问题仍有诸多未能充分探讨。比如，碳账户将以何种路径推动碳资产的货币化进程，又将如何助力我国提升在国际市场的综合竞争力等。同时，本书提出了一些尚不成熟的建议，比如，国家能否建立生产端与消费端互通的碳信用市场，进而刺激民众的绿色消费，反向拉动绿色生产，抑或是引导平台企业将内生资源向绿色发展方向倾斜，激发市场力量驱动消费转型等。希望本书的出版能够起到抛砖引玉的作用，使更多人参与碳账户的讨论和实践探索。

本书写给绿色金融行业的从业人员、关注"双碳"目标发展的各界人士，以及对碳账户概念感兴趣的大众读者，希望读者能够从本书中获得关于碳账户问题的解答。衷心感谢刘姿彤、曾梓苹、谭远、徐建平、张天祥共同参与本书的资料整理和写作，是你们陪伴、帮助我不厌其烦地调研、讨论和整理资料，才使本书顺利面世。

未尽之处恳请读者批评指正。

第一章

## 碳减排：从生产端到消费端

随着全球气候变暖趋势日益严峻，全球气候风险覆盖范围扩大且影响加剧，降低温室气体排放量以延缓全球变暖趋势已成为全球共识。从20世纪90年代至今，国际社会积极探索应对气候变化的措施，并开展了一系列国际合作，建立了相应的机制。整体来看，碳减排系统工程可以划分为生产端碳减排和消费端碳减排。由于在人类生产活动所产生的二氧化碳中，约95%来源于化石能源（煤炭、石油、天然气等），因此无论是国际社会还是一国政府，都在碳减排议程的初期聚焦于生产端的高耗能、高污染行业，建立生产端的碳交易机制。我国自2011年起，在北京市、天津市、上海市、重庆市、广东省、湖北省等省市陆续开展碳排放权交易市场建设的试点工作。2015年12月，《巴黎协定》通过后，世界各国碳中和进程不断加快，陆续有新的国家宣布建立碳中和目标时间表。2020年9月22日，国家主席习近平在第七十五届联合国大会一般性辩论上宣布，中国二氧化碳排放力争于2030年前达到峰值，努力争取2060年前实现碳中和。①

---

① 资料来源于新华网，http://www.xinhuanet.com/politics/leaders/2020-09/22/c_1126527652.htm。

"双碳"目标提出后，我国不仅在生产端进一步加强顶层制度安排，也开始进一步探索消费端碳减排。当前，除了我国地方各级政府，互联网公司和商业银行等平台企业也纷纷开设碳账户平台。虽然国外早于我国开始进行消费端的个人碳交易机制（PCT）实践，但从当前的发展势头来看，我国在消费端基于普惠制的碳减排机制的发展潜力，其覆盖范围和影响程度已远超国外消费端的碳减排实践。从未来的发展方向展望，碳账户有望成为我国的一项金融基础设施，承载碳资产在生产端碳减排和消费端碳减排领域的碳流通，通过碳资产在生产端和消费端打通价值流通通道，发挥碳资产的货币属性和调节功能，助力我国"双碳"目标的实现。

## 一、全球气候变化问题的由来及应对

自 20 世纪七八十年代起，气候变化问题开始受到国际社会的关注。1979 年 2 月，在瑞士日内瓦召开的第一次世界气候大会提出，如果大气中的二氧化碳含量仍快速增加，到 21 世纪中叶将出现显著的增温现象。这是人类历史上第一次就温室效应带来的全球升温做出判断。

1988 年 11 月，世界气象组织（WMO）和联合国环境规划署（UNEP）联合成立政府间气候变化专门委员会（IPCC），授权其开展对气候变化的科学评估。目前 IPCC 共发布了六次评估报告，其中 2014 年发布的第五次评估报告提出了最有可能实现全球温升与工业革命前相比不超过 2℃目标的排放路径，即 2030

年全球二氧化碳等温室气体的排放须回到2010年的水平，2050年温室气体的排放须较2010年下降40%~70%，到2100年实现零排放。这些研究结论对2015年《巴黎协定》的达成产生了重要影响。第六次评估报告于2022年发布，进一步确认了气候变化由人类活动引起，并再次强调了气候变化问题的严重性和紧迫性。该报告显示，2010—2019年全球温室气体年平均排放量处于人类历史最高水平，2019年的温室气体排放量达到590亿吨，相较于2010年的全球温室气体排放量525亿吨上升了12%，过去10年平均每年增长了1.3%。在温室气体排放量不断上升的影响下，2011—2020年全球地表平均温度较1850—1900年上升了1.09℃，比第五次评估报告中发布的数据高出0.29℃。同时，全球气候风险正在加剧。IPCC将1.5℃的气温上升标准作为一个关键的临界点，若超过此临界点，那么极端天气、干旱、洪水、海平面上升、海洋酸化等气候危害将急剧增加。

气候变化既是环境问题，也是发展问题，还是全球治理体系的重要议题。从IPCC发表的第一次评估报告可以得出两点结论：一是人类产生的温室气体正在使大气中的温室气体浓度显著增加，从而增强了温室效应；二是发达国家在近两百年的工业化进程中，大量消耗化石能源是导致温室气体排放量增加的主要原因。

1990年12月，第45届联合国大会决定设立政府间谈判委员会，谈判制定气候变化国际公约。1992年5月，政府间谈判委员会通过了《联合国气候变化框架公约》（UNFCCC，以下简称《公约》），于1994年3月21日生效。截至2019年1月，共有197个国家和区域一体化组织成为缔约方。我国于1992年11月经全国人大批准《公约》。这是世界上第一个为全面控制温室气体排放而制定的国际多边条约，为人类共同应对全球气候变化所带来的经济和社会影响搭建了基本框架。

为加强《公约》的实施，1997年《公约》第3次缔约方大会通过了《京都议定书》。《京都议定书》规定，2008—2012年，39个工业化国家须将年均温室气体排放总量在1990年的基础上减少5.2%。具体削减目标分别为：欧盟15国8%、美国7%、日本6%、加拿大6%、东欧各国5%~8%。同时规定，发达国家可采取三种灵活履约的方式：一是国际排放贸易机制（IET），即发达国家之间的温室气体排放权交易，一方将用不完的排放指标有偿转让给另一方；二是清洁发展机制（CDM），发达国家与发展中国家开展减排项目合作，由发达国家购买减排项目产生的减排量；三是联合履约机制（JI），发达国家和经济转型国家之间开展减排项目合作，一方将项目产生的减排量转让给另一方。《京都议定书》于2005年2月正式生效，现有192个缔约方，其中我国于1998年签署了该议定书。为进一步加强国际社会合作，对2020年以后应对气候变化的国际机制做出安排，2015年12月《公约》第21次缔约方大会达成了《巴黎协定》，该协定提出将全球平均气温升幅控制在2℃以内的长期目标，并为将气温升幅控制在1.5℃以内而努力，同时提出全球实现温室气体低排放和可持续发展的共同愿景，致力于全球碳排放尽早达峰，21世纪下半叶实现温室气体排放与清除相平衡，鼓励各方拟定并通报长期温室气体低排放的发展战略。

《巴黎协定》既提出了明确的远景目标，又强调了各国行动自主性，允许各缔约方根据自身经济社会发展情况，自主提出碳减排等贡献目标。这种"自下而上"的承诺模式确保了最大范围的参与度。目前，已有191个缔约方提出了自主贡献目标，涵盖了全球90%以上的二氧化碳排放量。越来越多的国家正在将《巴黎协定》的要求转化为国家战略。2021年11月，《公约》第26次缔约方大会召开前后，各缔约方积极提交新承诺（见表1-1），当前已有130余个国家宣布净零排放或碳中和承诺，140余个国家宣布十年内停止毁林，40余个国家承诺逐步停止使用煤电，绿色低碳转型成为不可阻挡的国际潮流。

表1-1 全球主要能源消费国家或地区"双碳"时间表

| 国家/地区 | | 一次能源消费占比（2021年） | 一次能源消费占比（2050年净零预测） | 碳达峰时间 | 碳中和时间 |
|---|---|---|---|---|---|
| 美国 | | 15.62% | 11.00% | 已达峰 | 2050年 |
| 欧盟 | | 10.10% | 7.80% | 已达峰 | 2050年 |
| 其他发达国家 | 日本 | 2.98% | 11.00% | 已达峰 | 2050年 |
| | 加拿大 | 2.34% | — | 已达峰 | 2050年 |
| | 韩国 | 2.11% | — | 已达峰 | 2050年 |
| | 英国 | 1.21% | — | 已达峰 | 2050年 |
| | 澳大利亚 | 0.96% | — | 已达峰 | 2040年 |
| | 新加坡 | 0.58% | — | 2030年 | 21世纪下半叶 |
| | 以色列 | 0.18% | — | 未宣布 | 2050年 |
| | 新西兰 | 0.14% | — | 已达峰 | 2050年 |
| | 小计 | 10.50% | — | — | — |
| 中国 | | 26.49% | 22.00% | 2030年 | 2060年 |
| 印度 | | 5.95% | 12.00% | 未宣布 | 2070年 |
| 其他亚洲国家 | 印度尼西亚 | 1.40% | 11.00% | 2030年 | 2070年 |

续表

| 国家/地区 | | 一次能源消费占比（2021年） | 一次能源消费占比（2050年净零预测） | 碳达峰时间 | 碳中和时间 |
|---|---|---|---|---|---|
| 其他亚洲国家 | 泰国 | 0.86% | — | 未宣布 | 2050年 |
| | 越南 | 0.73% | | 未宣布 | 2050年 |
| | 马来西亚 | 0.70% | | 未宣布 | 2050年 |
| | 巴基斯坦 | 0.65% | | 未宣布 | 未宣布 |
| | 菲律宾 | 0.33% | | 未宣布 | 未宣布 |
| | 小计 | 4.66% | | — | — |
| 中东地区 | 伊朗 | 2.05% | 5.00% | 未宣布 | 未宣布 |
| | 沙特阿拉伯 | 1.82% | — | 未宣布 | 2060年 |
| | 阿联酋 | 0.76% | | 未宣布 | 2050年 |
| | 埃及 | 0.64% | | 未宣布 | 未宣布 |
| | 阿尔及利亚 | 0.41% | | 未宣布 | 未宣布 |
| | 伊拉克 | 0.36% | | 未宣布 | 未宣布 |
| | 卡塔尔 | 0.32% | | 未宣布 | 未宣布 |
| | 小计 | 6.36% | | — | — |
| 俄罗斯 | | 5.26% | 4.50% | 已达峰 | 2060年 |
| 巴西 | | 2.11% | 3.10% | 已达峰 | 2050年 |
| 其他国家和地区 | | 12.95% | 12.60% | — | — |

注："—"代表没有该项数据。

资料来源：《BP世界能源展望（2020年版）》。

我国积极参与应对气候变化，在全球气候治理中起着关键作用。在提出"双碳"目标之后，2020年12月，国家主席习近平在气候雄心峰会上进一步宣布，到2030年，中国单位国内生产总值二氧化碳排放将比2005年下降65%以上，非化石能源占一次能源消费比重将达到 25% 左右，森林蓄积量将比 2005 年增加 60 亿立方米，风电、太阳能发电总装机容量将达到 12 亿千瓦以上。[①] 国家对外做出碳达峰碳中和的承诺，对内成立中央层面的碳达峰碳中和工作领导小组，组织制定并陆续发布"1+N"政策体系，"1"是碳达峰碳中和的指导意见，"N"既包括 2030 年前碳达峰行动方案以及重点领域和行业的政策措施与行动，也包括发展绿色金融，扩大资金支持和投资。2021 年 11 月，中共中央、国务院先后发布了《中共中央 国务院关于完整准确全面贯彻新发展理念做好碳达峰碳中和工作的意见》和《国务院关于印发 2030 年前碳达峰行动方案的通知》，并陆续出台分领域分行业的碳达峰实施方案，以及科技、财政、金融、能源转型等保障方案，我国绿色低碳转型从此进入快车道。

中国人民银行在 2021 年工作会议上确定了十项重点工作内容，其中第三项为落实碳达峰碳中和重大决策部署，完善绿色金融政策框架和激励机制，要求做好政策设计和规划，引导金融资源向绿色发展领域倾斜，增强金融体系管理气候变化相关风险的能力，推动建设碳排放交易市场为排碳合理定价。逐步健全绿色金融标准体系，明确金融机构监管和信息披露要求，建立政策激励约束体系，完善绿色金融产品和市场体系，持续推进绿色金融国际合作。这是中国人民银行首次将绿色金融单独列为其重点工作内容。

---

[①] 资料来源于新华网，http://www.xinhuanet.com/politics/leaders/2020-12/12/c_1126853600.htm。

## 二、碳循环经济视角下的碳减排

2021年2月,国务院发布《国务院关于加快建立健全绿色低碳循环发展经济体系的指导意见》(以下简称《意见》),这是构建绿色低碳循环发展经济体系的顶层设计文件。《意见》针对绿色低碳循环发展经济体系做出系统部署,推动在生产、流通、消费领域的全覆盖,目标是到2025年绿色低碳循环发展的生产体系、流通体系、消费体系初步形成。构建绿色低碳循环发展经济体系已经成为一项国家战略。

循环经济又称资源循环型经济,是指以资源节约和循环利用为特征,与环境和谐的经济发展模式。面对以"高能耗、高污染"为主要特征的传统经济发展方式所造成的资源枯竭、环境污染和生态退化等一系列环境问题,循环经济以减量化(Reducing)、再利用(Reusing)和再循环(Recycling)为原则,强调经济系统与生态环境系统之间的和谐,着眼于如何通过对有限资源和能源的高效利用,减少废弃物排放来获得更多的人类福利,本质上是一种生态经济。

发展循环经济,要求实现从"资源—产品—废弃物"的单向式直线过程向"资源—产品—废弃物—再生资源"的反馈式循环过程的转变,要求从高投入、高消耗、高排放、低效率的粗放型增长转变为低投入、低消耗、低排放、高效率的集约型增长,要求对大量生产、大量消费、大量废弃的传统发展模式实行根本性变革。[1] 大

---

[1] 马荣.循环经济助力我国经济发展方式转变和高质量发展 [EB/OL]. https://www.ndrc.gov.cn/fggz/fgjh/jsxy/201908/t20190820_1097665_ext.html,2019-09-30.

力发展循环经济,推进资源节约集约利用,构建资源循环型产业体系和废旧物资循环利用体系,对保障我国资源安全、推动实现"双碳"目标、促进生态文明建设具有重大意义。2021年7月,国家发展改革委印发《"十四五"循环经济发展规划》,从国家层面在新时代全面布局循环经济,其中着重强调建立健全绿色低碳循环发展经济体系,为经济社会可持续发展提供资源保障。

碳循环是循环经济的重要体现,碳作为要素在经济体中进行流转,从原料端到生产端,通过流通端再到消费端(见图1-1)。

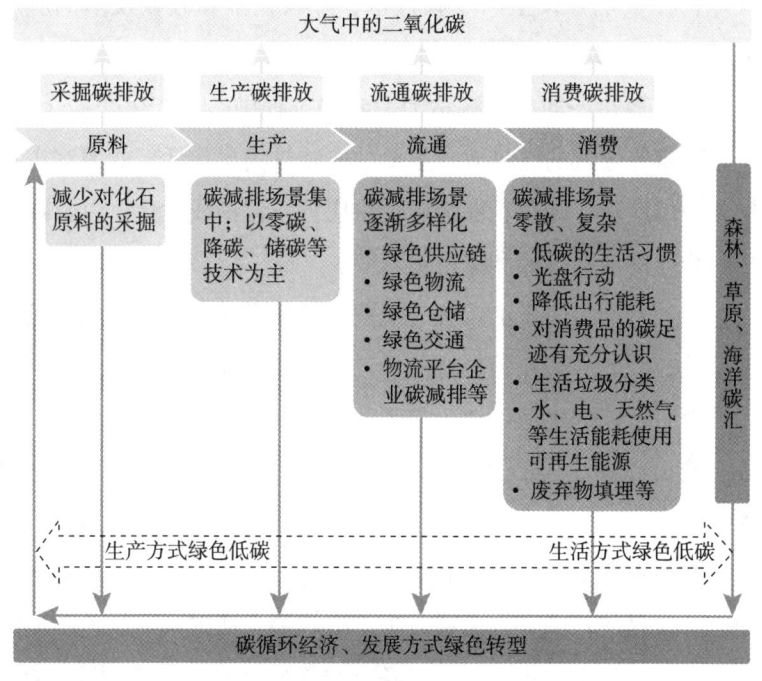

图1-1 碳循环经济体系

在原料端,原材料既包含地表以下的化石能源(如煤炭、石油、天然气等），又包含地表以上的木材和植被等。人类通过勘探、采掘等经济活动将化石能源输送至工业生产，通过砍伐、放牧等经济活动将相应的原材料输送至农业、畜牧业。原料端的碳减排措施主要是减少对化石能源的依赖，大幅增加可再生能源的占比。

在生产端，工业与制造业在原材料的基础上进行生产、加工和制造，输出可供下游消费者直接使用的成品，在此过程中同样会产生大量的碳排放。虽然生产端的碳排放在总体碳排放中的占比较高，但碳减排场景相对集中，例如绿色工厂、绿色园区等，在实现方式上以零碳技术、降碳技术和储碳技术的应用为主。

在流通端，即成品触达消费者的过程中，会产生交通运输、仓储建筑等导致的碳排放，主要的碳减排场景包括新能源汽车在物流中的应用、绿色仓储、绿色供应链、营销线上化，以及物流平台企业的内部排放和绿色运营等。

在消费端，由于消费者的消费行为和生活习惯会产生大量的碳排放，因此消费端碳减排的场景更加零散和复杂。例如，消费者是否有低碳的生活习惯、是否节约用能、是否对消费品的碳足迹有充分认识、是否做到了垃圾分类和碳汇行动（如废弃物填埋）等。

在原料、生产、流通和消费四个环节，一方面每个环节产生相应的碳排放；另一方面通过生产方式和生活方式的绿色转型实现每个领域的碳减排，并辅以各方的碳汇行动及项目，实现碳排放和碳减排两方面的碳中和。在碳循环经济体系中，随着产业链从农业、工业、交通运输业（生产端和流通端）流转到商业（消费端），碳减排关联的场景越来越复杂，相关主体也越来越多。例如，工业的碳减排主体以企业为主，而商业的碳减排主体则是数以亿计的个人。此外，碳循环经济体系所对应的碳信息流和价值链传导机制也从简单的线性向复杂的网状结构转变，不同产业、不同主体之间存在多种交错关联的关系。可以先在同一产业内的主体间进行关联，再与其他产业主体进行关联，比如先与消费端主体进行关联，再与生产端主体进行关联。也可以先在同一区域内不同产业主体间优先进行关联，再与其他区域的相关主体进行关联，比如先在一个省内进行生产端和消费端主体的关联，再与其他省市的主体进行关联。以上是碳减排过程中碳元素流通的两种主要方式。

在人类生产活动所产生的二氧化碳中，约95%来源于化石能源，因此无论是国际社会还是一国政府，都在碳减排议程的初期聚焦于高耗能、高污染行业，包括电力、钢铁、建材、交通运输、化工、石油化工等，通过建立生产端的碳交易机制，促进高耗能行业转变能源结构，推动技术创新以实现碳减排目标。我国有专家学者分析称，随着生产端碳减排进程的深化，消费端的碳排放量增速较快，目前居民消费所产生的碳排放量已占碳排放总量的近50%。联合国环境规划署《2020年排放差距报告》指出，当前家庭消费温室气体排放量约占全球碳排放总量的2/3。因此，碳减排的关注焦点不应局限于生产端，在消费端也应加快转变公众的生活方式，这已经成为当前应对气候变化风险的选择。

## 三、生产端碳交易机制

根据科斯定理，当产权界定清晰时，人们可以有效地选择最有利的交易方式使交易成本最小化，从而通过交易来解决各种问题。如果将温室气体排放界定为一种具有明确归属的权利，则可以通过在自由市场上进行碳排放权交易，将社会的碳排放成本降为最低。在这样的制度理论基础上，国内外建立了一系列生产端碳排放权交易市场机制。

### （一）碳减排的理论推论

制度经济学是研究制度产生、演变及其与经济活动关系的经济学分支学科，例如人们选择制度的行为、制度及其变迁对人们行为的影响，以及制度及其变迁如何通过影响人们的行为而影响资源配置和经济增长。[1] 人类的碳减排机制干预，可以从制度经济学的角度进行理论推论。

老制度经济学把制度的形成和演变作为研究对象，深入探讨了法律、产权、组织等制度因素对资源配置的影响。[2] 在碳减排领域，若从老制度经济学的角度出发，政府可以出台带有强制性的碳减排机制，对违反碳减排机制的主体进行惩罚或制裁。例如在生产端，对于能源、电力、钢铁等高碳排放行业，政府出台不得兴建海外煤电项目的强制令等；在生活部门，2019 年上海市

---

[1] 黄少安.制度经济学由来与现状解构［J］.改革，2017（1）：132–144.

[2] 周业安.从制度经济学到行为经济学：经济学的交叉学科研究探析［J］.学术研究，2022（3）：85–91，178.

人大制定出台地方法规《上海市生活垃圾管理条例》等。

新古典经济学和新制度经济学则从微观个体入手，分别从边际理论和产权理论的角度进行新的演变。碳税和碳交易作为解决气候问题的两种制度设计，是将碳排放的外部效应内部化的两种碳定价机制设计，其理论渊源分别来自剑桥学派的庇古和新制度经济学派的科斯。温室气体的排放主体对外部带来危害却没有支付任何补偿，使得本应由私人承担的成本转嫁到外部，变成全社会的成本，这在经济学中被称为负外部性问题。虽然庇古和科斯对于负外部性问题的思考都是从社会净成本的角度出发的，但对于如何实现社会净成本的内部化，两人各有自己的看法。庇古认为，政府应该对边际私人成本（内部成本）小于边际社会成本的部门实施征税，相应地，碳税就是针对碳排放活动所造成的边际私人成本小于边际社会成本的结果征税。而科斯认为，只要产权是明确的，并且交易成本为零或者很小，那么无论在开始时将产权赋予谁，市场自发形成的均衡结果都是最有效率的，均可以实现资源配置的帕累托最优。因此根据科斯定理，通过将温室气体排放这种负外部性行为确立为一种产权，赋予其稀缺性与价值，并允许市场主体进行自由交易，让市场自发调节碳价，最终可达到全社会碳减排成本的帕累托最优。据世界银行的统计数据，当前国际社会已建立起30余项碳税及碳交易的制度体系，综合减排效果、交易成本以及公共收入使用三方面的因素，碳税和碳定价两种机制各有优劣。

继科斯定理提出后，1968年，美国经济学家戴尔斯在"限额与交易"理论的基础上，率先提出碳排放权交易体系（ETS），即由政府根据环境容量及稀缺性理论设定污染物排放的上限，并以配额的形式分配或出售给排放者作为特定排放物的排放权,排放者通过相互交易达成个体与总量的排放控制目标。1972 年,美国数学家蒙哥马利用理论模型解释了通过市场方式解决各种污染负外部性成本的问题,进一步增强了用产权理论解决污染问题的影响力。

2021 年,比尔·盖茨在《气候经济与人类未来》中提出了绿色溢价的指标,为衡量碳定价机制提出了新的分析思路和视角。绿色溢价被定义为使用净零排放清洁能源的生产成本与传统化石能源技术的生产成本之差。正值意味着清洁能源成本高于化石能源成本,用清洁能源取代化石能源不符合经济学基本原理;而负值意味着清洁能源成本低于化石能源成本,经济主体有动力向清洁能源转换,逐步取代化石能源,从而降低碳排放。绿色溢价反映的是一种由近及远的问题解决思路,强调通过促进当前净零技术的发展来解决碳排放问题。从产业层面思考,要实现碳中和,关键在于降低绿色溢价。

## (二)全球碳交易机制实践

在全球碳中和目标的进程中,1997 年的《京都议定书》通过明确 39 个工业化国家在第一承诺期的强制减排责任和指标,第一次对温室气体的排放量进行了法律约束,使其成为一种稀缺资源,并首次将碳排放权交易体系应用于解决全球变暖问题,提出允许采取的三种碳减排方式:IET、CDM 和 JI,继而催生出以二氧化碳排放权为主的碳交易市场。其中,IET 是总量控制下的碳配额交易体系,基于 CDM 和 JI 发展出的碳减排项目可核证为碳减排量，用于抵消部分配额，二者相结合形成强制碳交易市场。

在碳交易机制中（见图1-2），国家监管机构或行业组织在一定的标准体系下，向企业发放一定数量的碳配额，碳超排企业可以通过向碳少排企业购买富余的碳配额或碳减排量来抵消其超排的温室气体排放量，进而达成碳排放总量履约的目标。

在碳市场覆盖范围上，出于降低交易成本和管理成本的考虑，碳排放权交易体系优先纳入碳排放量、排放强度和减排潜力较大，同时可核算的行业和企业，因此电力、钢铁、石化等排放密集型工业行业一般为优先纳入的对象。此外，由于碳配额分配方式决定了企业参与碳排放权交易的成本，因此碳配额分配是碳交易机制设计中与企业关系最密切的一个环节。从全球来看，相对成熟的碳市场配额基本都是从初期的免费发放过渡到拍卖发放的。同时，各个市场均有明确的法规对未履约行为进行处罚，主要处罚方式为高于市场价格的罚款或行政处罚。

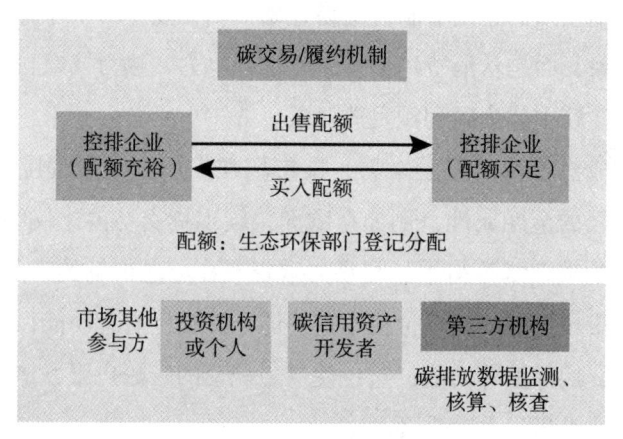

图1-2 碳交易机制示意图

截至 2022 年 1 月，全球已建立 34 个碳排放权交易体系，覆盖 1 个超国家层级、8 个国家层级、19 个省州层级及 6 个城市层级，其中包括中国的全国碳市场和 7 个试点碳市场、欧盟碳市场、新西兰碳市场、瑞士碳市场、韩国碳市场、加拿大魁北克碳市场、美国加利福尼亚州碳市场和覆盖美国东部 11 个州的区域温室气体减排行动（RGGI）、日本东京和埼玉县碳市场等。根据国际碳行动伙伴组织（ICAP）《2022 年度全球碳市场进展报告》，这些碳交易市场所在国家和地区已合计覆盖全球 1/3 的人口、55% 的国内生产总值总量及 17% 的全球温室气体排放（见表 1-2）。

目前，全球运行中的碳排放权交易体系主要向企业发放碳配额，覆盖包括能源、钢铁、航空、建材、林业及废物处置等在内的高碳排放行业。其中，我国湖北省、重庆市等部分试点碳市场机制，不是按照行业选择控排企业，而是设定最低碳排放量或化石能源消耗量，所有达到此标准的企业都将纳入控排范围。此外，日本东京的总量管制与交易计划不以工业生产主体为碳配额发放对象，而是从消费端出发，以消耗电力、热力及燃料的办公及商业建筑主体为碳配额发放对象。

从成熟市场的经验来看，碳市场在发展到一定程度后会表现出较强的金融属性，例如在欧洲，碳现货交易占比仅约 10%，其他均为碳期货等衍生品交易。碳资产在金融市场的产品创新，有利于市场更好地实现价格发现功能、流动性管理功能以及风险管理和套期保值等功能，这也使与之配套的碳账户服务体系等基础设施建设显得尤为重要。

表1-2 全球已建立的碳排放权交易体系

| 大洲 | 机制名称 | 覆盖地区 | 政府层级 | 启动时间 | | 覆盖行业 |
|---|---|---|---|---|---|---|
| 欧洲 | 欧盟碳排放权交易体系 | 欧盟成员国及冰岛、列支敦士登、挪威 | 超国家 | 2005年 | 电力、 | 钢铁、水泥、航空、石化、有色等 |
| | 英国碳排放权交易计划 | 英国 | 国家 | 2021年 | 电力、 | 航空等 |
| | 德国国家碳排放权交易体系（欧盟碳排放权交易体系并行） | 德国 | 国家 | 2021年 | 燃料供应商 | （用于交通、供暖等） |
| | 瑞士碳排放权交易体系 | 瑞士 | 国家 | 2008年 | 水泥、 | 化工、航空、供热、电力等 |
| 北美洲 | 区域温室气体减排行动 | 美国康涅狄格州等11个州[①] | 省州 | 2009年 | 电力 | |
| | 魁北克总量管制与交易制度 | 加拿大魁北克 | 省州 | 2013年 | 电力、 | 燃料供应商等 |
| | 新斯科舍总量管制与交易计划 | 加拿大新斯科舍 | 省州 | 2019年 | 电力、 | 燃料供应商、工业等 |
| | 交通和气候倡议计划 | 美国马萨诸塞州、康涅狄格州、罗得岛州和华盛顿特区 | 省州 | 2020年 | 公路运输 | |

① 美国康涅狄格州、特拉华州、缅因州、马里兰州、马萨诸塞州、新罕布什尔州、新泽西州、纽约州、罗得岛州、佛蒙特州、弗吉尼亚州。

续表

| 大洲 | 机制名称 | 覆盖地区 | 政府层级 | 启动时间 | 覆盖行业 |
|---|---|---|---|---|---|
| 北美洲 | 加州总量管制与交易计划 | 美国加利福尼亚州 | 省州 | 2021年 | 电力、水泥、钢铁等 |
| | 俄勒冈州气候保护计划 | 美国俄勒冈州 | 省州 | 2022年 | 燃料供应商 |
| | 墨西哥碳排放权交易系统试点计划 | 墨西哥 | 国家 | 2020年 | 电力、水泥、钢铁等 |
| 亚洲 | 中国国家碳排放权交易体系 | 中国 | 国家 | 2021年 | 电力 |
| | 东京总量管制与交易计划 | 日本东京 | 城市 | 2010年 | 消耗燃料、热量和电力的办公/商业建筑 |
| | 埼玉县碳排放权交易制度 | 日本埼玉县 | 省州 | 2011年 | 电力、热力及燃料 |
| | 哈萨克斯坦碳排放权交易计划 | 哈萨克斯坦 | 国家 | 2013年 | 电力、供热、开采、冶金、化工、建材等行业共128个运营商 |
| | 韩国碳排放权交易体系 | 韩国 | 国家 | 2015年 | 电力、建材、交通、废物处置等 |
| | 广东省碳排放权交易制度试点 | 广东 | 省州 | 2013年 | 电力、钢铁、水泥、航空等 |

续表

| 大洲 | 机制名称 | 覆盖地区 | 政府层级 | 启动时间 | 覆盖行业 |
|---|---|---|---|---|---|
| 亚洲 | 北京市碳排放权交易制度试点 | 北京 | 城市 | 2013年 | 电力、水泥、石化、航空等 |
| | 上海市碳排放权交易制度试点 | 上海 | 城市 | 2013年 | 电力、航空、建材等 |
| | 深圳市碳排放权交易制度试点 | 深圳 | 城市 | 2013年 | 电力、建材、交通等 |
| | 天津市碳排放权交易制度试点 | 天津 | 城市 | 2013年 | 电力、钢铁、建材、石化等 |
| | 重庆市碳排放权交易制度试点 | 重庆 | 城市 | 2014年 | 排放量高于1.3万吨标煤的全部行业企业 |
| | 湖北省碳排放权交易制度试点 | 湖北 | 省州 | 2014年 | 能源消耗超过6万吨标煤的全部行业企业 |
| | 福建省碳排放权交易制度试点 | 福建 | 省州 | 2016年 | 电力、石化、建材、钢铁、航空等 |
| 大洋洲 | 新西兰碳排放交易计划 | 新西兰 | 国家 | 2008年 | 农业、电力、燃料、废物处置等 |

资料来源：国际碳行动伙伴组织。

碳交易机制实践以来，我国启动了国内碳市场试点工作，陆续开设了北京市、天津市、上海市、重庆市、广东省、湖北省等 7 个省市的碳排放权交易区域市场。2013 年，7 个地方试点碳市场陆续开始上线交易，有效地促进了试点省市企业的温室气体减排，也为全国碳市场建设摸索了制度，进行了人才锻炼和经验积累。此后，福建省作为我国首个生态文明试验区启动了国内碳市场，四川省则申请在四川联合环境交易所开展国家核证自愿减排量（CCER）交易。截至 2021 年 12 月 31 日，试点碳市场配额现货累计成交量近 5.26 亿吨，成交额约 128.4 亿吨。[①]

在累积试点市场经验的基础上，政策层面着手建立全国统一的碳排放权交易市场，以进一步强化市场机制对碳减排的引导作用。2018 年以来，生态环境部积极组织筹建全国碳市场，在顶层设计、制度管理以及操作规范等方面出台各项政策和技术标准，推动发电行业碳市场的建设（见图 1-3）。2021 年 1 月，生态环境部发布了《碳排放权交易管理办法（试行）》，同年 2 月生效。2021 年 7 月，全国碳市场正式启动交易，首日交易配额约 420 万吨，交易额约 2.1 亿元。未来，国务院将正式出台《碳排放权交易管理暂行条例》，进一步明确全国碳市场的法律地位，规范全国碳市场的建设与运行。目前，全国碳市场控排企业仅纳入火电行业，未来将纳入更多控排行业。

---

① 唐人虎，陈志斌，等. 中国碳排放权交易市场从原理到实践 [M]. 北京：电子工业出版社，2022.

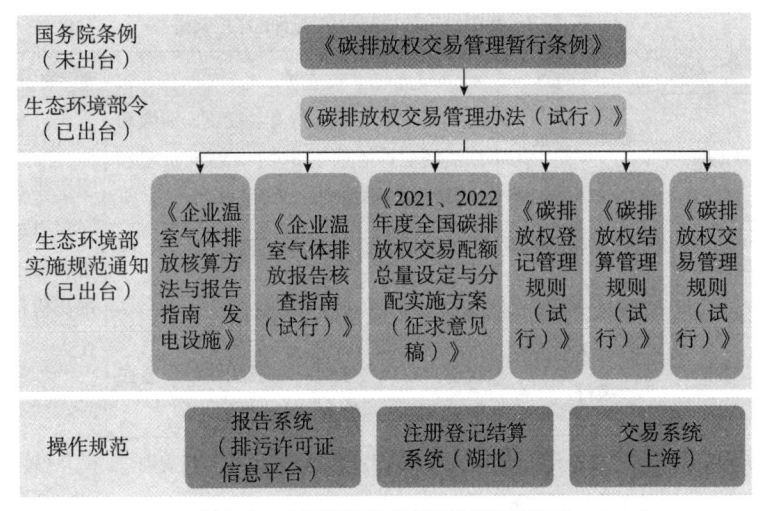

图 1-3　全国碳排放权交易政策管理体系

资料来源：生态环境部。

　　生态环境部是国务院碳交易主管部门，负责全国碳市场排放配额发放和清缴管理，并确立由上海环境能源交易所牵头建设全国碳排放权交易平台，湖北碳排放权交易中心牵头建设碳排放权注册登记和结算系统。根据生态环境部印发的《碳排放权登记管理规则（试行）》《碳排放权交易管理规则（试行）》《碳排放权结算管理规则（试行）》三个文件规定，参与碳交易的企业须开立三个账户，分别为在湖北碳排放权交易中心开立的登记账户、在上海环境能源交易所开立的交易账户以及在符合条件的商业银行开立的结算账户。登记账户主要用于碳排放配额的持有、变更、清缴、注销登记及相关业务的监督管理，交易账户用于碳配额在不同主体之间的转让，结算账户用于管理交易结算资金（见表 1-3）。

表1-3 我国碳排放权交易体系下的账户架构

| 账户组成 | 开立机构 | 用途 | 参与主体 |
| --- | --- | --- | --- |
| 登记账户 | 湖北碳排放权交易中心 | 用于记录碳配额的持有、变更、清缴和注销登记等信息，作为判断碳排放配额归属的最终依据 | 重点排放单位以及符合规定的机构和个人 |
| 交易账户 | 上海环境能源交易所 | 用于申报碳配额的转让等交易行为，并与登记账户、结算账户实现互通互联 | |
| 结算账户 | 符合条件的商业银行 | 用于存放碳交易过程的交易资金和相关款项，办理与碳交易业务相关的资金往来（清算、交收及头寸管理等） | |

资料来源：《碳排放权登记管理规则（试行）》《碳排放权交易管理规则（试行）》《碳排放权结算管理规则（试行）》。

## 四、消费端碳减排机制

消费端是碳循环经济体系的最后一环，也是碳循环经济体系的关键环节。在消费端碳减排机制的实践中，既有以西欧国家为代表的个人碳交易机制，即在居民侧建立类似生产端的碳配额约束机制，又有以日、韩为代表的积分制普惠激励模式，即通过商业激励的方式促进居民选择绿色低碳生活方式。对比两种模式，日、韩积分制的应用广度明显高于欧洲的个人碳交易机制。

在国际碳中和进程和"双碳"目标的引导下，我国在消费端涌现出越来越多的碳普惠平台，通过建立个人碳账户记录居民的碳减排行为并量化为碳减排资产。碳账户通过设置相应的商业激励、交易激励和信用激励多层次激励框架，构建有效的居民碳减排机制。不同于生产端政府直接作用于企业的"G–B"路径，消费端碳减排机制可以概括为政府引导、企业推动、全民参与的"G–B–C"模式。

## （一）消费端碳减排的重要性

消费端碳减排是以碳为载体的碳循环经济的最后一环，也是碳循环经济体系中的关键节点。消费端碳减排的重要性主要体现在以下三个方面。

首先，消费端是碳排放产生的重要来源之一，具有巨大的减排空间。据碳足迹概念测算数据，全球温室气体排放总量约70%来自家庭消费，我国与居民生活消费相关的直接碳排放和间接碳排放约占碳排放总量的53%，对比世界平均水平，我国居民生活消费的碳排放占比仍存在较大的上行压力。当前，我国家庭能源需求占国家能源需求的比重约为26%，产生的碳排放占全国二氧化碳排放的比重约为30%。① 我国生活消费领域的绿色转型滞后于生产领域，生产领域绿色转型的效率提升不足以抵消消费规模扩张所带来的消极资源环境影响，直接导致经济整体绿色转型趋势的放缓。②

其次，消费是我国经济发展的重要驱动力，消费端需求产品的结构反向刺激和调整生产端安排。据国家统计局数据，2016年起，我国最终消费端支出对国内生产总值的贡献率均超50%，

---

① 曾红鹰，陶岚，王菁菁.建立数字化碳普惠机制，推动生活方式绿色革命［J］.环境经济，2021.
② 王宇，王勇，任勇，等.中国绿色转型测度与绿色消费贡献研究［J］.中国环境管理，2020.

其中 2021 年的贡献率达 65.4%。"十四五"期间，我国进入以畅通国民经济循环为主构建新发展格局的历史阶段，消费将进一步成为双循环的内生动力。消费端需求产品的结构反向刺激和调整生产端安排，绿色消费行动影响产品端的需求结构，绿色生态产品和服务的供给创新刺激新的消费需求，最终形成绿色生产与消费、供给与需求的良性循环互动，因此消费端转型对促进生产端转型具有重大意义。

最后，消费端巨大的碳减排潜力，同时也意味着消费端贡献大量碳信用机会的能力。通过对消费端数以亿计的个人进行低碳减排宣导，形成消费端碳汇资产，能够为具有控排需求的企业提供碳信用资产，助力碳中和战略的实现。

因此，虽然我国面向终端个人消费者的绿色转型政策起步较晚，但消费领域的绿色转型深度、广度和速度对我国绿色转型整体进程发挥着重要作用。

## （二）消费端碳普惠机制

### 1. 国外个人碳交易机制发展受限

个人碳交易机制起源于西欧，是以个人为碳配额发放对象的碳交易机制，旨在实现居民和家庭的碳排放权预算、分配、支付和使用。在个人碳交易机制下，个人被分配碳配额，可以在购买燃料或电力时使用配额进行支付。当个人消费造成的碳排放总量高于其初始被分配的碳配额水平时，个人可以从他人手中购买碳配额；当个人碳配额有节余时，则可以出售碳配额以获得收益补偿，最终促使全体个人的碳排放总量不高于机制所希望达到的相应阶段的目标值。

消费端个人碳交易机制类似于生产端碳排放权交易体系，二者都是对碳排放对象设置相应的碳配额，并允许不同的碳排放主体间可以进行碳排放权配额的交易，但最大不同之处在于碳排放权交易体系的碳配额发放对象为生产端企业，而个人碳交易机制的碳配额发放对象为消费端个人。因此，二者的碳减排传导机制可以分别简化为，生产端碳排放权交易体系的碳减排传导机制为"G–B"模式，即政府通过碳配额、碳市场等政策规制直接作用于B端企业；消费端个人碳交易机制的碳减排传导机制为"G–C"模式，即政府通过碳配额和个人碳交易机制直接作用于个人。

个人碳交易机制由于以个人为碳配额发放主体，因此在碳配额分配方式、抵消机制和履约监督等方面与生产端碳排放权交易体系都存在一些差别。首先，不同于企业碳排放集中在与能源高度相关的行业部门，个人碳排放的分布范围更为广泛，既包含因直接能源消费产生的碳排放，也包含因购买产品和服务而间接消费能源及涉及相关污染环节产生的碳排放，因此加大了消费端碳排放核算的难度。其次，年龄、文化、收入水平等个体差异，造成碳配额分配方式的设计面临较大的社会道德及法律层面的约束。最后，个人领域的碳排放监测、报告与核查（MRV）存在很高的运转成本，造成在落地性方面存在较大的障碍。基于以上原因，尽管个人碳交易机制在理论上存在有效性，但目前在实践中推广较难，国际上尚未有国家层面的成熟机制落地。

生产端碳排放权交易体系与个人碳交易机制对比见表1-4。

表1-4 生产端碳排放权交易体系与个人碳交易机制对比

| 关键要素 | 生产端碳排放权交易体系 | 个人碳交易机制 |
| --- | --- | --- |
| 控排主体 | 以排污企业为碳配额发放对象,根据碳排放行业的分布特征,确定纳入市场的行业部门 | 以个人和家庭为碳配额发放对象,规定纳入监测的碳排放消费行为 |
| 碳配额分配方式 | 既可以免费发放,也可以通过拍卖等方式有偿分配。免费发放主要根据历史碳排放水平或行业基准线而定 | 因面临社会道德及法律层面的约束而存在较大困难,例如针对儿童和老人如何进行碳配额分配,如何确定覆盖边界等 |
| 抵消机制 | 允许采用特定自愿碳减排项目产生的碳减排量,抵消控排主体的部分排放,以减轻控排主体的履约成本,同时鼓励自愿减排,具体包括项目类型、范围及抵消比例等 | 暂无相关设计 |
| 履约监督 | 对控排主体的碳排放情况及自愿项目的碳减排情况进行严格的监测、报告与核查 | 对个人碳排放进行监测、报告与核查将产生很高的运转成本 |

## 2. 我国碳普惠机制创新

要实现全社会的绿色低碳转型,民众的参与必不可少。在面向工业生产领域推出了一系列碳减排措施后,如何将居民消费领域纳入减排行动,如何激发个人、家庭及小微企业参与节能减排,成为各界进一步讨论的议题。2014年,在我国地方碳交易试点市场启动一年后,广州碳排放权交易所总裁提出,可将碳排放权交易中市场配置资源这一核心理念应用于居民的生活消费场景,从生产端的碳减排约束转向对消费端的低碳激励,通过量化居民的低碳行为并给予激励,更广泛地促进居民共同参与节能减排，[1]这成为碳普惠机制的最早雏形。

截至2022年，我国广东省、成都市、重庆市、上海市等省市已纷纷出台碳普惠机制的建设方案，从各地方政策文件安排及实践内容来看，碳普惠机制是基于对居民自愿碳减排行为的记录，将个人碳减排贡献量化核算后进行价值实现，以鼓励个人碳减排行为的制度设计（见表1-5）。碳普惠机制被认为是绿色低碳发展的创新制度之一，也是对现有碳排放权交易机制的创新和拓展，[2]构建并优化碳普惠机制能够有效推动个人参与碳减排和经济绿色转型。

表1-5 地方政策文件对碳普惠机制的定义

| 年份 | 政策文件 | 定义 |
| --- | --- | --- |
| 2015 | 《广东省碳普惠制试点工作实施方案》 | 对小微企业、社区家庭和个人的节能减碳行为进行具体量化和赋予一定价值，并建立起商业激励、信用激励和交易激励相结合的正向引导机制 |
| 2020 | 《成都市人民政府关于构建"碳惠天府"机制的实施意见》 | |
| 2022 | 《深圳市碳普惠管理办法》 | |
| 2018 | 《广州市碳普惠制管理暂行办法（征求公众意见稿）》 | 通过财政支持、商业激励等方式，对社会公众节能降碳等绿色行为产生的减碳量予以量化并以碳普惠形式进行奖励的制度 |
| 2021 | 《重庆市"碳惠通"生态产品价值实现平台管理办法（试行）》 | 利用重庆市核证自愿减排量（CQCER）或CCER等国家允许的其他产品机制，通过社会广泛参与自愿温室气体减排行为，依据特定的方法学可以获得碳信用的制度，包含碳普惠行为的确定、碳普惠行为产生的碳减排量的量化及获益等环节 |

[1] 靳国良.碳交易机制的普惠制创新[J].全球化，2014（11）：45-59.
[2] 刘航.碳普惠制：理论分析、经验借鉴与框架设计[J].中国特色社会主义研究，2018（5）：86-94.

续表

| 年份 | 政策文件 | 定义 |
|---|---|---|
| 2022 | 《广东省碳普惠交易管理办法（征求意见稿）》 | 运用相关商业激励、信用激励和交易激励，带动社会广泛参与碳减排工作，促使控制温室气体排放及增加碳汇的行为 |
| 2022 | 《上海市碳普惠体系建设工作方案》 | 通过方法学及场景设计，将中小微企业与个人的碳减排行为进行量化和记录，并通过交易变现、政策支持、商业激励等消纳渠道实现其价值，以引导社会形成绿色低碳生产生活方式的正向机制 |

基于新制度经济学的交易成本理论，在信息对称、交易成本为零且产权清晰的前提下，市场机制是一种有效配置稀缺资源的手段。然而，只要其中任意一个前提不成立就会发生市场失灵，因此需要辅以相应的制度供给来达成有效的资源配置。制度是一种人为设计的博弈规则，用于规范主体间的相互关系与主体各自的行为范式，既包括法律、契约等正式约束，也包括道德观念、价值信念等非正式约束。[①]碳减排行为具有较强的正外部性，即个人碳减排行为的收益会带来额外的社会效益，若额外的社会效益不能以某种方式内化为个人收益，则个人在基于行动成本收益分析进行决策时，就会因碳减排行为的收益低于成本而减少碳减排行为。

由于碳减排行为存在正外部性，碳普惠机制的设计需要以激励为中心，实现碳减排社会效益的内部化，以引导个人决

---

① 苏冬蔚，贺星星. 社会责任与企业效率：基于新制度经济学的理论与经验分析[J]. 世界经济，2011（9）：138–159.

策。同时，激励效率应是机制设计的目标，即应在激励提供方与接受方之间设计能够使激励成本最小化的"合约"，[①]以保障机制长期持续稳定地运作。基于各主体优势构建立体化的激励体系，可以在保障碳减排外部性有效内部化的基础上提高激励效率。

具体而言，该机制的设计应包括商业激励、交易激励、信用激励三个途径。

第一，商业激励是指由企业自主设立的激励体系，企业结合自身业务场景对个人绿色行为进行识别，并依据普遍认可的方法学计算绿色行为所对应的碳减排量。在此基础上，企业可以基于对个人碳减排贡献的核算，以自定规则换算为碳积分等企业认可的碳资产，从而提供相应的物质奖励或精神奖励，将用户在该场景下的绿色行为转化为实际收益。

第二，交易激励是指以企业为主导，政府和金融机构共同参与的碳交易激励体系。其中，企业负责汇集用户碳减排量并申报国家或地方自愿碳减排项目，在政府制定的自愿碳减排项目核证方法学及交易规则下，这些碳减排项目能够在碳排放权交易市场上进行交易，且交易所得由企业返还给用户，最终将个人碳减排贡献变现为实际经济利益。在此交易流程中，企业可将用户碳减排量存入银行所设立的个人碳账户中，由银行负责对碳减排量这一个人资产进行统一管理，并在企业申报的自愿碳减排项目交易完成后，进行相应的支付结算。

---

① 鲁克俭．西方制度创新理论中的制度设计理论［J］．马克思主义与现实，2001(1)：65-70.

第三，信用激励是指政府与金融机构合作，同时企业协助的个人碳信用制度建设。各类参与碳普惠的企业需将各自场景下的用户碳减排信息传递至政府所承办的信息平台，而信息平台通过多方数据对个人在生活全场景中的低碳行为进行整合，将个人的碳减排总贡献信息传送至金融机构，由金融机构进行个人碳信用评级，并基于此碳信用评级给予相应的差异化金融政策，以引导用户培养低碳消费偏好。交易激励和信用激励与个人碳减排行为的环境贡献直接相关，环境效益越高，激励水平越高。而在企业碳普惠平台中，对用户个人碳资产的换算要保证与个人碳减排贡献相匹配，以避免扭曲激励，导致对具有较高环境收益的碳减排行为激励失灵。

综上所述，碳普惠机制为促进个人碳减排行为的制度设计，提供了一套关于声誉、信用和互助机制的行为规则。首先，碳普惠机制明确界定了个人碳减排行为收益的产权，认为个人有权拥有碳减排行为所创造的价值；其次，通过划定个人碳减排行为清单、确定碳减排量核算方法学，对交易范围与行为价值评估进行统一，有效降低了交易成本；最后，结合商业激励、信用激励、交易激励等多种方式保障碳减排行为价值的实现，将碳减排行为的外部收益转变为个人实际所得，从而解决由碳减排行为的外部性造成的市场失灵，以推动个人采取更多的碳减排行为。

碳普惠机制与碳交易机制的对比见表1-6。

表1-6 碳普惠机制与碳交易机制的对比

| 比较项目 | 碳交易机制 | 碳普惠机制 |
| --- | --- | --- |
| 机制基础 | 依据"限额与交易"理论，通过明确市场整体的碳排放总量上限、向控排主体分配碳配额、允许市场主体相互交易等制度安排，促进形成市场化碳价格，进而将碳排放的外部性影响转化为排放主体的内部成本，从而引导其采取低碳转型行动。目前碳交易市场的控排主体以企业为主，个人碳交易尚处于理论研究阶段 | 为充分激发居民部门的碳减排潜力，鼓励通过采集个人绿色行为、量化个人碳减排贡献并对个人碳减排活动予以交易、商业、信用、荣誉等激励的机制设计，从而引导个人选择绿色消费方式，培育低碳生活氛围 |
| 调节方式 | 激励与惩罚并行。碳减排成效显著的企业可在碳市场出售富裕的碳配额，并获得资金收益；超额排放的企业将面临罚款 | 以激励为主。目前的碳普惠机制基本不对碳排放水平高的个人进行惩罚 |
| 主体参与方式 | 控排企业是现阶段碳市场的主要参与方，具有履约责任和碳交易需求；一般企业和个人暂未作为控排主体纳入碳市场，未来可能存在履约或投资需求。主体形成的碳信用资产经有关部门核证后可参与碳市场交易，用于抵消控排企业的碳排放量 | 个人：碳普惠机制下的主要激励对象<br>平台企业：在碳普惠的交易激励实现路径下，需要由平台企业统一采集、量化、核证个人碳信用，代表个人参与市场交易并向其分配收益<br>企业：共同参与碳普惠机制的建设，包括作为个人碳信用的需求方、绿色商品及服务的提供方等 |
| 资产类型 | 碳配额、碳信用；未来还可能纳入碳金融衍生品 | 碳信用 |
| 交易市场 | 目前国家碳市场与区域试点市场并行，未来可能逐渐统一在国家碳市场交易 | 目前主要在区域试点碳市场交易，未来可能参与国家碳市场交易 |

续表

| 比较项目 | 碳交易机制 | 碳普惠机制 |
|---|---|---|
| 国际实践 | 截至2022年1月，全球已建立34个碳排放权交易体系，覆盖1个超国家层级、8个国家层级、19个省州层级及6个城市层级 | 日、韩及部分欧美国家曾开展小规模尝试，尚未形成国家层面的整体规划 |

碳普惠机制结合了市场型与自愿型环境政策工具，该制度创新有效平衡了碳减排行为的公共价值与个人利益，不仅克服了个人碳交易等市场型环境政策所面临的运行成本、公平性、技术可行性、公众接受意愿等阻碍，还较自愿型环境政策提供了更强的激励来引导个人行为，弱化了政策效果的不确定性。总体来看，相较于现有的各项促进个人碳减排行为的制度设计，碳普惠机制强调民众进行碳减排行为的自主性，同时通过碳减排行为的价值实现向个人提供激励。未来，我国碳普惠机制发展框架构想见图1-4。

在此制度设计中，绿色行为相关场景下的企业、政府、金融机构分别承担不同的职能。

企业的主要职能为在相关政策框架下，对自有客群在特定业务场景中的低碳行为进行碳减排量核算，并搭建企业自身的碳资产体系，配套相应权益以激励用户在该场景下的低碳行为。值得注意的是，企业实际上承担了个人碳交易的"代理人"角色，协同金融机构将"小而散"的个人碳减排贡献汇集到一起，以自愿碳减排项目的形式在全国碳市场中进行交易。这一交易途径不仅降低了个人参与碳资产交易的成本，也与我国面向企业的碳排放权交易体系形成了协同。

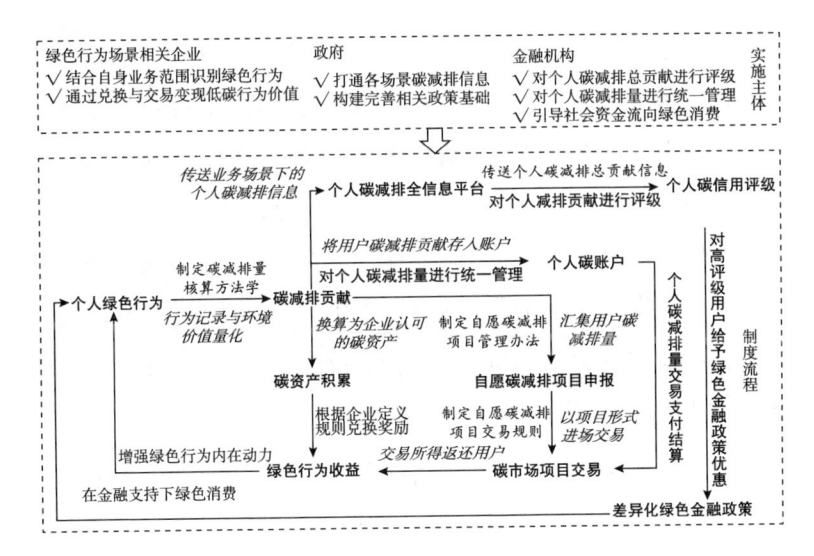

图 1-4 我国碳普惠机制发展框架构想

注：图中箭头旁的文字标注了各主体在该环节的行动，斜体代表相关企业行为，楷体代表政府行为，黑体代表金融机构行为，宋体代表居民行为。

资料来源：卢乐书，姚昕言. 碳普惠制理论与制度框架研究［J］. 金融监管研究，2022（9）：5-24。

政府主要承担打通底层个人碳减排信息、提供各场景下的碳减排量核算方法学、制定个人碳减排量交易政策等责任。其中，建设个人碳减排全信息平台是其重要任务。由于碳减排量核算方法学已保持统一，企业无须向政府平台传递原始交易数据，因此保障了用户个人信息的安全隐私；同时，政府将收集的碳减排信息以个人为单位进行计量，既避免了对个人碳减排贡献的重复计算，也实现了对个人碳减排贡献的全面刻画，从而为构建个人碳信用提供了依据。

金融机构具有引导社会资本配置的独特功能，可基于政府提供的个人全场景低碳贡献，对个人碳信用进行评价，并据此构建

"碳资产、碳信用"的账户体系，将个人碳信用作为提供差异化金融政策的依据，为具有低碳消费偏好的个人提供系统性金融激励，为特定场景下的绿色消费提供资金保障。同时，金融机构还可发挥在账户构建、资产管理等方面的优势，对个人碳减排贡献进行管理，协助并监督企业"代理"个人进行碳减排量交易。

目前，我国各地方碳交易市场都在积极开展碳普惠机制建设工作，通过建立科学的碳信用核证方法学、创造碳资产交易环境，为消费端碳信用资产通过交易获得市场激励提供了可行的路径。以广东省为例，由于同时具备碳普惠资产核证通道及地方碳交易所，个人碳资产交易路径已经打通。但由于我国 CCER 核证未重启、地方核证机制有待完善等，现阶段真正能为个人减排量资产提供交易激励的区域还非常有限（见表 1-7）。

目前，参与碳普惠机制及碳账户体系建设的平台主体包括地方政府、互联网企业以及金融机构等。从发布时间来看，2022 年以来，碳普惠平台成立数量迅速上升，表明碳普惠这一概念得到了社会各界的广泛关注。随着各地建设碳普惠平台的步伐加快，多主体共同合作、碳普惠平台相互联通将成为未来碳普惠机制建设的发展方向。

表 1-7 我国碳普惠机制及地方碳交易市场布局

| 地区 | 碳普惠文件 | 是否有地方碳交易所 |
|---|---|---|
| 北京市 | 《北京市低碳出行碳减排方法学（试行）》 | 北京环境交易所 |
| 上海市 | 《上海市碳普惠体系建设工作方案》；长三角碳普惠联建 | 上海环境能源交易所 |
| 广东省 | 《广东省碳普惠交易管理办法》 | 广州碳排放权交易所 |
| 深圳市 | 《深圳碳普惠管理办法》 | 深圳碳排放权交易所 |

续表

| 地区 | 碳普惠文件 | 是否有地方碳交易所 |
| --- | --- | --- |
| 天津市 | 《天津市碳普惠体系建设方案（征求意见稿）》 | 天津碳排放权交易所 |
| 重庆市 | 《重庆市"碳惠通"生态产品价值实现平台管理办法（试行）》 | 重庆碳排放权交易中心 |
| 湖北省 | 《全国饭店业碳普惠机制合作协议》 | 湖北碳排放权交易中心 |
| 海南省 | 计划推出碳普惠机制 | 否 |
| 青岛市 | 《青岛市低碳出行碳普惠方法学（试行）》 | 否 |
| 福建省 | 计划推出碳普惠机制 | 海峡资源环境交易中心 |

资料来源：各地方环境交易所，各地方生态环境部门。

## （三）消费端碳减排的"G-B-C"模式

作为碳减排的重点领域，生产端已经形成相对明确的碳减排路径，政府作用于企业的"G-B"路径也已经在多领域进行探索实践，形成了产业政策、碳交易及金融支持等工具手段。例如，在产业政策领域，国家针对火电、钢铁等高污染行业出台超低排放改造等强制要求，未达标企业无法继续生产经营；在碳交易领域，国家部委及地方政府推动碳市场建设，促进企业将碳排放内化为生产成本，影响企业生产决策，进而促进碳减排；在金融支持领域，大力发展绿色金融，以更优惠的信贷融资政策支持绿色低碳项目，通过引导资金投向间接引导企业行为。

生产端绿色转型是以企业和政府为主体的。之所以先行聚焦于生产端，是因为生产端的场景相对集中，主体的参与路径相对简单，政府能够制定清晰明确的产业政策、碳交易机制和金融政策等。与生产端碳减排不同，消费端碳减排的承接主体是数以亿计的个人，个人行为与生活习惯决定了碳排放，其碳排放场景复杂而零散，且以间接排放居多，政策缺乏直接引导消费的工具手段。要推动消费端碳减排，引导居民践行绿色行为，其背后所涉及的理论学科包括经济学、行为经济学、社会学和心理学等。很多研究指出，蓬勃发展的行为科学或可以为消费端碳减排政策提供解决思路，各国政府也在积极探索利用行为科学的洞察构建新型的干预方案，用以替代传统的政策干预措施，进而改变公众行为。其中，助推理论认为，个体行为会受决策环境微妙变化的影响，即所谓的选择架构。[1]人们90%的决定都是在无意识中做出来的，是过去行为累积的习惯性反映，如果要靠意志改变则会有很大的阻力，但如果通过选择架构的预设方式绕过意志，这个过程就会轻松很多。助推的目的在于通过人们的主观性，识别人们的认知偏差，改变人们内在动机的"温柔专制"。助推的相对优势在于改变人们日常生活中的一些行为，特别是那些受认知偏差的影响，在仓促情况下做出的不完善的决策，或许能够帮助消费端碳减排政策的传导。

基于消费端碳减排及政策传导的特殊性，消费端碳减排政策的传导机制可以归纳为政府引导、企业推动、全民参与的"G–B–C"模式。平台企业通过自有运营场景和用户，收集个人的碳减排行为数据，并对个人碳减排行为数据进行分析总结，归纳消费端个人碳减排的经验和规律，向上反馈至政府或监管机构，形成"自下而上"的传导机制；政府或监管机构在收到平台企业的市场经验反馈后，进一步制定消费碳减排政策指引，并向下施政

---

[1] Thaler R., Sunstein C. Nudge：improving decisions about health, wealth, and happiness[M].Penguin Books, 2008.

于平台企业，平台企业在自有运营场景中将政策向消费端个人落地实施，形成"自上而下"的传导机制，最终形成以平台企业为媒介的消费端碳减排路径（见图1-5）。

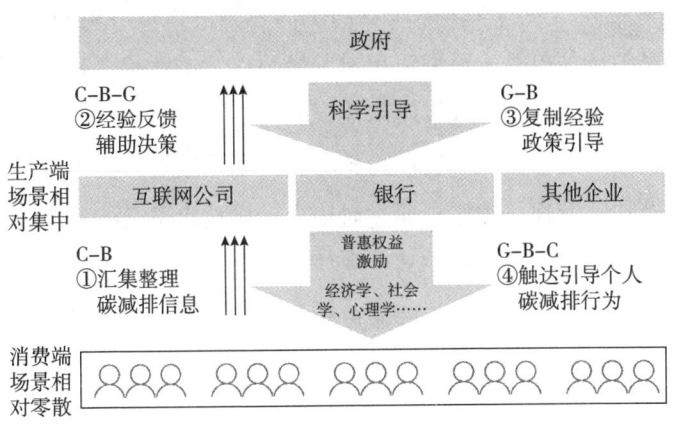

图1-5 消费端碳减排的"G–B–C"模式

在消费端"G-B-C"碳减排传导机制中，平台企业一方面通过自有运营场景向下触达个人，将政府的碳减排政策向消费端传导，引导个人践行绿色低碳生活方式；另一方面向上将碳减排市场经验反馈至政府或监管机构，发挥着承上启下的信息传导和助推作用。因此平台企业是消费端"G-B-C"碳减排传导机制中的核心角色。

## 五、碳账户：碳减排的金融基础设施

"双碳"目标的提出对于社会发展的方方面面都将产生深刻影响，无论是直接产生温室气体排放的工业部门，还是通过消费活动产生间接排放的居民部门，都应该了解自身的碳排放水平，并各自承担起绿色转型的责任。在实践"双碳"目标的进程中，生产端碳交易机制和消费端碳普惠机制逐步向更广的范围推行，各企业和个人都可能受碳排放约束及碳资产价格的影响。因此，有必要为每个市场主体提供记录其碳资产的碳账户，将碳账户作为一项重要的金融基础设施来建设。

碳账户是以碳减排资产为核心，并赋予碳资产货币属性的一项金融基础设施。碳账户通过对用户碳排放水平及持有碳资产进行核算、登记、存储和交易，支持用户实现对碳货币的预防、交易与投资需求，逐步实现碳账户作为价值尺度、储藏手段、支付工具、流通媒介等的内在职能。

## （一）碳资产的货币属性是碳账户建立的基础

碳市场的不断发展及碳金融创新，将推动碳交易的核心标的不断提高其信用化与货币化的程度。碳配额、碳信用、碳资产、碳货币等概念在本质上是一致的，基于自然资源和生态资本的约束，它们从不同层面刻画了温室气体排放权这一稀缺资源。碳配额从商品交换角度对温室气体排放权进行直接定义；碳信用从信用角度界定温室气体减排量的经济功能；碳资产从会计计量和资产管理角度对碳交易的核心标的进行概括；碳货币则从价值判断和金融功能角度描述温室气体排放权。碳资产的货币属性是碳账户体系建立的基础，是指碳资产既有其自身的商品属性，又有可充当一般等价物的特征，同时是以信用为基础创设的资产类型（见图1-6）。

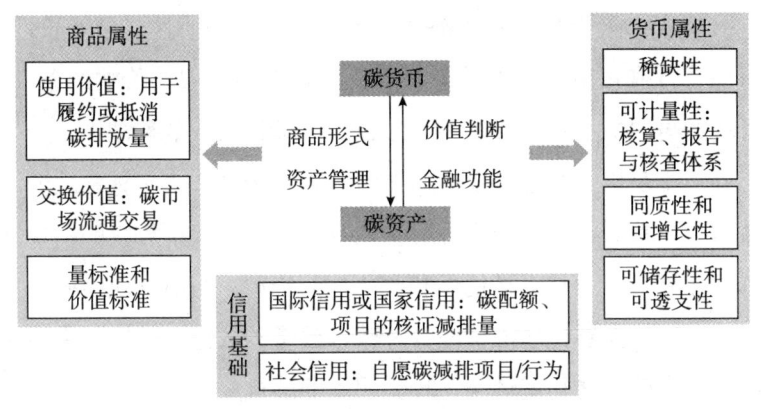

图1-6 碳资产的货币属性是碳账户体系建立的基础

资料来源：根据《碳货币的研究——基于补充货币的视角》（张旭）整理。

首先，碳资产的商品属性表现为通过劳动创造，具有使用价值和交换价值，具有量标准和价值标准。在碳排放履约机制下，排污企业未使用的碳配额可用于交易获得货币回报，实际代表了企业低碳经济转型的结果，即企业能源清洁化、单位产出能耗下降的劳动凝结为具有价值的碳配额资产。在碳排放抵消机制下，劳动者一方面通过实施清洁能源项目替代传统化石能源，减少碳排放，形成项目减排量；另一方面通过植树造林等活动，增加生态系统对碳的吸收，提高固碳量，形成固碳碳汇，这些劳动也凝结在相应的碳信用资产中。在使用价值方面，碳资产可用于满足控排企业的履约及碳抵消需求；在交换价值方面，强制性碳交易市场及自愿核证市场的存在，让碳资产具有在市场参与者之间进行流通的可能。此外，碳排放权交易紧密联结了金融资本与基于低碳技术的实体经济，减排技术水平及经济发展趋势确定了碳资产客观的商品价值，金融市场交易、经济周期波动和国际规则制定等因素影响了碳资产的市场价格。

其次，碳资产具有稀缺性、可计量性、同质性、可增长性、可储存性和可透支性等特征，因而具备充当一般等价物的条件。环境的再生能力和吸收能力有限造成了碳排放权的稀缺性，当生态容量不足以支撑经济发展需要时，生态资源作为一种稀缺资源就需要付费获得。随着环境容量的日益使用，碳排放权的稀缺性越发显著，成为具有排他性和竞争性的资源。当前，现代科学技术手段已经能够比较准确地计算碳排放量的数值，世界上主要的碳市场在建立之初就颁布了较为明确的碳排放监测核算、报告与核查体系。良好的核算、报告与核查体系为制定与碳交易相关的政策法规提供了数据支持，为碳交易系统的有效运行提供了重要保障。碳货币所代表的同种类碳资产具有高度同质性的特点，即使种类不同，对应的碳货币单位也都代表吨二氧化碳当量温室气体的排放权，这使现行的众多碳交易市场虽然具有不同的计价货币，但彼此之间可建立兑换关系，而随着碳市场覆盖范围的扩大，以及全球碳减排技术的提高，可供交易的碳货币总量也在增长。此外，由于企业的碳排放过程与履约过程在时间上通常是不匹配的，因此在二者的时间差内，企业可以自由支配待使用的碳货币，在更灵活的制度下还可以进行商品交换和金融投资，这使碳资产具有可储存性和可透支性的特点。在成熟的国际碳市场中，碳交易不仅是为实现履约而进行的交易活动，更是投资性的交易活动，类似于有价证券，碳资产被允许储存和进行跨期交易。

最后，碳资产是以信用为基础所创设的资产形式，其具备现代货币的重要特征——信用。官方货币的信用基础是国家信用，区域货币的信用基础是经济区域集合信用或共同体信用，各种补充货币的信用基础是社会信用。碳资产的信用基础既有国际信用类型，也有国家信用类型，还有社会信用类型。基于《巴黎协定》等国际规制所创设的碳排放权交易及减排项目核证具有国际广泛认可的信用基础，属于国际信用；国家为完成碳减排目标建立国内碳市场，出台政策和法规使碳信用得到国家层面的法律认可，属于国家/政府信用；自愿碳减排项目/行为基于某一区域或社会碳减排团体的相互认可与互惠互助而建立，属于社会信用。碳资产仅在具有相应信用背书的地域和空间才能被认可和接受，并实现其价值。

## （二）碳账户体系的架构与功能设计

碳资产是一种生态资产和权利商品，扮演着在特殊经济发展阶段支持温室气体减排和可持续绿色经济发展的角色，同时可以作为流通手段，承担商品交换的媒介。要发挥碳资产的货币属性，应建立一个较完备的碳货币运行机制，包括调节机制、发行机制、流通机制、生态补偿机制（见图1-7）。与之相应，碳账户的架构与功能设计应该满足参与主体在碳货币运行机制不同环节中的不同碳货币需求。

在价格机制的作用下，碳市场可以通过私人部门的碳货币供应机制进行自发调节，国际和国家层面还可以从官方发行的碳配额角度实施政策调节机制。碳货币不是由政府的货币管理当局直接创造出来的，而是在国际公约的客观约束下，由碳减排手段的实施和碳减排机制创造出来的，因此，碳货币的发行机制包括碳货币的信用创造和发行方式，碳信用的创造途径包括碳配额分配机制、碳减排项目核证机制以及类货币发行机制等。碳货币的流通是指在市场中从一个账户转移到另一个账户,从而实现商品和资产交易的行为。碳货币既可以在碳市场中交易流通,以实现碳配额履约、碳信用抵消企业碳排放等生态补偿机制,也可以在金融市场和商品市场中流通,以实现其作为一般等价物的交换价值。碳货币的发行、流通和交易价格与碳减排技术应用及碳货币市场供求紧密相关,合理的碳市场价格是碳货币发挥碳减排功能的必要保证(见表1-8)。

| 调节机制 | 发行机制(货币创造) | | 流通机制 | | 生态补偿机制 |
|---|---|---|---|---|---|
| 政策调节 | 碳配额 | 官方发行 | 二级市场 | 碳现货、碳金融衍生品 | 碳配额 |
| | 核证减排项目 | 私人发行 | 融资服务市场 | 碳质押融资、碳资产管理…… | 碳履约 核证减排项目 |
| 自发调节 | 自愿减排项目 | 私人发行 | 碳货币商店 | 消费支付 | 碳抵消 碳中和(企业和个人) |
| | 类货币发行机制 | 官方发行 | | | |

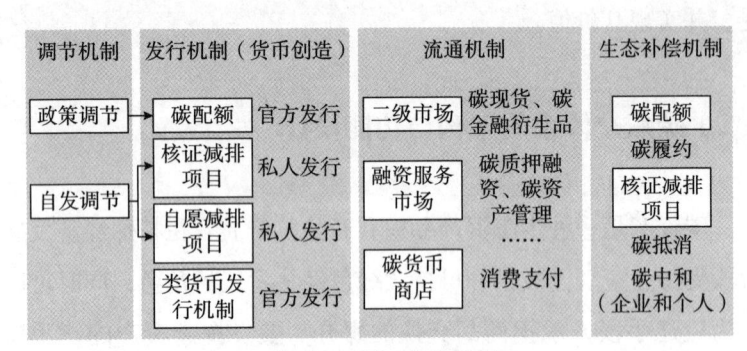

图1-7 碳货币运行机制

资料来源:根据《碳货币的研究——基于补充货币的视角》(张旭)整理。

表1-8 碳账户运行机制的内容

| 运行机制 | | 内容 |
|---|---|---|
| 调节机制 | 自发调节 | 碳现货价格的上升,激励碳减排项目实施和注册,从而增加市场中碳货币的供给量,碳货币的远期交易价格下降,预期回到原有购买力水平,稳定碳货币的价值 |
| | 政策调节 | 目前已建立的代表性机制是欧盟碳排放权交易体系的市场稳定储备制度(MSR),在该制度下,当市场上存在大量碳货币盈余时,政府可从市场上撤回碳配额保留在MSR中,以备碳货币极度稀缺时向市场释放,通过调整待拍卖配额的供应,提高系统对重大冲击的敏感性 |

续表

| 运行机制 | | 内容 |
|---|---|---|
| 发行机制 | 核证发行 | 在各个经济活动领域中开发统一的具有较强权威性、科学性和可行性的方法学，并对项目减排量进行准确的监测、核证和评估，保证碳货币发行的质量和数量具有一致性，从而更容易被流通市场接受和认可 |
| | 私人发行 | 独立于政府机构以外的单位、组织或团体，自发地搭建碳资产平台，创造独立的碳货币单位，制定碳资产发行的章程和认定准则，基于法律同平台内所有参与者制定契约，在参与者提供可认证的符合规则的有效减排行为或者核发交易活动时，向参与者发行碳货币。该机制的优点是发行方式灵活，缺点是碳货币的质与量缺乏统一的科学依据，往往很难得到其他交易平台的认可 |
| | 类货币发行 | 一种基于碳资产完全货币化前提的设计构想。在该机制下，碳货币的发行基于由多种碳资产标的构成的碳资产锚定物篮子，这些碳资产的市场公允价值确定了碳货币的内在价值，碳货币完全变成结构性金融产品，其发行、储存乃至流通等行为与碳排放权不再直接挂钩，属于官方发行的补充货币类型 |
| 流通机制 | 金融市场 | 在进行碳资产标的或金融衍生品交易的各国碳金融市场中流通，在该流通机制下形成的碳定价被认为是比碳税更积极的碳减排制度 |
| | 商品市场 | 在由平台搭建的碳货币商店，碳货币充当商品交换媒介的一般等价物，在市场中直接购买生产性资料或消费性商品，以满足经济单位在生产活动中的投入或消费效用最大化 |
| 生态补偿机制 | 碳履约 | 碳货币的生态补偿机制是区别于官方货币最主要的特征，在实现生态补偿功能的同时退出货币流通领域，从而造成碳货币数量的减少。例如，在碳履约的过程中，排污企业在履约期内向管理部门提交与碳排放量相对应的碳配额 |
| | 碳抵消 | 在生态补偿机制下，碳货币类似于消费品，在其发挥使用价值后就会消失，因此，市场将会出现碳货币不断被创造并进入流通领域，然后又不断被消耗并离开流通领域的现象。例如，在碳抵消过程中，排污企业提交核证减排量（CER）用于抵消碳排放量 |

资料来源：根据《碳货币的研究——基于补充货币的视角》（张旭）整理。

在碳交易机制覆盖下的企业与个人，由于碳货币在交易市场及商品市场流通，与官方货币形成兑换，同时形成自身的内在价值，因而每个参与主体都可能面临围绕碳货币的预防（履约/抵消/碳中和）需求、交易需求与投资需求（见图1-8）。

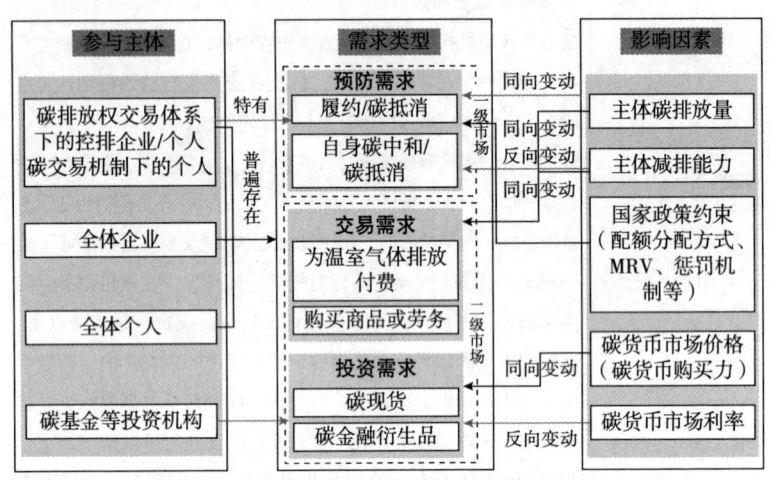

| 参与主体 | 需求类型 | 影响因素 |
|---|---|---|
| 碳排放权交易体系下的控排企业/个人<br>碳交易机制下的个人 | **预防需求**<br>履约/碳抵消（同向变动）<br>自身碳中和/碳抵消（同向变动，反向变动） | 主体碳排放量（同向变动）<br>主体减排能力（反向变动）<br>国家政策约束（配额分配方式、MRV、惩罚机制等） |
| 全体企业<br>全体个人 | **交易需求**<br>为温室气体排放付费<br>购买商品或劳务 | 碳货币市场价格（碳货币购买力）（同向变动） |
| 碳基金等投资机构 | **投资需求**<br>碳现货（同向变动）<br>碳金融衍生品（反向变动） | 碳货币市场利率（反向变动） |

图1-8 碳货币的参与主体、需求类型与影响因素

资料来源：根据《碳货币的研究——基于补充货币的视角》（张旭）整理。

第一，预防需求又称排放需求，主要是指经济单位持有碳货币用于生产活动或消费活动中温室气体排放的需求。在各国碳排放权交易体系或碳税机制下，预防需求是控排企业为避免惩罚而产生的履约以及碳抵消需求，在自愿碳减排的市场中，企业和个人可能不受履约义务约束，但有追求自身碳中和或碳抵消的需求。企业或个人预防需求的大小与企业生产产量（对个人而言是生活消费活动中所产生的碳排放量）是同方向变化的，与自身碳减排能力（包括碳减排成本和技术，对个人而言是采取低碳行为的能力和花费）是反方向变化的，并受国家政策约束（包括碳配额分配方式，监测、报告与核查机制，履约期违约的惩罚机制等）的影响。

第二，碳货币的交易需求是一种消费需求，在碳货币制度完全建立的情况下，碳货币和官方发行的货币作为财富的象征，共同构成了消费者的可支配收入，消费者通过个人的低碳行为等途径所获得的碳货币越多，消费者的可支配碳货币收入越高，消费者的消费倾向越大。碳货币的交易需求主要体现在两个方面：一是对企业和个人在生产消费过程中所造成的温室气体排放进行付费，例如在个人碳交易机制中，个人和家庭在乘坐非清洁能源的交通工具时，需要从碳账户中支付相应数量的碳货币；二是在商品交易市场支付商品和劳务的交换价值，例如在碳普惠平台中，用户通过节能减排行为赚取的碳货币，可在碳币商城交换消费用品或购买劳务。

第三，碳货币的投资需求是经济单位将碳货币看作一种具有价值的金融类资产，通过在二级市场出售来获得额外收入的需求。在碳配额交易市场中，碳减排成本低的控排企业节约碳配额并在碳市场中按公允价格出售可获得额外收益，碳基金、做市商等机构通过购买多余的碳配额或项目核证减排量再转售出去，可从买卖差价中获益；控排企业、减排项目开发者、个人投资者、碳基金等都可以拥有碳货币的投资需求。

从金融资产的角度看待碳货币，碳市场既是金融市场也是货币市场。碳信用的市场交易价格既是交易性金融资产的价格，也是碳货币与官方货币的兑换价格；既是碳货币购买力高低在货币市场的反映，也是碳货币内在价值在商品交换市场的价值量表现。因此，碳货币的交易价格（购买力）与碳货币需求呈现正向相关。当存在碳货币的跨期借贷情形时，其市场利率将反向影响碳货币的需求量。

企业与个人普遍存在的碳货币需求，使建设碳账户体系成为一项必要的金融基础设施。简言之，碳账户是以碳货币为核心的金融制度创新，通过对用户碳排放水平及持有碳资产的核算、登记与管理，支持用户实现对碳货币的预防需求、交易需求与投资需求，逐步实现碳账户作为价值尺度、储藏手段、支付工具、流通媒介等的内在职能。

随着碳交易市场快速发展，碳金融的内涵和外延也在不断加深和拓展，逐步形成包含宏观框架，以及微观层面覆盖一级与二级市场、融资服务市场、支持服务市场等在内的多层次碳市场体系（见图1-9）。碳市场的不断发展及碳金融创新，将推动碳交易的核心标的不断提高其信用化与货币化的程度。货币化的碳资产不仅可作为流通手段，承担商品交换的媒介，同时还是一种生态资产和权利商品，扮演着特殊经济发展阶段支持温室气体减排和可持续绿色经济发展的角色，最终形成包含调节机制、发行机制、流通机制、生态补偿机制在内的完备的碳货币运行架构。

未来，持有碳资产的需求将不再局限于一级市场的预防性需求（碳排放履约、碳中和等）或以预防为目的的二级市场的交易需求，而是拓展至以投资为目的的碳衍生品交易需求、作为商品或劳务交换媒介的交易需求，以及融资服务市场的资产管理需求等。从更长远的视角来看，碳资产有望成为一种补充货币形式，建立以碳为基础的国际货币体系，充分发挥碳资产可以作为记账单位、价值储存及交易媒介的货币属性。

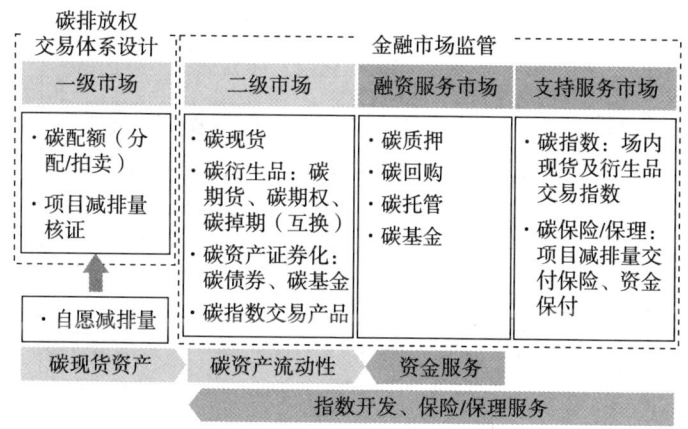

图 1-9 碳金融市场的层次结构

资料来源：根据《中国碳金融市场研究》（绿金委碳金融工作组）整理。

除了作为用户碳排放及拥有碳资产的"账簿"，碳账户还应该提供满足碳货币活动的功能与服务，其中覆盖的碳货币活动包括发生在碳交易一级市场的碳货币创造、履约及碳抵消，发生在二级市场（包括碳交易市场及商品交易市场）的交易及投资活动，以及发生在融资/支持服务市场的碳资产管理、碳保险、储存与借贷等活动，相关的支持服务包括碳排放与碳资产的登记确权、存管和托管、交收或转账、清算和结算[①]，以及建立不同区域、不同性质、不同功能市场之间的碳交易连接等。其中，登记确权是指通过登记来确认对碳资产的权属；存管和托管是指把碳资产交给某一专门的机构保管，并完成一系列与存管相关的经济活动；交收或转账是指实现碳资产在账户之间的转移；清算和结算是指实现碳资产转让和相关债权债务的最终结清（见图 1-10）。

---

① 周诚君.我们需要一个什么样的碳市场[J].现代金融导刊，2022（8）.

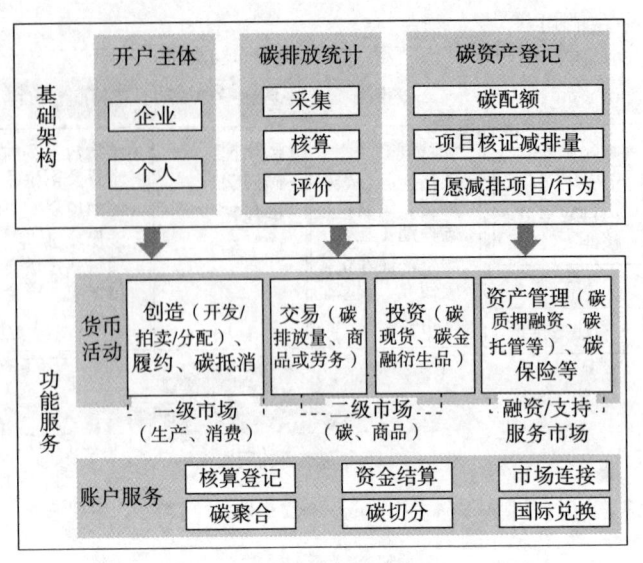

图1-10 碳账户的体系架构

基础架构：
- 开户主体：企业、个人
- 碳排放统计：采集、核算、评价
- 碳资产登记：碳配额、项目核证减排量、自愿减排项目/行为

功能服务：
- 货币活动：创造（开发/拍卖/分配）、履约、碳抵消；交易（碳排放量、商品或劳务）；投资（碳现货、碳金融衍生品）；资产管理（碳质押融资、碳托管等）、碳保险等
  - 一级市场（生产、消费）
  - 二级市场（碳、商品）
  - 融资/支持服务市场
- 账户服务：核算登记、碳聚合、资金结算、碳切分、市场连接、国际兑换

　　为配合碳市场运行及主体碳货币需求的实现，碳账户需要提供便利、高效的功能服务。一方面，碳账户需要充分覆盖所有现在的和潜在的碳资产持有者，这意味着碳账户的建设平台需要有足够多的网点和强大的运营系统支撑；另一方面，碳账户的运营平台需要充分保障及时、高效的碳资产交易结算及资金清算服务，以满足市场快速、多方位流通的需求。

　　从主体来看，碳账户包括企业及个人两类开户主体。二者在碳账户的功能和属性上是一致的，都是记录账户主体即企业或个人的碳排放情况，但在具体测算中，企业碳账户侧重于记录主体的完整碳排放情况，而由于个人的间接排放占比较高，在当前核算方法学的支持下，个人碳账户侧重于记录主体的碳减排情况。因此，企业碳账户更注重通过科学的核算方法学准确记录企业的碳排放，在碳资产记录方面，要尽可能覆盖包括碳配额、项目核证减排量及自愿碳减排项目在内的全部碳资产；而个人碳账户更注重建立各方参与的碳普惠机制来激励个人的碳减排行为，碳账户平台要与拥有个人能源消费等碳排放的数据源建立数据对接，并采用科学有效的方法论将获取的消费数据转化为碳排放量数据。

第二章

## 碳账户：发展路径与案例

为了应对气候变化，国际社会不仅在生产端建立碳交易机制构建碳减排体系，同时也在消费端进行积极探索实践，产生了欧洲个人碳交易机制和日、韩积分制度下的消费端碳账户典型创新案例，为后来碳账户的发展提供了重要的借鉴意义。我国自"双碳"目标确立以来，碳账户因其多方合作、精准核算、客观评价等功能优势引起了越来越多政府与机构的关注，地方政府、银行业、互联网企业等加大了在碳账户领域的实践探索力度，碳账户建设呈现加速爆发态势和多点开花局面。通过分析国内个人碳账户和企业碳账户的实践案例，可以对不同主体和类型的碳账户建设要点进行总结和提炼，并对未来的发展趋势进行科学性的预判和展望。

# 一、国外碳账户案例

对所有国家而言，居民部门的碳减排都是重要且充满挑战的环节。随着生产端碳排放权交易市场逐步建立，政策制定者开始考虑在消费端引入类似的市场化调节机制，提高居民的碳减排意识，提升社会整体的减排效应。英国、澳大利亚、芬兰等国家相继开展了一系列与居民部门碳排放交易机制相关的研究；日本、韩国则尝试通过构建绿色环保积分制度、低碳信用卡等手段，将居民碳账户、经济奖惩等运用在居民绿色消费的促进活动实践中。

## （一）英国：个人碳交易

英国作为应对气候变化的积极参与国之一，在个人端的碳减排呼声一直很高。1996年，英国学者大卫·弗莱明首次提出个人碳交易的概念，即一种在"限额和交易"框架下针对下游消费者层面的碳减排政策，这种方法通过构建个人碳市场界定消费者的碳产权，从而将消费者私人碳排放的外部性进行内部化，借由碳排放权价格向消费者传递经济减排信号，激励消费者选择低碳的消费方式。[①]2004年，有国会议员建议，应引进家庭碳排放交易机制，设置国家碳排放最高限额。尽管该提议未获通过，但政府层面关注个人碳交易的序幕就此拉开。

个人碳交易被认为是具有社会接受度及碳减排潜力的政策选择之一，[②]学术界围绕个人碳交易实施的效率、效果、公平性、实施成本、技术可行性、公众接受意愿等方面开展了大量讨论。

---

① 王善勇，李军，范进，等.个人碳交易视角下消费者能源消费与福利变化研究［J］.系统工程理论与实践，2017（6）.
② Fawcett T. Personal carbon trading: A policy ahead of its time?［J］. Energy Policy, 2010, 38（11）: 6868–6876.

然而，由于个人碳交易会对居民消费行为产生影响，同时运转成本过高，因此面临较大的社会道德及法律层面的约束，至今全球范围内尚无国家推行大规模的个人碳交易计划。除英国的可交易能源配额（TEQ）计划和个人碳配额（PCA）计划曾长期处于政府审查阶段并最终被否定外，大多数国家的大范围个人碳交易计划均停留在设想阶段。各国家或地区个人碳交易方案的思路大致相同，包括个人或家庭定期免费获得碳配额，根据消费活动计算碳配额的扣减量，允许碳配额交易，个人或家庭可获得的碳配额总量通常逐年减少以推动减排等（见表2-1）。

表2-1 各国家或地区个人碳交易方案

| 方案 | 国家或地区 | 覆盖范围 | 设计思路 |
| --- | --- | --- | --- |
| 可交易能源配额 | 英国 | 能源使用及个人旅行（不包括航空） | 设定未来20年的年度碳排放限制，并按周发放给居民。其中，40%为免费获得，每位居民可获得的免费碳配额相等，其余60%为拍卖销售。居民在家庭能源使用、外出旅行等领域消耗能源时，将根据能源的碳排放等级扣减相应的碳配额；碳配额允许交易 |
| 上限和份额 | 爱尔兰 | 全部经济活动 | 由独立委员会设定全国碳排放上限，爱尔兰的每个成年公民定期获得等量的碳配额。在个人购买或使用化石燃料时，须将自身碳配额出售给化石能源开采商，化石能源开采商向国家上缴与自身销售等量的碳配额 |

续表

| 方案 | 国家或地区 | 覆盖范围 | 设计思路 |
| --- | --- | --- | --- |
| 个人碳配额 | 英国 | 家庭能源消费和个人旅行（包括航空） | 为家庭能源使用及航空旅行碳排放量设定国家上限，碳配额平均分配给每个居民。每个居民在购买电力、天然气、运输燃料等相关商品或服务时需要扣减与之等量的碳配额 |
| 居民碳交易 | 美国加利福尼亚州 | 家庭能源消费 | 为家庭能源使用设定年度碳排放量上限，并通过公用事业服务提供商将碳配额存入每个用户的碳账户，以人均等量分配的方式将碳配额分配给每个家庭。公用单位根据能源使用情况定期扣除相关碳配额量。履约期结束时，政府将要求公用事业部门上缴与销售能源等量的碳配额 |
| 可交易的交通碳许可 | 法国 | 私人交通运输 | 为私人交通工具的碳排放量设定上限，并以平均或非平均的方式免费分配给所有人。居民每次购买燃料，其账户下的碳配额都将被监管机构等量扣除。参与者可以通过银行或加油站交易碳配额 |

资料来源：平安证券研究所。

## （二）澳大利亚诺福克岛：NICHE 实验

2012 年，在澳大利亚诺福克岛实施的 NICHE 实验，可被视为全球个人碳交易在较小范围内实践的先驱。NICHE 实验得到了澳大利亚研究理事会的资助，以及诺福克岛立法议会的支持，并由南十字星大学管理。

就个人碳交易而言，NICHE 实验主要研究分配碳配额并设置相应目标的方法是否有利于居民部门碳减排、个人碳交易系统是否被公众支持，以及能否成为一项强制性的减排工具。NICHE 机制的设计包含碳排放量监测核算、碳配额分配及碳交易三方面。碳排放量监测核算方面，主要监测个人对天然气、电力及燃料（主要是汽油）的消费量并核算能源消耗所造成的碳排放总量，其中，天然气、电力的消费数据来源于公共部门统计，燃料消费数据通过个人端采集；碳配额分配方面，参与家庭按季度统计碳排放量，并以实验开始后前两个季度的碳排放量作为基准碳排放量，碳配额分配在基准碳排放量的基础上逐期按比例减少；碳交易方面，允许居民之间开展碳交易，若碳配额超支，则居民须接受罚款；若碳配额有节余，则可以在银行兑换现金。在 NICHE 实验中，碳账户主要发挥碳排放量采集核算、碳配额记录及资金结算管理的功能。NICHE 实验中的碳账户活动架构见图 2-1。

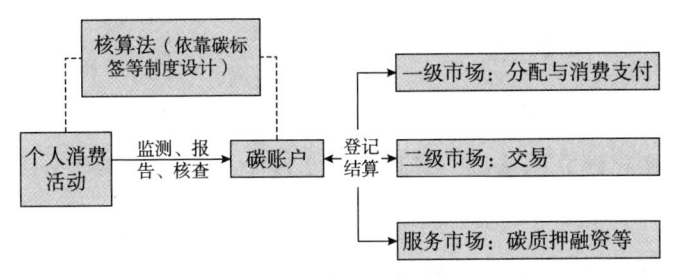

图 2-1 NICHE 实验中的碳账户活动架构

NICHE 计划实施后，诺福克岛的居民部门排放量有所下降，但实验结果的可靠性及完善性大打折扣，原因主要在于以下三点。

第一，由于居民是自愿参与而非强制参与，因此居民在消费过程中没有完全将自身的能源消费记录下来。尤其在燃油消费方面，虽然有小额的油价折扣，但在全部的参与者中，能够将80%的石油消费忠实记录下来的居民仅有38%，而有49%的参与者甚至无法确定自己究竟记录了多少，受此影响，NICHE计划在最终分析时不得不在燃油部分使用了记录比例在80%以下的参与人员数据，削弱了结果的可靠性。

第二，澳大利亚商业银行对NICHE计划兴趣寥寥，叠加公共事业单位数据披露以一季度为单位，从而无法通过商业银行获取实时的交易信息，这导致建立个人碳交易所需要的数据支持难以实现。

第三，NICHE计划对碳配额分配采取人均等量分配法，然而，在实验中研究机构发现，人均能源消费量实际与家庭成员数量呈现显著的负相关。因此，人均等量分配法被证明不利于规模较小的家庭。与此同时，诺福克岛缺乏完善的金融及税务体系，无法保障对小规模家庭进行适当的补偿，导致引入个人碳交易的尝试最终以失败告终。

但NICHE实践为碳账户的建设提供了宝贵的经验。碳核算是碳账户建立的基础，其目标是实现个人碳排放科学全面的统计，对于实践中较难获取或容易造假的数据，可以先聚焦于少量数据易获取的领域，并通过物联网、大数据等金融科技手段，提高数据统计体系的安全性及有效性；在碳履约、碳交易环节，碳账户主要承担碳排放量、碳配额与资金之间相关转化的登记结算服务功能，该环节的重点是基础功能体系的搭建，以及增加碳资产管理、碳资产贴现等服务功能。诺福克岛经济体量小，经济结构简单，自给程度高，与澳大利亚其他区域的经济往来非常有限，由于这些条件在全球绝大部分地区无法满足，所以诺福克岛的个人碳交易经验难以应用到全球其他地区。

## （三）芬兰拉赫蒂市：CitiCAP App

由于碳配额核算及分配在实际操作中存在较大困难，完整的个人碳交易计划推行面临阻碍，因而部分地区开始尝试个人碳交易的新模式。例如，聚焦部分数据易获取的领域，而非全部居民碳排放领域，在进行碳配额分配时，进行更加灵活的调整。

芬兰拉赫蒂市的目标是到2025年实现碳中和，比芬兰的国家目标以及大多数其他国家城市所制定的目标提前了十余年。为推动消费端碳减排，拉赫蒂市2018年推出其公民共创的上限及交易系统（CitiCAP）应用程序（App）试用版，是个人碳交易在交通领域创新应用的典型案例。活动中，芬兰政府通过使用CitiCAP App，监测参与者的日常交通方式，并激励他们使用可持续的城市交通工具。CitiCAP App通过用户手机内置的全球定位系统（GPS）感测元件实时监测用户的出行方式，根据速度识别用户乘坐何种交通工具，并结合出行时间和出行距离等，计算个人交通领域的碳排放量。CitiCAP App的设计思路主要有五项特色。第一，在碳配额方面，项目中个人碳配额并非人均等额分配，而是根据个人的生活情况进行调整，每周发放一次，若居民行动不便或居住地距离基础设施较远，则可以获得更多的碳配额；第二，在数据记录方面，系统以GPS感测元件监测的出行速度为依据，判断居民使用何种交通工具，在一定程度上提高了数据记录的科学性；第三，在碳交易方面，参与者直接与后台数据库进行交易，系统充当中央对手方的角色，碳价格随着供需环境变化而波动，用户每周的交通数据会被折算为碳排放总额，若实际碳排放总额低于参与者的碳配额，盈余配额将自动出售给系统并兑换成虚拟欧元，若实际碳排放总额高于参与者的碳配额，亏损部分将在参与者的虚拟欧元中扣除；第四，在碳价格方面，碳价格仍然随着供需环境的变化而波动，虚拟欧元价格受碳配额总量的供需影响，所有参与者的盈余越多，则碳价格越低，反之则越高；第五，在激励机制方面，在使用试用版期间参与者只会获取激励，无须承担损失，碳账户每四周结算一次，如果使用者通过步行或骑自行车代替开车，则该 App 会自动奖励虚拟硬币，净赚取虚拟欧元的参与者可以在 App 内使用虚拟欧元购买当地公交车票、健身卡、咖啡或公共游泳池门票等。

CitiCAP App 项目自 2019 年起开始筹备，2020 年 5—10 月正式运行。其在运行期间创建了 2 500 个用户身份识别码（ID），其中有 100~350 个活跃用户，主要用户画像为 50 岁以下、高教育水平、高收入的群体。此外，约有 150 名参与者被划分进对照组，用以考察 CitiCAP App 下的个人碳交易机制是否能够有效激励用户改变交通通勤方式。结果显示，CitiCAP App 的碳价格机制对参与者交通方式的影响有限，但约 36% 的调查者表示，在使用 CitiCAP App 后，由于希望完成碳减排行动，其交通活动变得更环保了，说明碳排放意识及社会效应对参与者的碳减排行为有较好的影响。

## （四）日本：环保积分制度

日本作为一个国土面积较小、海岸线较长的岛国，能源资源十分匮乏，且深受气候变暖的影响。同时，日本还是一个能源消费大国，很多关键资源依赖进口，因此日本政府对各领域的节能减排都非常重视。

2009年5月15日至2010年3月底，日本推出一项环保积分制度，以国家财政经费鼓励支持个人消费者购买环保家电。具体的方式是，日本国民购买"统一节能标签"四星以上的空调、电冰箱或电视，可获得商品价格5%~10%的环保积分，所得积分可用于换购指定的节能产品或服务，包括商品券、乘车卡、地方特产、达到环保标准的家用电器等，兑换比例为1积分相当于1日元。在环保积分制度实施期间，日本的空调、电冰箱、电视的销售量大幅增长，2009年和2010年，这三类家电产品的合计销量增幅分别达24%和43%；同时，由于节能家电的推广和普及，日本年二氧化碳排放量减少了270万吨。

2011年，日本环境省进一步拓宽环保积分行为的来源，将公害防治管理（如化学物质管理）、循环活动（如垃圾处理）和自然保护活动（如生物多样性保护）等行为也纳入了环保积分制度。从2012年开始，环保积分制度的主导主体由日本政府变为民间企业，由民间企业进行主要出资和管理。[①]2021年，日本进一步推广环保积分制度的应用范围，新型积分的发放由地方政府

---

① 中国碳中和50人论坛.个人碳账户研究设计报告[R].杭州：低碳科技馆，2022.

和企业负责。

目前，环保积分制度仍在日本延续，这项制度虽然没有建构碳账户的表现形式，但已经形成衡量个人绿色消费行为、量化行为碳减排贡献、辅助积分兑换交易的碳账户实质。日本环保积分制度借用市场力量，将强化环保、刺激消费和鼓励节能减排深度融合，在实现消费端节能减排的同时，也带动了国家绿色产业的发展。

## （五）韩国：碳银行卡与碳积分制度

2008年，韩国光州银行向自愿参与项目的家庭发放碳银行卡（见图2-2），若持卡人及其家庭成员在持卡后的六个月内，相比持卡前两年，水、电、天然气的平均使用量减少5%及以上，或是购买指定的环境友好型产品、出行搭乘公共交通等，就能获得一定量的碳积分，该积分可用于购买绿色家庭用品，或在国家公园、特定区域内的其他景点享有折扣。在2008年该项目刚开始时，参与家庭数量约为2万户；5年后，参与家庭数量上升到33万户，覆盖了光州市约62%的家庭。

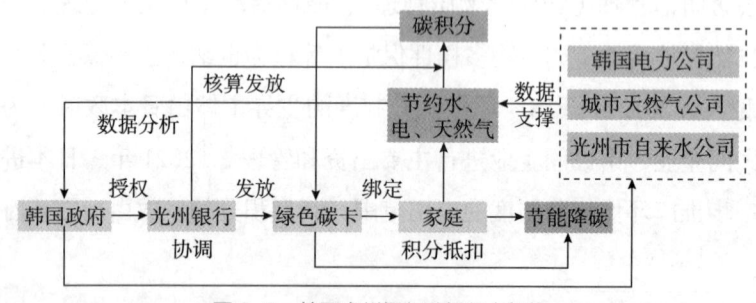

图2-2　韩国光州银行碳银行卡架构

资料来源：刘国辉，陈芳.碳普惠制国内外实践与探索［J］.金融纵横，2022（5）：59-65。

2009年，韩国开始正式实施碳积分制度，以2007—2008年家庭、商业设施、公共机构等平均能源使用量为基准，对于节约10%以上的水、电和天然气使用量的居民，奖励相当于7万韩币的积分，积分可用于购买绿色产品，领取购物券、交通卡，在旅游、文化、体育等领域享受打折服务，也可以直接返现或用来抵消地方税。活动得到了韩国民众热烈的响应，2009—2012年，韩国17个城市的约291万户家庭参与了这项活动，合计减排50.7万吨温室气体。

与日本的环保积分制度相比，韩国的实践扩大了绿色消费的统计范畴，将更为集中的用能、用水活动纳入居民碳排放中，环保效果更加显著。但同时，这也对管理者提出了更高的要求，例如，如何统计用户的用能、用水数据，以及如何将其转化为碳减排量的衡量，并给予恰当的积分奖励，成为制度设计的关键。从效果来看，日本的环保积分制度与韩国的碳积分制度都获得了民众广泛的支持，侧面反映出这种消费减排的新形式有助于激发个人参与环保活动的积极性。

# （六）小结

整体而言，欧洲国家的消费端碳减排实践更倾向于个人碳交易机制的研究设计，希望在居民部门也建立类似于企业部门的碳配额约束机制，通过碳交易调节居民端的碳排放活动，而日本、韩国则更倾向于普惠式的运作方式，着重通过财政或商业激励，促进居民选择绿色低碳的生活消费方式。从实践效果来看，欧洲碳账户的应用广度与深度都明显低于日、韩，在一定程度上反映出居民端不同于企业端的特点，对个人而言，奖励的效果要明显优于惩罚，这或许能够为碳账户方案的设计提供一些参考价值。

## 二、国内碳账户现状

据不完全统计，国内不同类型的组织与机构已先后发布碳账户类项目 70 余个（包含部分已停运的早期项目）。其中，最早的碳账户尝试可以追溯到 2010 年兴业银行、光大银行所创设的"低碳信用卡""绿色零碳信用卡"产品，随后，以广东省、武汉市、南京市等地方政府及支付宝等头部互联网企业主导的碳账户项目为代表，国内的碳账户体系一方面逐步形成相对完整的机制架构，探索出碳账户建设的核心环节；另一方面也在培育可持续的商业模式方面展开了更多尝试与创新。2020 年"双碳"目标的提出和 2022 年初国家发展改革委等部门印发《促进绿色消费实施方案》作为两个标志性时点，引发了碳账户创设的两轮高潮。从发布时间看，在 2020 年国家发布"双碳"目标前，上线碳账户数量为 12 家，并以广东省、武汉市、南京市等地方政府为主；2020—2021 年，新增 20 多家碳账户平台，主要以美团、高德地图、哈啰单车等互联网企业和北京市、成都市、青岛市、重庆市等地方政府为主导；2022—2023 年，新增以商业银行、互联网企业和地方政府为主导的 40 多家碳账户平台，碳账户建设呈现加速爆发态势和多点开花局面。此外，自 2021 年以来，银行业已发行低碳主题信用卡超 24 张。现阶段，开发创新个人碳账户已成为各家平台企业和地方政府的普遍共识。

按时间先后顺序排列的国内碳账户项目记事表见表 2-2。

表 2-2 国内碳账户项目记事表

| 机构类型 | 主导机构 | 产品名称 | 发布时间 |
| --- | --- | --- | --- |
| 银行业 | 兴业银行 | 低碳信用卡 | 2010 年 1 月 |
| | 光大银行 | 绿色零碳信用卡 | 2010 年 3 月 |
| 地方政府 | 广东省发展改革委 | 广东碳普惠 | 2015 年 7 月 |
| | 深圳市政府 | 绿色出行碳账户 | 2015 年（2020 年 5 月暂停运营） |
| | 武汉市发展改革委 | 碳宝包 | 2016 年 6 月（2018 年暂停运营） |
| | 南京市政府 | 我的南京 | 2016 年 6 月 5 日 |
| 互联网 | 支付宝 | 蚂蚁森林 | 2016 年 8 月 27 日 |
| 地方政府 | 北京市发展改革委 | 我自愿每周再少开一天车 | 2017 年 6 月 1 日 |
| 地方政府 + 银行业 | 中国人民银行衢州市中心支行[①] | 个人碳账户 | 2018 年 |
| 地方政府 | 成都市政府 | 早点星球 | 2018 年 |
| | 河北省发展改革委 | 河北碳普惠 | 2018 年 10 月 |
| | 无锡市政府 | 碳时尚 | 2020 年 7 月 |
| 地方政府 + 互联网 | 北京市交通委、高德地图 | 绿色出行碳普惠 | 2020 年 9 月 |
| 地方政府 | 泸州市政府 | 绿芽积分 | 2020 年 12 月 29 日 |
| | 西宁市环保局 | 西宁碳积分 | 2021 年 2 月 |
| 企业 | 国家电力投资集团 | 低碳 e 点 | 2021 年 4 月 |
| 地方政府 | 甘肃省政府 | 丝路碳惠 | 2021 年 4 月 |

---

[①] 中国人民银行衢州市中心支行碳账户体系最初由当地银行各自建设，2020 年后统一为一套标准，目前衢州碳账户体系覆盖全市 25 家商业银行，包括工、农、中、建、交等国有大行，浦发银行、中信银行、华夏银行等股份制银行，以及柯城农村商业银行、衢江农村商业银行、杭州银行等地方银行。

续表

| 机构类型 | 主导机构 | 产品名称 | 发布时间 |
|---|---|---|---|
| 地方政府 | 成都市政府 | 碳惠天府 | 2021年5月13日 |
| 互联网 | 美团 | 数字人民币碳中和试点 | 2021年6月 |
| 地方政府+银行业 | 中国人民银行青岛市中心支行 | 青碳行 | 2021年6月 |
| 银行业 | 济宁银行 | 个人碳账户 | 2021年7月 |
| 地方政府 | 苏州市政府 | 碳账本 | 2021年7月 |
| 互联网 | 碳阻迹① | 碳云Ccloud | 2021年7月9日 |
| 银行业 | 中国银联② | 银联绿色低碳主题卡 | 2021年8月 |
| 银行业 | 浦发银行 | 低碳信用卡 | 2021年8月 |
| 银行业 | 江苏银行 | 低碳信用卡 | 2021年8月 |
| 银行业 | 中国银行 | 低碳信用卡 | 2021年10月 |
| 银行业 | 交通银行 | 低碳信用卡 | 2021年10月 |
| 银行业 | 邮储银行 | 低碳信用卡 | 2021年10月 |
| 银行业 | 建设银行 | 低碳信用卡 | 2021年11月 |
| 银行业 | 上海银行 | 低碳信用卡 | 2021年11月 |
| 地方政府 | 青岛市政府 | "便捷青岛"碳普惠平台 | 2021年8月26日 |
| 互联网 | 哈啰单车 | 碳路者计划 | 2021年9月 |
| 地方政府 | 重庆市政府 | 碳惠通 | 2021年9月14日 |
| 地方政府 | 江西省政府 | 江西碳普惠 | 2021年10月1日 |
| 互联网 | 顺丰 | 绿色碳能量 | 2021年11月 |
| 地方政府+互联网 | 深圳市生态环境局、腾讯 | 低碳星球 | 2021年12月 |

① 碳阻迹已为上百家知名企业提供碳账户管理服务,例如星巴克、保时捷、北汽集团、百度等。
② 中国银联低碳信用卡合作银行包括工商银行、农业银行、中国银行、建设银行、交通银行、邮政储蓄银行、浦发银行、平安银行、兴业银行、上海银行、浙商银行、江苏银行、福建农村信用社、广东农村信用社、重庆农村商业银行、齐鲁银行及广州银行。

续表

| 机构类型 | 主导机构 | 产品名称 | 发布时间 |
|---|---|---|---|
| 互联网 | 闲鱼 | 碳积分 | 2022年1月 |
| 地方政府 | 湖州市政府 | 碳达人 | 2022年3月 |
| 银行业 | 昆仑银行 | 碳账户 | 2022年3月 |
| 银行业 | 日照银行 | 碳普惠平台 | 2022年3月 |
| 互联网 | 菜鸟物流 | 绿色家园 | 2022年3月21日 |
| 地方政府 | 浙江省政府 | 浙江碳普惠 | 2022年3月29日 |
| 互联网 | 饿了么 | e点碳 | 2022年4月 |
| 企业 | 国网英大碳资产[①] | 企业碳账户 | 2022年4月 |
| 银行业 | 中信银行 | 中信碳账户 | 2022年4月22日 |
| 银行业 | 平安银行 | 低碳家园 | 2022年5月10日 |
| 互联网 | 京东 | 青绿计划 | 2022年5月 |
| 地方政府 | 天津市政府 | 津碳行 | 2022年6月 |
| 地方政府 | 广州市花都区 | 企业碳账户 | 2022年6月 |
| 地方政府+企业 | 深圳市生态环境局、南方电网 | 个人"碳普惠" | 2022年6月 |
| 银行业 | 中国邮政储蓄银行湖南省分行 | C邮记 | 2022年6月24日 |
| 银行业 | 北京银行 | 京碳宝 | 2022年6月22日 |
| 银行业 | 浦发银行 | 低碳账户 | 2022年7月 |
| 互联网 | 阿里巴巴 | 88碳账户 | 2022年8月8日 |
| 地方政府 | 北京市政府 | 绿色生活季 | 2022年8月10日 |
| 银行业 | 汉口银行 | HKB绿色星球 | 2022年8月25日 |
| 地方政府 | 重庆市政府 | 星火·链网（绿色金融）碳账户 | 2022年8月 |
| 企业 | 广汽丰田 | 风云绿动 | 2022年8月 |
| 银行业 | 桂林银行 | G+低碳达人 | 2022年9月 |

① 民生银行借助国网英大碳账户体系创新"碳e贷"产品支持小微企业绿色融资。

续表

| 机构类型 | 主导机构 | 产品名称 | 发布时间 |
| --- | --- | --- | --- |
| 银行业 | 建设银行 | 个人碳账本 | 2022年9月 |
| 地方政府 | 宁夏回族自治区政府 | 宁夏碳普惠 | 2022年9月 |
| | 山西省政府 | 三晋绿色生活 | 2022年9月 |
| 银行业 | 渤海银行 | 个人碳账户"渤碳庄园" | 2022年10月 |
| 互联网 | 曹操出行 | 碳惠里程 | 2022年10月 |
| | 碳阻迹 | 碳账户 | 2022年10月 |
| 银行业 | 青岛农商行 | 碳惠通 | 2022年10月 |
| | 工商银行 | 碳账簿 | 2022年11月 |
| 地方政府 | 苏州工业园区管委会 | 碳普惠 | 2022年11月16日 |
| | 安徽省政府 | 碳账本 | 2022年12月20日 |
| | 北京绿色交易所 | 企业碳账户和绿色项目库系统 | 2022年12月22日 |
| 互联网 | 法大大 | 签约减碳（场景） | 2022年12月 |
| 企业 | 北汽集团 | 员工碳账户 | 2022年下半年 |
| 地方政府 | 上海市环保局 | 上海碳普惠 | 2023年1月 |
| 银行业 | 上海银行 | 碳积分（员工碳账户） | 2023年1月 |
| | 甘肃银行 | "碳积分"账户 | 2023年2月 |
| | 光大银行 | 绿色低碳信用卡和"低碳减排·绿色生活"专区 | 2023年3月 |
| 企业 | 满帮 | 碳路计划 | 2023年6月 |
| 地方政府 | 山东省环保厅 | 山东碳普惠 | 2023年7月 |
| 银行业 | 招商银行 | 碳寻星空 | 2023年7月 |
| 企业 | 南方航空 | 绿色飞行专区 | 2023年7月 |

按照主导机构类型及用户主体对碳账户分类见图2-3，根据

主导机构的不同，可分为地方政府、银行业及互联网企业主导三大类；根据用户主体不同，可划分为个人碳账户和企业碳账户。不同政府和机构充分发挥各自的资源禀赋与专业能力，创设出具有各自特色的碳账户产品。

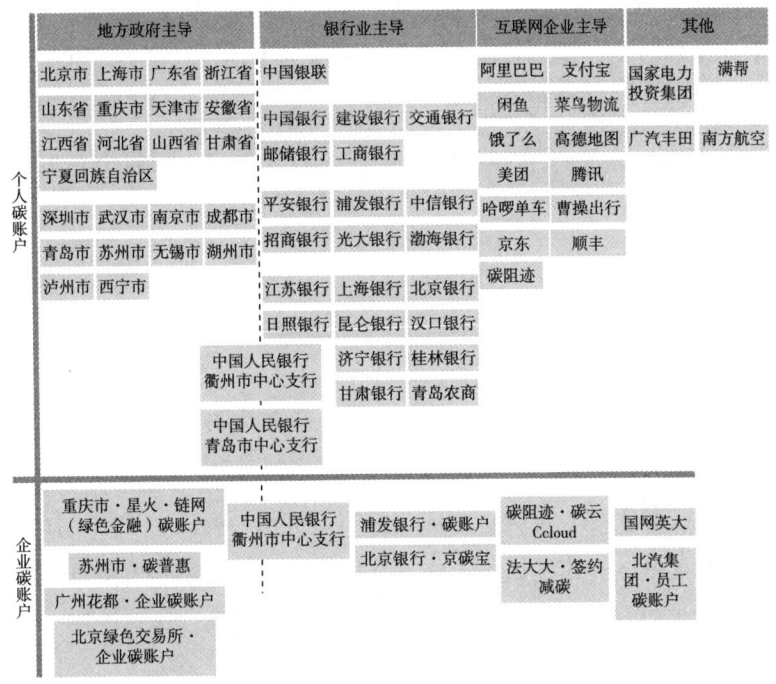

| | 地方政府主导 | 银行业主导 | 互联网企业主导 | 其他 |
|---|---|---|---|---|
| 个人碳账户 | 北京市 上海市 广东省 浙江省<br>山东省 重庆市 天津市 安徽省<br>江西省 河北省 山西省 甘肃省<br>宁夏回族自治区<br>深圳市 武汉市 南京市 成都市<br>青岛市 苏州市 无锡市 湖州市<br>泸州市 西宁市 | 中国银联<br>中国银行 建设银行 交通银行<br>邮储银行 工商银行<br>平安银行 浦发银行 中信银行<br>招商银行 光大银行 渤海银行<br>江苏银行 上海银行 北京银行<br>日照银行 昆仑银行 汉口银行<br>中国人民银行 济宁银行 桂林银行<br>衢州市中心支行 甘肃银行 青岛农商<br>中国人民银行<br>青岛市中心支行 | 阿里巴巴 支付宝<br>闲鱼 菜鸟物流<br>饿了么 高德地图<br>美团 腾讯<br>哈啰单车 曹操出行<br>京东 顺丰<br>碳阻迹 | 国家电力 满帮<br>投资集团<br>广汽丰田 南方航空 |
| 企业碳账户 | 重庆市·星火·链网<br>（绿色金融）<br>碳账户<br>苏州市·碳普惠<br>广州花都·企业碳账户<br>北京绿色交易所·<br>企业碳账户 | 中国人民银行<br>衢州市中心支行 | 浦发银行·碳账户<br>北京银行·京碳宝 | 碳阻迹·碳云<br>Ccloud<br>法大大·签约<br>减碳 | 国网英大<br>北汽集<br>团·员工<br>碳账户 |

图2-3 按照主导机构类型及用户主体对碳账户分类

## （一）国内个人碳账户案例

与国外相比，我国发展碳账户助力消费侧碳减排具有天然优势。首先，碳账户作为消费端碳减排政策引导的工具手段，其落地不仅需要依靠强大的政策渗透力，也需要公民拥有遵守社会规范与认同的心理，中华文化强调集体主义和社会凝聚力，民众对政府的信任度也更高，因此碳账户在我国可能获得更高的接受度和支持率。其次，碳账户架构的搭建有赖于全社会数字化程度的发展，因为居民海量的能源消费及碳排放核算需要借助大数据、云计算、物联网、区块链等科技手段，以及政府部门、消费部门、支付部门之间数据的共享互联，才能实现自动化追踪与科学计量。目前，国内社会在互联网产业的带动下社会数字化程度发展较快，移动支付已成为我国社会主流的支付方式，因此可以动态追踪广大居民群体的绿色行为，为碳账户建设打下良好的基础。

## 1. 地方政府主导类

2010年，国家发展改革委发布《关于开展低碳省区和低碳城市试点工作的通知》，提出首先在广东、辽宁、湖北、陕西、云南五省和天津、重庆、深圳、厦门、杭州、南昌、贵阳、保定八市开展低碳省市的试点工作。在国家发展改革委布置的具体任务中，不仅有产业端结构调整等方面的规划措施，还首次提出了"积极倡导低碳绿色生活方式和消费模式"的转型方向，明确了地方政府在引导居民行为、培育绿色低碳文化方面的责任要求，推动各地区开启了有关生活端绿色转型政策措施的探索。

2014年，在我国碳交易试点启动运行一年后，时任广州碳排放权交易所总裁的靳国良最早提出了国内碳普惠机制建设的理论构想，即把碳交易的核心理念应用于民众的日常生活，遵循节能减排"人人有责、人人有利、人人有权"的原则，建立一套碳币信用体系，将公众的低碳行为以碳积分的形式量化并予以激励，从而更科学系统地设计和创新碳交易机制，体现碳交易的广泛性、公益性，使公民享受碳交易和低碳发展所带来的红利。

碳普惠机制的内在逻辑在于定量评估个人碳减排的贡献，运用市场机制和经济手段，对公众的自愿碳减排行为进行普惠性质的奖励，通过"谁减排谁受益"机制，激发个人践行绿色低碳生活的内在动力，培养形成绿色消费的社会氛围。在此之后，广东省、武汉市、南京市、北京市、成都市等地纷纷开展碳普惠机制及个人碳账户的创新实践。

### （1）广东省碳普惠机制

为引导工业领域节能减排，广东省于2013年启动了覆盖电力、钢铁、水泥、石化等重点工业企业的区域碳交易试点。2015年，为缓解生活消费领域不断增长的碳排放趋势，推进全社会低碳行动，广东省发展改革委印发《广东省碳普惠制试点工作实施方案》和《广东省碳普惠制试点建设指南》两份文件，标志着广东省成为我国最早试点实施碳普惠机制的省份。

广东省的碳普惠机制以社区、公共交通、旅游景区、节能低碳产品等为例制定了具体的试点建设方案，广东省也首次实现通过商业激励、信用激励及交易激励三种模式鼓励大众采取绿色生活方式。2017年，广东省制定出台《广东省发展改革委关于碳普惠制核证减排量管理的暂行办法》《广州碳排放权交易中心广东省碳普惠制核证减排量交易规则》等文件，进一步为碳普惠核证减排量的方法学开发、管理和交易等提供了法律依据，2019年上线首个城市碳普惠平台（见图2-4）。

| 1 试点场景与低碳行为 | 2 制度与方法学 | 3 激励方式 |
|---|---|---|
| ➤ 社区/小区：节约用电、节约用水、节约用气、减少私家车出行、垃圾分类回收等<br>➤ 公共交通：采用公共自行车、清洁能源公交、轨道交通方式出行等<br>➤ 旅游景区：乘坐环保车（船）、购买非一次性门票等<br>➤ 节能低碳产品：购买节能电冰箱、节能空调等节能电器或者购买低碳认证产品 | ➤ 制度体系：《广东省发展改革委关于碳普惠制核证减排量管理的暂行办法》《广州碳排放权交易中心广东省碳普惠制核证减排量交易规则》<br>➤ 方法学：森林经营碳普惠方法学、使用高效节能空调碳普惠方法学、使用家用型空气源热泵热水器碳普惠方法学等 | ➤ 信用/商业激励：以碳币兑换政策指标、享受公共服务优惠、兑换商业企业的产品或者服务优惠等<br>➤ 交易激励：符合条件的低碳行为减碳量经核证后可作为碳普惠自愿减碳量（PHCER），用于抵消控排企业配额，实现碳币的经济价值 |

图 2-4　广东省碳普惠机制设计

资料来源：广东省发展改革委。

广东省的碳普惠机制实践建立起较完整的个人碳账户，为后续个人碳账户的深化发展提供了最初的雏形。从中我们也可以了解碳普惠机制的关键环节以及不同环节的建设要点（见图 2-5）。

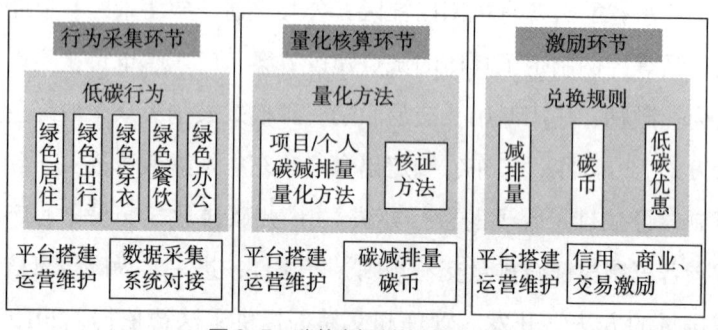

| 行为采集环节 | 量化核算环节 | 激励环节 |
|---|---|---|
| 低碳行为<br>绿色居住 \| 绿色出行 \| 绿色穿衣 \| 绿色餐饮 \| 绿色办公 | 量化方法<br>项目/个人碳减排量量化方法 \| 核证方法 | 兑换规则<br>减排量 \| 碳币 \| 低碳优惠 |
| 平台搭建运营维护 \| 数据采集系统对接 | 平台搭建运营维护 \| 碳减排量碳币 | 平台搭建运营维护 \| 信用、商业、交易激励 |

图 2-5　碳普惠机制的关键环节

首先，行为采集环节的关键在于如何获得全面的个人碳减排行为数据，由于个人端消费场景多样，行为性质与强度存在巨大差异，如何在不同消费场景下对个人行为进行准确记录，综合不同场景数据进行统一核算与计量，构成了在建立碳普惠机制时的初始挑战。其次，量化核算环节的关键在于如何准确地核算个人碳减排量，一方面，碳减排量衡量了当前行为对环境的客观贡献，需要以严谨科学的核算方式对行为进行评估，从而可以为消费者建立清晰的行为指引；另一方面，碳减排量的核算也需要合理界定基准行为标准，在此基础上判断行为改变如何减少碳排放，从而审慎判断低碳行为在当前条件下可实现的碳减排潜力。最后，激励环节的关键在于构建有效且可持续的激励方式，一方面，消费者自身出于对绿色消费理念的认同而自主选择低碳行为模式，需要通过加强全社会层面的绿色消费宣导来实现；另一方面，将施加外部约束或刺激，与个人碳减排计量相结合，可推动个人行为尽快发生改变。

**（2）深圳市生态环境局、腾讯公司"低碳星球"小程序**

深圳市作为改革开放的先行示范区，在推动市民低碳生活政策和实践方面也保持先试先行。2021年11月，深圳市出台《深圳碳普惠体系建设工作方案》，该方案致力于构建全民参与且持续运营的碳普惠机制，鼓励小微企业、社区家庭和个人作为最小参与主体，通过低碳行为数据平台与碳交易市场平台互联互通，以信用激励、商业激励、公益支持和交易赋值四驱联动为支撑，推动形成持久、普遍的绿色低碳生活方式。

2021年12月，深圳市生态环境局和腾讯公司联合发布碳普惠互动平台"低碳星球"小程序。"低碳星球"小程序分为9大主题星球，通过在微信内搜索"低碳星球"小程序，或在使用腾讯地图App、乘车码微信小程序后，可点击进入"低碳星球"；经用户授权后建立个人"低碳星球"碳账户。随着用户公共出行次数以及微信步数的增加，采用小游戏的方式不断累积用户成长值和个人碳账户的碳积分，通过游戏体验提升用户的产品感知度和参与意愿。2022年6月上线碳积分兑换功能，用户可将个人碳积分兑换成实物礼品或公益捐赠，比如参与守护深圳湿地公益项目，助力"蓝碳"保护。通过试点公益与激励相结合的方式，鼓励用户更多地践行公共交通低碳行为。

2022年12月，经深圳市生态环境局监管、第三方核查机构核证后，"低碳星球"小程序将用户积累的碳减排量挂牌至深圳排放权交易所完成首次交易，并以地铁乘车券的形式全额返还用户，这也是深圳市民个人碳普惠减排量的首次交易。从将用户的低碳行为科学量化为碳积分，到通过碳普惠核证减排量交易，再到将碳积分兑换成实实在在的权益返还给用户，形成了一个完整的碳普惠闭环，构建起"人人可减碳"到"人人碳普惠"的可持续发展模式。

"低碳星球"小程序采用地方政府与头部互联网公司合作的模式，地方政府以及深圳排放权交易所参与，这有助于推动完成减排量核证参与碳市场交易，形成碳普惠激励闭环；互联网公司腾讯的参与，充分发挥了腾讯的互联网技术，小程序的开发基于腾讯碳中和实验室研发的"碳普惠数字底座"，增加了碳积分兑换商店和公益捐赠入口，其中腾讯地图App是平台建设的重要数字工具。"低碳星球"平台体现了地方政府和互联网公司合作下的双方优势互补，上线半年多用户超百万，通过腾讯地图App

乘坐公交车或地铁，累计减少碳排放约 130 吨，相当于 260 亩[①]森林半年的减碳量。[②]"低碳星球"小程序被评为深圳 2021 年生态文明年度案例。

### （3）成都市"碳惠天府"

2020 年 3 月，成都市人民政府发布《关于构建"碳惠天府"机制的实施意见》，提出构建"公众碳减排积分奖励、项目碳减排量开发运营"的双路径碳普惠机制。项目主管部门为成都市生态环境局，运营实体为成都产业集团，碳减排量消纳的交易机构为四川联合环境交易所，三方实现闭环管理。

"碳惠天府"的建设和运营坚持政府引导、市场运作、社会参与、共享共建的工作思路。搭建公众和企事业单位均可参与的、政府授权的"碳惠天府"绿色公益平台，一方面对公众绿色出行、低碳消费、参与低碳环保活动等行为发放碳积分，通过积分兑换商品服务，引导公众践行绿色低碳生活理念，有效填补了成都作为超大城市践行绿色低碳行为参与平台的空白；另一方面，引导企事业单位实施节能改造、低碳管理、生态保护后开发出售碳减排量，并动员全社会积极践行社会责任，作为买方参与碳中和公益活动，形成碳减排量"开发消纳"闭环，助力项目路径与全国统一碳市场形成互补。

"碳惠天府"机制从提出到落地，经过两年的孵化建设，当

---

① 1 亩 ≈666.67 平方米。
② 央广网.个人碳积分也能做公益 深圳碳普惠平台"低碳星球"升级［EB/OL］. https://baijiahao.baidu.com/s?id=1734778701154227562&wfr=spider&for=pc, 2022-6-5.

前已具备一定的规模和品牌影响力。在方法学开发上，聚焦能源替代、资源节约和生态保护发布了8个碳减排项目方法学，成都市生态环境局陆续发布《成都市"碳惠天府"机制公众低碳场景评价规范（试行）》《成都市"碳惠天府"机制碳减排项目方法学（第一批）》等文件。通过绿色公益平台上线运营，完成了"碳惠天府"运营网站、小程序、公众号的建设，实现了积分获取、商品兑换、项目申报等核心功能，并持续丰富碳积分场景，其中包括线上场景15个、线下场景44个，同时，结合城市"三城三都"定位，除出行场景外，纳入餐饮、商超、A级旅游景区、星级旅游酒店等低碳场景，并在社区层面建立节水节能、新能源使用、垃圾分类投放等积分机制。此外，项目积极引入碳减排量核证并参与区域碳交易的机制，碳减排量项目开发和认购不断拓展。目前，已开展碳减排项目70余个，审核登记碳减排量11万份，160多家单位和115场会议活动通过认购"碳惠天府"机制碳减排量实现了碳中和与碳减排量的价值转换。

"碳惠天府"碳普惠机制"双路径"流程见图2-6。

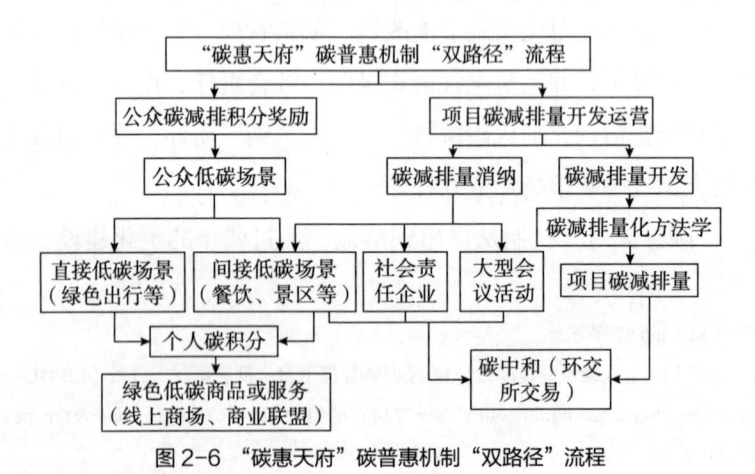

图2-6 "碳惠天府"碳普惠机制"双路径"流程

资料来源：成都市生态环境局，《成都市"碳惠天府"机制管理办法（试行）》。

### （4）武汉市"碳宝包"、南京市"我的南京"与北京市"绿色出行碳普惠"

2016年6月，武汉"碳宝包"项目上线运营，市民通过绿色出行方式兑换碳币，进而获取电影票、团购券等优惠券。但是，用户必须在绿色行为之后单独进行兑换操作才能获得碳币，导致用户对于碳币回报的期望值提高，而实际兑换的产品并不能满足用户期望，从而影响了用户留存度与活跃度，无法长期良性循环，项目最终在2018年停止运营。

"我的南京"是南京市政府为市民和企业推出的一站式在线公共服务App，各部门、各公用企事业单位、社会第三方服务机构共同参与，在2016年上线了"绿色积分"功能。根据项目的功能设计，绿色出行所对应的碳减排量可在北京环境交易所交易，所获得的资金全部用于提供南京市民在"我的南京"绿色出行频道中申请的碳积分奖励。

2020年9月，北京市交通委员会、北京市生态环境局联合高德地图App、百度地图App在北京出行即服务（MaaS）平台的基础上开展"绿色出行碳普惠"激励措施，系统自动根据《北京市低碳出行碳减排方法学（试行）》进行减碳量核算。项目与高德地图、百度等互联网企业合作，能够在短时间内获取大量用户；同时，系统操作便捷，用户参与的积极性更高，能够保持较高的用户活跃度。

### （5）绿普惠云—碳减排数字账本

绿普惠是一家碳普惠数字化服务商，为政府和企业提供碳减排数字化工具"绿普惠云—碳减排数字账本"（以下简称"碳账本"），通过整合个人、企业、政府各方资源，广泛动员公众参与，是数字化、低碳化条件下的新型社会企业。

"碳账本"是以中华环保联合会发布的团体标准《公民绿色低碳行为温室气体减排量化导则》（以下简称《导则》）为依托，"碳普惠合作网络"认可的第三方绿色生活减碳计量底层平台和多元碳普惠机制落地的数字平台。其运行模式是将每个公民在衣食住行用游等多个方面的被数字化企业记录下来的绿色行为（例如乘坐公交车或地铁、驾驶新能源汽车、垃圾分类、减少一次性用品的使用、购买节能家电等），授权"碳账本"进行碳减排量化和记录，形成政府、企业、个人三本账。"碳账本"把互不隶属的包括政府、企业、个人的有效资源、有效生产要素以数字化的方式集合起来，广泛联结各方成员，实现公众在衣食住行用游等方面跨场景、跨平台绿色行为的量化、记录、去重、融合和汇总，完成减排场景全覆盖，助力个人形成减排总账，帮助企业带动用户减排，协助政府了解全民减排情况，同时为政府决策提供支撑，通过激励个人减排行为取得了积极的社会影响，兼具公益性和商业创新性。

在碳普惠的发展进程中，以"碳账本"为载体的多元碳普惠机制将政府和企业融合在一起，将数字化企业所带动的公众减排量与政府、银行、大型企业等需求方和激励方有机衔接，实现了碳普惠供给与需求的对接，创新了碳普惠激励模式，形成了碳普惠碳减排量的消纳闭环，让公众的减排价值得以释放，推动实现碳普惠的可持续发展。

截至目前，"碳账本"已经应用在北京 2022 年冬奥会"低碳冬奥"、泸州市"绿芽积分"、北京市"绿色生活季"、山西省

"三晋绿色生活"等大型活动和地方级碳普惠平台，产生了良好的碳减排效果，累计减排人数超千万，减排次数超5亿次，累计减排量达30万吨。"碳账本"的建立极大地推动了绿色低碳生活方式的形成，进而推动了消费侧的绿色低碳转型。

（6）小结

地方政府主导的个人碳账户大多具有完善的顶层设计与政策体系，更注重核算过程的科学有效性以及与相关政策的协同性，具有自上而下的引导意义（见图2-7）。由于一般由地方政府部门发起，因此能够在一定区域内对居民形成较为全面的覆盖。在覆盖场景方面，政府部门的优势在于采集居民公共事业消费的数据，但在拓展其他领域低碳行为采集时，则需要与专业的第三方机构合作。在评价标准方面，地方政府通常会主动牵头推动相关领域碳减排量方法学的制定与完善，较好地保障了个人低碳行为的碳减排量评价的科学性，同时这些方法学还可供社会各界参考核算碳减排量。在激励提供方面，地方政府一方面结合商业与公益激励，以及补贴优惠等，为低碳行为个人提供种类相对丰富的权益，尤其是在市政及相关的便民服务方面提供优惠便利；另一方面则推动结合现有碳排放权交易体系，鼓励平台组织对用户碳减排量进行核证累积，经申报自愿核证碳减排量项目后，以项目形式入场交易并将交易收益返还给用户，为低碳个人提供市场化交易激励。

整体而言，政府主导碳账户的优势在于可信度高、公益性强，而且具有强大的动员能力，能提高社区、企业及其他社会组织的参与度。但同时也面临一些挑战，例如，各地区碳普惠机制不统一，仅本地居民参与，导致公众感知度低；政府本身仅掌握市政相关数据，消费场景数据采集受局限；各地区碳减排计量标准不统一，无法打通；市场化激励机制尚不完善，现有物质激励需要大量财政支持等。

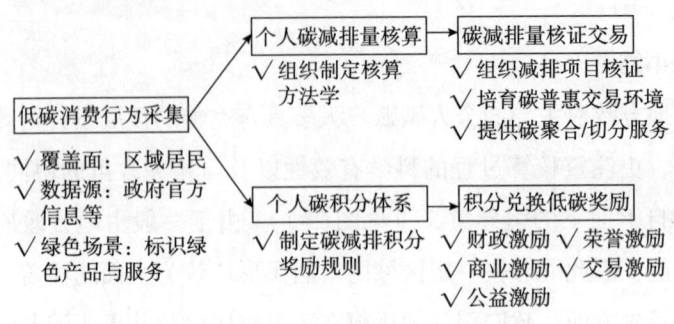

低碳消费行为采集
√ 覆盖面：区域居民
√ 数据源：政府官方信息等
√ 绿色场景：标识绿色产品与服务

个人碳减排量核算
√ 组织制定核算方法学

碳减排量核证交易
√ 组织减排项目核证
√ 培育碳普惠交易环境
√ 提供碳聚合/切分服务

个人碳积分体系
√ 制定碳减排积分奖励规则

积分兑换低碳奖励
√ 财政激励　√ 荣誉激励
√ 商业激励　√ 交易激励
√ 公益激励

图2-7 地方政府主导的居民碳账户模式

## 2. 银行业主导类

商业银行的个人碳金融实践早于地方政府主导的碳普惠机制试点。2010年，兴业银行、光大银行等金融机构陆续推动低碳信用卡试水碳普惠，激励持卡人购买一定的碳排放配额，参与碳市场交易，或通过刷卡消费获取碳积分，进而支持公益事项。早期，信用卡未与持卡人的绿色消费行为挂钩，而是鼓励居民依托低碳信用卡账户直接购买碳减排量资产实现个人碳中和。由于当时低碳社会的氛围尚未形成，仅将个人碳中和目标作为激励过于超前，因此低碳信用卡业务发展缓慢。

此后近十年，商业银行虽然在低碳信用卡方面尝试不多，相关业务发展较缓慢，但其中也有一些特例。例如，2018年，在国家绿色金融试点区之一的衢州市，中国人民银行衢州市中心支行组织银行业机构从绿色支付入手，开始筹建居民碳账户体系。系统通过抓取银行绿色支付的数据，包括手机银行、线上交易等引领个人客户使用线上系统，起初当地银行各自建立相互独立的碳账户体系，而后由衢州市中心支行推动标准的统一，最终实现首个全市统一的银行业碳账户体系。衢州碳账户案例既有地方机构主导的特征，又反映出银行业独有的业务特色。2020年，"双碳"目标提出后，已有越来越多的商业银行参与到碳账户体系的建设中。

2021年8月，中国银联联合上海环境能源交易所、各家商业银行，共同发布推出银联绿色低碳主题信用卡。低碳信用卡的运作模式主要是基于居民的绿色低碳行为形成低碳积分，并给予相应激励（绿色消费优惠、低碳出行优惠、绿色能量兑换、证书奖励、新能源汽车购置优惠等），以此引导居民践行绿色低碳生活。此外，已有平安银行、中信银行、建设银行、浦发银行、衢江农业工商银行、日照银行等10多家银行推出碳账户运营平台。商业银行利用自身交易结算数据优势，可实时获取和计算居民消费导致的碳排放，通过碳账户为用户提供减排量记录，在此基础上，商业银行可以为碳排放较少或低碳消费行为较好的居民提供一定的金融业务优惠或商品兑换。通过该种运作模式，商业银行能够实现公益性和商业性的平衡。公益性体现在商业银行将获客资源科学调配到绿色业务上，助力实现社会福利的帕累托改进。商业性体现在银行在不增加获客成本的基础上，用绿色场景来聚拢日益增长的低碳客群，进一步拓展了绿色金融场景，碳账户平台可以成为一个获客和活客的新抓手。此外，通过碳账户记录信息可对企业或个人进行绿色评价，将评价分级结果应用至差异化信贷政策和费用、费率，也符合商业银行的可持续发展战略。因此，建立并运营碳账户符合商业银行的长期业务发展战略。

### （1）中国人民银行衢州市中心支行居民碳账户

2017年，衢州市被确定为国家级绿色金融改革试验区。2018年，中国人民银行衢州市中心支行在推广智慧支付业务的契机下，发现线上支付场景可同时与绿色消费行为完美融合，继而产生了建设个人碳账户的想法。早期的衢州碳账户以当地25家银行为建设主体，2020年，衢州市中心支行着手通过制定标准、明确方法学统一全市不同银行的碳账户，实现账户之间的互联互通与标准互认，并于2021年完成了衢州统一的居民碳账户建设。

衢州碳账户通过建系统、建标准、建应用，形成了包括自动化采集、标准化核算、分级化评价和场景化应用在内的统一架构（见图2-8）。其中，自动化采集是指通过衢州市政务云平台，即衢州大数据局完成数据采集，目前覆盖线上服务、交通出行、节水节能和循环利用四大领域，与此前的银行试点相比，数据源从银行扩展到政府，实现了场景扩充。标准化核算是指在借鉴北京绿色交易所碳排放核算方法的基础上，从最简单的场景入手，例如线上业务节约多少纸张、对应多少碳减排量等，逐渐建立起核算的方法学。目前，衢州碳账户已经形成在本市通行的行业标准，并在此基础上通过省金融学部推动形成了省级标准，未来有希望进一步把省级标准上升为国家级金融标准。分级化评价是指将个人的碳减排量核算结果与全市平均水平进行对比，对于排名前10%的用户给予深绿评级，排名前10%~40%的用户给予中绿评级，其余为浅绿评级，深绿、中绿和浅绿用户分别对应减碳大使、减碳先锋和减碳能手。场景化应用是指将碳账户评价结果应用在金融领域、政务领域和生活领域，例如在政务领域，把个人碳账户与政府部门的市民征信系统进行对接，将个人碳积分纳入衢州市"信安分"计算体系，将其作为一个指标列入对市民整体的信用评价；在生活领域，尝试在交通出行、社会停车、低碳食堂、低碳校园等领域增加碳积分的应用创新。

衢州碳账户与地方政府主导碳账户的最大区别在于，研究创新了碳账户金融模式，实现了碳账户在绿色金融领域的具体应用。

| 自动化采集 | 标准化核算 | 分级化评价 | 场景化应用 |
| --- | --- | --- | --- |
| 线上服务 | 衢州市通行标准 | 个人绿色评级体系 | 金融领域：以碳征信为核心，进行碳账户金融创新，发放个人碳贷款 |
| 交通出行 | 浙江省省级标准 | 深绿：减碳大使 | |
| 节水节能 | | 中绿：减碳先锋 | 政务领域：将个人碳积分纳入市民征信评价"信安分"计算体系 |
| 循环利用 | 国家级标准（在建） | 浅绿：减碳能手 | 生活领域：探索交通出行、低碳食堂等绿色权益 |

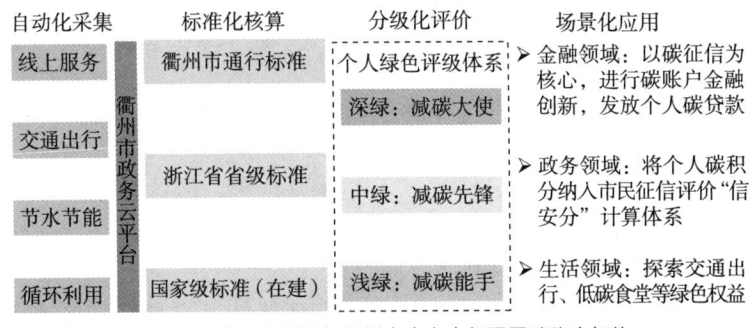

图2-8 中国人民银行衢州市中心支行居民碳账户架构

资料来源：中国人民银行衢州市中心支行。

衢州市碳账户金融是指以碳征信为核心，引导商业银行围绕制度、流程、产品三个关键环节进行优化升级，借助碳账户数据及评价结果，对用户提供在利率、期限、额度等方面的差异化信贷政策，指导当地金融机构深化开展绿色信贷业务。据此，中国人民银行衢州市中心支行引导金融机构重构产品研发、门槛准入、资产定价、风险防控、绩效评价等金融管理全流程，激发金融机构创新动力，最终建立了与碳信息挂钩的利率定价机制和授信审批机制，实现了碳账户支持绿色金融的目标。

衢州碳账户的成效可以概括为"四个一",即建成一个全市集中的个人碳账户系统,创设一个个人碳报告,创新定制一个银行个人碳账户的标准,建成碳账户体系推动一整套应用集成。同时,衢州居民碳账户也是国内最早的银行体系个人碳账户,最早发放个人碳账户贷款,最早制定并升级金融行业碳账户团体标准,最早出具个人碳征信报告。

截至2022年10月末,衢州市总共建立个人碳账户215万户,占全市常住人口比重达94%。在数据采集方面,个人碳账户成功采集的入库数据有5 400多万条,个人碳减排约4.44万吨;在金融应用方面,全市银行机构共推出26款个人碳贷款产品,累计发放2.6万笔基于个人碳账户的贷款,总金额达64.11亿元,余额约53.48亿元。

### (2)中国银联低碳信用卡

2021年8月,中国银联联合上海环境能源交易所和各家商业银行,共同发布了银联绿色低碳主题卡产品,旨在进一步推动国内低碳生活观念的普及以及碳普惠体系的落地。此后,中国银行、浦发银行等诸多商业银行都陆续设计并发行了绿色低碳主题信用卡产品。

据中国银联对低碳信用卡的介绍,绿色低碳主题信用卡包括企业版及个人版两套卡产品体系,以银联交易系统中企业和个人交易行为数据为计算基础,构建银联绿色低碳积分体系。一方面,助力企业碳中和转型;另一方面,根据用户绿色消费行为贡献构建银联绿色低碳主题卡动态权益体系,向企业和社会大众传播碳中和概念。个人版银联绿色低碳主题卡构建了银联绿色低碳积分体系，结合持卡人在银联系统的绿色消费行为，例如乘坐公交地铁、云闪付缴费、共享单车骑行、高铁出行、新能源汽车充电等，计算个人碳减排量，并配置相应权益，以娱乐互动和动态回馈的机制，引导用户践行绿色低碳生活。

部分银行低碳信用卡权益梳理见表2-3。

表2-3 部分银行低碳信用卡权益梳理

| 银行 | 启动时间 | 绿色消费优惠 | 低碳出行优惠 | 绿色能量兑换 | 证书奖励 | 新能源汽车购置优惠 |
|---|---|---|---|---|---|---|
| 浦发银行 | 2021年8月 | 申领卡可获取消费券 | 乘坐地铁或公交车可获得刷卡金 | — | — | 汽车分期业务，可享指定金额0手续费分期 |
| 中国银行 | 2021年10月 | 绑定电子支付领取微信立减金礼包 | — | 通过绿色消费、环保知识问答、环保趣味游戏可获得绿色能量，兑换各种权益 | — | — |
| 建设银行 | 2021年11月 | 消费达标可优惠换购环保物品 | 消费达标可享共享单车骑行季卡奖励 | 在银联平台可通过各类活动获得绿色能量，兑换数字礼券等权益 | 根据减排量获得碳减排荣誉证书 | 办理新能源汽车购置分期可享最低15%首付 |
| 交通银行 | 2021年10月 | 绿色消费可领取消费券和还款金 | — | 季度末进入"能量兑换中心"可凭绿色能量兑换权益 | 每季度碳减排量达标可兑换勋章及低碳减排荣誉证书 | — |

第二章 碳账户：发展路径与案例 087

续表

| 银行 | 启动时间 | 绿色消费优惠 | 低碳出行优惠 | 绿色能量兑换 | 证书奖励 | 新能源汽车购置优惠 |
|---|---|---|---|---|---|---|
| 邮储银行 | 2021年10月 | 消费达标可获得绿色出行礼包或兑换绿色低碳相关产品 | — | 在银联平台可通过各类活动获得绿色能量，兑换数字礼券等权益 | — | — |
| 上海银行 | 2021年11月 | 消费达标后可获得绿色出行礼包或兑换绿色低碳相关类型产品 | 乘坐公交车、地铁随机立减金额 | — | — | 直客式新能源汽车分期可享优惠费率，最长56天免息还款期 |
| 江苏银行 | 2021年8月 | 完成绿色消费行为，根据个人碳减排量获取相应权益 | — | — | — | — |

资料来源：各银行官网。

与地方政府主导的碳账户相比，中国银联系统的优势在于，拥有中国居民最为广泛和翔实的消费金融数据，能够非常便捷地统计居民的绿色消费行为，同时数据可靠且不受区域限制，有望构建跨区域的、全国性的碳普惠交易平台；此外，银行业碳账户根植于金融系统，碳积分的权益配置还可以更便捷地与金融产品结合起来，充分发挥碳资产的金融属性。其劣势在于，银联碳账户受数据来源的限制，仅能统计与金融相关联的消费行为，在居民减碳行为的全面性上有所欠缺，例如垃圾分类、植物认养、减少私家车出行等行为很难通过银联数据予以跟踪。

### (3) 商业银行碳账户

自 2020 年 9 月我国提出"双碳"目标后,国内推动节能低碳的热情愈加高涨,商业银行在总结前期碳核算、碳交易等方面经验的基础之上,广泛开展碳账户金融服务,平安银行、中信银行、浦发银行等银行都推出了各自的碳账户平台(见表 2-4)。

表 2-4　主要商业银行碳账户要素比较

| 银行 | 银行类型 | 产品名称 | 技术支持 | 低碳行为采集 | 权益奖励 |
| --- | --- | --- | --- | --- | --- |
| 平安银行 | 股份制银行 | 低碳家园 | 上海能源交易所/中国银联/平安科技 | 绿色出行/线上缴费/线上消费/电子账单等 | 积分权益兑换/公益活动等 |
| 建设银行 | 国有银行 | 个人碳账户 | 北京绿色交易所 | 绿色出行/线上缴费/线上消费 | 信用卡额度升级/消费分期福利/支付优惠/积分权益兑换 |
| 中信银行 | 股份制银行 | 个人碳账户 | 上海能源交易所/深圳生态环境局/中汇碳资产管理公司 | 申请电子信用卡/电子账单/线上缴费 | 中信书院尊享PLUS周卡 |
| 浦发银行 | 股份制银行 | 低碳账户 | 国家绿色发展基金股份有限公司/上海能源交易所 | 绿色出行/线上缴费 | 基础费用减免/消费返现/权益兑换等 |
| 日照银行 | 城市商业银行 | 个人碳账户 | 日照政务服务平台 | 绿色政务/绿色出行等 | 积分权益兑换 |

资料来源:根据公开资料整理。

1）平安银行

2022年4月，平安银行携手中国银联、上海环境能源交易所共同打造了国内银行业首个覆盖银联信用卡和借记卡全卡的碳账户平台"低碳家园"，率先融合了相对独立的借记卡和信用卡业务场景，将广大的低碳客群融入从绿色行为到绿色权益的闭环。

"低碳家园"一是与平安银行内部各业务板块联动，积极融入新能源汽车、ESG投资理财、光伏贷款等个人绿色金融业务场景；二是与平安科技和保险公司等集团资源合作，探索碳保险、绿色助农、绿色普惠、志愿服务等模块的场景和应用；三是构建低碳生态圈，与监管机构、中华环境保护基金会、红树林基金会及平安公益基金会等伙伴合作扩展绿色场景和绿色权益。平台当前已经覆盖9种碳减排绿色行为和12种银行业务绿色行为，使用由中国银联和上海环境能源交易所认证的碳减排认证模型对绿色行为的碳减排效果进行科学核算，并由平安科技对植树等公益活动的碳汇效果进行科学核算。

未来，该平台将根据"完善绿色行为覆盖、扩充碳减行为认定、丰富绿色权益兑换、探索绿色金融服务"的发展策略，持续梳理和融入存量绿色商户、绿色商品和绿色权益等资源，加以实际的资源投入，一方面以建立更加全面、科学、绿色的个人碳减排激励体系为目标，不断扩展绿色行为覆盖范围、绿色权益体系和绿色金融产品供给，促进绿色低碳理念更广泛地融入大众生活；另一方面着力推动更多绿色行为碳减排模型的认证，科学计量并累积用户的个人碳资产，为未来个人碳资产交易提供数据积累与管理经验。

通过上述努力，平安银行在丰富个人碳账户内容和玩法的同时，也积极参与到碳普惠等相关国家标准的研究和建设中，不断加深消费领域碳减排的创新和实践。"低碳家园"不仅会成为平安银行的优质客群经营阵地，也将为个人碳金融的市场化应用和相关行业通用标准的建立提供数据支撑，更能为企业碳账户的建设提供路径参考。

2）中信银行

中信碳账户是中信银行在深圳市生态环境局、深圳银保监局的指导下，与深圳排放权交易所、上海环境能源交易所开展合作交流，并联合国内专业机构中汇信碳资产管理有限公司共同研发的首个由国内银行主导推出的个人碳账户。

中信碳账户依托其信用卡App"动卡空间"而开发，碳账户自动采集用户低碳行为数据，根据不断迭代优化的减排因子模型，实时计算各类生活场景中的碳减排量，帮助居民通过算清碳账的方式提高碳减排效率和意识。首期，中信碳账户已实现基础功能应用，包括碳账户开通、碳减排量记录、碳值社交分享、低碳科普、低碳知识小问答、碳排放计算器等功能模块，并识别和引入电子信用卡申请、电子账单、线上生活缴费等特色金融场景。

2022年11月，中信碳账户进行了四个方面的扩展升级。一是新增借记卡减排场景。自2022年11月2日起，中信银行借记卡金融低碳行为可获取碳减排量。二是支持全民开户。此前中信碳账户仅面向该行持卡人开放，目前支持非该行客户开立中信碳账户。三是手机银行App上线低碳专区。最初，中信碳账户依托信用卡App开发构建，客户需要在"动卡空间"开通碳账户，目前已上线手机银行，实现两大移动平台覆盖。四是推出绿色环保材质低碳财富卡，开卡即可激活中信碳账户，并给予绿色商户消费优惠，以及中信银行 App 跨行汇款、信用卡还款费用减免等权益。未来，中信碳账户还将同步上线中信金控平台，面向中信集团金融子公司客户开放申请，推动城市碳普惠广泛普及。

3）浦发银行

浦发银行于 2021 年 11 月推出面向企业和个人客户的立体式碳账户体系，为减碳企业和个人提供差异化产品、服务及优惠，以及与绿色消费、绿色信贷挂钩的权益，通过碳账户数据统计及评价结果，为不同等级客户在授信额度、贷款利率、办理流程三方面提供差异化的优惠政策，推进了个人碳账户的金融场景应用。

浦发银行于 2022 年 7 月在"浦大喜奔"App 上线浦发银行信用卡绿色低碳专区，由中国银联及上海环境能源交易所提供能力支持。该专区向浦发银行信用卡持卡人提供绿色出行的碳减排量核算和展示，完成 15 种特定绿色行为还可获取浦碳宝（绿色积分）并用于权益及礼品兑换。该专区还与浦发银行的绿色商圈、新能源汽车分期及绿色出行等业务进行了联动，通过与绿色低碳主题相关联的消费场景，营造全方位的绿色低碳活动及绿色生活方式氛围。

（4）小结

银行业主导的碳账户是我国最早诞生的个人碳账户类型，这类碳账户通常既可以结合政府端的政策及资源优势，也可以结合企业端（包含专业的第三方机构）的产品服务与技术优势，同时依托金融产品本身的特征，促进碳信用实现其金融属性（见图 2-9）。

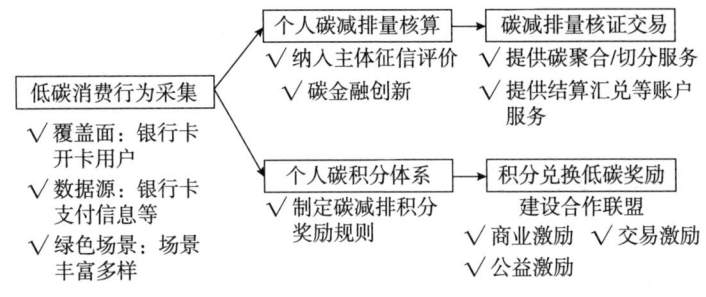

```
低碳消费行为采集          个人碳减排量核算      碳减排量核证交易
√ 覆盖面：银行卡      √ 纳入主体征信评价    √ 提供碳聚合/切分服务
  开卡用户            √ 碳金融创新          √ 提供结算汇兑等账户
√ 数据源：银行卡                              服务
  支付信息等          个人碳积分体系        积分兑换低碳奖励
√ 绿色场景：场景      √ 制定碳减排积分      建设合作联盟
  丰富多样              奖励规则            √ 商业激励  √ 交易激励
                                            √ 公益激励
```

图 2-9 银行业主导的居民碳账户模式

由于商业银行能够广泛触达用户并获取用户的消费数据，同时植根于金融系统，具有资金存储、借贷、转让和交易结算能力，因此可以更便捷地与同样具有金融属性的碳信用相结合。随着碳金融市场的发展及衍生产品与服务需求的不断丰富，以银行账户为基础的个人碳账户将更好地适应市场发展，为用户衍生的各类碳资产管理服务提供相应的功能支持。此外，商业银行作为中介机构，已与地方政府、第三方专业机构、商户、碳交易所等群体建立良好的合作基础，因而有能力将各方资源汇聚形成合力，共同支持居民碳账户的发展。

未来，商业银行主导的碳账户建设有望沿着三个核心环节继续深化发展。第一，在数据采集环节，基于银行交易清算数据或与外部数据源进行信息共享，实现多维度的绿色消费行为采集。第二，在碳核算环节，与碳资产交易、管理、研究等机构开展广泛合作，应用金融科技手段构建碳减排量核算模型，旨在实现碳减排量的全面科学计算，以备未来实现自愿碳减排行动在国家及国际市场的核证，实现其真正的碳资产价值。第三，在激励机制环节，一是与自身金融业务相结合，根据用户碳评价等级，提供授信额度、贷款利率及办理流程等方面的差异化政策；二是与政府部门、商业部门合作，不断丰富非金融类权益激励，如提供积分兑换等，鼓励用户提升碳账户货币累积。

### 3. 互联网企业主导类

在互联网企业主导的碳账户中，支付宝"蚂蚁森林"是最早在国内引起国民较高关注度和舆论声浪的碳账户。互联网企业发布碳账户的动机不完全是出于公益，更多是希望以碳账户为工具，提升自身ESG的治理水平，或者是把握全球"双碳"战略发展的机遇，探索业务模式的创新，因而这些企业大多是从自身的优势业务出发，将可持续的商业模式融入碳账户体系的设计当中，形成了一些既有公益价值又有经济价值的新颖案例。

在具体实践中，互联网企业主导的碳账户形成了两类运作模式。第一类是以阿里巴巴为代表的运作模式，是通过集团平台对接优势，拉通平台上下游商业伙伴，形成集团内部拉通多场景形式的个人碳账户。阿里巴巴"88碳账户"依托国内最大的电商平台淘宝，利用其母公司阿里巴巴遍布衣食住行用游各类生活消费场景的投资版图及"OPEN C+"底层技术，建立了"1+N"母子账户体系，用户在淘宝、天猫、闲鱼、饿了么、菜鸟等平台上的低碳行为数据均可采集，进而转化为积分计入"88碳账户"。第二类是从平台自身商业优势出发，以自有单一场景进行专业化深入探索，提升碳账户的应用拓展性。在场景布局上，三个因素的推动使出行场景成为专业化探索的第一场景。一是在居民低碳减排领域，出行是最典型的低碳生活转变场景，公共交通、共享单车成为低碳出行的典型场景；二是在核算方法学的开发上，出行场景最易实现；三是由于个人出行场景的互联网运营模式已基本成熟，形成了一批出行场景的互联网运营服务公司。出行场景下的互联网企业便从自有业务场景出发进行个人碳账户运营拓展，例如共享单车场景下的哈啰单车、主营互联网模式共享出行的曹操出行、公共交通App模式运营的智元汇，以及鼓励公共交通和步行出行的高德地图等。

需要说明的是，在出行领域，高碳出行方式相对低碳出行方式成本更高，但随着人们生活质量的提高，高碳出行方式因其便利性和舒适性更容易受到人们的欢迎，这使得降碳减排的政策目标与人们对物质生活水平的追求相矛盾。随着人们生活水平的提高，生活方式会由低碳出行方式转向高碳出行方式，例如私家车的规模扩大、航空出行比例的提升等，这也是发达国家消费端碳减排比重居高不下的原因。现实情况是，人们很难有意愿为减碳而降低生活质量，但是通过出行场景下出行平台的精细化运营引导，能够对高碳出行大场景（如航空）进行场景切分，并在切分环节进行引导和调整（如无纸化登机、"按需用餐"服务等），在不降低人们生活质量的条件下践行绿色低碳行为，汇聚数以亿计的个人消费者的力量，优化全社会福利实现帕累托改进，这正是科学碳减排机制所倡导的方向。

**（1）集团内部拉通多场景形式**

**1）阿里系碳账户**

2016年，蚂蚁金服为支付宝客户设计了"蚂蚁森林"，用户通过支付宝完成低碳消费行为后，"蚂蚁森林"会对相应行为进行自动核算，核算结果以能量球的形式出现在"蚂蚁森林"中。

"蚂蚁森林"项目中涉及两类碳减排项目/行为（见图2-10），一类是包括治沙种植活动等在内的林业碳汇项目，另一类是用户自发的绿色出行、旧衣回收等用户低碳行为。用户可以将积累的能量捐献给"蚂蚁森林"与多家环保基金会合作开展的治沙种植活动、自然保护地保护行动等公益活动，并获得相应的环保证书。此外，"蚂蚁森林"与北京环境交易所合作研发算法，并在后期成立个人减排专家委员会对算法进行升级，旨在未来实现对用户多种场景下的低碳消费行为进行核证，范围覆盖步行、使用共享单车、乘坐公交车或地铁、生活缴费、线下支付、电子发票、网购车票、旧衣回收等。

"蚂蚁森林"碳账户模式的意义在于，在当前的核证市场环境下，碳减排项目/行为如果止步于自身信用认可范围内创造碳资产，将无法真正参与到更广泛的碳交易当中去实现价值变现。因此，从更长远的角度来看，依托某些国际标准开发的自愿碳减排项目/行为，实际是为未来纳入官方核证的信用系统做准备。因此，一旦国内 CCER 注册重新放开，前一类项目所产生的碳汇资产就有望实现核证并在碳交易市场上获得收益，后一类用户低碳行为的碳减排效果若在未来得到国际国内的普遍认同，同样有机会经核证为碳减排量并在碳交易市场上获益。

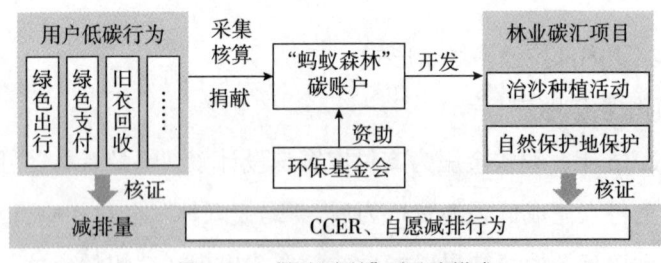

图 2-10 "蚂蚁森林"碳账户模式

2021年12月17日,阿里巴巴集团发布《2021阿里巴巴碳中和行动报告》,开创性地提出范围3+减排概念(见图2-11),即在国际通行的碳排放核算范围1、范围2、范围3之外,企业还可通过促进其所在生态系统中非自身运营及与价值链相关的其他参与者或相关方(用户、商业伙伴、供应商等)进行碳减排行动以提供积极的气候影响力,并承诺到2035年实现范围3+减排15亿吨。2022年8月8日,阿里巴巴正式发布"88碳账户",成为推动公司范围3+减排愿景落地的重要载体。

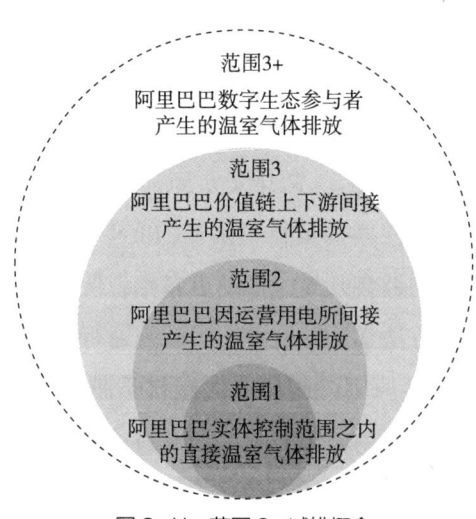

范围3+
阿里巴巴数字生态参与者产生的温室气体排放

范围3
阿里巴巴价值链上下游间接产生的温室气体排放

范围2
阿里巴巴因运营用电所间接产生的温室气体排放

范围1
阿里巴巴实体控制范围之内的直接温室气体排放

图2-11 范围3+减排概念

资料来源:《2021阿里巴巴碳中和行动报告》。

"88碳账户"以"1+N"母子账户的形式呈现,以淘宝平台作为母账户入口,同时汇集用户在饿了么、菜鸟、闲鱼等子账户平台的减碳量,在激励用户践行低碳生活方式的同时,为商户的绿色产品与服务提供优先展示的窗口。"88碳账户"凭借其消费平台提供服务的丰富性及广泛接受度成为国内第一个多场景、覆盖超 10 亿人的消费者碳账户。

范围 3+ 减排概念的提出，是基于企业逐渐意识到，它们不仅可以在自身价值链内减排，还可以通过影响业务生态系统中更广泛的利益相关方，共同参与温室气体减排。"88 碳账户"体系的建立，让消费者、提供绿色产品/服务的商家和平台共同形成碳减排联盟，商家的低碳创新产品/服务吸引到有同样气候意识的消费者，平台进一步凸显碳减排行动的价值，创造出一种绿色低碳的独立运营模式。

在"88 碳账户"发布的同时，阿里巴巴还与中环联合认证中心、碳信托联合发布《范围 3+ 减排：超越价值链的企业气候行动方法学》报告，明晰了范围 3+ 减排核算的概念、原则与方法学，进一步确保范围 3+ 减排量贡献的统一性、准确性和合理性。据悉，此套方法学的运行基于"OPEN C+"底层技术系统，该技术未来也将向社会开放，帮助更多生态伙伴科学计量、推进减碳。一方面，方法学的开发沿用了国际通行标准的核算报告要求，并增加保守性原则，避免夸大减排贡献，若未来可申请核证，有望参与更高信用层级的碳市场交易；另一方面，科学的方法学可以帮助企业进行新产品和服务的研发，辅助进行企业气候评估，并成为应对气候变化资金流向的参考之一。

2）阿里系子账户

① 饿了么

饿了么作为国内最大的外卖平台之一，业务覆盖全国 2 000 余个县市，3 亿多消费者。为践行碳减排，其早在 2017 年上线了"无需餐具"选择项。截至 2022 年 11 月，"无需餐具"的订单已达 13 亿单，相当于少耗费了 6 000 吨的木材和 3 000 吨的塑料。①2022年4月，饿了么上线消费者碳账户"e点碳"，是全国首个即时电商领域的消费者碳账户，针对客户购买外卖选择"无需餐具"核算碳减排量，并给予兑换权益，向选择"无需餐具"的忠实用户赠送不锈钢餐具。此外，在塑料餐盒方面，饿了么尝试全生命周期的绿色管理，与中国包装联合会联合制定外卖包装标准，为商户提供绿色设计指南与采购渠道，尝试餐盒使用后的回收利用。同年9月8日，饿了么将"小份餐"纳入消费者碳账户，消费者的订单若符合低碳"小份餐"的标准，则将获取碳积分（碳减排量）。每单"小份餐"的碳减排量，都基于饿了么联合中华环保联合会绿色循环普惠专委会、北京绿普惠网络科技有限公司共同制定的外卖行业首个"小份餐"碳减排计算标准。此外，饿了么在绿色配送领域，通过引导即时物流节能减排，覆盖百万骑手，提供了绿色充电、智慧物流超算平台路径优化及"拼团"服务等功能，其中，路径优化为骑手缩短了20%以上的路程，"拼团"服务试点区域的使用率高达70%。针对部分地区，饿了么也会提供特色活动或服务，例如厦门地区饿了么用户的"e点碳"积分达标后，用户可以低至0.1元的价格定制主题餐具。除了"低碳餐饮"，饿了么针对用户的其他碳减排行为也提供积累积分的机会。

2022年11月，饿了么参加第27届联合国气候变化大会，向世界介绍了其在商家、消费者及物流三端全链路的碳减排实践，并表示将通过科技创新和产品运营，每年带动1亿人养成绿

---

① 新京报.影响2022之外卖 | 保供配送不掉链，减碳点餐探索创新［EB/OL］. https://www.sohu.com/a/621868862_114988，2022-12-28.

色点餐的习惯。截至2023年2月,"e点碳"用户已超过4500万,并与阿里巴巴"88碳账户"实现了联通。

② 闲鱼

闲鱼作为二手交易平台互联网企业,2022年1月上线碳账户功能,通过累计用户在闲鱼社区的闲置交易量,用于测算碳积分。测算依据由北京绿色交易所提供,交易类目包括电脑整机、手机、平板电脑、相机、图书、母婴玩具、美妆日化等。在平台运营方面,闲鱼依托互联网平台优势,开展了诸多新颖且吸引人的活动。例如,闲鱼以千万用户的名义与国家电力投资集团在"零碳岛"共建了一台风力发电机,只要参与"闲鱼低碳双十一"活动,就有机会成为低碳合伙人,获得建设证书和限定勋章;此外还与《国家地理》(*National Geographic*)一起发起了"微瑕地球 一起擦亮"的绿色低碳生活倡议。

③ 高德地图

2021年10月,北京市交通委员会、阿里巴巴公益和高德地图联合启动"北京MaaS平台绿色出行碳普惠公益项目",北京市民通过高德地图使用公交车、地铁、骑行、步行等绿色出行方式,均可获得相应的"碳能量",市民个人账户中的"碳能量"可以一键兑换成对生态环境保护和珍稀动物保护等公益项目的支持。

截至2022年3月,高德地图已在国内多个城市上线"绿色出行 碳普惠"平台,包括北京市、杭州市、广州市、成都市、重庆市、武汉市、福州市、贵阳市、天津市、昆明市、西安市、郑州市、长沙市、苏州市等，其用户已过百万。[①] 这些城市的用户首先在高德地图App上注册获取个人"碳能量"账户，随后在该App上使用公交、骑行、步行导航等绿色出行相关服务时，就能获得相应的碳减排能量，用以兑换各种激励权益。用户既可以选择在公益商城内参与公益项目以保护自然资源，也可以在兑换商城内用"碳能量"换取景区门票优惠券、美食优惠券、打车券等奖品。在平台运营上，高德地图联合盒马平台推出了"绿色出行＋有机生活"活动，用户积攒的"碳能量"可兑换由盒马平台提供的零碳有机农产品。

此外，2021年9月，高德地图还与北京市政路桥建材集团达成首笔绿色出行碳交易，将获得的收益以奖品、权益形式回馈给用户，是全球首次通过市场化交易将个人绿色出行方式转化为物质和精神激励，通过交易激励提高公众参与意愿，实现社会效益和经济效益的并举。

**（2）单一场景专业化探索形式**

**1）哈啰单车**

2022年以来，生态环境部引导全国各地积极开展绿色出行创建活动，108个城市参与其中。在鼓励群众践行低碳行为的碳普惠体系下，绿色出行场景是目前最简单、门槛最低、最受公众喜爱也最普遍的低碳行为场景。

共享单车和助力车在所有的交通工具中碳排放量最小，接近

---

[①] 央广网．高德地图在多地上线"绿色出行 碳普惠"平台 个人出行将与碳减排量挂钩［EB/OL］．https://baijiahao.baidu.com/s?id=1728525809849908879&wfr=spider&for=pc，2022-3-28．

零碳排。哈啰单车以现有绿色出行官方方法学为依托，自研推出全国共享单车碳减排量核算标准，实现骑行方式碳减排量的科学核算。截至目前，哈啰单车已开发广东省、重庆市、上海市等8个省市的骑行方法学，发布两轮减碳系数，哈啰单车"让骑行更低碳"入选生态环境部绿色低碳典型案例。

　　在全国及地方碳交易市场中，控排企业纳入强制监管，碳配额不足的企业有购买碳减排量资产实现履约的动力。在自愿碳减排体系下，注重社会责任的知名企业有应用碳减排项目实现自身碳中和或局部碳中和（会议碳中和、零碳工厂、零碳建筑等）的品牌动力。哈啰单车凭借在骑行领域的方法学研究和算法技术，以及丰富的行业专家、交易市场渠道、政府合作经验等资源累积，为有志于实现"双碳"目标的平台企业定制开发绿色出行碳账户产品，通过对骑行场景下个人碳减排量的科学核算，实现个人碳资产核证备案，使其具备交易和碳抵消属性，从而打通碳账户交易激励路径。截至目前，哈啰单车骑行碳普惠减排量已纳入广东省、上海市、重庆市等碳交易市场，与广东省、上海市等交易所签订战略合作协议，在10个城市获得第三方官方核证机构联合政府主管机构颁发的碳减排证书。

　　在具体商业模式方面（见图2-12），哈啰单车的参与对绿色出行激励及碳账户的数据采集核算环节和交易激励环节都进行了赋能。首先，在绿色出行激励及碳账户的数据采集核算环节，哈啰单车将其研发的骑行方法学及骑行卡业务（共享单车出行）嫁接到大型企业及政府设立的碳账户平台，以实现共享出行方式的推广及碳减排量的有效核算。从企业及政府的角度来看，这种合作提高了碳账户应用在骑行场景的科学性和可实施性，对用户而言，由于骑行卡一般由平台购买再免费或有偿发放给用户，平台可以从哈啰单车获得优惠价格，因此用户获得一定的实惠激励。其次，在交易激励环节，哈啰单车将其采集、标注并核算的个人减排量整体打包，借助其在地方生态环保部门及环境交易所的合作资源及经验，推动个人碳减排量资产核证认定，参与区域碳市场交易，从而实现碳资产交易价值的变现；在收益回馈方面，交易资金既可以作为购买骑行卡的资金来源之一，或用于弥补平台层面的其他开发成本，也可以直接向参与骑行的用户发放，有效增加碳账户的收益来源，促进平台的可持续运营。

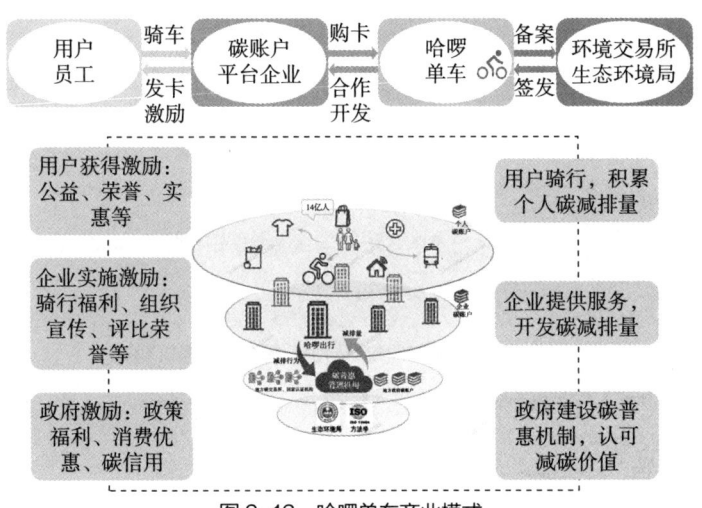

图 2-12　哈啰单车商业模式

资料来源：哈啰单车。

围绕政府与企业碳普惠机制建设过程中各环节的痛点（见图 2-13），哈啰单车提供相应服务，包括在动员与宣传环节提供高效的组织方案，在参与并记录环节提供数字化定制产品，在激励与获得环节提供多种类配套激励，以及在品牌与社会价值环节

第二章　碳账户：发展路径与案例　103

提升碳普惠机制的品牌与影响力等。截至目前，哈啰单车已与全国 25 个城市达成碳普惠战略合作，例如成都"碳惠天府"、青岛"青碳行"等。

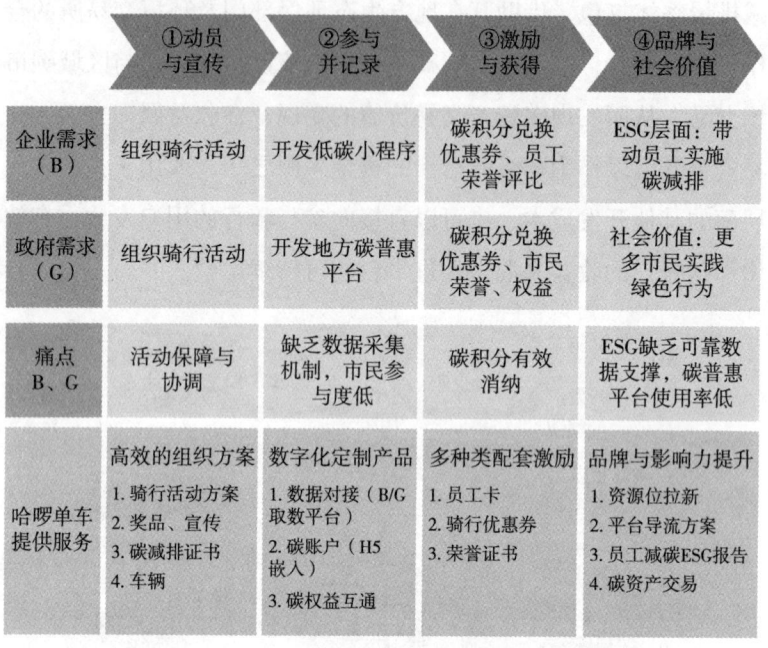

| | ①动员与宣传 | ②参与并记录 | ③激励与获得 | ④品牌与社会价值 |
|---|---|---|---|---|
| 企业需求（B） | 组织骑行活动 | 开发低碳小程序 | 碳积分兑换优惠券、员工荣誉评比 | ESG层面：带动员工实施碳减排 |
| 政府需求（G） | 组织骑行活动 | 开发地方碳普惠平台 | 碳积分兑换优惠券、市民荣誉、权益 | 社会价值：更多市民实践绿色行为 |
| 痛点 B、G | 活动保障与协调 | 缺乏数据采集机制，市民参与度低 | 碳积分有效消纳 | ESG缺乏可靠数据支撑，碳普惠平台使用率低 |
| 哈啰单车提供服务 | 高效的组织方案 1.骑行活动方案 2.奖品、宣传 3.碳减排证书 4.车辆 | 数字化定制产品 1.数据对接（B/G取数平台） 2.碳账户（H5嵌入） 3.碳权益互通 | 多种类配套激励 1.员工卡 2.骑行优惠券 3.荣誉证书 | 品牌与影响力提升 1.资源位拉新 2.平台导流方案 3.员工减碳ESG报告 4.碳资产交易 |

图 2-13　哈啰单车帮助政府与企业解决碳普惠机制痛点

注：H5 为超文本标记语言的第五次重大修改。

资料来源：哈啰单车。

从整体来看，哈啰单车助力政府与企业建立绿色出行碳普惠机制的优势体现在五个方面（见表 2-5）。一是扎实的业务基础，使骑行号召有条件在各个城市变为实实在在的行动；二是交易市场的渠道优势，使个人碳减排量资产获得交易激励成为可能；三是快速落地的开发经验，助力绿色出行碳普惠方案在其他城市快速复制；四是丰富的专家资源，为绿色出行碳普惠方法学提供技术支持；五是覆盖全国的宣传品牌优势，提高绿色行动的声浪和影响力。哈啰单车面向政府和企业研发的绿色出行碳普惠平台，通过量化低碳出行产生的碳减排量，实现居民侧碳减排管理，平台收集的骑行碳减排还可以进行碳交易，参与企业碳中和，从经济效益、社会价值等多角度帮助平台打造绿色碳中和品牌。截至2021年末，哈啰共享两轮出行所服务的全国用户累计骑行416亿千米，共计减少碳排放量约194万吨；哈啰顺风车用户累计出行202亿千米，减少碳排放量逾400万吨；哈啰旗下的小哈换电用户累计换电次数超过1亿，减少碳排放量近30万吨。[①]

表2-5 哈啰单车的企业优势

| 优势 | 内容 |
| --- | --- |
| 业务基础 | 1. 业务覆盖400余座城市，5.3亿用户<br>2. 最受用户欢迎的共享单车品牌<br>3. 数据与安全保障 |
| 渠道优势 | 1. 与全国8个碳交易所有项目开发合作<br>2. 具有与全国审定核证机构、研究院开发合作方法学的经验 |
| 开发经验 | 1. 开发全国广东省、重庆市、上海市等8个省市的骑行方法学<br>2. 与全国25个城市达成碳普惠战略合作<br>3. 行业内最高的碳普惠平台开发与对接效率 |
| 专家资源 | 1. 上百名交通和低碳领域专家提供技术支撑<br>2. 与全国30个地方交通机构开展共享出行项目研究 |
| 品牌优势 | 1. 2022年累计宣传低碳类新闻2 000余篇<br>2. 累计阅读量达1 500万人次，转发量约7.5万人次 |

资料来源：哈啰单车。

---

① 新京报. 哈啰注册用户5.3亿 承诺2025年实现净零排放［EB/OL］.https://baijiahao.baidu.com/s?id=1734865931508311798&wfr=spider&for=pc，2022-6-6.

2）美团（电）单车

美团作为一家科技零售公司，旗下的美团单车和美团电单车通过物联网和数字化技术为用户提供便捷、舒适、经济的中短途绿色出行服务。在公共交通体系中，美团单车和美团电单车作为公交车和地铁的补充，扩大延伸公共交通的覆盖区域，减少低可达性的区域。其中，美团单车可解决1~3千米的短途出行需求，美团电单车主要解决3~5千米的中短途出行需求。在替代小汽车方面，美团单车对小汽车的替代率达23%，碳减排效果达48.7克/千米；美团电单车对小汽车的替代率达36%，碳减排效果达54.5克/千米。2021年8月至2022年8月，美团单车及美团电单车用户累计减碳43.65万吨。[1]

在碳账户试点探索方面，2021年9月，美团联合中国邮政储蓄银行、中国农业银行、中国建设银行等共同发起"用数字人民币，享低碳骑行季"试点活动，旨在通过正向激励，在普及数字人民币应用的同时，倡导节能减排的绿色生活方式。数字人民币试点活动对绿色出行频次的拉动效应明显。据统计，在同样的时间周期内，用户开立数字人民币个人钱包后的绿色出行频率，比开立前平均高出3.34%。同时，开立数字人民币个人钱包用户的绿色出行频率比普通用户平均高出8.14%。[2]

---

[1] 羊城晚报.共享单车助力绿色出行，全国超500人骑行减碳达1吨[EB/OL]. https://baijiahao.baidu.com/s?id=1744054858951720691&wfr=spider&for=pc，2022-9-16.

[2] 中新经纬.累计减碳2 400吨 美团单车数字人民币试点晒出首份成绩单[EB/OL]. https://baijiahao.baidu.com/s?id=1713669006709415825&wfr=spider&for=pc，2021-10-15.

除了在出行阶段的碳减排贡献，美团还通过企业运营将减量（Reduce）、再利用（Reuse）和回收（Recycle）的"3R"全生命周期管理循环经济理念付诸实施，实现美团单车的全生命周期净减碳量达 214 千克，美团电单车的全生命周期净减碳量达 558 千克。其中，作为典型示例，美团将外卖塑料餐盒回收再生制成美团单车、美团电单车的零部件，比如单车的挡泥板和电单车的座桶；单车轮胎回收再生利用后投入建设环保塑胶球场等。

此外，美团单车作为低碳出行的代表，与深圳排放权交易所签署战略合作协议。2021 年，双方共同参与编制《深圳市共享自行车骑行方法学》，扩大深圳市碳普惠影响力。截至 2022 年 6 月，美团单车的深圳用户累计减碳 68 906 吨，相当于 15 700 辆 1.5 升燃油汽车停驶一年的碳减排量。[①]2022 年 12 月，由深圳市生态环境局、美团单车与深圳排放权交易所联合开发形成的《深圳市共享单车骑行碳普惠方法学（试行）》正式发布。该方法学规定了在深圳碳普惠机制下，个人利用移动电话 App 软件、GPS 定位工具等，使用商业公司提供的共享单车作为代步工具，减少乘坐有温室气体排放的交通工具所产生的碳减排量的核算流程和方法。

### 3）广汽丰田

广汽丰田作为广汽集团旗下的主力企业，贯彻绿色发展的理念，构筑全渠道绿色产业链。通过构建车主碳账户的三大基础条

---

① 深圳商报．深圳共享单车碳普惠方法学将发布 今年将建自行车道 300 公里［EB/OL］．https://www.sznews.com/news/content/2022-06/27/content_25215117.htm，2022-6-27．

件，为车主碳账户的建立奠定了良好的基础。一是推广绿色节能汽车，为消费者提供丰富的环保车型选项，构建用户基础；二是搭建"丰云行"App，作为与700万车主紧密联结的线上平台；三是面向用户提供"丰云悦享"车联网服务，通过车载的通信工具模块和"丰云行"App，实现车辆状态、行驶里程等实时记录联动。在用户、场景和技术具备的条件下，广汽丰田推出了"丰云绿动"，为车主用户提供碳账户体系。

"丰云绿动"碳账户于2022年8月推出，是以广汽丰田节能汽车或新能源汽车车主为试点对象的车主碳账户，以"丰云悦享"车联网为技术支撑，记录车主每次驾驶节能汽车或新能源汽车出行而做出的碳减排贡献。碳账户根据车主的碳减排贡献提供相应的积分奖励，可以兑换相应的绿色奖品。

"丰云绿动"碳账户从权威性、时效性、参与性三大维度建立运营机制。在权威性方面，"丰云绿动"的减碳值以中华环保联合会发布的团体标准《导则》为依据，系统规划了碳减排场景，科学准确地评估项目温室气体减排量，并通过计算引擎将碳减排标准模型化输出，量化并记录用户的绿色行为，提升了公信力和影响力；在时效性方面，基于"丰云悦享"车联网的数据，将绿色驾驶里程上传到绿普惠云，绿普惠云通过量化计算将里程数换算为减碳值，可以使用户即时地获取；在参与性方面，围绕驾驶环节进行测算，以游戏互动的方式呈现，增强了与客户的互动，提高了客户的参与意愿。

此外，广汽丰田还整合线上销售和线下销售，进行全域的传播，引导更多车主参与，持续培育低碳习惯。截至2023年1月31日，"丰云绿动"碳账户累计访问量达235.3万人次，授权参与的车主达 8.3 万人，碳减排量 3.8 万吨，约为 9 000 亩森林一年的碳减排量，节约了 3.8 万度生活用电。这意味着，平均每位广汽丰田的车主碳减排达到了 457.67 千克，约等于每人种树 20 棵，每人节电 459 度。预计 2023 年"丰云绿动"碳账户将覆盖 11 万节能汽车和新能源汽车车主，碳减排量达 5 万吨。

4）曹操出行

曹操出行作为共享交通服务行业的企业，主营业务本身就具有一定的低碳属性。同时，曹操出行对其业务线进行拓展，开发出拼车、顺风车、共享单车等业务，丰富了消费者的低碳出行选项，推动消费者出行行为的改变。通过乘车人共享座位和行驶里程，提高单位车辆的载客数，降低空驶率，进而减少每人每千米出行的二氧化碳排放量，同时，乘车人可以得到车费优惠等实实在在的经济激励。

曹操出行的共享出行业务是自盈利模式下的成功代表。在共享出行模式下，虽然用户的低碳出行行为尚未经核证获得交易价值，但由于共享出行同时满足企业的盈利需求及用户的资金节约需求，这种碳普惠机制形成了自发的可持续盈利模式。未来，当低碳出行行为核证方法论得到完善时，用户还有机会进一步获得碳资产，一举两得。在核证方法论尚不完善的短期内，寻求与商户合作建立可持续的自盈利商业模式，对想要建立碳账户体系的企业及金融机构而言是当下的较好选择（见图 2-14）。

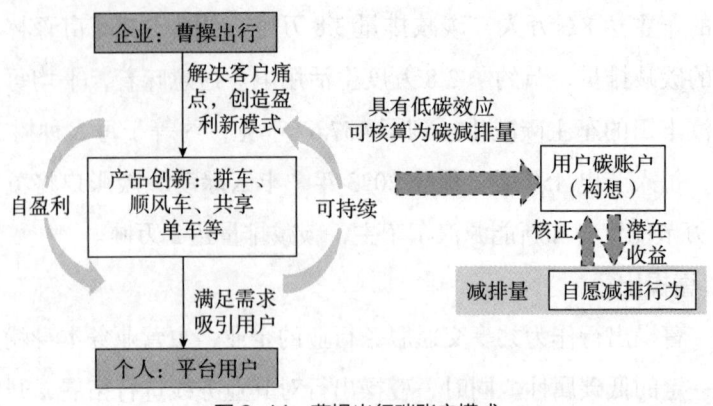

图2-14 曹操出行碳账户模式

### 5）智元汇

智元汇是一家具有人工智能特征的智慧乘运解决方案提供商，专注于城市公共交通领域，依托互联网深入参与城市公共交通数字化平台研发、投资、建设与场景运营，是成都地铁、成都公交、郑州地铁、郑州公交、西安地铁、哈尔滨地铁、兰州地铁等城市官方公共交通出行App的实际开发商和运营商。

作为一家服务城市生活平台的科技企业，智元汇把绿色低碳主题融入其主营业务公共交通出行，将低碳积分机制、知识产权（IP）打造、游戏化运营相结合，推出了"趣碳星球"碳普惠小程序。智元汇用户使用相关App的首要目的是扫码乘车，交易行为呈现"小额高频"的特征。"趣碳星球"碳普惠小程序产品定位于城市公共交通出行的大会员运营，覆盖成都市、郑州市、西安市等地区的地铁及公交场景。公共交通出行是公众参与"双碳"目标最直接、最容易的方式，"趣碳星球"碳普惠小程序的亮点设计是通过积分机制，可持续、常态化地提高用户活跃度和用户黏性，提升产品的社会价值。由于抽象的积分数字变化难以激发公众的参与兴趣，为此，其产品设计融入各城市的特点，以打造具象IP来承载积分互动，降低用户参与门槛，提升用户参与热情。设计理念也借鉴了大多数个人碳账户产品最初始的运营方式，将碳积分娱乐化，通过碳积分互动小游戏，增强用户黏性。其社会价值体现在，该App发挥公交车或地铁出行的主业优势，整合乘车优惠、媒体传播、供应链、周边商圈等资源，构建碳积分激励体系，使用户在完成任务后所得的碳积分可用来兑换免费的乘车券、福利奖品、增值服务和虚拟物品等，激励用户持续参与低碳出行。截至2023年，该项目已完成初步建设，推出了"趣碳星球"碳普惠小程序，并接入"安逸巴士"（成都公交）、"商易行"（郑州地铁）等App中，注册用户数量超百万。

### （3）小结

互联网企业建立碳账户的特殊价值，一是在于识别碳减排方案的使用场景，深度探索如何更广泛地与相关方产生互动，助力企业开发更多创新和可持续的产品和服务；二是在于利用自身影响力帮助相关方落实低碳活动，有助于提高企业声誉和用户黏性，进而巩固品牌形象；三是在于提高企业的信息透明度，帮助投资者了解企业如何在应对气候变化的新格局下保持竞争力，评估企业是否符合气候或ESG投资战略。

企业主导的个人碳账户一般基于其自身经营的业务场景，结合能力禀赋进行开发。例如，餐饮业主要关注环保包装、减少一次性餐具使用等行为，支付宝等互联网企业基于居民消费支付数据挖掘与绿色低碳消费有关的信息。由于企业激励方式主要通过创新商业模式形成良性循环，不依赖碳积分的外部兑换，因此企业一般自行制定碳减排量的核算办法,用于形成企业内部的用户碳减排评价体系。在激励提供方面,企业主要通过创新业务场景形成可持续的商业模式,在激励用户的同时实现盈利,另外注重与公益环保等项目联动,在为用户提供精神激励的同时,体现企业对绿色社会责任的构建(见图2-15)。

互联网企业发展碳账户的优势在于拥有庞大的用户和商户群体,以及领先的科技手段。前者帮助企业广泛触达用户的消费环节,并与商户联合提供创新的绿色产品及服务,增强用户黏性;后者帮助企业更快、更科学地将与居民碳账户相关的丰富构想落实到实践。面临的挑战则在于:受限于业务场景,覆盖的绿色消费行为单一;企业间数据壁垒较高,无法打通数据共享;碳减排贡献评价标准不一,难以客观衡量实际的社会碳减排贡献。

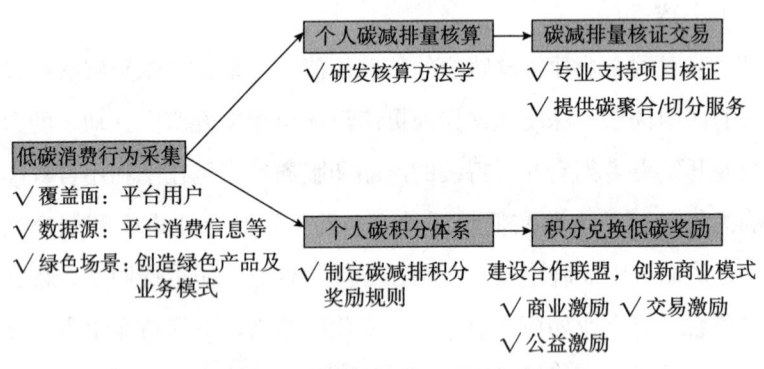

图 2-15 互联网企业主导的居民碳账户模式

## (二)国内个人碳账户评价体系

基于前文的梳理,可以看到不同机构在碳账户的基础架构之上,开展了不同层面、深度及广度的多样化实践。对此,我们从中选取了影响个人碳账户建设效果的核心要素，尝试构建个人碳账户的评价体系（见图2-16），从而对不同机构个人碳账户的发展情况进行比较与评价，为未来碳账户体系的持续完善提供借鉴。

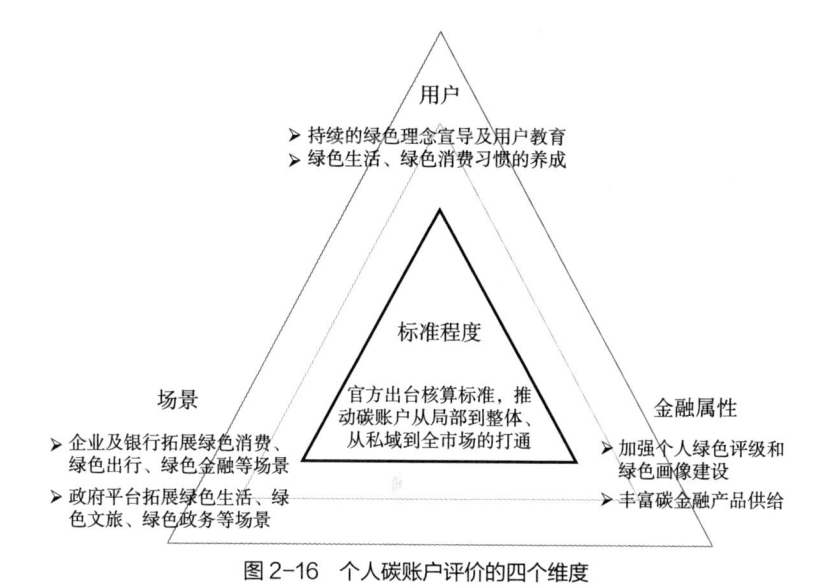

用户
➢ 持续的绿色理念宣导及用户教育
➢ 绿色生活、绿色消费习惯的养成

标准程度
官方出台核算标准，推动碳账户从局部到整体、从私域到全市场的打通

场景
➢ 企业及银行拓展绿色消费、绿色出行、绿色金融等场景
➢ 政府平台拓展绿色生活、绿色文旅、绿色政务等场景

金融属性
➢ 加强个人绿色评级和绿色画像建设
➢ 丰富碳金融产品供给

图 2-16 个人碳账户评价的四个维度

围绕个人碳账户建设的核心环节，我们分别选取了数据采集环节的场景、数据核算环节的标准程度、行为激励环节的金融属性以及用户四项指标进行评价。在数据采集环节，不同机构依据各自掌握的信息源以及对绿色商品和服务的创新水平，开发出不同的绿色消费场景，并采集可供计算的基础数据。绿色场景覆盖越丰富，意味着机构对数据资源的开发能力越强，也意味着机构对不同业务场景的绿色转型方向理解越深，以此为基础建立的碳账户越能引导个人在生活的不同方面践行绿色理念，也越能对个人的碳减排水平提供更全面的评价，因此将碳

账户覆盖的场景作为第一项重要指标。在数据核算环节，科学的核算标准是对个人绿色消费行为的碳减排能力进行客观评价的基础，也是推动消费端碳减排活动上升为可参与市场交易的碳信用资产的前提，只有建立在科学的核算标准之上的碳账户，才有机会从局部延伸到整体，从私域向全市场打通。因此将不同机构采用的碳核算标准是否得到国家或地方政府部门的认定背书，列为评价体系中的第二项重要指标。在行为激励环节，目前大多数碳账户体系通过商品优惠、公益活动等方式对用户的低碳行为进行奖励，但是考虑到用户的低碳活动具有形成碳减排资产，进而参与碳市场交易的潜力，将个人的绿色行为水平纳入个人整体的征信评价、为金融机构建立个人的绿色画像、丰富绿色金融及碳金融产品供给等，将有助于从更宏观和系统的角度反映低碳活动的减排价值，进而形成促进绿色低碳消费的可持续效应，因此将碳账户是否具有金融属性定为第三项评价指标。同时，考虑到碳账户建设的重要宗旨在于对用户进行持续的绿色理念宣导，促进用户养成绿色生活、绿色消费的习惯，所以将碳账户覆盖的用户数量作为第四项重要指标，以此评价不同碳账户体系覆盖人群的广度，以及发挥影响力的程度。

具体赋分规则包括以下四点。

第一，在金融属性方面，国有大型银行、人民银行主导计5分，全国性股份制银行主导计4分，城市商业银行主导计3分，地方政府、互联网或企业主导的，若具备可进行碳资产核证的基础标准，计2分，否则计1分。

第二，用户按照覆盖用户数档次计算得分，10亿以上计

5分；5亿~10亿计4分；1亿~5亿计3分；1 000万~1亿计2分；1 000万以下计1分。用户数量以理论上平台可覆盖用户数为测算基准，非实际开通碳账户用户数。

第三，场景得分按照覆盖中华环保联合会2022年发布的《导则》中的公民绿色低碳行为数计算，15种以上计5分；11~15种计4分；8~10种计3分；5~7种计2分；5种以下计1分。《导则》将公民绿色低碳行为分为衣、食、住、行、用、办公、数字金融7个类别（见表2-6），合计包含40种公民绿色低碳行为，填补了公民绿色低碳行为碳减排量化评估标准的空白。自定义的绿色场景为各碳账户平台自定义的绿色低碳行为。《导则》中的公民绿色低碳行为与平台自定义的绿色低碳行为存在交叉及互补关系，例如，平安银行自定义的"在线缴费、在线还款、在线分期、在线借款、口袋付扫描消费、在线理财"对应《导则》中的"电子支付"，而高铁出行"12306铁路出行"则未被列入《导则》中的公民绿色低碳行为。为便于对比，我们将各平台自定义场景与《导则》中的公民绿色低碳行为建立映射关系统计平台所覆盖的《导则》行为数量，并据此对各平台的场景覆盖度进行评分（见表2-7）。

第四，在标准程度方面，有国家级交易所背书的，或者既有区域交易所又有地方政府背书的计5分；有区域交易所背书的，或既有监管机构又有地方政府背书的计4分；有地方政府背书的计3分；有全国性第三方认证中心背书的计2分；其他计1分。

表 2-6 《导则》中的绿色低碳行为分类

| 分类 | 绿色低碳行为 | 行为解释 |
| --- | --- | --- |
| 衣 | 旧衣回收 | 旧衣被回收再利用 |
| | 使用可持续原材料生产的衣被 | 使用可持续原材料生产的衣被 |
| 食 | 减少一次性餐具 | 减少一次性餐具的使用，避免生产、处理过程中的排放；提供"无需餐具"选项，减少一次性餐具使用 |
| | 植物基肉类替代传统肉类 | 用植物基肉类替代传统肉类食用 |
| | 光盘行动 | 将自己的剩饭剩菜全部打包带走 |
| | 小份/半份餐食 | 在餐厅吃饭，点小份或半份食用 |
| 住 | 使用清洁能源 | 家庭使用光伏、风能、地热等清洁能源 |
| | 使用绿色节能产品 | 使用绿色节能产品，如使用节能、节电等具有中国能效标识的家用电器 |
| | 节约用水 | 洗菜的水用于冲马桶或浇花；生活中使用节水龙头、节水马桶等具有中国节水标识的产品 |
| | 节约用电 | 夏季空调设定温度不低于 26℃，冬季空调设定温度不高于 28℃，减少各种家用电器的待机时间 |
| | 生活垃圾分类 | 可回收的生活垃圾（如饮料瓶、包装纸、金属等）分类回收 |
| | 绿色建筑或节能建筑 | 使用绿色建筑或节能建筑 |
| | 机动车停驶 | 每周自愿少开一天车 |
| 行 | 公交出行 | 在可能的条件下，尽量使用公共交通，减少私家车的使用 |
| | 步行 | 在可能的条件下，尽量选择步行，减少私家车的使用 |
| | 骑行 | 在可能的条件下，尽量选择自行车/电车/电助力车，减少私家车的使用 |

续表

| 分类 | 绿色低碳行为 | 行为解释 |
|---|---|---|
| 行 | 地铁出行 | 在可能的条件下,尽量乘坐地铁,减少私家车的使用 |
| | 拼车出行 | 合理规划路线,采取拼车出行方式 |
| | 使用新能源汽车 | 驾驶新能源汽车行驶 |
| | 不停车缴费 | ETC(电子不停车收费) |
| | 绿色驾驶 | 同样的路程,通过合理的驾驶行为节油 |
| 用 | 自带水杯 | 在实体店购买饮品时,用自带水杯,减少一次性杯子的使用 |
| | 绿色外卖 | 提供"无需餐具"选项,减少一次性餐具使用 |
| | 使用循环包装 | 提高消费后纸包装的回收利用率 |
| | 环保减塑 | 减少塑料使用 |
| | 产品租赁 | 租赁玩具、衣物、电子产品等 |
| | 二手回收 | 回收旧手机、旧衣物、图书等 |
| | 闲置交易 | 买卖闲置物品,减少过度消费 |
| | 减少酒店一次性用品使用 | 减少出差/旅游酒店、民宿等住宿一次性用品的使用,如一次性牙刷、一次性牙膏、一次性香皂、一次性沐浴液、一次性拖鞋、一次性梳子等 |
| | 线上问诊 | 利用网络平台寻医问诊,减少因出行就医带来的排放 |
| | 电子签约 | 通过线上达成合约的一种方式,是借助数字签名、信息加密等技术实现直接在电子文档上加盖签名或印章等的签署动作 |

第二章 碳账户:发展路径与案例 117

续表

| 分类 | 绿色低碳行为 | 行为解释 |
|---|---|---|
| 办公用 | 电子票据 | 使用电子化票据代替纸质票据，如电子发票 |
| | 无纸化办公 | 无纸化办公 |
| | 双面打印 | 打印机在纸张的一面完成打印后，将纸张送至双面打印单元内，在其内部完成一次翻转后重新送回进纸通道以完成另一面的打印工作，可节约纸张的使用量 |
| | 在线会议 | 在线会议又称网络协同办公，用户利用互联网实现不同地点多个用户间的数据共享，通过在线会议或远程协同办公。在线会议通过信息技术支持，远程培训、远程客户支持，在线市场活动等多项用途。可以减少差旅跑路的消耗，通过交通替代、纸张替代，降低资源消耗及废弃物处理过程中的碳排放 |
| | 电子政务 | 国家机关在政务活动中，全面应用现代化信息技术、网络技术以及办公自动化技术等进行办公、管理和为社会提供公共服务的一种全新的管理模式 |
| | 共享办公 | 共享办公又叫作柔性办公，短租办公，联合办公，有以下特点：空间共享、办公设施共享、资源共享 |
| | 电子支付 | 消费者、商家和金融机构之间使用安全电子手段，把支付信息通过信息网络安全地传送到银行或相应机构，实现货币支付或资金流转的行为 |
| 数字金融 | 电子资金转账 | 使用电子通信设备将现金从一方转付给另一方。在电子资金转账过程中不需要使用纸质凭证 |
| | 数字货币 | 一种基于节点网络和数字加密算法的虚拟货币，可节约货币流通成本，以及印制纸钞所需要的纸张 |

注：本表为推荐性分类，不包含所有潜在的绿色低碳行为，不作为定义性描述。

资料来源：中华环保联合会，《导则》。

表2-7 主要个人碳账户评分结果

| 机构 | 类型 | 产品名称 | 用户评分 | 场景评分 | 金融属性评分 | 标准程度评分 | 覆盖用户数（万人） | 自定义场景（个） | 《导则》行为覆盖（种） |
|---|---|---|---|---|---|---|---|---|---|
| 平安银行 | 股份制 | 低碳家园 | 3 | 3 | 4 | 5 | 15 288 | 22 | 10 |
| 中信银行 | 股份制 | 中信碳账户 | 3 | 1 | 4 | 5 | 12 700 | 7 | 4 |
| 浦发银行 | 股份制 | 绿色低碳专区 | 2 | 3 | 4 | 5 | 7 125 | 17 | 8 |
| 招商银行 | 股份制 | 碳寻星空 | 3 | 2 | 4 | 1 | 18 400 | 9 | 6 |
| 日照银行 | 城商行 | 碳普惠平台 | 1 | 2 | 3 | 1 | 200 | 14 | 6 |
| 建设银行 | 国有大行 | 个人碳账本 | 3 | 3 | 5 | 4 | 44 000 | 22 | 10 |
| 工商银行 | 国有大行 | 碳空间 | 4 | 1 | 5 | 1 | 51 600 | 8 | 4 |
| 中国人民银行衢州市中心支行 | 监管机构 | 个人碳账户 | 1 | 3 | 5 | 4 | 230 | 14 | 10 |
| 银联 | 企业 | 低碳小镇 | 3 | 3 | 4 | 5 | 46 000 | 18 | 11 |
| 支付宝 | 互联网 | 蚂蚁森林 | 5 | 5 | 1 | 4 | 55 000+ | 42 | 23 |
| 阿里巴巴 | 互联网 | 88碳账户 | 5 | 5 | 1 | 2 | 131 000 | 19 | 20 |
| 高德地图 | 互联网 | 绿色出行碳普惠 | 5 | 1 | 2 | 3 | 100 000 | 4 | 4 |
| 京东 | 互联网 | 青绿计划 | 4 | 2 | 1 | 1 | 50 800 | 8 | 5 |
| 顺丰 | 互联网 | 绿色碳能量 | 2 | 1 | 1 | 1 | 6 500 | 6 | 3 |

第二章 碳账户：发展路径与案例 119

续表

| 机构 | 类型 | 产品名称 | 用户评分 | 场景评分 | 金融属性评分 | 标准程度评分 | 覆盖用户数（万人） | 自定义场景（个） | 《导则》行为覆盖（种） |
|---|---|---|---|---|---|---|---|---|---|
| 哈啰单车 | 互联网 | 碳路者计划 | 4 | 1 | 2 | 4 | 55 000 | 1 | 1 |
| 腾讯 | 互联网 | 低碳星球 | 2 | 1 | 2 | 5 | 1 766.2 | 3 | 3 |
| | 互联网 | 碳碳星球 | 5 | 2 | 2 | 2 | 129 999 | 6 | 6 |
| 美团 | 互联网 | 数字人民币碳中和试点 | 4 | 1 | 1 | 1 | 68 700 | 3 | 3 |
| 曹操出行 | 互联网 | 碳惠里程 | 3 | 1 | 1 | 1 | 12 000 | 3 | 2 |
| 满帮 | 企业 | 碳路里程 | 2 | 1 | 1 | 2 | 1000 | 2 | 1 |
| 南方航空 | 企业 | 绿色飞行专区 | 2 | 1 | 1 | 2 | 7 200 | 4 | 2 |
| 浙江省 | 地方政府 | 浙江碳普惠 | 2 | 4 | 2 | 3 | 6 577 | 20 | 13 |
| 北京市 | 地方政府 | 个人碳账本—绿色生活季 | 2 | 2 | 2 | 3 | 2 184.3 | 5 | 6 |
| 广东省 | 地方政府 | 广东碳普惠 | 3 | 1 | 2 | 3 | 12 700 | 3 | 3 |
| 成都市 | 地方政府 | 碳惠天府 | 2 | 3 | 2 | 3 | 2 126.8 | 10 | 8 |
| 上海市 | 地方政府 | 沪碳行 | 2 | 1 | 2 | 3 | 2475 | 4 | 3 |
| 深圳市/南方电网 | 地方政府+企业 | 居民低碳用电碳普惠 | 2 | 1 | 2 | 3 | 1 766.2 | 1 | 1 |
| 天津市 | 地方政府 | 津碳行 | 2 | 1 | 2 | 3 | 1 363 | 8 | 4 |

续表

| 机构 | 类型 | 产品名称 | 用户评分 | 场景评分 | 金融属性评分 | 标准程度评分 | 覆盖用户数（万人） | 自定义场景（个） | 《导则》行为覆盖（种） |
|---|---|---|---|---|---|---|---|---|---|
| 湖州市 | 地方政府 | 碳达人 | 1 | 3 | 1 | 3 | 341.3 | 12 | 9 |
| 山东省 | 地方政府 | 碳惠山东 | 3 | 1 | 1 | 3 | 10 200 | 3 | 3 |
| 青岛市 | 地方政府 | 便捷青岛一市民碳普惠 | 2 | 2 | 2 | 3 | 1 034.2 | 11 | 5 |
| 南京市 | 地方政府 | 我的南京 | 1 | 1 | 1 | 3 | 949.1 | 4 | 4 |
| 西宁市 | 地方政府 | 西宁碳积分 | 1 | 1 | 1 | 3 | 248 | 7 | 2 |
| 重庆市 | 地方政府 | 碳惠通 | 2 | 1 | 2 | 3 | 3 213.3 | 4 | 4 |
| 四川省泸州市 | 地方政府 | 绿芽积分 | 1 | 2 | 1 | 1 | 426.3 | 7 | 5 |
| 无锡市 | 地方政府 | 碳时尚 | 1 | 2 | 1 | 1 | 749.1 | 5 | 5 |
| 青岛市 | 地方政府+监管机构 | 青碳行 | 2 | 1 | 2 | 3 | 1 034.2 | 4 | 4 |
| 山西省 | 地方政府 | 三晋绿色生活 | 2 | 2 | 1 | 1 | 3 481.4 | 9 | 7 |
| 甘肃省 | 地方政府 | 丝路碳惠 | 2 | 2 | 1 | 1 | 2 492 | 9 | 6 |
| 宁夏回族自治区 | 地方政府 | 宁夏碳普惠 | 1 | 1 | 1 | 1 | 728 | 4 | 4 |

注："覆盖用户数（万人）"和"自定义场景（个）"根据2023年6月30日前公开资料整理。

根据用户、场景、标准程度和金融属性四个评价指标，主要个人碳账户评价分布见图 2-17。

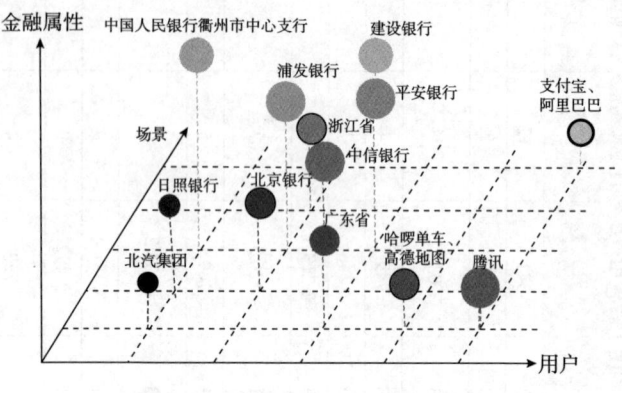

图 2-17 主要个人碳账户评价分布图

注：图标大小表示标准程度。

## （三）国内企业碳账户案例

与消费端需要依靠个人碳账户进行价值传导不同，企业端碳减排不依靠碳账户的激励刺激，但企业却需要通过碳账户掌握自身的碳排放情况并进行碳资产管理。现阶段企业碳账户的主导平台、建设核心等，都与个人碳账户表现出不同的特点。

截至目前，统计到的企业碳账户合计 14 家，按照建设目的划分为 4 种类型。北京银行、浦发银行、广州市花都区、国网英大集团、中国人民银行衢州市中心支行、中国人民银行湖州市中心支行、北京绿色交易所 7 家的账户功能为基于企业碳排/减排核算及评价，给予差异化服务；苏州工业园区、法大大的账户功能为基于单一场景进行碳减排核算，探索碳金融服务；碳阻迹的账户功能为测算企业自身运营碳排放及碳减排，服务企业碳中和，此类为一家两个产品；北汽集团、上海银行、国家电力投资集团三家的账户功能为核算企业自身及员工碳排/减排（见表2-8）。

表2-8　国内14家企业碳账户的4种类型

| 主导机构 | 发布时间 | 主导机构类型 | 产品名称 | 账户目的 |
| --- | --- | --- | --- | --- |
| 北京银行 | 2022年6月 | 城市商业银行 | 京碳宝 | 基于企业碳排/减排核算及评价，给予差异化服务 |
| 浦发银行 | 2021年11月 | 股份行 | 企业碳账户 | |
| 广州市花都区 | 2022年9月 | 地方政府 | 穗碳 | |
| 国网英大集团 | 2022年4月 | 企业 | 企业碳账户 | |
| 中国人民银行衢州市中心支行 | 2021年 | 监管机构 | 企业碳账户 | |
| 中国人民银行湖州市中心支行 | 2022年3月 | 监管机构 | 企业碳账户 | |
| 北京绿色交易所 | 2022年12月 | 交易所 | 企业碳账户与绿色项目库系统 | |
| 苏州工业园区 | 2022年11月 | 地方政府 | 碳普惠智能服务平台 | 基于分布式光伏企业减排核算，探索碳金融服务 |
| 法大大 | 2022年12月 | 企业 | 签约减碳（场景） | 基于电子签约单一场景进行核算减排量，探索碳金融服务 |

续表

| 主导机构 | 发布时间 | 主导机构类型 | 产品名称 | 账户目的 |
|---|---|---|---|---|
| 碳阻迹 | 2021年7月 | 企业 | 碳云 | 测算企业自身运营碳排放及碳减排，服务企业碳中和 |
| 碳阻迹 | 2022年10月 | 企业 | 碳账户 | |
| 北汽集团 | 2022年下半年 | 企业 | 员工碳账户 | 核算企业自身及员工碳排/减排 |
| 上海银行 | 2023年1月 | 城市商业银行 | 碳积分 | |
| 国家电力投资集团 | 2021年4月 | 企业 | 低碳e点 | |

## 1. 中国人民银行衢州市中心支行：企业碳账户

2021年初，中国人民银行衢州市中心支行开始探索企业碳账户的构建方法，企业碳账户是对有关经济主体碳排放的全面记录，包含数据采集、核算、评价三个环节，必须做到数据准确、核算科学、评价客观。

在以工业企业为主体的碳核算中，中国人民银行衢州市中心支行联合衢州市发展改革部门、生态环境局等部门，通过衢州市能源大数据中心实时采集的企业能源消费数据（包括原煤、电力、天然气、蒸汽等），以及市生态环境局所获取的企业经审核的工艺流程碳排放月度数据，二者加总得到企业的碳排放总量。在以农户为主体的碳账户核算中，衢州市将重心放在提高农业后端资源利用率所能实现的碳减排效果，以秸秆综合利用、土壤固碳、禽畜粪污资源化利用为三条统计主线，核算该账户下的碳减排能力。

为确保评价客观，衢州市碳账户在构建过程中从三个维度（产量、税收、增加值）确定了不同行业的碳排放基准值，例如，按碳排放强度对标行业基准值为工业企业进行四色贴标（"三维四色贴标"），分别为深绿色（碳排放强度在行业基准值的50%以下）、浅绿色（碳排放强度在行业基准值的50%~75%）、黄色（碳排放强度在行业基准值的75%~100%）、红色（碳排放强度在行业基准值以上）（见图2-18）。

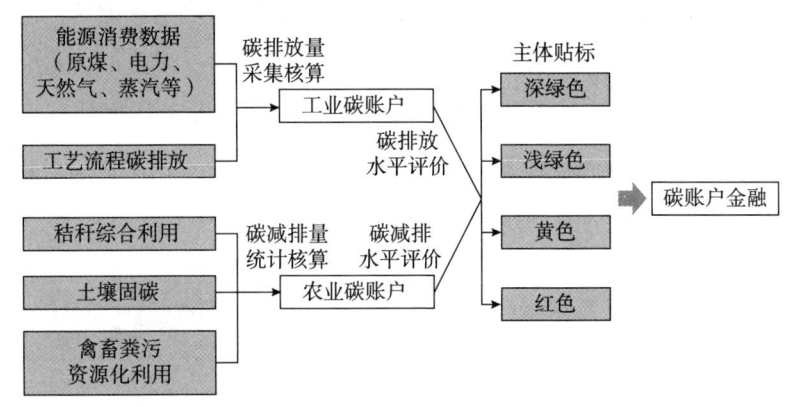

图2-18 中国人民银行衢州市中心支行企业碳账户的构建方法

资料来源：何起东.以碳账户为核心的绿色金融探索[J].中国金融，2021（18）：53-54。

截至目前，衢州市已经建立覆盖工业、农业、能源、建筑、交通运输和个人六大领域的碳账户体系，纳入2 500余家工业企业、近1 000个农业主体、近100家能源企业、100余家建筑主体、近100家交通企业及超过200万社会居民。从碳资产标的的角度来看，碳账户覆盖的行业、企业及个人，并未全部纳入现阶段的国家碳排放权交易体系，没有碳配额履约的压力，碳减排项目也尚未进行国家核证，属于自愿碳减排行为，而这些都是受现阶段全国碳市场发展仍处于起步阶段、国家层面 CCER 尚未重启等客观情况影响的结果。但衢州市没有因客观条件不成熟就止步于此，而是尝试先启动有条件完成的基础工作，包括碳排放数据的项目及碳减排项目的开发，并在此基础上展开进行碳账户金融创新。

根据衢州市政府发布的《衢州市碳账户金融建设实施方案（试行）》，中国人民银行衢州市中心支行创新建立了企业碳征信制度。碳征信是指采集、整理并保存企业的碳账户信息记录，包括企业用能结构、碳排信息、贴标结果三个维度。在获得企业授权后，商业银行可通过"衢融通"平台（基于省市数据共享平台而构建的多维数据平台）查询和使用企业的碳征信报告（见图 2-19）。

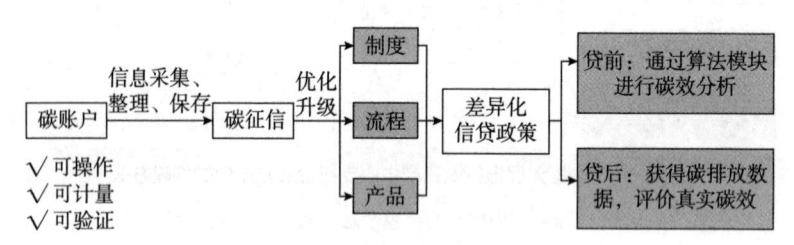

图 2-19 衢州市碳账户金融创新

资料来源：《衢州市碳账户金融建设实施方案（试行）》。

通过碳账户金融，当地商业银行一方面可以借助碳征信报告全面掌握企业碳账户信息，确定支持对象；另一方面可以通过"衢融通"平台的碳账户算法模块测算企业碳排，进行贷前碳效分析，提高信贷审批效率，为差异化信贷政策提供可操作性。目前，衢州市已对 3 002 家当地企业形成碳征信报告，并按月传送到当地银行用于银行贷前、贷中、贷后的管理。

截至目前，衢州企业碳账户系统共上线40家银行的37款金融产品、发放碳贷款达408亿元；在提供的优惠信贷政策方面，贷款额度最高可达1.5倍的提款系数，利率定价最多提供100基点的利率优惠；在衢州全市37家当地银行机构中，已有13家获得总行的专项试点批复。目前，衢州市政府制订了三年补贴计划，从2021年起，每年依次拨款400万元、500万元及600万元，针对银行碳账户贷款提供贴息补助。

**2. 北京绿色交易所：企业碳账户与绿色项目库系统**

北京绿色交易所作为国内最具影响力的环境权益交易市场，是国家发展改革委备案的首批全国自愿碳减排交易机构、北京市指定的碳排放权交易平台，发起并制定了中国首个自愿碳减排标准——"熊猫标准"。

2021年11月，国务院发布《关于支持北京城市副中心高质量发展的意见》，提出推动北京绿色交易所在承担全国自愿碳减排等碳交易中心功能的基础上，升级为面向全球的国家级绿色交易所，建设绿色金融和可持续金融中心。2022年8月，《北京市"十四五"时期金融业发展规划》强调，推动北京绿色交易所在承担全国自愿碳减排等碳交易中心功能的基础上，升级为面向全球的国家级绿色交易所，为各类绿色资产交易提供定价、评估等服务，建设北京绿色项目库系统，研究开发碳核算账户体系。

2022年12月22日，北京绿色交易所在国家发展改革委、生态环境部、中国人民银行、中国人民银行金融研究所、北京市金融局、北京产权交易所、罗克佳华科技集团（系统开发技术支持）等组织和机构的共同支持下，发布了服务本地绿色转型发展的企业碳账户及项目库系统基础设施（服务政府的"双碳"管理公共平台）。这套系统基于物联网、大数据、人工智能、区块链等技术，为企业和项目建立碳核算账户，通过在线监测和政府大数据实现动态监测和自动核算，同时引入多维度绿色评价体系，建立气候库、绿色库和转型库，服务主管部门多样化的绿色低碳管理需求和金融投资机构多样化的绿色投融资应用场景（见表2-9）。

表2-9 北京绿色交易所"一体四端"服务架构

| "一体四端" | 内容 |
| --- | --- |
| 一体 | 一个门户 |
| 企业端 | 服务企业：作为企业对接多个政府主管部门的统一渠道，帮助降低企业的长期填报负担，为企业开展碳核算、动态监测和碳管理提供强有力的技术工具；帮助企业对接信贷、债券、股权融资以及保险等多样化的投融资渠道 |
| 金融端 | 服务金融机构：帮助解决企业和项目的碳核算、绿色分类、等级评价、ESG信息披露管理、企业和项目全生命周期动态追踪以及碳排放数据真实性等重点问题，成为银行贷前调查、贷中审查和贷后检查的重要帮手 |
| 政府端 | 服务主管部门：解决数据真实性和持续性等难题，同时实现环保政策、产业政策、金融政策和财政政策在企业和项目层面的协同 |
| 平台运营端 | 集中汇集企业和项目的投融资需求，降低市场的搜寻成本 |

资料来源：北京绿色交易所。

据介绍，北京绿色交易所将立足北京、面向全国，持续推进"双碳"管理公共平台和绿色金融基础设施建设，为实体经济绿色低碳高质量发展和北京建设全球绿色金融与可持续金融中心不断贡献力量。目前，北京绿色交易所已经和一批国家气候投融资试点城市达成了合作意向，争取早日建设成为服务实体经济、绿色低碳高质量发展的"双碳"管理公共平台。北京绿色交易所建立的企业碳账户系统定位为绿色基础设施平台，具有政策性和公共性，因而也汇集了最多的资源和技术支持，有望成为全国企业碳账户体系建设的牵头方或技术经验支持方。

### 3. 重庆市："星火·链网"（绿色金融）碳账户

"星火·链网"（绿色金融）碳账户是依托工业和信息化部指导支持、中国信息通信研究院牵头建设的国家级新型基础设施。其中，重庆建立全国首个国家级绿色金融行业骨干节点，将工业互联网标识解析与区块链融入碳中和及可持续发展的实践中，旨在实现绿色金融的认证、流通和交易。与其他企业碳账户相比，此项目最大的特色在于推动区块链技术在绿色金融领域的应用，为碳资产、碳核算的分布式记账提供技术支持。

"星火·链网"（绿色金融）碳账户着力打造碳普惠链、碳资产链和产业链3条子链，上线碳账户、亿碳通和3060 App共3款产品，旨在加快推动区块链底层基础设施的应用发展，促进区块链技术在绿色金融领域的应用落地，并最终形成一个广泛而包容、安全而可信的数字化区块链平台，为绿色经济注入新的活力，助力重庆及两江新区产业高质量发展（见表2-10）。

表 2-10 "星火·链网"（绿色金融）碳账户的服务链与应用产品

| 项目 | | 内容 |
|---|---|---|
| 3条子链 | 碳普惠链 | 帮助企业和个人创造、登记、管理、交易碳汇，搭建出一套完整的绿色金融区块链产业 |
| | 碳资产链 | 在绿色信贷、碳资产交易、期货等方面发挥重要作用，助力解决全球行业碳减排问题 |
| | 产业链 | 着重构建形成跨行业节点、多链条应用、统一安全服务、统一信任服务、统一数据接口标准的可信信息基础设施体系，以降低区块链的应用成本 |
| 3款产品 | 碳账户 | 帮助政府摸清碳家底，实时掌握企业碳账户信息，提供决策支撑 |
| | 亿碳通 | 通过物联网设备接入、企业自建系统接入、手工填报等方式实现碳排放数据的采集和监测，以及建立企业台账、碳排放、碳减排数据仓，以实现碳核算分析结果的工具化、自动化、可视化 |
| | 3060 App | 基于区块链的非同质化电子证书，用于记录机构和个人的绿色行为、绿色消费、绿色积分、碳资产等，集环保信息、绿色积分、环保小区、绿色商城于一体，从衣食住行游等方面构建个人与企业的绿色生活方式，是创造、登记、管理、交易碳资产的数字工具 |

资料来源：工业和信息化部。

## 4. 国网英大：电碳核算碳账户

国网英大作为国家电网集团下属子公司，拥有大量企业的电力消费数据，而电力消费作为企业碳排放最重要的来源之一，是企业碳账户统计核算的重要场景。从自身业务特点及优势领域出发，国网英大碳资产管理公司响应国家"双碳"战略，与国网福建省电力公司联合研发碳能力评估模型并推出碳账户体系，目前已实现"账户开立、数据获取、模型评价、报告导出、业务办理"全流程线上化,通过为企业建立"双碳"数字化基础设施碳账户,全生命周期量化记录、评价、见证企业低碳转型与绿色发展,为企业合理选择转型路径、有效对接金融机构绿色金融产品、高效评价转型效果并进行碳减排资产开发提供可行途径。

以电碳数据转换模型为基础,国网英大碳资产管理公司支持厦门供电公司通过电力数据绘制了厦门市企业电碳地图,可视化分析展示区域、行业级碳排情况,利用电力数据的实时性和精准性,广泛开展碳排放监测、碳排放波动预警和碳减排潜力评估等相关工作。基于厦门市企业电碳地图数据,国网英大碳资产管理公司进一步研究提出了面向金融的碳能力评估模型。该模型以外购电力、清洁能源用电、绿电交易等电力数据,结合企业自证信息,从低碳经营、转型行为、减碳效果、降碳贡献等各维度,综合评估企业主体的碳能力水平。该模型从企业"碳表现""碳贡献""碳披露""碳履约"4个维度、12项二级指标、24项三级指标,综合选取定量及定性评价指标,不但关注企业当前的碳排放表现,而且关注企业低碳发展的可持续性,并综合考虑不同行业的差异性,公平、客观、综合地评价企业的涉碳能力。该模型目前已有效应用于多类绿色金融产品中,金融机构通过企业涉碳能力评价结果,为企业提供差异化定价的金融服务,引导企业根植绿色发展理念,助力企业低碳健康发展。

国网福建省电力公司在推动建立现代客户服务体系时,基于企业碳账户实现能效管理绿色服务和绿色金融的有效对接,在供电服务之外丰富服务体系;依托碳账户提供碳数据维度的生产经营管理支持,精准对接企业需求,升级服务质量,以电为基,全面赋能用电消费侧企业绿色转型。目前，福建省主要围绕能源管理、能源节降、可再生能源方向挖掘绿色场景，为绿色场景对接绿色资金，并以电碳数据测算和碳账户监测完成绿色场景中碳减排成效的量化总结。在该模式下，供电公司联合国网英大碳资产管理公司，聚焦重点客群实现联动发展。

### 5. 法大大："签约减碳"计算模型

法大大是国内领先的电子合同与电子签云服务平台第三方，致力为企业、政府和个人提供基于合法数字签名技术的电子合同和电子单据的在线协同签署及管理服务。法大大在企业构建碳账户体系的过程中，为企业低碳办公场景的设计与核算提供系统性支持。

法大大电子合同与电子签云服务平台通过软件即服务（SaaS）和开放的应用编程接口（OpenAPI）为用户提供便捷、安全、公正的云服务，为企业提供电子签名和电子印章管理、合同模板创作和管理、合同或文件的多方协作签署、签署后的合同管理、合同智能审核及全链路存证和出证等产品服务。企业的各种数字化业务系统、信息技术系统及产业互联网平台，可与法大大平台无缝集成，实现具体业务场景与电子签的全链路数字化闭环，进而促进企业业务发展、效率提升、安全保障和风险控制。

2022年12月，法大大平台正式发布全国首个"签约减碳"计算模型，该模型由法大大平台、企业绿色发展研究院、北京绿色交易所联合开发，能科学计算每一次线上签约的碳减排值，通过该模型计算的"签约减碳"值可在其产品上增加"签约减碳"

值提醒功能，让电子签的环保贡献度可见、可算、可衡量。法大大平台"签约减碳"计算模型借鉴了国际、国内自愿碳减排方法学的成果和方法，依托法大大电子合同和电子签云服务平台资源，充分调研了用户在签署合同、协议过程中的行为，并采集了更大范围样本的多种基准线行为数据，保证了基准线模型设定和计算的合理性、准确性和有效性。该模型同时充分考虑了减少快递运输、减少纸张生产和废弃物处置等相关减排场景，兼顾碳减排量计算的保守性原则，使计算结果科学地反映电子签的碳减排效益。① 截至2022年第三季度，法大大平台累计签署合同及文件超过70亿份，按照"签约减碳"计算模型计算，累计为用户减少123万吨的二氧化碳排放，相当于2 128平方千米森林的固碳量，大约是广东省连续5年植树造林活动的固碳量。②

## 6. 小结

从企业端碳账户的既有实践可以看出，企业碳资产的核算统计较居民碳账户的专业性更强，需要综合考虑数据采集的时效性、准确性及可得性等问题。目前，企业碳数据主要通过核算法计量，对核算的频次要求较低，例如，全国碳市场的控排企业火电行业在履约期结束后第二年的第三季度才完成履约期的碳核算报告；同时，企业的能耗、产量、原材料消耗等数据，若通过企业自主填报，一方面耗时、耗力且无法收集全面；另一方面准确

---

① 中国商报. 法大大发布全国首个"签约减碳"计算模型[EB/OL]. https://baijiahao.baidu.com/s?id=1751609078386418384&wfr=spider&for=pc，2022-12-8.

② 同上。

性可能无法得到保障。此外，目前企业的范围3碳排放核算较难实现；对于农业等没有国家或国际标准碳核算方法的行业，需要行业专家团队自行开发方法学；由于对企业进行碳排放评价需要以行业基准值为基础，而各地区的行业基准值不同，计算过程既涉及方法学的采用，又涉及行业基础数据的批量采集，因此这是一项系统性的工程，存在较大的难度。

  基于企业碳数据核算存在的客观问题，目前最有能力进行企业碳账户建设的主体，还是地方生态环保部门、发展改革部门、监管机构等有条件获取企业生产或环境影响数据的部门。企业碳账户建设不仅需要数据源，也需要先进的科技支撑，因此相关领域也逐渐出现一些专业性较强的第三方机构，协同政府部门一道构建科学的企业碳账户体系。

第三章

## 碳账户的理论框架

本书前两章介绍了国家在生产端与消费端的碳减排措施及路径、碳账户产生的背景及架构设计等内容，通过国内外案例的梳理，直观地呈现了目前国内碳账户实践的建设内容及进展。本章将进一步梳理碳账户的理论框架（见图3-1），厘清基本概念与原理，同时提供有关碳账户未来发展方向的思考维度。

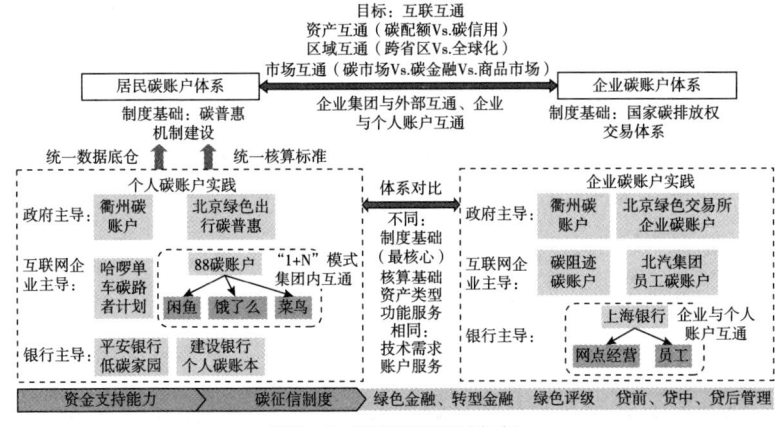

图3-1 碳账户的理论框架

根据用户主体的不同，碳账户分为个人碳账户与企业碳账户两大类，二者所依据的制度基础及建设逻辑是有区别的。个人碳账户建设以碳普惠机制为基础，现阶段的核心目的在于凝聚社会共识，通过个人消费行为的碳排放量化及激励机制设计，引导个人转向绿色生活方式。基于目前的技术与制度水平，还较难实现个人碳排放量的全面核算，因此现阶段个人碳账户的发展重点在于挖掘绿色消费场景、核算相应的碳减排量，以及探索可行的权益激励路径。企业碳账户建设以国家碳排放权交易体系为基础，由于碳交易规则对控排企业的实际碳排放量进行严格考核，并设置惩罚措施，因此，企业碳账户对碳数据核算的完整性与精准性提出了较高的要求。

相比于企业碳账户，个人碳账户的数据来源更广、消费场景更丰富，且在碳普惠机制下对数据的排他性和精准性未提出严格的要求，因此自"双碳"目标提出以来，地方政府、互联网企业、商业银行等众多平台纷纷开展小范围的个人碳账户创新，这既为碳普惠机制提供了一手的实践经验，也为各企业平台业务创新、提高 ESG 管理水平提供了新的视角。但是，彼此割裂的碳账户不利于实现对个人碳排放水平的全面刻画，参差不齐的碳核算方法学也不利于个人碳减排量资产参与碳市场交易，因此，随着不同平台企业间核算方法学和数据标准的互认，个人碳账户终将形成统一科学有效的核算方法学、互通互认的数据底仓、完善的绿色消费场景，朝着国家统一标准的碳账户体系方向发展。

除了建设统一标准的碳账户体系，未来碳账户整体还将持续探索有更深刻含义的互联互通方式，从而实现不同类型主体、不同碳资产标的、不同交易市场以及不同区域之间的碳资产流通，促进形成完备的碳资产流通域，使碳资产充分表现出货币属性，在国际碳中和行动及经济全球化趋势中发挥更重要的作用。

此外，金融部门为了应对气候变化及绿色转型对实体经济造成的实际影响，提高银行业的资产质量，也将以碳账户数据信息为依托，建立碳征信制度，推进碳数据在绿色金融及转型金融等领域的应用。

## 一、从个人碳账户到居民碳账户

如前所述，消费端碳减排的主体是数以亿计的个人，相对于生产端，其政策传导机制更加复杂，背后的理论逻辑涉及经济学、行为经济学、心理学、社会学等多学科，因此只能建立政府引导、企业推动、全民参与的传导机制和碳减排生态，简称为"G–B–C"模式。碳账户作为碳减排行为和碳减排量的记录载体，在消费端碳减排"G–B–C"的生态中，对促进碳循环、实现碳循环经济发挥关键的金融基础设施作用。

国内外的既有个人碳账户实践，根据追踪数据和碳减排控制思路的不同，可大体分为碳配额型个人碳账户和碳减排型个人碳账户。在以西欧为代表的碳配额型碳账户中，居民个人通过免费或低价分配获得碳配额，用于在个人购买电力、汽油等能够引发碳排放的能源产品时进行实际碳排放量的抵扣。在日本、韩国以及我国实践的碳普惠机制中，碳账户的核算重点转向用户的碳减排量，更倾向于通过"减排—激励"的逻辑形成对个人绿色生活模式的正向激励。

由于碳配额型个人碳账户有赖于个人碳交易机制的设置，而碳交易在个人领域的实施具有较高的复杂性和运营成本，因此到目前为止，尚未有国家层面的成功的碳配额型碳账户经验。我国消费端的个人碳账户设计以碳普惠机制为核心，注重个人绿色行为的采集、量化，以及丰富激励机制的设计。简单来说，消费端的个人碳账户面向居民用户，登记用户的碳减排行为并核算为碳减排量，管理用户碳资产的计量、存储、交易和投资，同时构建"谁减排谁受益"的激励机制，借助绿色行为数据所构建的碳信用约束和物质、精神激励，引导个人培养绿色生活习惯，践行绿色低碳行为，实现消费端碳减排和碳流通，进而助力"双碳"目标的实现。

个人碳账户的建设逻辑涵盖行为采集、量化核算、激励机制三大核心环节（见图3-2）。第一，在行为采集环节，碳账户的目标在于尽可能全面地获取个人消费数据，并从中识别绿色场景，这些场景将成为倡导绿色生活的抓手，在该过程中用户和场景是基础；第二，在量化核算环节，碳账户以碳减排量核算方法学为依据，量化个人的绿色低碳行为碳减排贡献，其中，碳减排量衡量了当前绿色低碳行为对环境的客观贡献，需要以严谨科学的核算方式对绿色低碳行为进行评估，从而可为消费者建立清晰的绿色低碳行为指引，同时，碳减排量的核算也需要合理界定基准行为标准，在此基础上判断绿色低碳行为改变如何减少碳排放，从而审慎判断绿色低碳行为在当前条件下可实现的碳减排潜力，在该过程中核算标准是保障；第三，在激励机制环节，平台企业将采集的个人绿色低碳行为核算后的碳减排量按照平台积分换算规则换算为碳积分，形成个人碳资产积累，积累的碳积分可以通过平台兑换为相应的物质激励或精神激励，或根据用户的碳减排等级评价予以相应的信用激励，实现个人碳资产的价值变现，从而对个人绿色低碳行为产生内在循环激励效应，该过程中的价值变现体现了碳资产的金融属性。

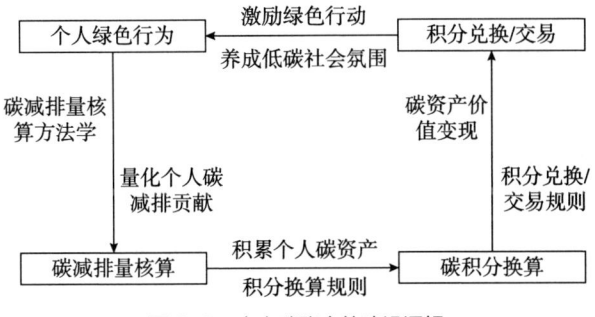

图 3-2 个人碳账户的建设逻辑

综上所述，个人碳账户的核心要素可以概括为用户、场景、碳标准建设以及信用体系。基于个人碳账户的四个核心要素，理想的、成熟的居民碳账户应该是居民覆盖面广泛的、场景覆盖完全的、标准国家统一的、具备金融资产货币属性的碳账户（见图 3-3）。

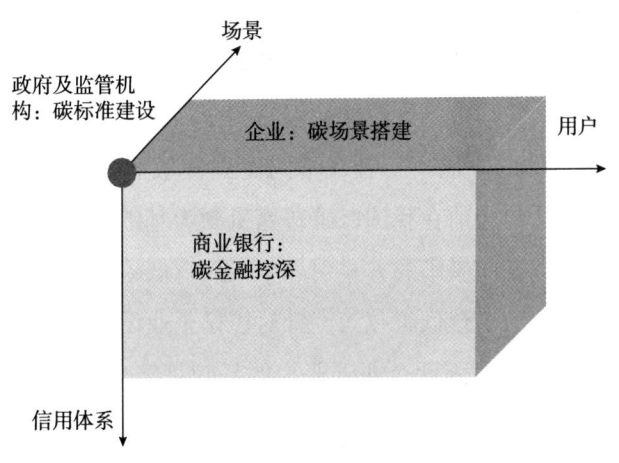

图 3-3 居民碳账户构想

目前，无论是以海量用户触达为依托的头部互联网企业，还是以支付和信用体系为抓手的银行业，都瞄准了个人碳账户的蓝海市场进行战略布局。我国低碳政策渗透力强且社会数字化程度高，为培育消费端绿色转型提供了肥沃的土壤。随着个人碳账户场景和用户覆盖的进一步拓展，依托官方碳核算标准的逐步完善与一致性，辅以金融属性的逐步加强，各行业个人碳账户平台的衔接互通有望得到推进，逐步实现全国、全网联通，统一的居民碳账户体系有望形成，全方位、多层次、宽领域地引导和支持个人碳减排。

## 二、个人碳账户与企业碳账户的对比

个人与企业同为碳市场的参与者，都需要建立各自的碳账户体系以满足需求。个人碳账户参与碳市场交易，能够进一步丰富碳市场主体，构建碳市场多元化的需求和供给，这些需求和供给基于碳资产不同的持有目的、风险偏好和预期，促进碳市场的交易活跃度，最终形成均衡价格。但是，个人碳账户与企业碳账户由于参与主体的不同，二者在不同建立背景下的基础机制也不同。个人碳账户当前在我国以碳普惠机制为基础，平台企业建立个人碳账户以正向激励的方式引导个人践行低碳行为；而企业碳账户起始于国家出台低碳政策，针对控排企业设立碳配额并进行碳市场交易试点，因此企业碳账户的基础是碳交易机制。此外，二者在碳账户的发展需求、碳排放核算基础、碳资产登记类型等方面也存在区别（见表3-1）。

表 3-1　个人碳账户与企业碳账户的对比

| 对比维度 | 个人碳账户 | 企业碳账户 |
| --- | --- | --- |
| 发展需求 | 作为绿色消费政策的引导工具，需要丰富的绿色场景和绿色权益对用户形成激励 | 作为碳核算和碳交易所必需的载体，更侧重已有主体和项目核算的科学有效性 |
| 碳排放核算基础 | 间接碳排放占比大，多场景核算基础条件尚不具备，以平台内部核算标准为主，从应用端重视用户的碳排放等级评价 | 以直接碳排放为主，且体量大，国家政策优先约束，根据官方核算标准进行核算 |
| 碳资产登记类型 | 以碳减排量资产（碳信用）为主 | 以碳排放量资产（碳配额）为主，碳减排量统计除外；企业员工碳信用资产和农业碳账户的碳减排量资产 |
| 服务功能 | 1. 应用碳聚合（如哈啰单车聚合个人碳信用资产）<br>2. 市场连接主要应用在商品服务消费市场和金融辅助服务市场 | 1. 碳聚合不适用<br>2. 市场连接主要应用在碳交易市场和辅助金融市场 |
| 相同点 | 1. 都需要运用大数据、区块链、人工智能等技术手段实现数据采集和核算<br>2. 在碳账户服务功能上，在核算、登记、交易、结算，以及建立与碳交易、碳金融、商品交易市场的联系等方面均有应用 ||

在发展需求方面，个人碳账户作为绿色消费政策向个人引导的重要工具，可以帮助个人识别及选择绿色消费行为，在信用激励、商业激励及交易激励等引导下，在潜移默化中助推个人选择绿色低碳行为，形成绿色生活的社会氛围。生产端碳减排实践最先应用于企业碳交易市场，随着绿色金融标准体系建设和金融机构碳核算工作的发展需要，基于物联网、大数据、人工智能、区块链等技术，企业碳账户成为碳交易入库企业和项目进行碳排放

和碳减排核算、辅助交易的必要载体，特别是对中小企业来说，碳账户是企业绿色低碳发展并获得金融支持的基础。[1] 基于个人碳账户和企业碳账户的不同发展需求，个人碳账户需要丰富的绿色场景和绿色权益对用户形成激励，而企业碳账户更侧重已有主体和项目核算的科学有效性。从长期的发展需求来看，随着碳交易及碳金融市场的发展成熟，碳资产的充分流通将推动其货币属性进一步加强，因此作为持有碳资产的企业与个人，为满足对碳资产的核算、交易、投资等需求，碳账户将成为企业和个人进行碳资产管理的必要工具。

在碳排放核算基础方面，由于企业碳排放量远远大于单独个人的碳排放量，且以直接碳排放为主，因此是政策端首先推动的碳减排领域。目前，我国已经对24个重点碳排放行业发布了官方的核算标准，企业碳账户可以此为依据进行企业碳排放数据的采集与计算。个人碳排放中间接碳排放的占比较大，间接碳排放的核算需要以企业端产品碳足迹核算、能源生产统计等数据为基础，依赖企业端首先建立健全各行业完善的统计活动，因此，在很多场景进行科学核算尚不具备基础条件，个人碳账户的核算环节一般只能实现平台或联盟内部、部分区域核算标准的统一，也更重视通过区分平台内不同用户的碳排放水平，来匹配相应的物质激励或金融支持政策，而不是精准核算个人的碳排放情况。例如"88碳账户"与银联发起的碳账户核算标准尽管不同，但它们都是通过平台用户"能量"的相对值，设计相应的积分激励。

---

[1] 王信. 推动中小企业碳核算、建立碳账户[EB/OL]. https://baijiahao.baidu.com/s?id=1710687126429017577&wfr=spider&for=pc, 2021-09-12.

虽然企业碳账户与个人碳账户碳排放核算基础存在差异,但都需要运用大数据、区块链和人工智能等手段实现数据的采集和核算,借助金融科技手段持续提高核算的科学性、时效性和有效性。

在碳资产登记类型方面,企业碳账户以碳排放量资产(碳配额)为主,个人碳账户以碳减排量资产(碳信用)为主。由于企业端碳信用一般规模较大,且信用核证需要经过完整的且由政府管理的核证过程,因此企业碳信用资产一般不能通过碳账户进行核算,企业碳账户发挥的作用较小。目前,由于建设企业碳账户最直接的需要是满足碳交易市场的发展,因此对控排企业而言拥有碳账户已经成为刚需,根据碳交易机制要求,控排企业都已经开立用于碳配额交易结算的碳账户。而对个人而言,由于个人碳排放量尚不具备精确完整计算的基础,个人碳交易也没有成形的国际实践,因此个人碳排放量资产的核算相对并不迫切。个人碳信用资产规模小,个人不方便统计核算,单独申请核证也不具备经济性,因此需要通过个人碳账户实现核算并代理核证交易。目前,市场上的个人碳账户所统计的绿色低碳行为从广义上看都是潜在的碳信用资产。在部分例外情况下企业碳账户也用于统计碳信用:一是部分企业碳账户会综合统计企业员工的碳信用资产;二是在衢州碳账户核算农业碳排放的场景中,由于农业领域碳核算较复杂,尚未出台国际与国家标准,因此衢州碳账户选择从有效性的角度出发,着重统计农业碳减排量情况,以进行企业碳减排水平评价。据此可以进一步推论,对碳资产较难统计且尚不具备碳信用资产核证的行业领域而言,可以通过碳账户核算企业的减排量,从绿色金融等其他应用领域发挥碳数据的价值。

在服务功能方面,碳账户的基础功能包括核算、登记、交易、结算、碳切分、碳聚合,以及建立与碳交易、碳金融、商品交易市场的联系等。其中,碳聚合功能是指由碳账户平台企业将个人或企业的小额碳减排量统一聚合打包成大额碳减排量,进行代为核证及交易的活动,而碳切分功能则是碳聚合功能的反向过程,即平台企业获得大额碳资产,经切分后向参与者分配。碳聚合与碳切分两项功能相互依托,完成了碳减排项目在碳交易市场中的"大额批发"与"小额零售",使碳交易的参与方由大型企业扩展到个人及更多小企业和小项目。目前,除了碳聚合功能仅应用于个人碳账户,例如哈啰单车聚合个人骑行碳信用资产,统一在地方部委及交易所进行核证交易,碳切分功能尚无使用场景,其余功能均在企业碳账户与个人碳账户有所应用,只是在功能实现的细节处有所区别。对企业碳账户而言,由于其主要服务于企业的碳市场交易需求,因此碳账户交易服务发生的市场以全国碳市场、地方碳市场,以及在交易所见证下的碳信用购买活动为主,企业碳账户实现的市场连接也主要为碳交易市场与辅助金融市场之间;对个人碳账户而言,目前个人的碳信用资产虽然不直接参与碳市场交易,但可以在商品市场兑换优惠券等,因此现阶段个人碳账户的交易结算服务主要用于兑换平台提供的购物券等。此外,由于个人碳账户可将碳信用水平与个人贷款挂钩,金融机构根据个人碳账户分层结果提供差异化信贷政策,因此个人碳账户可初步实现与商品服务消费市场和金融辅助服务等市场的连接。

## 三、碳账户的互联互通与社会效应

碳账户未来作为碳市场重要的金融基础设施，定位于实现对社会主体碳排放量的全面核算及对碳减排资产的客观计量，从而指导整体经济绿色转型。然而，现阶段国内碳账户建设处于分散割裂的状态，各平台机构囿于数据来源的局限性、技术与方法学研究不足、机制与制度不完善等因素，只能在小范围内展开对碳账户部分环节的创新探索，这不符合国家碳市场发展的客观要求。碳账户的互联互通一方面是指为个人碳账户与企业碳账户建立统一的数据底仓及核算标准，从而形成一套碳账户体系建设的通行标准；另一方面是通过完善碳交易、碳普惠、碳标签等制度安排，形成碳资产在不同主体、不同市场间流转的可行路径，使碳资产的内在价值在充分流通中得以真实反映。综上所述，明确碳账户互联互通的意义与形态，探寻碳账户互联互通的实现路径，对于碳账户体系未来的发展具有指导意义。

### （一）碳账户互联互通的意义及实践

在个人碳账户的实践中，地方政府主导和平台企业（互联网企业及商业银行）主导的碳账户各具特色，在不同维度上优势互补，未来有望深度整合、互联互通，形成多层次、立体化的碳账户体系和碳普惠生态，全方位引导和促进消费端碳减排。碳账户体系的互联互通将有助于形成全国统一、科学、全面的个人碳减排数据采集及核算标准，促使个人碳减排行为在碳交易市场机制下获得更直接的经济激励。不同碳账户实现互联互通，一方面可以避免个人碳减排量在不同个人碳账户中的重复计算；另一方面也为碳资产在消费端与生产端之间进行交易流通创造可能。

碳账户互联互通的远景目标是实现碳资产的充分流通，届时碳资产的货币化属性将充分显现。但实现该目标的重要前提是，在碳交易覆盖和互联互通的全球范围内，所有政府及参与主体在碳资产（碳配额及碳减排量等）的核算方法、碳市场的交易机制设置，以及不同经济体制定的碳资产发行机制等关键问题上均达成一致，或者即使在前述关键问题上存在分歧，也能够形成类似于不同国家货币兑换的机制，通过碳资产"汇率"反映对不同信用和市场的认可程度。然而，实现该目标的难度可想而知，以我国碳市场发展现状为例，在区域试点推行近8年后，国家碳市场才在2021年形成雏形，且至今仅纳入火电行业，国家碳减排量核证领域也尚未发布新的管理办法并重启。现阶段国际社会虽然对碳中和目标已达成基本共识，但在具体实践路径等诸多问题上仍存在较多争议，碳市场规则的制定对国家经济、企业和个人的切身利益等都将产生影响，如此重要的市场机制会在未来面临激烈的博弈和讨论。

但是，若没有碳账户的互联互通，碳资产就无法通过交易体现其价值，碳市场机制的调节功能也就无法发挥。因此，现阶段推动碳账户互联互通的目标在于激活碳市场，提高碳资产交易的活跃度，可以从小范围交易起步，在推进过程中逐步扩大交易范围并发现资产价值。目前，国内部分地方交易所、长江三角洲地区等已将建设区域统一的碳账户机制提上日程。

2022年4月，广州碳排放权交易中心、上海环境能源交易所、北京绿色交易所等9家国家级碳排放权交易平台共同启动了碳普惠共同机制，在发布的《碳普惠共同机制宣言》中提出，要联结各个区域、各种类型的碳普惠机制和市场，形成更大范围的碳普惠共同发展模式。2022年9月，沪苏浙联合印发《关于进一步支持长三角生态绿色一体化发展示范区高质量发展的若干政策措施》，将碳普惠联建试点作为十项重点工作之一，长江三角洲地区成为全国首个推动碳账户互联互通的地区。根据政策规划，碳普惠联建试点将推动区域内碳普惠规则共建、标准互认、信息共享、项目互认，同时还将借助上海环境能源交易所既有基础设施，共建长三角碳普惠交易平台。2022年6月，生态环境部宣传教育中心、中华环保联合会等合作发起的碳普惠合作网络成立，这一机制将探索建立多元化社会参与机制，以推动全国碳普惠工作的开展。

## （二）碳账户互联互通的形态和实现路径

在碳循环经济体系下，碳信息流和价值链的传导机制随着产业的升级由简单线性向复杂网状结构变化。与之相对应，碳账户作为碳要素和碳信息流的载体，其互联互通也呈现多种方式交互发展的态势，从形态上可以分为资产联通（碳配额 Vs. 碳减排量）、主体联通（个人碳账户 Vs. 企业碳账户）、市场联通（碳市场 Vs. 碳金融市场 Vs. 商品服务市场等）及区域联通（地方市场 Vs. 国家市场 Vs. 国际市场）（见图3-4）。

在资产联通层面，碳配额与碳减排量联通的形式是以碳减排量抵消碳排放量，从而与碳配额形成类似的价值基础，前提是通过方法学核证得到碳减排量，且其科学性获得认可。在国家层面制定 CCER 核证方法学的前提下，目前国家碳市场及地区碳市场均已实现资产联通，未来将推动包括个人碳减排量资产在内的更多资产参与联通的方式。一是推动多领域形成科学核证方法学并得到官方背书；二是可以从地区试点入手，先推动地区或平台小范围形成方法学，人为创设碳减排量应用场景，例如允许以购买碳减排量的方式替代罚款等，先推动局部交易再向全国扩散。

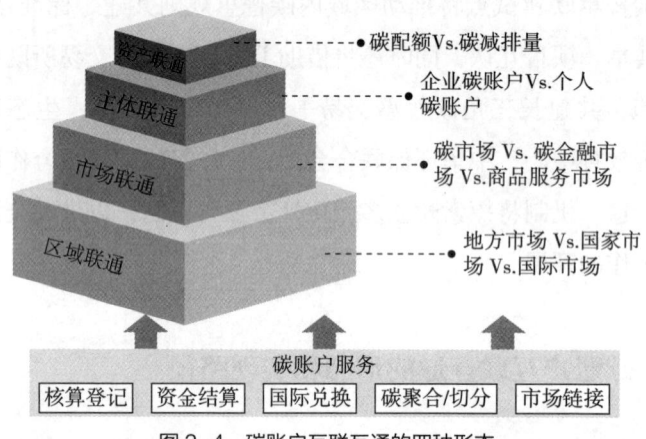

图 3-4　碳账户互联互通的四种形态

在主体联通层面，目前对企业有环保减排的客观要求，但对个人没有硬性要求，因此，现阶段企业与个人的联通更多是企业为了履约或抵消自身碳排放量而向个人购买碳减排量资产（实现货币化后可能会衍生更多相互交易的场景）。以深圳市碳普惠机制实践为例，2022 年深圳市生态环境局印发《深圳市碳普惠管理办法》，鼓励深圳市政府机关、企事业单位、社会组织和个人通过自愿购买碳普惠核证减排量实现碳中和，并在同年 9 月落地首单替代性修复创新案例，即将购买碳普惠核证减排量作为企业生态损害的赔偿方式，拓宽碳普惠资产的收益来源。"替代性修复"是指，原先企业环保未达标，按监管要求需要直接罚款，现在用购买个人碳减排量资产的方式替代罚款，一方面能起到惩罚警示的效果，另一方面由于赔付的对象是具有碳减排效应的碳普惠行为，相当于企业对环境的破坏通过碳普惠对环保做出的贡献进行了弥补。在个人碳账户与企业碳账户联通的进程中，由于个人群体人数众多且碳信用资产较为分散，因此提供碳聚合功能的平台企业尤为重要。平台企业获取个人碳减排情况的第一手信息，可以作为与企业碳减排交易的媒介，参与碳市场交易并收取中间费用，同时将个人碳减排量转化为货币收益返还至个人，丰富平台企业的激励来源并对个人形成交易激励。在个人碳账户和企业碳账户全面打通的理想碳账户体系下，碳减排量的流转渠道类似于现有的银行支付体系，个人碳账户和企业碳账户的关系类似于现有银行体系下的个人账户和公司账户，可直接进行交易结算。

在市场联通层面，可分为碳市场与碳金融市场的联通，以及碳市场与商品服务市场的联通。碳市场与碳金融市场（包括碳衍生品等交易市场及碳质押融资等辅助服务市场）的联通，本质上是促进碳金融产品的创新，提高市场活跃度，因此金融机构的实践路径是结合碳市场的发展成熟度，积极参与创设碳质押融资、碳保险、碳期货、碳期权等金融产品，做好相关基础设施建设。碳市场与商品服务市场的联通，本质上是通过与商品/服务进行兑换的方式体现碳资产价值，涉及主体包括碳资产所有者及提供商品/服务的生产者，联通的关键在于如何通过交易对价和机制的设定纳入更多商户及其所提供的商品/服务。例如，可以建立绿色商品促销活动与个人碳减排量的兑换关系，商户定向为产生碳减排量资产的个人提供商品折扣，在激励个人更多地选择绿色低碳行为的同时，实现商户商品的促销，并且由于促销的是绿色商品，又可以进一步促进商户将生产资源投向绿色商品的生产，从而形成良性循环机制。

在区域联通层面，不同区域联通所反映的是不同区域政府及个体对其他区域碳资产价值和交易机制的认同，是实现碳账户联通终极目标的最高层级，实践路径需要由小到大。例如，碳账户平台内部的交易联通是最小层级的区域联通，在此基础之上，通过纳入更多主体（个人及企业）、资产类型（碳配额及碳减排量）、金融产品和实体商品/服务可以扩大市场的范围，通过平台与平台的联通、城市与城市的联通，逐步过渡到更大区域的联通。

以上四种形态的碳账户互联互通，在实践中是交错发展的。与循环经济体系下碳信息流和价值链传导机制相对应，不同产业、不同主体、不同区域间碳账户的互联互通存在多种交错关联关系。碳账户的互联互通有以下两种实现路径。第一种是地方区域内个人碳账户与企业碳账户先互通，再在不同区域间进行联通。例如，衢州、广州等低碳先行区域，在地方政府的牵头带动下，设立了区域内个人碳账户与企业碳账户的地方标准，为区域内个人碳账户与企业碳账户的打通提供了基础条件。第二种是不同平台公司的个人碳账户先进行跨区域互通，再实现个人碳账户与企业碳账户的对接联通。例如，浦发银行与太平洋保险跨行业共建碳账户，相较于同行竞争的合作阻碍，跨行业的平台账户互联互通在实践中更符合商业利益。以上两种实现路径在实践中并行发展呈网状交织，随着互联互通的程度加深，个人碳账户将逐步接近居民碳账户的理想状态，同时居民碳账户体系与企业碳账户实现对接互通，碳资产的货币交易属性将进一步体现。

总结而言，碳账户的互联互通需要以核算标准和市场能力的建设为基础，其中，科学统一的核算标准为实现不同类型、不同区域碳资产的相互兑换提供度量衡，完善的市场交易机制为碳资产在企业与个人、生产部门与消费部门之间流通建立可行性。可以看到的趋势是，在核算标准方面，目前各地区、各平台正在优化核算方法学、统一核算标准、丰富场景创新等方面努力完善；在市场方面，国家碳市场、区域试点碳市场等也都在尝试纳入更多主体和资产类型，朝着建立满足资产互联互通条件的交易平台方向探索。

2023年2月6日，北京绿色交易所董事长王乃祥在接受采访时表示，北京绿色交易所积极承建全国温室气体资源减排交易中心，目前已开发完成全国统一的自愿减排注册登记和交易系统，具备接受主管部门验收的条件。CCER核证近期有望重启，这意味着更多碳信用资产将得到核证并参与碳市场交易，甚至消费领域的个人碳减排资产也可能得到国家信用的背书，从而获得全国范围的流通和定价。在国家碳交易机制完善的过程中，随着碳配额发放变得更加合理，碳市场金融产品不断创新，碳资产流动性提高和碳价更加合理化，企业与个人多元化的碳资产需求将得到激发，碳账户互联互通有望迸发出更强的活力。

## （三）平台企业间碳账户的互联互通

当前，政府、监管机构、互联网公司和商业银行分别利用各自的优势布局碳账户。头部互联网公司具备场景和用户优势，能够快速将场景铺开，同时，商业银行运用丰富的零售端金融工具和个人信用体系加强碳的类货币属性。展望未来，应努力建立全国统一的碳账户标准，各地区碳排放权交易所协助制定统一的个人碳减排量核算标准和绿色零售数据的认定，统筹各方力量建设碳账户，实现不同企业间共享客户或权益，发挥碳账户更大的效益。碳账户的有效管理离不开碳信息的收集与核算，应该同步培育发展独立的第三方认证机构，通过开展碳信息鉴证类的业务，进一步规范碳账户管理，提高绿色低碳行为的可信度。

随着碳排放权交易试点在多个省市启动运行，目前北京绿色交易所、广州碳排放权交易所、湖北碳排放权交易中心、深圳排放权交易所、天津排放权交易所、重庆碳排放权交易中心已尝试开发碳普惠机制，将个人碳减排量资产及个人碳账户纳入与企业碳账户联通的碳交易市场。

目前，已有部分平台企业开展了碳账户层面的合作和联通。自我国"双碳"目标提出后，中国太平洋保险携手浦发银行启动"碳寻足迹，绿动未来"联合行动计划，与员工联合打造"碳险家"平台。"碳险家"平台于2022年9月发布，该平台采用科学碳减排的方法，通过对员工在绿色办公、绿色生活等六大低碳场景的绿色低碳行为和减碳效果进行量化，形成碳积分并结合激励措施、综合政策引导促进碳减排，实现了中国太平洋保险与浦发银行之间的平台互通、积分互认和权益互兑。

此外，对于多牌照集团形式的平台企业而言，建设集团内部的"1+N"碳账户模式（见图3-5），在实现平台企业内部不同专业公司碳账户间的互联互通有助于在促进绿色消费、构建"双碳"

应用业务生态的同时，为未来参与碳市场交易提供更大的发展空间。

在"1+N"碳账户模式下，"1"是指集团碳账户，一般由企业科技承建，作为集团内为"双碳"赋能的底层基础设施，定位于后端，对内支持跨业务领域的联通，对外组织与碳排放权交易所等相关的碳核算、备案、交易事宜。集团碳账户承担的角色主要包含通用账户设计和对接服务两大部分：一是提供账户管理、碳核算、碳配额登记备案、碳结算等基础后端服务，支持各专业公司条线快速搭建适合自身业务需要的碳账户应用服务，协助业务公司借力绿色低碳主题，迭代产品模式，拓展业务范围、扩大业务规模；二是搭建统一的内部互通渠道，通过标准化接口服务，便利各业务条线涉碳业务的互联互通，以及搭建统一的外部渠道，联结各地碳排放权交易所，为各业务条线的碳应用需要提供统一、便捷的碳核证、碳抵消、碳中和等碳交易服务。"N"是指各专业子公司碳账户，定位于业务前端系统，基于各自的绿色金融服务规划和业务需求设立，实现业务范围内的碳应用需求。

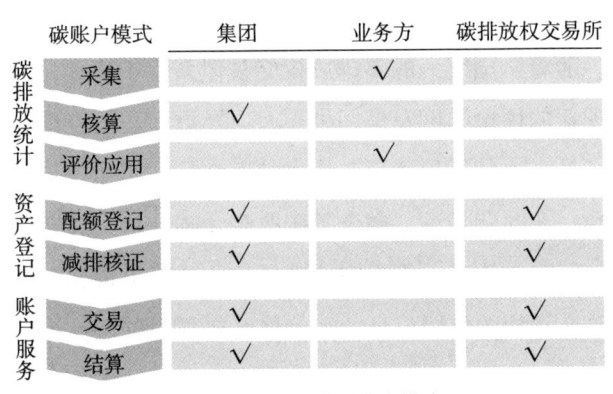

| 碳账户模式 | | 集团 | 业务方 | 碳排放权交易所 |
|---|---|---|---|---|
| 碳排放统计 | 采集 | | √ | |
| | 核算 | √ | | |
| | 评价应用 | | √ | |
| 资产登记 | 配额登记 | √ | | √ |
| | 减排核证 | √ | | √ |
| 账户服务 | 交易 | √ | | |
| | 结算 | √ | | √ |

图 3-5　"1+N"碳账户模式

通过构建"1+N"碳账户模式,在集团层面,统一碳账户的建设规范,尽可能地减少各专业公司的重复工作;在各专业子公司层面,可以将精力专注在碳账户业务模式的设计、实现和运营上,减少在核算、内外部系统对接等工作上的重复性投入。

## 四、依托碳账户完善碳征信体系

征信是指由专业化的独立第三方机构,依法采集、客观记录自然人、法人及其他组织的信用信息,整理并对外提供信用报告、信用评估、信用信息咨询等服务。征信为专业化的授信机构提供了信用信息共享的平台,帮助信息使用者判断、控制主体的信用风险,进行信用管理的活动。

近年来,我国积极推动社会信用体系建设,发挥信用要素对市场经济的支撑作用。以"信用+大数据"为基础,对市场各类主体形成信用画像,由此实行差异化监管制度和有针对性的奖惩制度,金融机构也依托数字化技术逐步实现对长尾客户的多元化经营。随着全国统一的碳排放权交易体系逐步建立,征信体系开始出现新的评价维度及信用种类,以及更多需要查询主体信用情况的场景,这使征信管理工作支持碳交易体系建设具备可能性和必要性。在此背景下,融合了碳监测、碳计量、碳互通等技术与路径的碳账户体系,将为完善碳征信体系提供重要支撑。将融合主体碳交易相关信用信息的征信体系定义为碳征信体系,碳交易机制对碳征信体系的影响,以及完善碳征信体系的必要性可以从以下三个方面理解。

第一,碳交易过程与信贷活动一样,能够反映主体的信用情况,并且随着碳市场范围不断扩大以及碳价水平逐步提高,碳活动在评估主体信用中的重要性也将逐步提升。碳交易机制将碳排放这一外部性问题内化为企业和个人的成本,使碳超排主体面临现金流出,碳减排主体获得现金流入,影响主体的财务状况,进而考验其信用情况。例如,控排主体能否在履约期内将实际碳排放量限制在碳配额范围以内,碳核算过程是否存在瞒报漏报等造假情况,主体违约引起的环保罚金记录、提前预售的碳资产到期时的交割情况等,这些信息与常规征信体系中的主体信贷履约情况、行政处罚、诉讼等信息一样,都是衡量主体信用状况的重要因素,直接影响主体偿还金融机构借款以及自身盈利的能力,将成为金融机构发放信贷或进行投资的参考因素,应该纳入整体的征信评价中。

第二,碳排放权交易体系由"融资"衍生出的"融权"机制,创造了一种新的信用形式,随着碳资产货币化倾向的不断加剧,理论上碳资产将像货币一样具有完善的透支及交易路径,从而产生新的信用种类。碳排放权交易体系中的"融权"机制是指碳排放权的借入机制与透支机制,类似于信用卡的提前预支与透支。例如,将碳排放权及碳减排资产等代表未来产生的碳资产进行提前质押从而获取信贷资金(该过程产生了新的质押物碳排放权与碳减排量),或者将未来行使的碳排放权打包为证券化产品出售给投资者以获得现金投资,抑或是直接以资产为标的进行借入和透支活动等,都是有别于常规征信系统的新的信用记录种类。这些信息能够更完整地反映主体的信用状况,帮助信息使用者决策是否提供相关信贷或进行投资。随着碳排放权货币化倾向的加剧,理论上碳排放权像货币一样进行透支的可行性将愈加明显。

第三,完善碳征信体系不仅能将碳交易活动产生的信用信息客观纳入征信评价体系,也可以借助碳征信体系支持碳市场发展,促进形成低碳生活观念。在个人端,低碳生活观念与碳中和战略目标的要求相一致,是节约资源、对环境负责的高尚道德品质的体现,如果将"拥有不断增加的碳减排量资产,努力减少碳足迹"定义为良好的碳征信,并将其与个人信用体系有效对接,那么本质上就是将个人绿色低碳行为指标抽象为个人信用评价的一个维度,通过征信信息的具体运用,可以促进个人低碳生活观念的形成。在企业端,完善的碳征信评价机制既是监督主体低碳战略实施、落实法规制度、完善碳交易机制建设的重要保障,也是实现碳市场信用体系建设规范化发展的重要环节(见图3-6)。

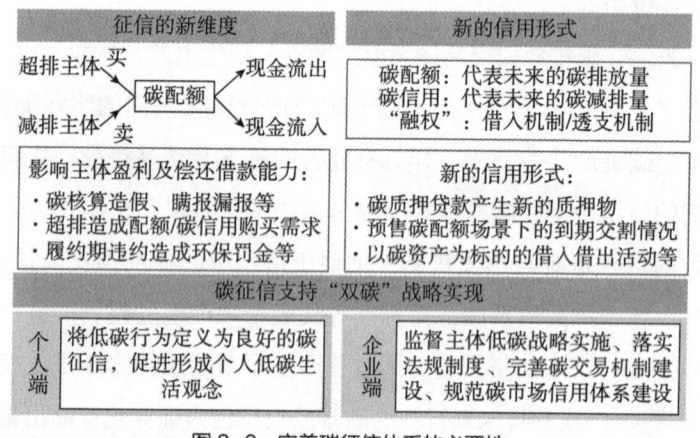

| 征信的新维度 | 新的信用形式 |
|---|---|
| 超排主体 买→碳配额→现金流出<br>减排主体 卖→碳配额→现金流入 | 碳配额:代表未来的碳排放量<br>碳信用:代表未来的碳减排量<br>"融权":借入机制/透支机制 |
| 影响主体盈利及偿还借款能力:<br>·碳核算造假、瞒报漏报等<br>·超排造成配额/碳信用购买需求<br>·履约期违约造成环保罚金等 | 新的信用形式:<br>·碳质押贷款产生新的质押物<br>·预售碳配额场景下的到期交割情况<br>·以碳资产为标的的借入借出活动等 |
| 碳征信支持"双碳"战略实现 ||
| 个人端:将低碳行为定义为良好的碳征信,促进形成个人低碳生活观念 | 企业端:监督主体低碳战略实施、落实法规制度、完善碳交易机制建设、规范碳市场信用体系建设 |

图3-6 完善碳征信体系的必要性

以传统征信体系为模型,碳征信体系分别从基础信息、组织评价及综合应用等方面丰富主体信用评价的内涵(见图3-7)。完善后的碳征信体系一方面增加了现有财务信用的考量维度,另一方面构建起包含财务信用与碳交易信用在内的二次元信用体系。以此为基础形成的主体信用报告与评价方式将更加多元化，以满足市场对主体信用信息更丰富的应用场景需求。

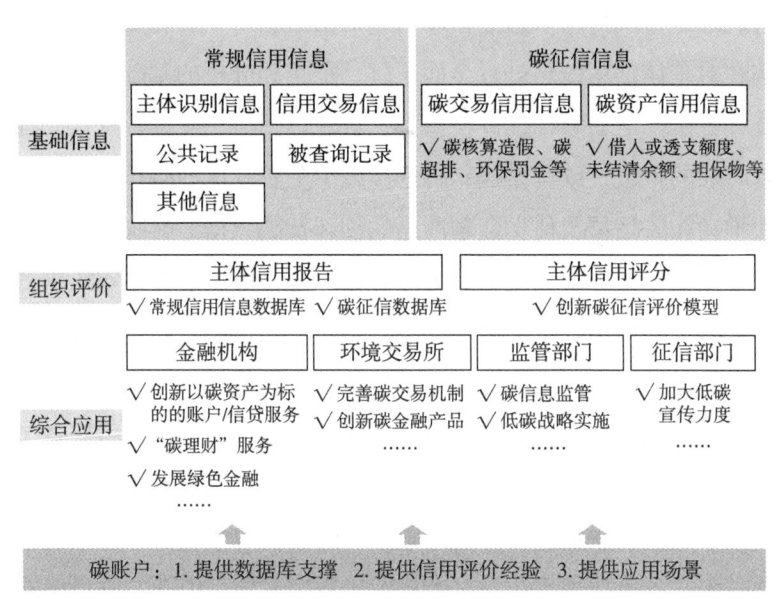

```
         ┌─────────────────────────────┬──────────────────────────────────┐
         │      常规信用信息            │         碳征信信息               │
         │  ┌──────────┬──────────┐    │  ┌──────────────┬──────────────┐ │
基础信息 │  │主体识别信息│信用交易信息│    │  │碳交易信用信息 │碳资产信用信息│ │
         │  ├──────────┼──────────┤    │  │√碳核算造假、碳│√借入或透支额度│ │
         │  │ 公共记录  │被查询记录 │    │  │ 超排、环保罚金等│、未结清余额、 │ │
         │  ├──────────┴──────────┤    │  │              │担保物等        │ │
         │  │   其他信息           │    │  │              │              │ │
         │  └─────────────────────┘    │  └──────────────┴──────────────┘ │
         └─────────────────────────────┴──────────────────────────────────┘

         ┌──────────────────────────┐     ┌──────────────────────────────┐
组织评价 │      主体信用报告         │     │       主体信用评分           │
         └──────────────────────────┘     └──────────────────────────────┘
         √常规信用信息数据库 √碳征信数据库   √创新碳征信评价模型

         ┌──────────┬──────────┬──────────┬──────────┐
         │ 金融机构 │环境交易所│ 监管部门 │ 征信部门 │
         └──────────┴──────────┴──────────┴──────────┘
综合应用 √创新以碳资产为标 √完善碳交易机制 √碳信息监管 √加大低碳
         的账户/信贷服务    √创新碳金融产品  √低碳战略实施 宣传力度
         √"碳理财"服务       ……              ……          ……
         √发展绿色金融
         ……
         ↑                    ↑              ↑
┌─────────────────────────────────────────────────────────────────┐
│碳账户：1.提供数据库支撑  2.提供信用评价经验  3.提供应用场景     │
└─────────────────────────────────────────────────────────────────┘
```

图 3-7　碳征信体系架构

首先，在基础信息方面，常规信用信息包括主体识别信息（个人或企业的基本信息）、信用交易信息（信贷记录、授信额度等）、公共记录（行政处罚、诉讼记录等）、被查询记录、其他信息（比如个人就业信息）等。在碳征信体系下，征信管理部门可以将碳交易活动中产生的信用信息汇集为企业和个人的碳交易信用信息，将碳资产"融权"活动中产生的信用信息汇集为碳资产信用信息，其中，后者以碳资产（而非货币）为记录标的，记录科目包括借入或透支额度、未结清余额、每期应偿还碳排放权、实际偿还碳排放权和当期逾期总量、履约情况等，"融权"账户

第三章　碳账户的理论框架　159

中还可能出现保证金和实物抵押担保。

其次，在组织评价方面，常规的征信体系包括主体信用报告和主体信用评分两个层面，前者主要实现对原始数据的匹配整合，建立常规信用信息数据库和碳征信数据库，后者则是征信机构在对主体信用信息进行全面了解、征集和分析的基础上，运用统计方法，建立碳征信评价模型，对主体的信用度进行评价。随着时间的推进，碳交易机制将逐步减少免费发放的碳排放权，从而推动相关信用及衍生金融产品的创新及碳数据的膨胀。在庞大的数据库中实现对数据的提炼与分类汇总，形成迎合特定需求的简洁明了的信用报告及信用评级，将是碳征信创新的重要方向。

最后，在综合应用方面，除了与传统征信体系一样用于为金融机构的投融资活动提供信用判断依据，碳征信体系还将服务于更多创新场景。从金融机构角度来看，一是可以创新碳账户信用额度，建立以碳资产为标的的累积、透支、转账服务，适应并推动碳资产货币化进程；二是商业银行利用其信用中介、支付中介和信息优势，为居民和企业开展碳资产管理、节碳、减排、实现碳中和等"碳理财"服务；三是依托碳征信报告反馈的主体清洁发展水平，针对性地开展绿色信贷、绿色投资、绿色债券等业务，通过征信管理积极引导碳减排项目开发。从环境交易所角度来看，其不仅是碳资产交易信息的直接来源，也可以通过获取主体征信信息，支持碳金融产品创新及碳交易机制设计。从监管部门（发展改革部门、环保部门等）角度来看，一是强化主体碳交易信用信息监管，形成常态化、规范化、法制化的监管模式，保障碳交易市场的有效运行；二是为低碳战略的实施提供市场依据。从征信部门角度来看，一是提高碳征信支持碳交易的能力，通过分析信用资源，提供满足市场需求的征信评价服务；二是可以加大低碳征信的宣传力度，提高企业与个人的减排意识，推动碳征信信息在个人求职、企业合作、市场准入、评优评先等更多场景实现其应用价值。

碳征信体系的建设，需要以碳账户采集并核算的碳数据作为基础，而在碳账户激励环节已经形成的数据分类与评价方法也可以直接嫁接到碳征信的信用评价体系。碳征信体系在一定程度上是碳账户信息的汇总与官方呈现，它将碳账户反映的碳活动信息运用到对企业与个人的信用评价，也为碳征信信息扩展其应用场景提供最直接的平台。

2019年4月，瑞典金融科技公司Doconomy与《公约》秘书处和万事达卡合作，发布了全球首张以碳排放量设定信用卡额度的DO黑卡，可以被视作碳征信体系的早期创新案例。DO黑卡的核心机制是，设定个人二氧化碳排放量限额，并以此作为信用卡消费额度，如果个人当月因消费商品累计产生的二氧化碳排放量超过该国每人平均二氧化碳排放限额时，信用卡将会因为达到"信用上限"而被冻结。

以碳征信体系为模型分析DO黑卡的创新，可以发现其在两个方面的突破十分具有借鉴意义。一是首次以个人碳排放量额度设定信用卡限额，将碳排放量与个人消费行为挂钩，在一定程度上直观地反映出碳资产的部分货币属性；二是依托其自创的奥兰指数——一款根据ISO 14067：2018标准设计的产品碳足迹运算技术，实现信用卡消费类型、产品识别以及每笔消费的碳排放量核算，虽然通过奥兰指数赋值的碳排放量无法像产品碳足迹那样精准，但是视觉化、可量化的具体数据仍能够很好地引导低碳消费。迄今为止，Doconomy 公司已与超过 25 家金融机构合作，合作伙伴包括联合国、万事达卡、世界自然基金会等，覆盖用户数量超过 5 亿户。此外，用户通过 DO 黑卡还可以访问《公约》认证的气候补偿平台，购买该平台上的碳信用额度以抵消其碳排放足迹。但是，DO 黑卡仍有不完善的地方。首先，通过 DO 黑卡赋予个人的信用额度不能在整个金融系统内通用，碳排放额度也没有被赋予交易、透支等功能，无法与常规货币或基于财务货币体系的信用额度进行交换或相互补充，使碳资产的信用引导作用大打折扣。其次，奥兰指数对消费碳排放的核算，没有充分考虑产品类别、工艺、生产企业、地区不同导致的核算差异，因此其核算的准确性仍需要进一步评估。

## 五、碳账户体系建设面临的挑战

建设互联互通的碳账户体系，面临来自数据采集、隐私保护、核算方法、市场交易等各方面的困难与挑战。

第一，公众行为统计数据不易获取。低碳行为数据的获取与量化是碳账户体系发展的首要前提，由于消费端碳排放具有场景覆盖广、以间接排放为主、减排路径需要创新等特征，碳账户的行为采集路径与方式还需要不断创新完善。首先，由于个人碳排放中间接排放占比较高，因此个人碳排放核算很大程度上依赖于对具体消费商品和服务的碳核算，这就需要建立起标记产品全生产周期碳排放情况的碳标签制度。我国在碳标签制度的规划和建设上起步较晚，目前市场上大多数碳标签仅标注产品获得绿色低碳认证，而非真正意义上的碳排放核算，使消费者在选购产品时仍无法根据碳标签合理评估自身行为的碳排放水平，同时，碳标签的施行范围也非常有限，仅电子行业等少部分消费品贴上了碳足迹标签，而消费更普遍的餐饮、衣物及其他日用品方面则尚未涉及。其次，碳账户还需要依赖信息识别等先进技术，丰富可核算的减排场景，并提高核算效率。消费减排场景丰富意味着不同场景的数据采集方式可能存在差异，比如在绿色出行场景下，核算骑行方式的减排量需要采集出行距离、时长等信息，而绿色办公场景的核算则需要采集纸张使用量、视频会议时间等信息；同时为了实现数据的即产即采，还需要建立能够实时处理多源数据的算法基础。

第二，数据隐私保护政策有待加强。碳账户采集信息覆盖面广，与居民生活和企业生产密切相关，如果不能做好隐私保护，将对个人和企业造成巨大风险。从碳账户建设主体的角度看，银行业金融机构长期受到严监管，在数据安全和隐私保护方面已形成较成熟的机制与措施，但是面临碳账户这类创新产品带来的新的数据管理要求，还需要在政策层面进一步细化并更新措施，包括完善碳账户数据隐私保护审查制度，建立现场检查与非现场监测等机制，对存在泄露和滥用客户隐私的平台严肃追究责任等。在碳账户建设的过程中，做好个人和企业数据隐私保护及碳数据准确核算之间的平衡，有助于拓展碳账户数据统计的范围和深度，进而使碳账户发挥更大的影响力。因此，数据安全问题应与多渠道数据整合、数据处理及管理问题等统筹考量，逐步建立统一完善的政策标准及技术基础。

第三，减排量核证交易难度大。目前国内对于消费端碳减排量的核算仍处于起步阶段，消费端碳减排核算的场景覆盖、标准统一等方面均存在较大的完善空间。例如，已形成的消费减排方法学集中在绿色出行领域，方法学核证主要在地方环保部门开展零星试点；从国家碳信用标准角度看，尽管目前国家注册的CCER方法学中已包含部分与消费端碳减排相关的场景，但由于在2017年CCER停止核证之前，尚未有消费端碳减排项目完成项目备案，因此市场缺乏可供参考的项目核证经验。整体而言，目前我国多种碳信用机制并存，不同的核算方法学代表了尚不统一的质量标准，使各方法学下的碳信用很难形成统一价格并进行交易，阻碍各区域、各企业碳账户的对接联通。未来随着我国碳减排量核算标准工作的启动，需要加强碳信用方法学的开发，增强方法学的科学性，实现绿色低碳行为到碳减排量化环节的标准化。

第四，碳资产变现通道需要进一步丰富。目前我国碳市场发展正处于起步阶段，居民消费领域碳交易与生产投资领域还未完全打通，仅在少量的平台和区域开展了实践探索，消费领域形成的碳资产较难通过基于国家信用认可的碳交易过程实现其碳减排价值。同时，碳金融市场处于发展初期，公众可参与的碳金融产品工具和实现路径较少，在交易和投资需求不能得到满足和释放的条件下，碳账户发展赖以需要的用户、场景和金融属性要素的发展都将受限。

第五，零售领域绿色金融发展不足。为支持"双碳"目标的实现，我国在金融领域大力发展绿色金融，通过建立绿色产业方向引导、绿色金融业务统计考评、资金优惠工具创新等方式，积极鼓励金融机构将资金资源向绿色产业倾斜。但当前金融业监管层面对绿色零售业务的引导和激励远不如生产端,例如,具有绿色消费属性的信贷业务并未整体纳入中国人民银行绿色信贷的统计口径、碳减排支持工具及再贷款等仅以绿色产业项目为支持标的等,碳账户作为消费端碳减排的市场化工具,也没有得到与碳市场类似的顶层规划与战略引导,零售领域绿色金融发展的不完善将制约碳账户及绿色消费领域的发展动力。

第四章

## 绿色助推

衣食住行等日常消费活动通过产品与服务的生产使用，以及废弃物的处置直接或间接影响环境。因此，推动个人绿色低碳行为对保护生态环境、降低碳排放具有重要意义。除了对个人进行宣传教育或者借助经济手段促进人们形成环保意识，进而采取绿色行为，诺贝尔经济学奖得主理查德·塞勒在2008年提出的助推（Nudge）理论认为，改变人们的理性认知虽然可能是困难的，但从人们的思考和行动的惯性入手，通过改变信息呈现的方式可能直接影响人们的行为，从而更好地实现预期目标。

碳账户对用户而言是一种传递信息的工具，在个人碳减排领域，碳账户还承载着将绿色经济政策向个人用户进行传导的使命。因此，在碳账户的设计中融入绿色助推（Green Nudge）的模型与经验，本质上是为了提高碳账户的激励效能，从而更好地促进用户践行绿色低碳行为。平台企业在碳账户的建设过程中，应该充分利用这项契机，尽可能多地设计绿色助推方案，获取助推效果的第一手资料，这不仅有助于企业理解个人在进行生活消费选择时的动机与习惯，也能将总结的经验用于政策制定和产品设计，通过不断优化调整碳账户的呈现方式，使其在促进绿色生活方面发挥最大的功效。

本章将通过文献梳理，从绿色助推有效的原因入手，理解其背后反映出的大众行为习惯，针对这些普遍特征，系统性地整理绿色助推的具体工具及案例研究成果。在此基础之上，分析探讨通过绿色助推促进消费端碳减排的可行方式、绿色助推与传统干预方法的对比与结合，以及在使用绿色助推方法时需要注意的道德伦理问题，从行为经济学的角度为碳账户更好地发展提供思路。虽然目前关于绿色助推的理论研究和实践经验大多来自欧美国家，但事实上它十分契合当下国内的碳账户实践。以国外的理论经验为基础，借助国内碳账户的普及，以及我国相较于西方国家更强的社会凝聚力，相信绿色助推理论有望在我国生态环保领域获得更多的实践运用，助力我国"双碳"目标的达成。

## 一、绿色助推的理论溯源

行为经济学已经成为现代经济学一个充满活力的新分支领域。目前的问题是，从心理学角度出发的关于经济学的见解能否用在改善生态领域，以及这样一个新领域对公共政策的制定意味着什么。

传统的环境经济学理论遵循标准的新古典主义理性选择模型，环境政策建议通常侧重于以信息和激励为基础的监管工具。在个人领域，一是进行宣传教育，试图通过提高个人的低碳环保意识，形成绿色消费的态度，从而改变其行为；二是借助价格、税费、补贴等经济工具，为个人绿色低碳行为创造经济利益，提高绿色低碳行为在经济上的吸引力。

然而现实中，采用这两种方法并不能总是得到预期的效果。例如，在宣传教育方面，个人的低碳环保意识和绿色消费态度，未必能转化为实际的绿色低碳行为，即存在研究者所说的态度-行为缺口[①]；在经济激励方面，时常出现因奖励金额较小等原因达不到激励效果的情况，甚至在一些案例中，经济激励反而造成了负面效果，这是由于激励使人们怀疑激励背后的真实动机，从而不去采取相关行动。

传统干预方式不能完全奏效，原因在于其背后的标准经济学对理性人的假设太理想，而现实中人类的心理系统并不完善，在认知和动机上存在不足，这种偏离理性行为的标准模式，在环境和资源经济学等具有更多风险、不确定性和复杂性特征的领域，可能更加重要。

在此背景之下，有关行为环境政策的研究迅速出现，创新的政策工具专门针对与传统理性人模型不同的行为因素，例如认知偏差或有限的意志力和注意力等，提出新的解决思路。其中，绿色助推作为一项关键的政策工具和环境政策的一项子集被提出，是诺贝尔经济学奖得主理查德·塞勒的助推理论在环保领域的具体延伸。

助推理论认为，现实世界中个体的行为可能会受决策环境微妙改变的影响，通过提供简约且低成本的选择架构，即选择的呈现、框架和结构方式等，可以在保留人们选择自由的同时，使他

---

① 王晓红，胡士磊，张雪燕. 消费者缘何言行不一：绿色消费态度-行为缺口研究述评与展望[J]. 经济与管理评论，2018（5）.

们的行为朝着预期的方向改变。[1] 例如，有研究发现，把养老金储蓄计划的默认选项设置为"自动加入"，能够真实提高养老金的储蓄率[2]；告知逾期未纳税者"已有90%的人按时纳税"的信息，能在一定程度上促进他们尽快交税[3]等。这些案例中的"将默认选项设置为自动加入"以及"告知大部分人已经按时纳税的信息"等，就是助推概念中"提供选择框架"的具体方式。

总结来说，助推既没有采取行政命令式的强制约束，保留了人们的自由选择权，也没有借助经济杠杆，从理性人的思维角度用金钱引导人的行为，它避免了单纯的自由主义（完全不对个人行为进行干预）或家长制（对个体行为进行强制性约束）的弊端，成本较低，易于实施，日渐成为一种重要的政策工具，甚至被称为社会治理的第三条道路。[4]

助推只有在行为世界中才有效。在行为世界中，个体表现出有限的精神资源，即有限的理性、注意力和意志力，偏好往往不是"给予的"，而是"构建的"。[5] 标准经济学模型对人的行为提出

---

[1] Thaler R H, Sunstein C R. Nudge Improving Decisions about Health, Wealth, and Happiness [M]. New Haven&London: Yale University Press, 2008: 6.

[2] Beshears J, Choi J, Laibson D, et al.. The importance of default options for retirement saving outcomes: Evidence from the United States, Pension Reform in the Americas [M]. New York: Oxford University Press, 2008: 59–87.

[3] Hallsworth M, List J A, Metcalfe R D, et al.. The behavioralist as tax collector: Using natural field experiments to enhance tax compliance [J]. Journal of Public Economics, 2017 (148): 14–31.

[4] 何贵兵. 助推：第三条道路 [J]. 管理视野, 2016 (6): 101–105.

[5] Slovic P. The construction of preference [J]. American Psychologist, 1995 (50): 364–371.

了无限理性、无限意志力和无限利己三种假设,但行为经济学认为,现实中人的行为选择常与理性选择模型发生系统性偏离,相应地将这些偏离分为有限理性、有限意志力和有限利己三种类型。

无限理性假设人具有无限的信息处理能力,总能够求得最优解;无限意志力假设在求得最优解的基础上,人具有无限的意志力去执行最优解。但在现实中,人未必总能确定最优解,即便求得最优解,也未必能选择最优解。无限利己强调人的主要动机是逐利,力图实现自身效用的最大化。但在现实中,人也并非总是逐利的,而是存在互惠性、利他性、追求公平正义等社会偏好。因此,助推是一种旨在通过利用人们的认知偏差或对其做出反应来改变人们行为的干预措施。

按照绿色助推方式影响个人行为的路径不同,有学者将绿色助推分为认知型工具和道德型工具两大类型。认知型绿色助推主要针对个人存在的有限理性和有限意志力特征,通过助推策略帮助人们克服认知局限及行为定式,从而做出利好环境与自身的绿色行为。道德型绿色助推则是从动机视角入手,渲染并凸显绿色行为的道德价值,试图建立绿色低碳生活与个人寻求他人认同、追随群体行为这一内在诉求的统一性。但是绿色助推的分类并不是绝对的,在很多情形下,一种绿色助推工具中可能同时融合了认知型和道德型的影响因素。

在国外的许多案例研究中,助推理论在健康、环保、社会保障、教育和公益慈善等很多领域都展现出一定的应用价值。发达国家在助推领域开展了诸多实验评估,积累了大量的政策经验,绿色助推也逐渐成为环境政策辩论的一部分,被越来越多地应用到环保等领域,成为促进人们环保行为的有效策略之一。

## 二、从认知与行为视角出发的绿色助推

### (一)人们的不完全理性与有限的意志力

理性人是传统经济学中一项重要的基本假设,其背后反映的是假设中人们采取决策时应该遵循的思考方式与路径,然而,现实中人类自身的认知能力是有限的,这一特征在环保领域尤其明显。例如,人们错误地认为只要减少碳排放,温室气体就能很快消失,但事实上大多数温室气体在排放后的几十年甚至数百年里都将持续使地球表面变得更暖。[1] 在这种相对缺乏特定领域知识的情况下,人们更倾向于依靠经验和直觉进行决策,因此不可避免地时常会做出错误的判断,采取次优的决策。

研究者通过大量的实验与理论研究,逐步将真正影响人们做出决策的因素进行了整理,其中包括框架效应、禀赋效应、显著性偏差等,这些人们在生活中表现出来的行为特征,帮助政策制定者更好地理解个人的行为选择,进而通过助推工具的设计,规避人们在认知和动机上的不足,推动人们朝正确的方向行动。

框架效应是指人们对一个客观上相同问题的不同描述导致了不同的决策判断。例如,有研究发现,当碳排放附加费被称为碳抵消时,65%的美国共和党人愿意支付更高的价格,而当其被

---

[1] Solomon S, Plattner G K, Knutti R, et al.. Irreversible climate change due to carbon dioxide emissions [J]. Proceedings of the National Academy of Sciences, 2009: 1704–1709.

称为碳税时，该比例下降为27%。[1] 同样，人们厌恶庇古税，当庇古税被改称为庇古费后，其支持率明显提升。[2] 在框架效应的影响下，仅因为"税"比"费"更能激起人们的抵触心理，就使得本质相同的内容收获了不同的反馈。类似的例子还有消费者愿意购买"燃油效率高"的车辆，而不愿意购买"燃油经济性好"的车辆。[3] 这同样也是因为在框架思维下，人们更习惯接受"效率高"这一表述。

禀赋效应是指个人的受偿意愿远高于支付意愿，人们更害怕改变可能带来的损失，这种现象在涉及环境等公共物品时表现得最为明显。[4] 例如，一项调查表明，为了种植行道树，当地居民平均愿意支付10.12美元；而如果要砍伐行道树，居民要求的赔偿平均为56.6美元。

显著性偏差是指个人常关注的最显著因素，而忽视不显著却同样重要的因素。例如，消费者在购买家电时，会更重视价格、性能等因素，但对于产品的能效水平却并不十分关心。然而实际上从长期来看，节能也能为家庭带来相当可观的电费节约，这种

---

[1] Hardisty D J, Johnson E J, Weber E U. A dirty word or a dirty world? Attribute framing, political affiliation, and query theory [J]. Psychological Science, 2010 (21): 86–92.

[2] Kallbekken S, Kroll S, Cherry T L. Do you not like Pigou, or do you not understand him? Tax aversion and revenue recycling in the lab [J]. Journal of Environmental Economics and Management, 2011 (62): 53–64.

[3] Turrentine T S, Kurani K S. Car buyers and fuel economy? [J]. Energy Policy, 2007 (35): 1213–1223.

[4] Horowitz J K, Mcconnell K E. A review of WTA/WTP studies [J]. Journal of Environmental Economics and Management, 2002 (44): 426–447.

显著性偏差使家庭对能效因素方面的考量并不充分。[1]

现时偏差是指当下的成本和效益在决策中占更大权重。在决策时，人们认为发生在未来的事件较为抽象，发生在眼下的实践则较为具体，而具体的形式更能引起个人强烈的情感联想，因此往往在决策中更有分量。[2] 例如，任何一项环保行动的效果可能都需要一段时间才能显现，但当下采取行动的感受和付出却是非常直观的，因此人们有时会因为结果离自己太远而不愿意采取当下的行动。

确定性效应是指确定的结果在决策中占更高的权重。在与环境相关的决策中，确定的是前期投入的成本，不确定的是未来的收益。人们常常会把确定的成本作为更重要的因素进行考量。

损失厌恶是指损失带来的负效用超过同等程度收益带来的正效用。[3] 例如，面对同样的财富，人们愿意用1倍的努力来赚取，但如果这笔财富已经在自己的手中，那么人们愿意用2.5倍的努力来保住它。

乐观偏差是指人们通常认为积极的事件更容易发生在自己身上，消极事件更不容易发生在自己身上。例如，人们常常认为自己所在的地方受环境灾害的影响比其他地方小，自身受环境风险

---

[1] Kenneth G, Newell R, Palmer K. Energy efficiency economics and policy [J]. Annual Review of Resource Economics, 2009 (1): 597–619.

[2] Weber E U. Experience-based and description-based perceptions of long-term risk: Why global warming does not scare us (yet) [J]. Climatic Change, 2006 (77): 103–120.

[3] Kahneman D, Tversky A. Prospect theory: An analysis of decision under risk [J]. Econometrica, 1979 (47): 263–292.

的威胁比他人小，因此拒绝采取环保行为。[1]

线性化启发思考是指在面对复杂数量关系时，将变量之间的关系视为线性关系。例如，当车辆燃油效率用每加仑[2]行驶英里[3]数（美国车辆燃油效率的表示方法，简称 MPG）表示时，人们常常错误地认为车辆油耗与燃油效率之间呈现线性关系，由此低估淘汰燃油效率低的车辆的节能减排效果，但实际上，很多因素会影响车辆行驶中的实际燃油效率，例如速度、载油量等，这个现象被称为 MPG 错觉。[4]

可得性启发式思考是指人们在判断事件发生的概率或频率时，常常以个人经历或是容易记起的事件为依据进行判断。可得性启发式思考导致人们在能耗判断上出现可预见的偏差，高估日常生活中经常操作、容易想到的电器（如电灯）的能耗，而低估不常操作的电器的能耗。[5] 可得性启发式思考还会导致人们对气候变化、自然灾害及相关风险的认识出现偏差[6]，比如人们对于过往较少发生地震的地区，认为未来也不太容易发生地震。

信任启发式思考是指根据信息来源判断信息的有效性。例

---

[1] Gifford R, Scannell L, Kormos C, et al.. Temporal pessimism and spatial optimism in environmental assessments: An 18-nation study [J]. Journal of Environmental Psychology, 2009 (29): 1–12.

[2] 美制 1 加仑 ≈3.785 升。

[3] 1 英里 ≈1 609.344 米。

[4] Larrick R P, Soll J B. The MPG illusion [J]. Science, 2008 (320): 1593–1594.

[5] Schley D R, Dekay M L. Cognitive accessibility in judgments of household energy consumption [J]. Journal of Environmental Psychology, 2015 (43): 30–41.

[6] Sunstein C R. The availability heuristic, intuitive cost-benefit analysis, and climate change [J]. Climatic Change, 2006 (77): 195–210.

如，在美国明尼苏达州的隔热保暖节能改造项目中，与使用节能改造公司抬头纸的邮件相比，使用当地政府抬头纸并附有政府官员签字邮件的签约率更高，可达前者的 5.47 倍。[1] 在居民看来，使用政府抬头纸的邮件使项目的环保意义更可信，而不是商家获取收益的噱头。

心理账户是指在涉及财务事项时，消费者通常会对各类不同的家庭预算开支设立不同的"心理账户"。例如，人们在计划使用自己的资金时，会对不同的活动项目设置目标值，但当把环保也作为开支的其中一项时，这个账户的金额设置可能是比较低的，从而导致人们在适应气候变化、防灾减灾等方面投入不足。[2]

除了在认知层面表现出有限的理性，现实中人们还时常因为缺少自控力而难以抵挡外界诱惑，或者由于自身惰性、拖延等做出不符合长远利益的行为决策，即表现出有限的意志力，也被称为"自控力问题"。

现状偏差是指现实中，即便人们维持现状并不符合自身利益且改变现状的成本很小，人们也常常倾向于维持现状。这是由于改变需要人们做出主动选择、权衡利弊，在涉及比较复杂、技术要求较高的选择时，人们往往倾向于拖延决策，因惰性和拖延而维持现状。例如，英国的案例显示，即便售电公司涨价且更换售

---

[1] Stern P C. What psychology knows about energy conservation [J]. American Psychologist, 1992（47）: 1224–1232.

[2] Kunreuther H, Meyer R, Michel-Kerjan E. Overcoming decision biases to reduce losses from natural catastrophes [J]. Behavioral Foundations of Policy, 2013: 398–413.

电公司很方便，用户也没有积极性去更换售电公司。[1]

习惯性影响是指个人习惯常常伴随隧道视野效应和惰性，就好像身处隧道中，只能看到前后狭窄的视野，表现为对新信息的兴趣下降，即使有更好的选择也仍坚持习惯性的选择。[2] 习惯具有三种属性：一是通过重复性的行为形成，二是由稳定的场景（重复性无变化的物理、时间和社会场景）触发，三是习惯触发后可导致下意识的自动行为反应。个人在很多对环境有影响的日常消费行为中都具有很强的习惯性，包括饮食、出行、资源能源消费、购物等。例如，当人们养成开车习惯后，向他们宣传少开一天车可以为环保做出贡献，可能对他们不能起太大的作用。[3]

## （二）绿色助推调整人们的决策偏差

在绿色助推的工具箱里，有一些工具能够从人们决策中存在的惯性、障碍等局限性入手，通过选择框架的设置，帮人们规避这些障碍，从而做出最优的决策。研究者把这些工具总结为绿色默认、生态反馈、提高显著性、消除障碍、改变习惯、设计激励等。其中，绿色默认、生态反馈、提高显著性等主要从改变人们

---

[1] Baddeley M. Behavioral approaches to managing household energy consumption [J]. New Perspectives for Environmental Policies Through Behavioral Economics, 2016：213-235.

[2] Verplanken B, Whitmarsh L. Habit and climate change [J]. Current Opinion in Behavioral Sciences, 2021（42）：42-46.

[3] Verplanken B, Aarts H, Knippenberg A, et al.. Habit versus planned behaviour：A field experiment [J]. British Journal of Social Psychology, 1998（37）：111-128.

的认知角度出发，通过巧妙地呈现决策信息、提高信息的可见性和显著性等方式，弥补人们理性认知和分析能力的不足；消除障碍、改变习惯、设计激励等则主要从改变人们的行为角度出发，通过提高绿色行为的便利性、把握调整习惯的时机、设计符合人性特征的激励等方式促进环保行为。

### 1. 绿色默认

绿色默认是指将绿色选项设定为默认选项有助于提高人们选择绿色选项的机会，是最常用的绿色助推工具之一。在经济人的假设下，经济人有明确的偏好，因此默认选项不会影响他们的决策，如果默认选项不符合偏好，则经济人会直接退出或更改默认选项。但在现实中，一方面，人们容易将默认选项视为推荐选项，且习惯性地对推荐选项抱有好感；另一方面，由于本身具有损失厌恶、惰性、信任启发等倾向，而默认选项可以减少决策中进行的思考，因此人们时常更愿意按照默认选项做决策而不是主动选择，虽然这更增加了他们的有限理性。当消费者偏好较弱、对选择架构师（选项设置者）较信任、面对缺乏经验的领域、复杂问题或选项过多等情况时，默认选项的黏性较好，具有较强的持久性。当默认选项与消费者偏好明显不一致、消费者不信任选择架构师，或者在消费者认为自己是专家的领域中，默认选项可能不起作用。

绿色助推领域中的一个经典案例是，美国罗格斯大学在将校园内打印机的默认选项由"单面打印"更改成"双面打印"

后，一学期节约了近 700 万页纸，相当于少耗费 620 棵树。[1] 除此之外，Dinner 等（2011）在白炽灯和更节能的荧光灯之间进行选择的实验中，在将默认选项设置为荧光灯后，选择白炽灯的人数比没有将荧光灯作为默认选项时下降了一半，充分证明了绿色默认在助推效果方面的威力。[2] Lander 和 Thgersen（2014）的研究发现，在把接受安装智能电表作为默认选项、不接受安装智能电表需要主动选择退出的情况下，智能电表的安装率远高于把不安装作为默认选项、接受安装需要主动选择加入的情况[3]，对个人而言，他们可能并不了解安装智能电表的好处，但因为这是默认选项，因此人们习惯性地认为智能电表是有用的、被建议的选项。Pichert 和 Katsikopoulos（2008）让被试者想象自己在入住新公寓后需要在两家电力供应商之间做选择，当默认选项是传统且便宜的供应商时，只有 41% 的被试者选择更环保但昂贵的供应商，而当默认选项设定为环保且昂贵的供应商之后，选择更环保但昂贵的供应商比重提升至 68%。[4]

设置绿色默认已经被证明是绿色助推领域一项非常有力的工具，它的影响力甚至已被证明在很大程度上独立于已有的个

---

[1] Bonini N, Hadjichristidis C, Graffeo M. Green nudging [J]. Acta Psychologica Sinica, 2018：814–826.
[2] Dinner I, Johnson E J, Goldstein D G, et al.. Partitioning default effects：why people choose not to choose [J]. Psycology, 2011：332–341.
[3] Lander F, Thgersen J. Informing versus nudging in environmental policy [J]. Journal of Consumer Policy, 2014（37）：341–356.
[4] Pichert D, Katsikopoulos K V. Green defaults：Information presentation and pro-environmental behavior [J]. Journal of Environmental Psychology, 2008：63–73.

人环境态度。①正因为绿色默认工具具有很强的引导性，政策制定者在使用这项工具前，应该进行充分的成本效益分析，对涉及较大外部性的案例，不应仅考虑消费者个人的福利，还应通盘考虑全部的成本效益。由于低收入群体对默认选项的黏性较大，政策制定者在采取绿色默认干预策略时应考虑对不同收入群体的分配效应，尤其应考虑工具使用后可能对低收入人群产生的影响。②

### 2. 生态反馈

生态反馈是指为个人提供其行为的环境影响反馈，一方面促进形成正确的认知，减少思考局限性造成的次优决策；另一方面通过提升环境行为的可见性，帮助人们克服显著性偏差，改变习惯性行为。例如，通过即时反馈垃圾分类行为正确与否的信息，帮助用户降低误投率；通过安装实时电量电价信息显示器，强化用户对用电行为与成本关系的认知，从而提高用户用电的价格弹性等。生态反馈最初主要应用于家庭节能领域，之后扩展至包括节水、垃圾回收等更多的消费行为。

实现有效生态反馈的三大机制包括关注、学习与动机，即有效的反馈能够引起人们的注意，建立具体行动与环境影响之间

---

① Vetter M, Kutzner F. Nudge me if you can—how defaults and attitude strength interact to change behavior [J]. Comprehensive Results in Social Psychology, 2016：8-34.

② Ghesla C, Grieder M, Schubert R. Nudging the poor and the rich—A field study on the distributional effects of green electricity defaults [J]. Energy Economics, 2020（86）.

的联系，从而激发行为动机。[①] 这个过程包括促进形成正确的认知，减少思考局限性造成的次优决策，或者提升环境行为的可见性，帮助人们关注到非常重要但被忽略的信息，从而改变习惯性的行为。

Jessoe 等（2014）组织的一项实验发现，当对家庭安装室内显示装置，并通过这个装置为家庭提供实时用电量、电价、电费等信息后，家庭在节电方面比之前表现得更出色。这主要是因为，实时反馈的信息帮助家庭了解具体用电行为与成本之间的关系，将原本听上去并不显著的用电单价差别转化为具体且更显著的电费总价差别，增强了人们对节电影响的真实感受。[②] Fischer（2008）指出，当为家庭提供用能反馈后，家庭的节能量比没有提供用能信息前提高了 5%~12%。[③] Timlett 和 Williams（2008）在英国开展的一项有关公共参与资源循环利用的实验中发现，通过提供垃圾分类行为正确与否的反馈，可以有效降低误投率。[④] Sanguinetti 等（2020）指出，实验中安装车载生态驾驶反馈装置

---

[①] Sanguinetti A, Dombrovski K, Sikand S. Information, timing, and display : A design-behavior framework for improving the effectiveness of eco-feedback [J]. Energy Research&Social Science, 2018（39）: 55–68.

[②] Jessoe K, Rapson D. Knowledge is（less）power: Experimental evidence from residential energy use [J]. American Economic Review, 2014（104）: 1417–1438.

[③] Fischer C. Feedback on household electricity consumption : A tool for saving energy? [J]. Energy Efficiency, 2008（1）: 79–104.

[④] Timlett R E, Williams I D. Public participation and recycling performance in England : A comparison of tools for behaviour change [J]. Resources Conservation and Recycling, 2008（52）: 622–634.

能够使燃油经济性提高约 6.6%。[1]

具体而言，影响反馈效果的因素主要包括反馈频率、持续时间、颗粒度、反馈内容和呈现方式等。第一，在反馈频率方面，即时反馈有助于建立行动与影响之间的关系。第二，持续时间方面，在较长一段时间内持续提供反馈有助于形成新的行为习惯，使干预措施停止后反馈效果仍可持续，提高干预措施的持久性。第三，在颗粒度方面，高粒度的、针对性强的反馈有助于引起个体对具体行为的关注，建立具体行为与后果之间的联系，使个人有更大的控制感，例如，比起提供家庭整体用水用能的反馈，提供淋浴用水用能的反馈能够产生更好的节水节能效果。[2] 第四，在反馈内容方面，将科学性、理论性更强的信息转化为与人们日常生活更相关的信息会有助于理解，从而达到更好的效果，例如前述 Jessoe 等（2014）组织的实验将千瓦时等资源消耗的科学计量单位转化成电费金额得到了更好的效果。第五，在呈现方式方面，如果呈现的货币金额较小，个人可能反而失去节能动力，这时可以给出环境影响反馈（例如碳排放量）[3]，或更进一步将碳

---

[1] Sanguinetti A, Queen E, Yee C, et al.. Average impact and important features of onboard eco-driving feedback：A meta-analysis［J］. Transportation Research Part F：Traffic Psychology and Behaviour, 2020（70）：1–14.

[2] Tiefenbeck V, Goette L, Degen K, et al.. Overcoming salience bias：How real-time feedback fosters resource conservation ［J］. Management Science, 2018（64）：1458–1476.

[3] Dogan E, Bolderdijk J W, Steg L. Making small numbers count：Environmental and financial feedback in promoting eco-driving behaviours ［J］. Journal of Consumer Policy, 2014（37）：413–422.

排放量转化为植树量、火山喷发等更直观的形象[①]，将数字信息转化为符号以增强反馈的效果，如将油耗信息以生态树的形式呈现等。

## 3. 提高显著性

提高显著性是帮助消费者克服显著性偏差的方法之一，可以通过以下两种思路展开。

一是通过减少信息数量、简化信息内容来提高信息的显著性。前者是当个人面对过多的选择或信息时，往往会出现信息过载，导致其忽略真正重要的内容，通过减少产品属性的数量，可以突出重要属性的显著性。后者是由于人们常常将注意力放在容易解读的信息上，因此可以将产品的重要属性简化成易懂的信息，降低个人进行信息处理的成本，例如通过划分等级或贴标签（比如能效标签、燃油效率标签等）的方式展示能效水平信息，可以提高产品的可比性。

二是通过改变产品属性的信息呈现方式提高重要属性的显著性，包括改变产品属性的分类方式、信息的呈现顺序、放大度量尺度以及进行属性转化等。改变属性的分类方式是指将重要属性单独作为一个类别呈现出来，以提高其显著性。Martin 和 Norton（2009）在二人发表的文章中指出，与传统方式下将汽车燃油里程和安全性、保修等多个属性归为一类（实用性类别）的呈现方

---

① Sanguinetti A, Dombrovski K, Sikand S. Information, timing, and display: A design-behavior framework for improving the effectiveness of eco-feedback [J]. Energy Rresearch&Social Science, 2018: 55–68.

式相比,将汽车燃油里程单独作为一个类别呈现,会提高个人在进行买车决策时对该项因素的关注度与考量权重。[1] 调整呈现顺序是指将重要信息放在优先位置上呈现,例如将素食放在菜单的前列可以促使消费者更多地选择素食,而素食的生产过程远比肉食更加低碳。[2] 放大度量尺度是指在呈现较为重要的量化内容时,可以放大数值的度量尺度以提高其显著性,例如,有研究发现,在选择购买具有不同燃油效率的汽车时,当燃油效率以十万英里油耗为单位呈现时,由于数值较大,消费者更倾向于选择燃油效率较高的车型,但当燃油效率以百英里为单位呈现时,不同车型的油耗数值看上去差异不大,对消费者的决策影响也相对更小。[3] 属性转化是指将内容以个人更关注的视角呈现,例如,通过将车辆油耗等信息转化成油费或碳排放量,可以引起消费者对汽车燃油效率属性的关注。[4]

### 4. 消除障碍

现实中,由于人们的惰性和拖延习惯,看似很小的障碍也能

---

[1] Martin J M, Norton M I. Shaping online consumer choice by partitioning the Web[J]. Psychology&Marketing, 2009(26): 908–926.
[2] Kurz V. Nudging to reduce meat consumption: Immediate and persistent effects of an intervention at a university restaurant[J]. Journal of Environmental Economics and Management, 2018(90): 317–341.
[3] Camilleri A R, Larrick R P. Metric and scale design as choice architecture tools[J]. Journal of Public Policy&Marketing, 2014(33): 108–125.
[4] Johnson E J, Shu S B, Dellaert B G C, et al.. Beyond nudges: Tools of a choice architecture[J]. Marketing Letters, 2012(23): 487–504.

阻碍他们转向绿色低碳行为，因此消除绿色低碳行为可能面临的各类障碍，使绿色低碳行为尽可能轻松简单，也是常见的绿色助推工具。与之相对，给不可持续行为增加障碍也可以引导消费者转向绿色低碳行为。

英国阁楼隔热保暖节能改造项目是节能改造场景下的一个案例。英国政府希望号召居民进行住房隔热保暖改造，改造后的建筑可以减少使用过程中的保温能耗，为家庭节约能耗开支。尽管在项目初期英国政府提供了大额补贴，并进行广泛宣传，但参与者仍寥寥无几。当节能改造公司提出在隔热保暖改造的同时提供阁楼清理服务后，尽管居民需要支付更高的费用，项目的参与人数却增加了 5 倍。[①]

垃圾分类场景来自 Ando 和 Gosselin（2005）的研究。他们发现，参与或未参与垃圾分类回收的居民在意愿和态度上并无大的差别，影响他们做出不同决策的主要原因在于周围环境是否能为他们进行垃圾分类回收提供便利。因此，降低分类的细致程度、调整垃圾收集时间、缩短居民房屋与垃圾回收点的距离、提供垃圾桶等被证明有助于提高居民的参与率。[②] 此外，增加可回收物和厨余垃圾的收集频率，降低其他垃圾的收集频率，不愿进行垃圾分类的家庭只能长时间将垃圾堆放在家中，这样可以促使

---

① Valatin G, Moseley D, Dandy N. Insights from behavioural economics for forest economics and environmental policy: Potential nudges to encourage woodland creation for climate change mitigation and adaptation? [J]. Forest Policy and Economics, 2016（72）: 27–36.

② Ando A W, Gosselin A Y. Recycling in multifamily dwellings: Does convenience matter? [J]. Economic Inquiry, 2005（43）: 426–438.

这些家庭主动将可回收物和厨余垃圾进行分类。

绿色餐饮方面，Gravert 和 Kurz（2017）组织的一项实验发现，对菜单进行微小的调整，使消费者在选择肉类时较"麻烦"一些，可以促使更多人转向素食，减少食品消费的碳排放[①]；自助式餐厅采用无托盘化可以增加消费者取餐的难度，继而被证明可以显著降低餐厅食品的浪费情况。[②]

## 5. 改变习惯

很多不可持续行为具有很强的习惯性，要干预习惯性行为，抓住或创造行为改变的最佳时机很重要。有研究认为，当人们的生活环境发生变化或者在新开端时期进行习惯干预可能更加有效。当生活环境发生变化时，人们的习惯可能被打破或被暂时性中断，此时为改变习惯提供了重要契机。Verplanken 和 Roy（2016）的现场实验表明，旨在推动可持续行为的干预措施对于刚搬家的人群更有效，干预的窗口期为搬家后的 3 个月内。[③] 在新一周、新学期开始的时候，或在生日、节日等节点，人们可能会有更大的决心克服有限意志力，改变旧习惯，因此可以将这些

---

[①] Gravert C, Kurz V. Nudging à la carte—A field experiment on food choice [M]. 2017. 参见：http://ideas.repec.org/p/hhs/gunwpe/0690.html。

[②] Thiagarajah K P R, Getty V M M R. Impact on plate waste of switching from a tray to a trayless delivery system in a university dining hall and employee response to the switch[J]. Journal of the Academy of Nutrition and Dietetics, 2013（113）：141–145.

[③] Verplanken B, Roy D. Empowering interventions to promote sustainable lifestyles：Testing the habit discontinuity hypothesis in a field experiment [J]. Journal of Environmental Psychology, 2016（45）：127–134.

新开端作为行为干预的重要契机。①

　　新习惯的形成需要时间，因此，针对改变行为的干预措施需要持续足够长的时间，直至旧习惯消失，新习惯被充分培育。例如，Walker 等（2015）的研究表明，工作地点的变化为改变通勤模式、鼓励少开车提供了机会，但是 4 周后旧习惯仍未完全消失，新习惯也未完全建立。②

## 6. 设计激励

　　设计激励助推是指在制定干预措施时，充分考虑个人行为偏差的特征，相应地改变激励的表现形式，从而对个人的行为进行引导。

　　围绕损失厌恶和框架效应特征，由于"失"比"得"对人的触动更大，因此将激励以可能失去的方式呈现可能会起到更好的效果。例如，Roland 等（2017）的研究发现，与在年末根据学生成绩给教师发奖金相比，在年初把奖金提前发给教师，若学生成绩不理想则需要将奖金退回的方式下，学生成绩提高得更明显。③ 围绕乐观偏差的特征，由于人们常常高估中奖这类小概率

---

① Dai H, Milkman K L, Riis J. The fresh start effect : Temporal landmarks motivate aspirational behavior [J]. Management Science, 2014 (60): 2563–2582.
② Walker I, Thomas G O, Verplanken B. Old habits die hard : Travel habit formation and decay during an office relocation [J]. Environment and Behavior, 2015 (47): 1089–1106.
③ Roland G, Fryer J, Levitt S D, et al.. Enhancing the efficacy of teacher incentives through loss aversion : A field experiment [D]. Cambridge, 2012.

事件的可能性，因此当货币激励金额较小时，抽奖的形式可能会更好地激励消费者参与绿色行为。围绕现时偏差特征，在进行助推时可以更强调个人参与绿色行动当下的成本收益。例如，为个人的节能改造、气候适应投资提供低息或无息贷款用于支付前期投入成本，有助于促使消费者采取行动。围绕惰性和拖延特征，为激励设定截止日期能够更好地激励个人采取行动。

## 三、从动机视角出发的绿色助推

### （一）人们的道德与声誉追求

经济学理论认为，个人行为的主要动机是追逐自己的利益，因此促进绿色低碳行为最直接的方法就是运用经济手段使绿色低碳行为在经济上更具有吸引力，或提高不可持续行为的成本。但在现实中，由于人们有限利己的特征，即人们愿意牺牲自我帮助他人，因此采取绿色低碳行为可能是出于利他性的目标，此时引入经济激励反而可能使个人的决策动机从社会视角转向货币视角，降低其从环保行为中获得的内在满足感以及对引导组织的信任度，尤其当奖励金额较小时，更有可能减少个人的环保行为。[1] 在有限利己的视角下，个人采取绿色低碳行为可能是出于

---

[1] Gneezy U, Rustichini A. Pay enough or don't pay at all [J]. Quarterly Journal of Economics, 2000 (115): 791–810.

遵守社会规范的诉求，或是追求更积极的自我形象、更高的声誉和地位等动机。

遵守社会规范是指，人是社会性动物，常常将自身与他人相比较，通过观察他人的行为确定什么样的做法是正确的，并愿意和大多数人做出同样的决策。行为经济学的研究发现，通过第三方提供的信息直接或间接地感知他人的行为对人们采取行为会有很大的影响，这种随大溜的倾向可能是天生的，因为它服务于现代人祖先的基本利益。人类天生是社会性的动物，具有考虑他人偏好的洞察，这可能是行为经济学对社会科学的关键贡献。[1] 为了促进绿色行为，有很多方法可以利用人类的这一基本特性，比如通过赞成或反对来传达某种社会规范，利用人们想要符合社会期待的心理，从获得道德效用的角度来激励绿色行为，或者通过提供与同行、同辈的比较结果来反映这种社会规范。1986 年发起的"别惹得州"社会广告活动是在高速公路上减少乱扔垃圾的行为中最成功的绿色助推应用之一。据估计，这项活动在 1986—1990 年显著减少了美国高速公路上约 70% 的垃圾。"别惹得州"这项口号针对的是人们（尤其是年轻男性）的社区自豪感，将乱扔垃圾定位为"真正的"得州人无法接受的行为[2]，人们将这种自我理解或社会认同内化成了某种特定的社会规范，进而去遵守执行。追求更积极的自我形象及更高的声誉和地位，则

---

[1] Gowdy J M. Behavioral economics and climate change policy [J]. Economic Behavior and Organization, 2008 (68): 632-644.

[2] Grasmick, H G, Bursik R J, Kinsey K A. Shame and embarrassment as deterrents to non-compliance with the law: the case of an anti-littering campaign [J]. Environment and Behavior, 1991 (23): 233-251.

可以参考研究者在高成本信号理论和竞争性利他主义基础上提出的"炫耀性环保"概念，采取环保行为可以让人们获得类似于在商品匮乏年代通过购买奢侈品等炫耀性消费从而彰显财富和地位的效果；在行为具有较高的辨识度以及绿色产品价格高于非绿色产品价格的情况下，地位动机可以增加消费者对绿色产品的需求，降低价格反而可能减少对绿色产品的消费。

在追求积极的自我形象方面，人们可以通过绿色消费展示个人亲社会的一面，为其赢得声誉。目前，全社会对环境破坏和气候变化日益担忧，社会风尚发生变化，绿色低碳行为成为人们提升社会地位的一种可能的方式。

在追求更高的声誉或地位方面，由于绿色消费常常存在溢价，因此采取绿色消费能够显示个人较高的消费能力，在这一方面的典型案例是普锐斯光环效应。普锐斯是丰田公司推出的一款混合动力汽车，是美国市场中最热销的车型之一。从对车主的调查中发现，他们购车的主要动机既不是节油，也不是低碳环保，而是向外界传递自己关心环境的信号。普锐斯独特的外观设计使他人从很远处就能辨识出这是混合动力汽车，而很多其他车型尽管在绿色性能方面与普锐斯不相上下，但辨识度却低得多。[1]

## （二）绿色助推迎合人们的心理诉求

从人们随大溜与追求自我形象、声誉与地位的心理诉求出

---

[1] Griskevicius V, Tybur J M, Van den Bergh B. Going green to be seen: Status, reputation, and conspicuous conservation [J]. Journal of Personality and Social Psychology, 2010 (98): 392-404.

发，研究者总结出了道德型的绿色助推工具，其中包括提供社会规范、做出承诺、提高可见性等。提供社会规范主要告诉人们主流的行为模式是怎样的，做出承诺和提高可见性则在很大程度上迎合了人们追求身份和地位认同的心理诉求。

## 1. 提供社会规范

提供社会规范是指向个人强调或明确在给定情形下，社会广泛接受的行为标准是怎样的，从而达到影响人们行为的效果，是一种最常用的绿色助推工具，被广泛应用于鼓励垃圾分类回收、减少乱丢垃圾、购买生态产品、购买混合动力汽车、安装太阳能光伏面板、减少私家车使用、调低采暖季室温等方面。[①] 具体而言，社会规范可分为描述性社会规范和命令性社会规范两大类型。

描述性社会规范是指告诉人们在给定情况下大多数人会怎么做。现实中，由于人们具有社会偏好，因此往往倾向于使自身行为接近大多数人的行为，此时，有效传递正面的"大家都在做什么"的信息有助于引导消费行为向环保方向发展。Goldstein 等（2008）在美国一家连锁酒店开展的为期 80 天的现场实验中，实验组顾客的酒店浴室内被放了一张纸条，说明过去 3 个月内共 75% 的顾客参与"入住期间毛巾循环使用"的活动，而对照组顾客仅被告知重复使用毛巾对环境的好处，不参考其他顾客的情况。结果发现，对照组顾客的毛巾重复使用率约 35.1%，而实验

---

[①] 王帅. 绿色助推的研究进展及启示 [J]. 阅江书刊，2021，7（4）.

组顾客的毛巾重复使用率达到44.1%。①另外，一家位于弗吉尼亚州阿灵顿县的名为 Opower 的公司及其合作的能源供应商，为了引导消费者节约能源，提供了一个可能是迄今为止最著名的关于描述规范影响的现场实验。这项实验始于2008年，全美约60万户家庭参与了实验组和对照组，前者至少每季度收到一次家庭能源报告，其中包括他们与邻居行动的对比。这些报告在某种程度上符合描述性规范信息，因为它们以将人们的注意力吸引到节约能源的社会规范的方式来呈现数据。实验结果证明，这类信息在减少能源消耗方面的作用是非常成功的。据预计，用户平均实现基线使用量1.4%~3.3%的能源节约，就采取了一项11%~20%的短期能源价格上涨和一项5%的长期价格上涨。②但需要注意的是，当传递负面信息时，描述性社会规范可能适得其反，此时就需要通过命令性社会规范信息，明确告知规则禁止的行动。

命令性社会规范是指告诉人们在给定情况下社会认可的行为是什么，说明在各自的社会文化背景中，哪些行为构成普遍（不）认可和可能被认可的行为。Cialdini（2003）在美国国家公园开展的实验发现，强调窃取石化木事件频发（描述性社会规范信息）反而会增加这种破坏环境的行为，提供命令性社会规范信

---

① Goldstein N J, Cialdini R B, Griskevicius V. A room with a viewpoint: Using social norms to motivate environmental conservation in hotels [J]. Journal of Consumer Research, 2008: 472–482.

② Allcott H. Social norms and energy conservation [J]. Public Economics, 2011 (95): 1082–1095.

息的效果更好。[1]

在一些情况下，仅运用描述性社会规范可能导致回返效应，即表现更优方或更差方都会向平均水平靠拢，此时如果能同时使用描述性社会规范和命令性社会规范来传递同一信息，往往能够避免回返效应，产生更有利的影响。Schultz 等（2007）的实验发现，在收到家庭用能（用水）报告后，不仅用能量（用水量）高的家庭会向平均水平靠拢，用能量（用水量）低的家庭也呈现向平均水平靠拢的趋势，即用能量（用水量）有所增加。此时，如果根据家庭用能量（用水量）给出"笑脸"表情以示肯定或用"哭脸"表情表示否定，则能够避免回返效应。[2]

从社会规范助推的运用效果来看，大量研究发现，运用社会规范鼓励环保行为具有较好的成本效应，且具有一定的持久性。Brent 等（2015）测算了两家水务公用事业公司通过提供家庭用水报告鼓励家庭节水的效果，两家公司通过社会规范助推实现节省 1 000 加仑水的成本分别为 2.61 美元和 1.73 美元，相当于将水价分别提高 13.6% 和 14.5%。[3]Schultz（1999）对垃圾回收开展实验，实验组收到所在小区家庭平均回收情况的反馈，对照组

---

[1] Cialdini R B. Crafting normative messages to protect the environment［J］. Current Directions in Psychological Science, 2003（12）: 105–109.

[2] Schultz P W, Nolan J M, Cialdini R B, et al.. The constructive, destructive, and reconstructive power of social norms［J］. Psychological Science, 2007（18）: 429–434.

[3] Brent D A, Cook J H, Olsen S. Social comparisons, household water use, and participation in utility conservation programs: Evidence from three randomized trials［J］. Journal of the Association of Environmental and Resource Economists, 2015(2): 597–627.

只收到自身回收情况的反馈,结果发现,实验组对象在干预期内参与垃圾回收的频率及收集的可回收物总量均显著增加,且在实验结束后,干预措施对对照组的影响效果逐渐减弱,对实验组的效果则继续增强。[1]Allcott 和 Rogers(2014)的研究认为,在节能领域,行为影响虽然是积极的,但很难持续,并提出了行动和倒退的周期性模式。针对这种情况,接受者需要获得持续的助推,从而用足够长的时间建立相应的节能习惯。[2]

在设计具体的助推方式时需要注意,当参照群体表现出的相似性越高时,干预效果往往越好;被干预的主体对相关主体的关心程度越低,可能越会在无意识的情况下产生影响。例如,在 Graffeo 等(2015)设计的实验中,当告诉实验组参照的社会规范对象时,助推的效果会比不告诉他们参照对象时更好;当告诉实验组,形成某项社会规范的群体来自与他们相同的小区时,助推效果会比这个群体来自与他们不同的小区好。[3] 这是由于有明确的参照对象让我们感觉与对方更相似,比如我们的邻居会比其他小区的居民让我们感觉更相似。

与此同时,研究也发现,社会规范的效果具有异质性,不同

---

[1] Schultz P W. Changing behavior with normative feedback interventions: A field experiment on curbside recycling [J]. Basic and Applied Social Psychology, 1999 (21): 25-36.

[2] Allcott H, Rogers T. The short-run and long-run effects of behavioral interventions: Experimental evidence from energy conservation [J]. American Economic Association, 2014 (104): 3003-3037.

[3] Graffeo M, Ritov I, Bonini N, et al.. To make people save energy tell them what others do but also who they are: A preliminary study [J]. Frontiers in Psychology, 2015 (6): 1287.

人群对同一社会规范所产生的反应可能完全不同。通常来说，干预对象对相关主题的关心程度越低，干预效果可能反而越好；如果个人对某个话题特别关心，可能促使他们使用中心路径处理信息，相应地弱化社会规范对他们的暗示影响。[1] 换言之，人们对于他们特别关心的话题，会以抓住核心问题的方式来进行理性思考，若直接告诉他们大多数人是怎样做的，可能没办法影响他们的决策，因为他们会动用理性来思考问题。Costa 和 Kahn（2013）的研究还发现，节能助推的有效性取决于给定的家庭是民主党还是共和党。向受访家庭提供自己和邻居用电量的比较结果能降低自由派居民的用电量，但在保守派家庭中却会引起反弹，其用电量反而升高。[2] 因此，意识形态似乎调节了对同伴比较型绿色助推的响应，指示政策的使用者在制定助推方式时需要考虑群体的特殊性。

在提供社会规范的助推方式中，可以鼓励人们向他人表明自己的环保行为，刺激社会地位竞争，而不仅是呼吁社会循规蹈矩。这种表达性的行为涉及人们的自我形象，是人们想要向同龄人或其他人发出他们的价值观和承诺的信号，而这种愿望可能会影响他们的选择。对社会地位的渴望可以通过两种方式加以利用，一是在相关的同龄群体中传播一种流行的特定社会规范；二

---

[1] Göckeritz S, Schultz P W, Rendón T, et al.. Descriptive normative beliefs and conservation behavior : The moderating roles of personal involvement and injunctive normative beliefs [J]. European Journal of Social Psychology, 2009 (40): 514-523.

[2] Costa D L, Kahn M E. Energy conservation nudges and environmentalist ideology : Evidence from a randomized residential electricity field experiment [J]. Journal of the European Economic Association, 2013 (11): 680-702.

是鼓励竞争，奖励社会规范得分最高的人。Bühren 和 Daskalakis（2015）的研究证明，在与环境相关的行为背景下实施某种竞争是一种非常有效的绿色助推方式。[1]

## 2. 做出承诺

人具有保持一致性、维护个人积极形象的需求，因此让人们做出承诺是推动环保行为的有效方式。承诺可以在不改变环保态度的情况下促进环保行为，随着环保行为的持续，环保态度也会发生积极的改变。研究显示，做出承诺在节能、垃圾分类回收、资源重复利用、绿色出行等方面都能带来行为上的改变，而且效果持久。

从效果上看，书面承诺的效果优于口头承诺，个人承诺的效果优于集体承诺。相较于宽泛的环保承诺，要求人们做出针对具体行动的承诺更难，但是针对具体行动的承诺比宽泛的环保承诺能更好地促进行为改变。此外，公开承诺的效果优于私下承诺，因此将承诺公开、提高承诺的可展示性能够进一步强化承诺的效果。例如，Baca-Motes 等（2013）发现，当做出承诺的酒店房客获得可以佩戴的"地球之友"领针后，他们重复使用毛巾的概率及次数均高于没有获得领针的对照组，说明领针一方面可以提醒承诺者，另一方面可以向他人发出信号。[2]

---

[1] Bühren C, Daskalakis M. Do Not Incentivize Eco-friendly Behavior—Go for a Competition to Go Green! [J]. MAGKS Discussion Paper Series, 2015：34-2025.

[2] Baca-Motes K, Brown A, Gneezy A, et al.. Commitment and behavior change：Evidence from the field [J]. Journal of Consumer Research, 2013（39）：1070-1084.

## 3. 提高可见性

提高可见性是指在公众面前更多地展示个人绿色低碳行为，其包含的方式多种多样，除了最常规的使绿色行为"被看见"，"被看见的感觉"也能够增加环保行为。

Sunstein（2014）发现，人们虽然知道燃油效率高的汽车有节约燃油的效果，但无法真正预估长期使用不同效率汽车耗油量的差别，在做决策时对这一因素并不重视。通过设计标签使汽车的燃油效率信息更加突出，如改变数据的呈现量度，将每千米耗油量改为每 50 千米耗油量，或者将不同效率汽车长期使用的耗油量差别以具体数据的形式呈现出来，可以提高用户的重视程度。[1] 在 Yoeli 等（2013）对电力需求侧响应项目的现场实验中，业主参与率的增长幅度是租户的 4.7 倍，这仅是因为业主比租户更为稳定，邻里关系对其更为重要。[2] 另外，带有眼睛的图片使人们觉得被看见，能够促使他们在就餐后带走食堂餐桌上的垃圾。[3]

增加绿色产品的生态标签也是一种典型的提高可见性的方式。生态标签是指向人们提供环保产品的特性信息，使人们更清

---

[1] Sunstein C R. Why Nudge? The Politics of Libertarian Paternalism [M]. New Haven: Yale University Press, 2014.

[2] Yoeli E, Hoffman M R, et al.. Powering up with indirect reciprocity in a large-scale field experiment [J]. Proceedings of the National Academy of Sciences, 2013 (113): 10424–10429.

[3] Ernest-Jones M, Nettle D, Bateson M. Effects of eye images on everyday cooperative behavior: A field experiment [J]. Evolution and Human Behavior, 2011 (32): 172–178.

楚地认识到它们,从而影响行为,这背后隐含的关键在于信息被人们看见。生态标签还为与环境相关的特征赋予了一定的社会价值,可以用来传达社会规范,从而激发人们随大溜的心理,使人们的行为被别人看见。Mckenzie-Mohr(2000)的研究发现,承诺堆肥(利用餐厨垃圾、农作物秸秆、杂草等堆制腐化而形成有机肥料)的家庭将自家垃圾桶贴上贴纸,可以增加堆肥这类不易被看到的活动的可见性,在社区建立起将有机垃圾用于堆肥的社会规范。[1] Baca-Motes 等(2013)的实验说明,为做出环保承诺的酒店客人配发领针可以提高承诺的可见性。[2] 加拿大实行透明垃圾袋政策(居民仅一袋垃圾可装在不透明的垃圾袋中以保护隐私,其余垃圾必须装在透明的垃圾袋)后,垃圾分类回收量增加了15%,固体废物量减少了27%。[3]

按照传统的理解,个人在购买商品和服务时会做出理性选择,为其提供额外的信息会改善其选择。然而在现实世界中,事情并没有那么简单。一方面,人们可能会执着于日常生活和习惯而不愿意改变;另一方面,由于认知的局限性,人们可能对产品的某些特性产生偏见。此时,设计合适的生态标签,从认知、道德等多个层面产生助推效果,就有可能弥补个

---

[1] Mckenzie-Mohr D. Promoting sustainable behavior: An introduction to community-based social marketing[J]. Journal of Social Issues, 2000(56): 543.

[2] Baca-Motes K, Brown A, Gneezy A, et al.. Commitment and behavior change: Evidence from the field[J]. Journal of Consumer Research, 2013(39): 1070–1084.

[3] Akbulut-Yuksel M, Boulatoff C. The effects of a green nudge on municipal solid waste: Evidence from a clear bag policy[J]. Journal of Environmental Economics and Management, 2021(106): 102–404.

人非理性决策的缺陷，同时发挥道德激励作用，从而改善个人行为。

目前，提高绿色低碳行为的可见性已被应用在鼓励节能、促进选择绿色产品、促进垃圾分类回收、增加对国家公园的捐款等方面，社交媒体已成为展示绿色低碳行为的重要平台。

## 四、绿色助推赋能碳账户

### （一）绿色助推在消费端碳减排领域的应用

在促进形成绿色低碳生活方式方面，进行宣传教育和经济激励是最常用的方式，但绿色助推理论从行为经济学的角度提供了一个更加科学和有趣的视角。在绿色助推理论下，个人不是被抽象化的标准理性人，而是既存在认知与能力缺陷又有道德和荣誉追求的真实个人，以此为前提而采取的绿色助推工具，更符合人的特性而能够发挥意想不到的作用，这也启示政策制定者与活动开发者运用绿色助推工具为传统干预手段赋能。绿色助推在消费端碳减排领域应用的场景与案例见表4-1。

表4-1 绿色助推在消费端碳减排领域应用的场景与案例

| 绿色生活场景 | 案例 |
| --- | --- |
| 绿色穿衣 | 旧衣回收-消除障碍：增加可回收物的收集频率，降低其他垃圾的收集频率，不愿意进行垃圾分类的家庭只能长时间将垃圾堆放在家中，因而可以促进家庭主动进行垃圾分类 |

续表

| 绿色生活场景 | 案例 |
| --- | --- |
| 绿色餐饮 | 1. 素食餐饮 – 提高显著性：餐厅调整菜单排布，将素食放在更显要与易选择的位置，相应调后肉类食谱，可以使更多消费者转向素食，从而减少食品消费碳排放<br>2. 素食餐饮 – 消除障碍：自助餐厅实行无托盘化，增加消费者取餐的难度，从而减少食品浪费。同时，餐厅设置"小份饭"选项，有助于减少食品浪费<br>3. 一次性餐具使用 – 绿色默认：在外卖平台中将"不需要一次性餐具"设定为默认选项，有助于减少一次性餐具的使用 |
| 绿色居住 | 节能节水 – 社会规范：配合分时电价及阶梯性水价机制，对用户提供小区或可比家庭的平均用能用水情况，对用能用水量高于平均水平的用户予以"红色警示"，对低于平均水平的用户予以"绿色表扬"，有助于在潜移默化中降低高耗能耗水家庭的能源消耗量 |
| 绿色出行 | 购买电动汽车 – 社会规范：将节能环保效果作为电动汽车重要的营销因素之一，凸显电动汽车在高收入及高学历人群中的普及情况，将绿色出行和购买电动汽车作为身份认同的一种方式，有助于推动电动汽车的购买 |
| 绿色家用 | 垃圾分类回收 – 消除障碍：传统干预措施通常把工作重点放在编制详细的垃圾分类宣传册以及普及垃圾分类知识方面，没有考虑信息过多造成的居民信息过载，继而降低居民对垃圾分类的意愿；而通过小额奖励方式也有可能产生挤出效应，抵消其他干预措施，造成分类回收效果不理想。在绿色助推理论下，可以通过消除障碍工具增强垃圾分类回收的便利性，从而提高居民的参与率 |
| 绿色办公 | 节约纸张 – 绿色默认：将打印机默认选项设置由单面打印更改为双面打印，有助于降低用纸量 |

## （二）绿色助推与传统方法相结合的碳账户

与法律法规、宣传教育、标准经济激励等传统的干预手段相比，绿色助推有其独特优势（见表4-2）。与法律法规相比，绿色助推主观上不强制，保留了人们的自由选择权；与宣传教育相比，绿色助推并不寄希望于通过提高个人的环保意识间接影响其行为，而是直接作用于行为，过程中个人的节能环保意识可能并未发生明显变化，但行为却发生了调整；与经济激励相比，绿色助推关注一些在标准经济学中被认为是无关的、在政策设计中常被忽视的因素，以较低的成本影响个人的行为选择。

表4-2 绿色助推的优势与案例

| 传统干预 | 助推优势 | 助推案例 |
| --- | --- | --- |
| 法律法规 | 不具有强制性，保留了人们的自由选择权，是一种柔性的干预手段 | 1. 绿色默认：将购电默认选项由"灰电"改为"绿电"，可以增加选择"绿电"的用户数，但并不会剥夺用户更改默认选项的权利<br>2. 生态反馈、社会规范、做出承诺：并不限制用电 |
| 宣传教育 | 直接作用于行为，有效避免态度-行为缺口，使消费者在不知不觉中转向绿色低碳行为[①] | 1. 绿色默认：将打印机默认选项由单面打印更改为双面打印，可以减少用纸量<br>2. 社会规范：告诉用水大户小区平均用水量，可以促进节约用水 |
| 经济激励 | 在一些情况下，非经济激励效果优于经济激励，更易于实施，持久性也更好 | 心理账户：从标准经济学角度出发，想要降低用电需求就需要提高电价；但在对北爱尔兰家庭的实验中发现，在电价不变的情况下，因为心理账户的效应，把最小充值金额从2磅上调至15磅后，家庭用电量下降[②] |

---

[①] Sunstein C R, Reisch L A. Automatically green: Behavioral economics and environmental protection [J]. Harvard Environmental Law Review, 2014（38）: 127–158.

[②] 王帅. 绿色助推的研究进展及启示 [J]. 阅江书刊, 2021, 7（4）.

大量研究与实践发现,将绿色助推方式与传统干预中的经济激励方式相结合,可能取得优于单独采取一种措施的效果,其原因有以下三点。

第一,绿色助推和经济激励可以在目标人群中形成互补,对价格敏感的人群通过经济激励形成效果,其他群体则通过绿色助推发挥效果。研究认为,对经济激励反应最大的群体可能是能耗较低的群体,他们也往往是对社会规范反应最小的群体。Ferraro 和 Price(2013)发现社会规范对用水量大的家庭效果最好,而用水量大的家庭往往是对水价最不敏感的人群。[1]

第二,价格信号可以明确绿色行为的引导方向,而绿色助推可以提高人们对价格的重视程度,从而强化价格信号的作用。例如,实施动态电价可以使家庭高峰时段用电量最高减少 7%,如果在动态电价的基础上提供实时电价、用电量和电费等信息反馈,则可使家庭在高峰时段用电量减少 8%~22%,进一步提高家庭用户对动态电价的价格弹性,提升动态电价的效果。[2]

第三,绿色助推通过提高关键信息的显著性,增强人们的参与动机,减少人们参与经济激励项目的障碍,从而提高经济激励项目的参与度。Allcott 和 Rogers(2014)发现,收到家庭用能报告的家庭比没有收到家庭用能报告的家庭更有可能参与节能补

---

[1] Ferraro P J, Price M K. Using nonpecuniary strategies to influence behavior:Evidence from a large-scale field experiment [J]. Review of Economics& Statistics, 2013(95):64–73.

[2] Jessoe K, Rapson D. Knowledge is (less) power:Experimental evidence from residential energy use [J]. American Economic Review, 2014(104):1417–1438.

贴或低息贷款项目。[1]

但需要注意的是，在一些情况下，绿色助推与经济激励并用可能会产生挤出效应。例如，Sudarshan（2017）对印度家庭开展的随机对照实验[2]以及Pellerano等（2017）对厄瓜多尔家庭用电量的研究[3]均发现，单独采用社会规范或经济激励方式都可以减少家庭的能源消费，但两种干预方式并用却不能对家庭能源消费产生影响，甚至在印度的案例中产生了负面影响。因此，研究者建议在开展相关政策制定时，应首先进行对照组与控制组实验，对二者的合力效果进行恰当评估，避免挤出效应的发生。

作为一种激励绿色消费及生活方式的政策设计，碳账户一方面嵌入了培育绿色低碳生活文化的宣传教育内容，另一方面尝试通过交易、信用及商业激励等为个人绿色消费行为提供货币奖励，更重要的是，碳账户的设计理念实际上已经融入绿色助推的原理。例如，将个人的步行、骑行及共享出行行为进行统计并量化为具体的碳减排量，就属于典型的生态反馈助推方式；为激励设置金额和时间限制，就是充分考虑到人具有惰性和拖延的特性，或者采用抽奖的形式发放激励，就是考虑到人具有乐观偏

---

[1] Allcott H, Rogers T. The short-run and long-run effects of behavioral interventions: Experimental evidence from energy conservation [J]. American Economic Association, 2014 (104): 3003–3037.

[2] Sudarshan A. Nudges in the marketplace: The response of household electricity consumption to information and monetary incentives [J]. Journal of Economic Behavior&Organization, 2017 (134): 320–335.

[3] Pellerano J A, Price M K, Puller S L, et al.. Do extrinsic incentives undermine social norms? Evidence from a field experiment in energy conservation [J]. Environmental and Resource Economics, 2017 (67): 413–428.

差;设置绿色消费行为打分及排名机制,则符合提高可见性的助推原理,满足个人展示绿色行为、追求身份认可的需求。

作为一种现成的同时包含传统干预手段与绿色助推手段的工具设计,碳账户可以在现有基础之上,充分利用数字化平台的优势,将绿色助推的效能发挥到最大,形成最具成本效益的绿色行为干预方式。具体而言,可以从行为引导、行为反馈及激励设计三个方面入手(见图4-1)。首先,在行为引导方面,为绿色行为设置默认选项、消除障碍,创造机会改变用户习惯,提高绿色行为的可见性。其次,在行为反馈方面,通过生态反馈、社会规范等方式,加强个人对绿色行为及效用的认知。最后,在激励设计方面,充分考虑个人的行为特征,设计符合个人道德及身份认同诉求的激励形式。

| 场景端 | | 权益端 |
|---|---|---|
| 行为引导 | 行为反馈 | 激励设计 |
| ▶ 绿色默认:将绿色选项设为默认选项,可用于餐饮、办公、出行及其他绿色消费场景<br>▶ 生态反馈、提高显著性、消除障碍、做出承诺:联合平台商户,丰富相关引导措施,例如优化垃圾分类回收方式,在消费前签署绿色承诺书并进行用户标记等 | ▶ 生态反馈:除现有绿色出行等典型场景外,持续扩充可统计、可核算的绿色行为采集与反馈,如用电、用水等;尝试以图像、统计等方式更直观地反映个人碳排放水平及减排效果<br>▶ 增强显著性:在平台呈现时,凸显重要性信息<br>▶ 社会规范:每月统计平台绿色行为平均水平,向用户发送报告,对平均线以下用户发出红色警示 | ▶ 设计激励:考虑个人行为偏差特征(损失厌恶、框架效应、乐观偏差、心理账户、现实偏差、惰性和拖延等),如明确激励终止日期、以抽奖方式分配激励等<br>▶ 增强可见性:对用户绿色行为水平进行评级分层并设置竞争披露 |

图4-1 绿色助推与碳账户

## (三）绿色助推本土化应注重道德伦理考量

从前文的梳理中可以看到，绿色助推已经积累了丰富的实证研究和实践成果，但争议也随之而来，其中最核心的质疑在于遵循"自由主义家长制"的助推手段是否会损害决策者的自主选择能力，以及当决策者被告知他们被不自觉地助推时，这种干预策略是否还能发挥原有的作用。

### 1. 关于绿色助推影响自主性

助推的批评者认为，即使助推完全保留了名义上的选择自由，也有可能损害接触这些自由并受其影响的个体的自主权，因为助推在个体缺乏完全偏好的情况下最有效，并干扰偏好形成的过程。在极限情况下，这种干扰可能会用助推者的偏好和价值观取代被助推者自己的喜好，产生"碎片化的自我"。[1] Smith 等（2013）的研究[2] 提供了具体的助推工具对个人自主性的影响。例如，他们认为绿色默认工具的行为影响是由于认知偏差，给定的默认选项可能存在伦理问题，因为它背后反映的是"没有意识的选择"。

然而，关于自主性的争论存在一个问题，即在理性和自我认知的层面，自主性往往被定义为一种过于苛刻的方式。例如

---

[1] Bovens L. The ethics of nudge. In: Grüne-Yanoff, T., Hansson, S.O. (Eds.), Modeling Preference Change: Perspectives From Economics, Psychology and Philosophy [M]. Berlin: Springer, 2009.

[2] Smith N C, Goldstein D G, Johnson E J. Choice without awareness: ethical and policy implications of defaults [J]. Public Policy Mark, 2013 (32): 159–172.

Hausman 和 Welch（2010）将自治理解为"个人对自己的评估、思考和选择的控制"[1]，这种自治的概念要求个体有很大程度的自我认知。但在现实中，人们常常会受潜意识层面中各种因素的影响，很少有机会接触动机深层的精神来源[2]，因此我们有时会误解自己，行为经济学已经发现自我欺骗常常也是个人幸福的重要来源。还有一些助推的支持者认为，关于自主选择的争议实际上是悖论，因为他们高估了自主性的作用，在无助推的情况下，人们在自主形成和调整决策过程中投入的大量批判性反思其实并不一定能引导个体做出最正确的反应。[3]

## 2. 绿色助推影响人们的学习能力

部分助推的批评者认为，助推策略在一定程度上阻碍了个体进行积极的思考和选择，长此以往，决策者会变得只有依靠助推才能做出选择并采取行动，最终形成损害个体自主选择能力的恶性循环。[4] 在这种观点下，自主选择的价值不在于它所带来的结果，更在于自主选择本身构成了个体自身区别于他人的特性[5]，

---

[1] Hausman D M. Welch B. Debate：to nudge or not to nudge [J]. Political. Philosophy, 2010（18）：123–136.

[2] Buss S. Autonomy reconsidered [J]. Midwest Studies inPhilosophy, 1994（19）：95–121.

[3] Buss S. Autonomous action：Self-determination in the passive mode [J]. Ethics, 2012：647–691.

[4] Schubert C. On the ethics of public nudging: Autonomy and agency [J]. Electronic Journal, 2015.

[5] Schubert C. Green nudges：Do they work? Are they ethical? [J]. Ecological Economics, 2017：329–342.

因此，即使绿色助推能够引导个人做出有益于环境的决策和行为，也可能妨碍其发展出自主选择的能力。

在个人层面上，绿色助推的工作原理是系统地将行为主体从需要集中精神和认知努力的决策中解脱出来。绿色默认允许个人不用思考就以有利于环境的方式行事，与同辈比较可以让个人在选择节能省电的时候也节省一些意志力。所有这些都导致了一个事实，即绿色助推阻止人们进行主动选择。但事实上，主动选择是非常有价值的，这不在于它所带来的决策结果或程序效用，而在于它随着时间的推移构成了个人的身份或性格，助推阻止了主动选择，也就在一定程度上放弃了形成个性和决策的能力。长此以往，人们可能会越来越依赖外部提供的引导。

这样的论点也很容易推广到社会层面和政治层面，绿色助推可能会以一种有问题的方式影响公共民主审议和集体决策。当政府通过心理"花招"而不是禁令或货币激励进行干预时，它改变了公共政策制定的性质。[1]一方面，以绿色助推工具实施环境政策，可能会破坏人们所认为的政府合法性，无论助推的目的多么善意，都可能引发公民的反感；另一方面，采用助推工具的国家可能改变公共审议的性质，公民不再被视为值得尊重的理性人，而是被看作受影响的、有偏见的、容易被操纵的群体。尽管关于绿色助推对特定国家法律制度和环境影响的研究仍处于初级阶段，但在集体决定何时何地使用绿色助推时，意识到其中的风险并调整工具的使用方式是非常重要的。

---

[1] John P, Smith G, Stoker G. Nudge Nudge, Think Think：Two Strategies for Changing Civic Behaviour［J］. Political Quarterly, 2009（80）: 361-370.

### 3. 绿色助推在被发觉后，效果是否会打折扣

助推在实践中还受到另一种质疑，即当人们被告知正在不自觉地被助推时，是否会有被操控的感觉，助推的效果是否会大打折扣。事实上，有研究发现，向公众披露助推所涉及的选择架构信息并不会降低助推的有效性，但是助推的设计主体以及助推意图会影响人们对助推的接受程度。[1] 以针对框架效应设计的助推碳排放费征收为例，负面框架以碳排放税的名义征收，正面框架则以碳补偿费的名义征收。研究者将此助推手段的原理和设计主体（比如政府、企业）以语音的形式告知受试者，然后让受试者评估此助推在多大程度上会影响自己和其他人的行为，以及对此助推的接受程度。结果发现，人们仍然认为他们的行为会受影响，而且认为其他人所受影响比自己更大。相比之下，如果选择框架的设计者是受试者的朋友，受试者可能更容易接受被助推；如果设计者是政府或企业，受试者对助推的接受度普遍就更低一些。此外，当人们将助推的意图理解为保护生态环境而不是助推主体盈利时，接受度明显更高。由此可见，公众意识到被助推并不一定会降低助推的效果和接受度，真正影响助推效果的其实是助推的主体以及公众如何解读助推背后的意图。

目前，有关绿色助推的理论研究成果和实践经验大多来自欧美国家，但考虑到具体国情，与西方崇尚个人主义不同，中华文化更加强调集体主义和社会凝聚力，民众天然拥有遵守社会规范

---

[1] Bang H M, Shu S B, Weber E U. The role of perceived effectiveness on the acceptability of choice architecture [J]. Behavioural Public Policy, 2018.

与认同的心理，对政府的信任度也更高。因此，绿色助推作为一种柔性干预措施，在我国可能获得更高的接受度和支持率。但在进行绿色助推干预政策的设计时，也应该注意总结国外的实践经验，避免影响助推效用的因素，通过试验先行，确定最适应我国文化和大众情况的助推方式。

绿色助推工具与注意事项见表4-3。

表4-3 绿色助推工具与注意事项

| | 绿色助推工具 | 注意事项 |
|---|---|---|
| 绿色默认 | 将绿色选项设定为默认选项 | 考虑对低收入群体的影响；消费者不信任架构师或认为自己更专业时，可能影响助推效果 |
| 生态反馈 | 为个人提供其行为的环境影响反馈 | 即时反馈、长时间反馈、高粒度反馈及个人更容易理解的反馈内容和呈现方式可以取得更好效果 |
| 提高显著性 | 减少信息数量、简化信息内容 | 可通过划分等级与贴标签等方式提高产品可比性 |
| | 改变产品属性的信息呈现方式 | 具体包括改变分类方式、改变呈现顺序、放大度量尺度、属性转化等方式 |
| 消除障碍 | 消除绿色行为可能面临的障碍 | — |
| | 给不可持续行为增加障碍 | 考虑对低收入群体的影响 |
| 改变习惯 | 干预习惯性行为，抓住或创造行为改变的最佳时机 | 当消费者的生活环境发生变化或处于"新开端"时期，干预措施需要持续足够长的时间 |
| 设计激励 | 考虑损失厌恶 | "失"比"得"对人的触动更大 |
| | 考虑框架效应 | 碳抵消优于碳税、庇古费优于庇古税、燃油效率高优于燃油经济性好 |
| | 考虑乐观偏差 | 当货币激励金额较小，可以采用抽奖方式 |

续表

| 绿色助推工具 | | 注意事项 |
|---|---|---|
| 设计激励 | 考虑心理账户 | 明确对补贴资金贴标签，提高绿色消费最小充值金额 |
| | 考虑现实偏差 | 为前期投入成本提供低息或无息贷款 |
| | 考虑惰性和拖延 | 为激励设置截止日期 |
| 提供社会规范 | 描述性社会规范提示消费者在给定情况下大多数人会怎么做 | 如何传递及传递怎样的社会规范信息；考虑不同场景下选择描述性或命令性社会规范，以及两者并用的适用性问题；对照群体越相似，干预效果越好；干预效果存在异质性；人们原本对相关主题关心程度越低，效果反而越好 |
| | 命令性社会规范提示消费者在给定情况下社会认可的行为是什么 | |
| | 描述性社会规范与命令性社会规范相结合 | |
| 做出承诺 | 人们具有保持一致性、维护个人积极形象的需求 | 书面承诺优于口头承诺，个人承诺优于集体承诺，针对具体行动优于宽泛的承诺，公开承诺优于私下承诺 |
| 提高可见性 | 在公众面前更多地展示个人绿色低碳行为 | 观察者越重要，效果越明显；利用社交媒体展示绿色低碳行为 |
| | 被看见的感觉能够增加环保行为 | 带有眼睛的图片能使人感觉被看见 |
| | 通过生态标签提高可见性 | 使用透明垃圾袋、提高绿色产品的可辨识度等 |

第五章

# 完善碳账户体系："X+ 碳账户"

碳交易、碳金融市场的发展以及碳账户体系的建设，需要围绕数据采集、碳核算、碳信用、碳审计、碳保险等领域，完成一系列有关机制、方法、技术与能力的建设，这些内容作为碳账户的"X"因素，发挥着不可替代的支撑作用。

碳核算是一整套关于温室气体排放如何被界定、统计并核算的具体规则，覆盖大到国家、行业，小到企业、产品乃至个人的各个层面。离开碳核算规则，所有围绕碳资产的交易活动都无从谈起。本章旨在梳理现阶段国内外碳核算相关标准的基础上，展示在构建企业与个人碳账户时需要采用的碳核算方法，从而进一步引出通过数字技术对碳核算过程赋能的发展方向。

碳信用是基于主体碳减排活动而形成的一种重要的碳资产类型，明确碳信用的形成路径、资产标准、市场需求及利用场景等，有助于提高我国碳信用资产的开发能力，对于激发碳市场活力并在将来的国际竞争中取得优势地位具有重要意义。本章系统梳理了国内外碳信用机制的发展情况，讨论了企业与个人碳信用资产形成的关键环节，最后从碳账户角度提出了推动碳信用资产互联互通的创新方向。

碳审计是对碳信息披露的真实性以及相关社会责任履行情况进行审计评价的活动，它的出现客观反映了碳市场参与者在碳信息核算与披露的规范性、真实性及科学性方面的要求。本章分别从生产端及消费端整理了碳审计的具体内容、执行要点及技术需求等，明确了碳审计对碳账户体系建设重要的保障作用。

碳保险作为绿色保险范畴内的一种创新产品类型，特指与碳配额交易、碳信用直接相关的保险产品。碳保险既可以为碳信用资产质量以及核证过程提供保险保障，也可以充当碳价格管理的工具，这些功能都有助于提高主体参与碳市场活动的信心，进而促进碳市场有效运行。本章在明确碳保险内涵的基础上，分析比较了不同类型的碳保险产品，最后明确了碳保险对碳账户功能的支撑作用，并为未来碳保险的发展提出了建议。

# 一、碳核算

碳达峰碳中和的目标实现需要以碳排放核算为基础，从国家到行业、企业、产品，再到个人，各层级主体的碳排放核算都需要制定具体的规则与方法。在建立碳账户作为实现碳减排有效工具的实践中，碳核算是建立碳账户、保证碳账户主体参与碳市场交易的基础和核心，是推动"双碳"工作的前提，必须先行。

## （一）碳核算的内涵、意义与体系

引起全球变暖的温室气体主要包括二氧化碳（$CO_2$）、甲烷

（$CH_4$）、氧化亚氮（$N_2O$）、氢氟碳化物（$HFC_S$）、氟碳化合物（$PFC_S$）、六氟化硫（$SF_6$）、三氟化氮（$NF_3$）等。根据2019年世界气象组织发布的《温室气体公报》，1990—2018年温室气体中二氧化碳对辐射增加的贡献率最高，达到80%。对人为活动产生的不同种类温室气体排放量进行核算，并将其乘以全球变暖潜能值统一折算为二氧化碳当量（$tCO_2$）的过程，被称为碳排放核算。

要实现全球范围内的碳中和，需要对不同层级主体的碳排放情况进行准确把握，由此形成针对国家、地区、企业、产品以及项目的碳排放核算体系。构建完善的碳排放核算体系，有助于摸清我国碳排放底数，提出科学合理的碳达峰碳中和路线，是我国各层级主体落实碳减排工作的重要依据，能够为碳减排目标设定、碳排放管理、碳减排成效评估等提供有效基础数据，也是构建碳账户的核心和压舱石。

## 1. 国际较早建立碳排放核算标准

由国际机构制定的碳排放核算标准主要包括两类：一类是对区域的温室气体排放进行核算，包括国家、城市以及社区层级等；另一类是围绕企业（或组织）、项目以及产品层级的碳核算。碳排放核算标准的制定包括核算边界界定、排放活动分类、核算数据来源、参数选取、报告规范等一系列内容。从影响力来看，由部分国际机构如政府间气候变化专门委员会、世界资源研究所（WRI）、国际标准化组织（ISO）等制定的温室气体核算指南已成为各国开展温室气体核算的蓝本。

IPCC 是由世界气象组织和联合国环境规划署在 1988 年建立的政府间组织，其职责是为《公约》和全球应对气候变化提供技术支持。IPCC 提供的核算标准主要针对国家层级，从最初建立不同国家可比性统计方法，到后来强调通过数据来源及科学测量方法提高数据的可验证性和精度。1995 年、1996 年 IPCC 分别发布首版及修订版国家温室气体清单指南，旨在为不同信息、资源和编制基础的国家提供具有兼容性、可比性和一致性的编制规范；2006 年完善清单指南，明确国家温室气体的核算范围包括能源、工业过程和产品使用、农业、林业和其他土地利用、废弃物及其他部门；2019 年进一步完善清单并发布《IPCC 2006 年国家温室气体清单指南 2019 修订版》，强调基于企业层级数据支撑国家清单编制，以及基于大气浓度（遥感测量和地面基站测量相结合）反演温室气体排放量的做法，以提高国家清单编制的可验证性和精度。

世界资源研究所和世界可持续发展工商理事会（WBCSD）联合建立的温室气体核算体系，是全球较早开展的温室气体核算标准项目之一。该体系是针对企业、组织或者产品进行核算的方法体系，旨在为企业温室气体排放许可目录建立国际公认的核算与报告准则。主要发布了《温室气体核算体系：企业核算和报告标准（2011）》《温室气体核算体系：产品生命周期核算和报告标准（2011）》《温室气体核算体系：企业价值链（范围3）核算与报告标准（2011）》等标准。企业核算标准方面，规定企业层面量化和报告温室气体排放组织边界、报告范围、核算方法等。具体包括三种核算范围：范围 1 为企业实际控制范围内的排放（直接排放）；范围 2 为企业控制之下购买电力产生的排放（电力的间接排放）；范围 3 为其他间接排放。产品生命周期核算标准方面，采用与范围 3 相同的全面价值链或生命周期方法（又称碳足迹）进行温室气体核算，从而使企业能够量化单个产品从原料、生产、使用到最终废弃处理整个生命周期的环境影响。

国际标准化组织是全球标准化领域最大、最权威的国际性非政府组织。目前 ISO 系列标准在国外企业温室气体核算中已有广泛应用。主要发布组织或项目与产品层级温室气体核算指南，其中包括对碳减排项目的核算方法。组织或项目层级方面，2006 年发布 ISO 14064 系列标准，其主要包含三部分内容：一是在企业（或组织）层级上规定了温室气体清单的设计、制定、管理和报告的原则和要求，包括确定排放边界、量化以及识别公司改善温室气体管理具体措施或活动等要求；二是针对专门用来减少温室气体排放或增加温室气体清除的项目，包括确定项目的基准线情景及对照基准线情景进行监测、量化和报告的原则和要求；三是规定温室气体排放清单核查及项目审定或核查的原则和要求，包括审定或核查的计划、评价程序以及对组织或项目的温室气体声明评估等。产品层级方面，2013 年发布 ISO 14067 系列标准，从生命周期评价（ISO 14040 和 ISO 14044）及环境标志和声明（ISO 14020、ISO 14024 和 ISO 14025）角度，对产品碳足迹提供量化核算指南，并用于与外界交流。

此外，针对金融业碳核算，碳核算金融联盟（PACF）于 2020 年发布了《金融业温室气体核算和报告指南》（以下简称《金融业指南》），并于 2022 年对其进行了修订及发布。针对投融资资产行业层面，采取行业分阶段纳入的做法，2021 年首批纳入石油、天然气和采矿业，2024 年将扩展至交通、建筑、材料和工业生产，2026年后覆盖所有行业；针对投融资资产类别方面，在2020年发布的6类适用资产类别（上市公司股权与公司债券、商业贷款及非上市股权、项目融资、商业地产、住房贷款和车辆贷款）的基础上，新增主权债务资产类别，并为与资本市场交易和保险或再保险承保相关的温室气体排放核算及报告提供方法指导。碳核算金融联盟的披露主要包括碳排放范围、碳排放归属及碳计算的公式和数据要求。截至2022年，已有352家金融机构加入碳核算金融联盟，总资产超过86万亿美元。[①]

## 2. 国内已基本搭建碳排放核算体系

作为《公约》中非附件一缔约方，我国从2001年开始积极组织开展国家温室气体清单编制工作，并按要求向联合国报送。自"十二五"以来，以发展碳交易市场为契机，我国先后推动部分省市以及行业出台了温室气体核算指南，针对重点排放企业碳核算已初步建立了监测、报告与核查体系，并建立了基于项目的碳核算方法学。

### （1）国家温室气体排放核算

我国国家温室气体清单编制主要参考IPCC技术报告和方法指南，在方法选择上与欧盟和美国具有相似性。截至目前，我国已参考IPCC编制了核算指南，并向联合国提交了1994年、

---

① 中央财经大学绿色金融国际研究院. IIGF观点 | 金融机构碳核算现状分析 [EB/OL]. http://iigf.cufe.edu.cn/info/1012/5103.htm, 2022-04-20.

2005年、2010年、2012年及2014年的国家温室气体清单,并全面阐述了中国应对气候变化的各项政策与行动(见表5-1)。2018年按照国务院机构改革方案,应对气候变化职能由国家发展改革委划转至新组建的生态环境部,由其负责组织开展数据收集、报告撰写和国际审评等工作,根据履约要求编制国家温室气体清单。目前,我国已形成较稳定的国家温室气体清单、国家信息通报和两年更新报告的编制队伍。

表5-1 我国国家温室气体排放核算情况

| 项目 | 统计标准 |
| --- | --- |
| 核算概况 | 我国已分别于2004年、2012年和2017年,向联合国提交了1994年、2005年、2012年的国家温室气体清单,于2019年提交了2010年和2014年的国家温室气体清单,并对2005年的清单进行了回测 |
| 参考标准 | 我国国家温室气体清单主要参考《IPCC国家温室气体清单编制指南(1996年修订版)》《IPCC国家温室气体清单优良做法和不确定性管理指南》《土地利用、土地利用变化和林业优良做法指南》进行编制,排放源覆盖范围包括能源活动、工业生产过程、农业活动、土地利用、土地利用变化和林业、废弃物处理在内的六大领域 |
| 核算方法 | 排放因子法(活动数据乘以排放因子) |

资料来源:卢露.碳中和背景下完善我国碳排放核算体系的思考[J].西南金融,2021(12):15-27.

### (2)地方温室气体排放核算

2010年,国家发展改革委正式启动省级温室气体排放量化工作,以IPCC清单指南为基础,通过参考其核算方法理论,研究编制了《省级温室气体排放清单编制指南(试行)》(以下简称《省级温室气体清单》)。《省级温室气体清单》是对省级区域内一切活动排放和吸收的温室气体相关信息的汇总清单。《省级温室气体清单》按部门划分，包含能源活动、工业和生产过程、农业、土地利用变化和林业及废弃物处理。其特别之处在于针对跨省电力调度设置了排放因子，电力调入（出）二氧化碳间接排放等于调入（出）电量乘以区域电网供电平均排放因子。

随着 2013 年地方碳排放交易试点及绿色金融改革创新试点的建立，上海市、北京市、天津市、广东省、重庆市、湖北省等省市陆续开展了碳核算方面的探索，发布了地方温室气体排放核算相关政策及标准，部分省市就重点排放行业配套出台了核算细则（见表 5-2）。

表 5-2 我国地方温室气体排放核算相关政策及标准

| 省市 | 文件名称 | 时间 |
| --- | --- | --- |
| 深圳市 | 《深圳市组织温室气体量化和报告指南》《深圳市组织温室气体排放的核查规范及指南》 | 2012 年 11 月 |
| | 《建筑物温室气体排放的量化和报告规范指南》 | 2013 年 4 月 |
| 上海市 | 《上海市温室气体排放核算与报告指南（试行）》 | 2012 年 12 月 |
| | 《上海市碳排放核查第三方机构管理暂行办法》 | 2014 年 1 月 |
| | 《上海市碳排放核查工作规则（试行）》 | 2014 年 3 月 |
| 北京市 | 《企业（单位）二氧化碳排放核算与报告指南》《北京市碳排放权交易核查管理办法（试行）》《北京市温室气体排放报告报送流程》《北京市碳排放监测指南》《北京市企业（单位）二氧化碳排放核算和报告指南》 | 2013 年 11 月 |
| 天津市 | 《天津市企业碳排放报告编制指南（试行）》《天津市电力热力行业碳排放核算指南（试行）》《天津市钢铁行业碳排放核算指南（试行）》《天津市炼油和乙烯行业碳排放核算指南（试行）》《天津市化工行业碳排放核算指南（试行）》《天津市其他行业碳排放核算指南（试行）》 | 2013 年 12 月 |

续表

| 省市 | 文件名称 | 时间 |
|---|---|---|
| 广东省 | 《广东省企业碳排放核查规范》《广东省企业（单位）二氧化碳排放信息报告通则（试行）》《广东省火力发电企业二氧化碳排放信息报告指南（试行）》《广东省水泥企业二氧化碳排放信息报告指南（试行）》《广东省钢铁企业二氧化碳排放信息报告指南（试行）》《广东省石化企业二氧化碳排放信息报告指南（试行）》《广东省企业碳排放信息报告与核查实施细则（试行）》 | 2014年3月 |
| 重庆市 | 《重庆市工业企业碳排放核算和报告指南（试行）》《重庆市企业碳排放核算、报告和核查细则》《重庆市企业碳排放核查工作规范》 | 2014年5月 |
| 湖北省 | 《湖北省工业企业温室气体排放检测、量化和报告指南（试行）》和《湖北省温室气体排放核查指南（试行）》 | 2014年7月 |
| 衢州市 | 《居民碳账户——生活垃圾资源回收碳减排工作规范》《道路运输企业碳账户碳排放核算与评价指南》《建筑领域碳账户碳排放核算与评价指南》《能源生产企业碳账户碳排放核算与评价指南》《农业碳账户碳排放核算与评价指南》《工业企业碳账户碳排放核算与评价指南》 | 2021年12月 |
| 湖州市 | 《银行信贷碳排放核算通则》 | 2022年11月 |

## （3）行业企业温室气体排放核算

推动建立企业温室气体排放核算报告制度是我国发展碳交易市场的重要基础工作之一。2013—2015年，国家发展改革委陆续分三批组织编制了火电、电网、钢铁等24个高碳排放行业企业的温室气体核算指南，涉及行业覆盖我国碳排放总量的70%以上，高碳排放行业基本全部纳入。各行业企业温室气体的核算主要参考了《省级温室气体清单编制指南（试行）》《IPCC 2006年国家温室气体清单指南》《温室气体议定书——企业核算与报告准则2004年》《欧盟针对EU ETS设施的温室气体监测和报告指南》，以及国外具体行业的温室气体核算指南等文件。

该系列行业企业指南核算方法主要为排放因子法，针对不同行业温室气体核算提供了排放因子的缺省值，企业按要求核算并报告年度碳排放量，并鼓励有条件的企业可以基于实测方法获得重要指标数据，由各省级生态环境主管部门对企业提交的排放报告及时组织开展核查，核算范围主要包括化石燃料燃烧碳排放、净购电力和热力产生的碳排放、特殊工业工程碳排放、特殊行业固碳四个部分。

2021年、2022年生态环境部先后两次对电力行业碳核算标准进行修订，并发布了《企业温室气体排放核算与报告指南 发电设施》。温室气体排放核算与报告指南的修订思路可概括为"两简化、两完善、三增加"。其中，"两简化"是指将计算方法复杂的供电量替换为直接读表的发电量，同时压缩核算技术参数链条；"两完善"是指进一步完善数据质量控制计划内容及信息化存证的管理要求；"三增加"是指增加上网电量作为报告项，新增生物质掺烧热量占比计算方法，以及新增非常规燃煤机组单位热值含碳量缺省值。当前，我国国家层面已发布24+1+1个行业的温室气体排放核算方法与报告指南（见表5-3）。

在金融机构碳核算方面，我国尚处于初级探索阶段。2019年中国银行保险监督管理委员会发布《绿色信贷项目节能减排量测算指引》，为绿色信贷项目测算节能减排量提供了基准。2021年3月，中国人民银行制定了《推动绿色金融改革创新试验区金融机构环境信息披露工作方案》，随后又陆续发布《金融机构环境信息披露指南》《金融机构碳核算技术指南（试行）》，以帮助金融机构核算自身及其与投融资业务相关的碳排放量及碳减排量，并对金融机构投融资业务的碳核算提出披露要求。此外，绿色信贷、绿色债券和绿色基金等绿色金融相关政策和规范对金融机构核算、披露贷款和投资企业或项目的碳减排效益信息提出了明确的要求，但未强制要求核算温室气体的绝对排放量。

表5-3 24+1+1个行业的温室气体排放核算方法与报告指南

| 发改办气候[2013]2526号/10个行业 | 发改办气候[2014]2920号/4个行业 | 发改办气候[2015]1722号/10个行业 | 环办气候[2021]9号/1个行业 | 环办气候函[2022]485号 |
|---|---|---|---|---|
| 发电 | 石油化工 | 造纸与纸制品 | 电力（2021版） | 电力（2022版） |
| 电网 | 石油天然气 | 有色金属 | — | — |
| 钢铁 | 煤炭 | 电子设备 | — | — |
| 化工 | 焦化 | 机械设备 | — | — |
| 电解铝 | — | 矿山 | — | — |
| 镁冶炼 | — | 食品、烟草及酒、饮料和精制茶 | — | — |
| 平板玻璃 | — | 公共建筑运营 | — | — |
| 水泥 | — | 陆上交通运输 | — | — |
| 陶瓷 | — | 氟化工 | — | — |
| 民航 | — | 工业其他行业 | — | — |

资料来源：国家发展改革委。

## 3. 我国碳核算体系的不足及完善方向

与国际碳核算方法相比（见表5-4），我国在吸收其方法学精华的基础上，同时结合国内行业实际进行了本土化的调整，从而确保了企业核算工作的有效开展。尽管这些核算指南为相关行业企业的碳核算工作提供了理论指导与依据，但在实际工作中仍遇到了诸多问题，有待进一步解决。

首先，我国碳核算行业及核算覆盖范围有待拓展。除了24个重点行业，其他行业的碳核算标准，尤其是金融行业碳排放核算需要覆盖其投融资活动，待出台明确的指导性文件。同时，国内企业层级碳核算范围相对国际较窄，需要进一步加强碳数据的积累，以明晰碳核算范围边界、因子计算方法等。

表 5-4 碳核算范围的国际标准与国内标准对比

| 层级 | 内容 |
| --- | --- |
| 国际标准 | 直接温室气体排放及移除；外购能源的间接温室气体排放；运输产生的间接温室气体排放；组织使用的产品产生的间接温室气体排放；与使用组织产品相关的间接温室气体排放；其他来源的间接温室气体排放 |
| 国内标准 | 化石燃料燃烧产生的碳排放；净购电力和热力产生的碳排放；特殊工业工程产生的碳排放；特殊行业固碳 |

其次，我国亟须出台针对企业产品层级的碳核算指南。根据国际标准，产品层级的碳核算主要基于生命周期方法（又称碳足迹计量），从设计、制造、销售和使用等全生命周期出发，核算不同环节中的温室气体排放量，从而为企业生产或申报绿色产品、消费者选择低碳产品等提供依据。目前，我国仅在少数领域发布了产品的碳排放计量标准或指南（见表5-5），仅少数企业在公司官网公布了产品的碳足迹核算报告，大量企业尚缺乏产品的碳足迹核算意识。

随着2022年底欧盟碳边境调节机制（CBAM）的落地，欧洲将于2023年开始对部分产品征收碳排放费用，并以2023—2026年为过渡期，进口商需要提交产品进口量、所含碳排放量及间接排放量、产品在原产国支付的碳排放相关费用证明,从2027年起将正式征收碳税。在此背景下,我国出口高碳产品的成本将上升,产品的国际竞争力将受到影响。因此,为了减少欧盟碳边境调节机制对我国出口产品的影响,有必要尽快完善我国重点产品碳排放核算方法和相关数据库,优先聚焦电力、钢铁、电解铝等重点行业和产品,再逐步扩展至其他行业和服务类产品,并组织企业和第三方机构开展产品碳排放核算,避免数据老旧不符合现有情况等导致产品碳排放量计算不精确的问题。

表5-5 我国产品层级的碳核算标准

| 发布机构 | 发布内容 |
| --- | --- |
| 中华人民共和国住房和城乡建设部 | 2019年发布《建筑碳排放计算标准》(GB/T 51366—2019),为建筑物在建材的生产运输、建造、拆除以及运行等全生命周期产生的温室气体核算提供了技术支撑 |
| 北京市市场监督管理局 | 2021年发布《电子信息产品碳足迹核算指南》(DB11/T 1860—2021),规定了电子信息产品碳足迹核算的目标、范围以及核算方法等内容 |
| 中国电子节能技术协会低碳经济专业委员会 | 为促进企业了解基于产品碳足迹评价的碳标签认证要求,发布电子电器产品以及共享汽车、酒店服务等少数领域的碳足迹评价标准,鼓励上述企业基于自愿原则开展产品的碳足迹评价 |

再次,碳数据质量与碳市场健康发展息息相关,有待进一步完善。全国碳市场的第一个履约周期,2 000多家火电企业的碳排放报告质量参差不齐,不同机构在样本选取、权重设置及动态特征分析等方面不同,从而得出不同的排放因子,最终导致测算的结果产生较大差异,这也导致了全国碳市场的扩容推迟。后续需要重点解决碳数据核算指南的模糊性及数据获取流程的监管难题。

最后，我国当前碳核算仍集中在企业生产端，在居民消费端碳核算方面相对薄弱，缺乏成熟的碳减排核算机制及统一标准的方法学。消费场景零散且碳排放分散，面向消费端的碳减排政策起步较晚，以地方碳普惠及平台企业为主的机构，在建设个人碳账户的过程中，尝试推出了针对居民绿色出行等消费场景的团体标准，但适用范围存在限制，其计算方法的科学性还需要得到国家层面的进一步检验及认可。

为改善我国当前碳核算面临的不足，2022年8月，国家发展改革委颁布《关于加快建立统一规范的碳排放统计核算体系实施方案》。其明确提出，到2025年，统一规范的碳排放统计核算体系将进一步完善，碳排放统计基础更加扎实，核算方法更加科学，技术手段更加先进，数据质量全面提高，为碳达峰碳中和工作提供全面、科学、可靠的数据支持。为实现这一目标，提出了四项重点任务。一是建立全国及地方碳排放统计核算制度，由国家统计局统一制定全国及省级地区碳排放统计核算方法，明确有关部门和地方对能源活动、工业生产过程、排放因子、电力输入输出等相关基础数据的统计责任，组织开展全国及各省级地区年度碳排放总量核算；二是完善行业企业碳排放核算机制，由生态环境部、国家市场监督管理总局会同行业主管部门组织制修订电力、钢铁、有色、建材、石化、化工、建筑等重点行业碳排放核算方法及相关国家标准，加快建立覆盖全面、算法科学的行业碳排放核算方法体系；三是建立健全重点产品碳排放核算方法，研究产品碳排放核算通则和重点行业产品碳排放的核算细则，由生态环境部会同行业主管部门研究制定重点行业产品的原料、半成品和成品的碳排放核算方法，优先聚焦电力、钢铁、电解铝、水泥、石灰、平板玻璃、炼油、乙烯、合成氨、电石、甲醇及现代煤化工等行业产品，逐步扩展至其他行业产品和服务类产品；四是完善国家温室气体清单编制机制，持续推进国家温室气体清单编制工作，建立常态化管理和定期更新机制。

方案还提出五项保障机制。一是夯实统计基础。加强碳核算基层机构和队伍建设；强化能源、工业等领域统计信息的收集和处理能力，完善数据统计体系；加强行业碳排放统计监测能力，健全电力、钢铁、有色、建材、石化、化工等重点行业能耗统计监测和计量体系。二是建立排放因子库。生态环境部与国家统计局将牵头建立国家温室气体排放因子数据库，从顶层设计上整体统一规范我国碳核算标准，统筹推进排放因子测算，提高精准度，扩大覆盖范围，建立数据库常态化、规范化更新机制，逐步建立覆盖面广、适用性强、可信度高的排放因子编制和更新体系。三是应用先进技术。加快推进5G（第五代移动通信技术）、大数据、云计算、区块链等现代信息技术的应用，优化数据采集、处理、存储方式；探索卫星遥感高精度连续测量技术等监测技术的应用；支持有关研究机构开展大气级、场地级和设备级温室气体排放监测、校验、模拟等基础研究。四是开展方法学研究。鼓励高校、科研院所、企事业单位开展碳排放方法学研究，加强消费端碳排放、人均累计碳排放、隐含碳排放、重点行业产品碳足迹等各类延伸测算研究工作；推动对非二氧化碳温室气体排放，碳捕集、利用与封存（CCUS），碳汇等领域的核算研究；加强碳排放核算领域国际交流。五是完善支持政策。做好资金支持，合理安排财政经费预算；各地区要高度重视碳排放统计核算工作，切实提供保障支持；统筹各行业统计核算人才，组建碳排放统计核算专家队伍；加强行业机构资质和从业人员管理，全面提高从业人员专业水平。

## （二）生产端碳核算

### 1. 企业碳核算范围及方法

碳排放范围概念来自温室气体核算体系，企业温室气体排放核算标准由世界资源研究所和世界可持续发展工商理事会自1998年起开始制定，包括四个相互独立但又相互关联的标准，分别为《温室气体核算体系：企业核算与报告标准》《温室气体核算体系：企业价值链（范围3）核算与报告标准》《温室气体核算体系：产品生命周期核算与报告标准》《温室气体核算体系：项目量化方法》。[①]

按照上述标准体系，企业碳排放来源范围可分为范围1、范围2和范围3，其中范围1是直接温室气体排放，范围2和范围3是间接温室气体排放。范围1是公司拥有和控制资源的直接排放，分为固定燃烧、移动燃烧、无组织排放和过程排放4个领域；范围2是公司购买能源（包括电力、蒸汽、加热和冷却）产生的间接排放；范围3是报告公司价值链中发生的所有间接排放（不包括在范围2中），覆盖除范围1和范围2以外公司产生的所有排放，当前我国针对企业的碳核算主要集中在范围1和范围2。

---

① 碳听. 成都连击科技官方账号 | 一文说清如何界定碳排放范围的1、2、3 [EB/OL]. https:// baijiahao. baidu.com/s? id = 1734323787660296387&wfr=spider&for=pc, 2022-05-31.

对中小企业诸如零售批发业而言，外购电力是较大的温室气体排放源之一，也是减少碳排放的主要场景。

企业碳核算的常用方法包括排放因子法、质量平衡法和实测法。前两种方法基于数据计算，第三种方法基于设备进行实际测量。目前，我国主要采用前两种方法，例如国家发展改革委发布的 24 个行业碳核算指南，仅包含排放因子法和质量平衡法。但是实测法能够提供更精确的数据，可以避免核算过程中人为因素干扰造成的数据失真，在二氧化硫（$SO_2$）、氮氧化物（$NO_x$）等污染物监测中已广泛使用，针对二氧化碳使用红外法可实现良好的浓度响应，未来有望得到较快发展。值得注意的是，实测法在非集中排放场景下可能造成误差，且会带来显著的成本提升。据欧盟经验，多数企业采用基于计算的碳核算法，随着监测制度完善及数据质量等级制度的逐步引入，实测法使用占比有所提高。

（1）排放因子法

排放因子法是 IPCC 提出的一种碳排放估算方法，可以简单理解为能源消耗量附加一个排放因子，排放因子是与能源消耗量相对应的系数，是适用范围最广、应用最为普遍的一种碳核算方法。该方法适用于国家、省市等较为宏观的核算层级，可以粗略地对特定区域的整体情况进行宏观把控。但在实际工作中，由于地区能源品质差异、机组燃烧效率不同等，各类能源消费统计及碳排放因子测度容易出现较大偏差，成为碳排放核算结果误差的主要来源。

IPCC 提供的碳核算基本方程为温室气体排放 = 活动数据 × 排放因子。其中，活动数据是导致温室气体排放的生产活动或消费活动的活动量，比如每种化石燃料的消耗量、石灰石原料的消耗量、净购入的电量、净购入的蒸汽量等；排放因子是与活动水平数据对应的系数，包括单位热值含碳量或元素碳含量、氧化率等，表征单位生产或消费活动量的温室气体排放系数。排放因子既可以直接采用IPCC、美国环境保护署、欧洲环境机构等提供的已知数据（缺省值），也可以基于代表性的测量数据来推算。我国已经基于实际情况设置了国家参数，例如《工业其他行业企业温室气体排放核算方法与报告指南（试行）》的附录二提供了常见化石燃料特性参数缺省值数据。

以电力行业为例，电网排放因子表示全国电网每生产1kWh（千瓦时）上网电量的二氧化碳排放量。根据2023年2月生态环境部公布的数据，2022年全国电网排放因子为0.570 3t$CO_2$/mWh（毫瓦时），若某家企业年外购电量为1 000千瓦时，则此部分二氧化碳排放量为1 000×570.3=570.3千克。

**（2）质量平衡法**

企业碳排放的主要核算方法为排放因子法，但在工业生产过程（如脱硫过程排放、化工生产企业过程排放等非化石燃料燃烧过程）中可视情况选择质量平衡法。质量平衡法根据每年用于国家生产生活的新化学物质和设备，计算为满足新设备能力或替换去除气体而消耗的新化学物质份额。其采用基于设施和工艺流程的质量平衡法计算排放量，该方法的优势是反映碳排放发生地的实际排放量，不仅能够区分各类设施之间的差异，还可以分辨单个设备和部分设备之间的区别，尤其在设备不断更新的情况下，此方法更加简便。

对于二氧化碳而言，在质量平衡法下，碳排放由输入碳含量减去非二氧化碳的碳输出量计算得出，即二氧化碳排放 =（原料投入量 × 原料含碳量 – 产品产出量 × 产品含碳量 – 废物输出量 × 废物含碳量）× 44/12。其中，44/12 是碳转换成二氧化碳的转换系数（44 和 12 分别为二氧化碳和碳的相对原子质量）。

（3）实测法

实测法是指基于排放源实测基础数据汇总得到相关碳排放量，包括现场测量和非现场测量。

现场测量一般是在烟气连续排放监测系统中搭载碳排放监测模块，通过连续监测浓度和流速直接测量其排放量；非现场测量是通过采集样品到有关监测部门，利用专门的检测设备和技术进行定量分析。二者相比，由于非现场测量下的采样气体会发生吸附反应、解离等问题，因此，现场测量的精准度要明显高于非现场测量。[1]

## 2. 碳核算流程及步骤

企业碳排放核算流程主要包括确定核算边界及排放源、收集活动水平数据、选择和获取排放因子、计算各环节碳排放量、计算温室气体排放量、报告编制等步骤。以火电企业为例，参考国家发展改革委发布的《企业温室气体排放核算与报告指南 发电

---

[1] 北京大学国家发展研究院. 碳中和系列专题——碳核算的概念、方法和体系［J］. 可持续金融前沿，2021（5）.

设施》，具体核算流程如下。

(1) 确定核算边界及排放源

火电企业的核算边界为发电设施，主要包括燃烧系统、汽水系统、电气系统、控制系统和除尘及脱硫脱硝等装置的集合，不包括厂区内其他辅助生产系统以及附属生产系统。

发电设施排放源包括化石燃料燃烧产生的二氧化碳排放和购入使用电力产生的二氧化碳排放。其中，化石燃料燃烧产生的二氧化碳排放一般包括发电锅炉（含启动锅炉）、燃气轮机等主要生产系统消耗的化石燃料燃烧产生的二氧化碳排放，以及脱硫脱硝等装置使用化石燃料加热烟气的二氧化碳排放，不包括应急柴油发电机组、移动源、食堂等其他设施消耗化石燃料产生的排放。

(2) 收集活动水平数据

活动水平数据是指导致温室气体排放或清除的生产或消费活动的活动量，发电设施领域主要包括每种化石燃料的燃烧量、购入的电量等。根据排放源种类，设计收集表格，开展活动水平数据的收集工作，对同一个活动水平（实物量）数据，企业可能存在多个数据源选项，可多途径收集相同数据，交叉核对统计数据。

燃煤消耗量应优先采用经校验合格后的皮带秤或耐压式计量给煤机的入炉煤测量结果，采用生产系统记录的计量数据。不具备入炉煤测量条件的，应根据每日或每批次入厂煤盘存测量数值统计，采用购销存台账中的消耗量数据；燃油、燃气消耗量，则优先采用每月连续测量结果。不具备连续测量条件的，通过盘存测量得到购销存台账中月度消耗量数据；购入电量按以下优先顺序获取：根据电表记录的读数统计数据、供应商提供的电费结算凭证上的数据。

（3）选择和获取排放因子

排放因子用于量化单位活动水平的温室气体排放量，由于各企业使用的原料、工艺存在差异，因此实际单位活动水平排放存在一定差异，此环节为企业碳核算中较关键的部分。一般来说，排放因子有两种获取方式，分别为实测值和缺省值。实测值：对于有条件的企业，可自行或委托有资质的专业机构定期检测含碳量、碳氧化率等数据，得到相应排放因子，该方法可得到与企业实际情况更贴近的温室气体排放报告。缺省值：对于没有条件开展实测的企业，可以采用相关核算指南中列出的常见化石燃料低位发热量、碳氧化率、含碳量等缺省值作为排放因子。

目前针对纳入全国碳市场的发电行业，要求根据每台机组消耗的燃煤量、燃料元素碳含量等相关参数，逐台核算发电设施实际排放量。同时，鼓励发电企业定期对燃煤元素碳含量等关键参数开展实际检测，目前实测率达99%。

（4）计算各环节碳排放量

对火电企业而言，核算排放源分为两个部分，即化石燃料燃烧排放量和购入使用电力产生的排放量。化石燃料燃烧排放量等于统计期内发电设施各种化石燃料燃烧产生的二氧化碳排放量的总和，其计算公式为 $E_{燃烧}=\sum FC_i \times C_{ar,i} \times OF_i \times 44/12$。

其中$E_{燃烧}$为化石燃料燃烧排放量，$FC_i$为第$i$种化石燃料的消耗量，$C_{ar,i}$为第$i$种化石燃料的收到基元素碳含量，$OF_i$为第$i$种化石燃料的碳氧化率，44/12为二氧化碳与碳的相对分子质量之比，$i$为化石燃料种类代号。相应参数一般根据实测法获取。购入使用电力产生的排放量计算公式为$E_{电}=AD_{电} \times EF_{电}$。其中，$E_{电}$为购入使用电力产生的排放量，$AD_{电}$为购入电量，$EF_{电}$为电网排放因子，采用生态环境部最新发布的数值。

（5）计算温室气体排放量

发电设施温室气体排放量等于化石燃料燃烧排放量与购入使用电力产生的排放量之和，计算公式为$E=E_{燃烧}+E_{电}$。其中，$E$为发电设施温室气体排放量，$E_{燃烧}$为化石燃料燃烧排放量，$E_{电}$为购入使用电力产生的排放量。

（6）报告编制

按照报告指南的要求，编写企业温室气体排放报告，包括企业基本信息、机组及生产设施信息、化石燃料燃烧排放表、购入使用电力排放表、生产数据及排放量汇总表、元素碳含量和低位发热量的确定方式及辅助参数报告项等表格。

## 3.企业碳账户的碳核算

企业生产活动是碳直接排放的主要源头。目前，我国企业在应对气候变化及碳减排方面的工作整体处于初级阶段，企业要管理和降低碳排放，首先需要厘清自身生产运营各环节的排放源及排放量，并以此为基础制定实现碳达峰碳中和目标的规划。

通过建立企业碳账户，对企业碳排放开展碳核算，一方面帮助控排企业更好地完成碳市场履约；另一方面针对具备节能减碳条件的项目，碳核算也是其实现碳信用变现的必备过程。具体来说，对具备社会责任的大型国企及上市企业，碳核算可为其实现碳中和目标提供助力；对中小型企业来说，可核算其排放量或碳减排数据，并将核算结果对接到绿色金融支持等拓展服务；对出口占比大，尤其是出口地集中在欧盟的企业来说，碳核算可辅助其认清自身碳足迹，以降低碳关税制度带来的经营风险；对金融机构而言，碳核算可帮助其核算信贷资产的节能减排量，满足监管报送需求。

（1）控排企业

目前，全国碳交易市场已纳入 2 225 家火电企业，七大地方碳交易所覆盖了电力、钢铁、石化及水泥等企业，预计未来全国碳交易市场将陆续纳入石化、化工、建材、钢铁、有色、造纸、航空等高排放行业，碳核算是控排企业参与碳市场交易的前提和基础。碳配额一般基于基准线法或历史强度法进行免费分配，各控排企业在履约前，为避免相关利益方的干扰，需要经过具有专业资质的第三方核查机构开展碳排放核查，确定其排放量，并以此为依据确定需要缴纳多少配额用于履约。若控排企业当年足额履约且有配额盈余，则可参与碳市场将多余的配额出售获利；若企业当年碳排放量大于企业碳配额，则企业需要通过购买 CCER 等碳信用资产实现履约。

假设某家控排企业当年能源使用量包括外购电力 500 兆瓦

时、外购热力100百万千焦、无烟煤500吨、烟煤300吨、汽油30吨和柴油20吨，除此之外无其他碳排放源。根据《企业温室气体排放核算与报告指南 发电设施》提供的排放因子缺省值计算可得，企业本年度碳排放量为1 867吨二氧化碳，假设企业当年获得碳配额为1 600吨，则企业清缴时还需要从市场购买267吨碳配额或CCER。

测算公式分别为外购电力二氧化碳排放量＝外购电力数量（兆瓦时）× 电网排放因子（吨二氧化碳/兆瓦时）；外购热力二氧化碳排放量＝外购热力数量（百万千焦）× 热力排放因子（吨二氧化碳/百万千焦）；各类燃料二氧化碳排放量＝使用能源数量（吨）× 低位发热量（兆焦耳/吨）× 排放因子（吨二氧化碳/兆焦耳）。

## （2）自愿减排项目主体企业

与控排企业有自上而下的碳配额指标压力不同，一般的碳信用项目主体企业想要参与碳市场、实现碳资产的价值变现，需要经过碳核算并通过认证。该类市场主体的碳核算，既包括对主体产生的碳排放量进行核算，也包括对主体参与碳减排行动而形成的减排量进行核算，后者与前者同源，都基于对特定行业及行为核心环节、计算方法、计算因子等关键特征的归纳总结，并已形成相关的方法学，用于指导碳减排量的核算。

在国内CCER重启的预期下，越来越多的风电、光伏及垃圾焚烧等项目已开展碳核算报告的编制准备工作。以光伏发电项目为例，假设企业选择建设光伏发电项目，本区域千瓦时电平均排放为860克二氧化碳，该项目年发电量为60万千瓦时，项目年碳排放量为30吨，则该光伏发电项目碳减排量等于基准线排放量减项目排放量，即 $0.86 \times 600\ 000/1\ 000-30=486$ 吨。

## （3）大型国企及上市企业

随着"3060"碳中和目标的提出，许多行业的领先企业已开始制定碳中和路线图并将其纳入企业发展规划中。对于大型国企及上市企业而言，监管对 ESG 信息披露要求将越来越高，企业通过建立碳账户开展碳核算，可以向社会公众及投资者公布碳排放情况以体现良好的社会责任形象。此外，在碳核算的基础上，企业还可通过购买碳信用来抵消自身碳排放，达到碳中和认证的目标。

## （4）中小型企业

中小型企业建立以碳核算为基础的碳账户，是企业绿色低碳发展并获得金融支持的途径。目前，中小型企业碳减排面临的困难包括缺乏足够的意识和人力进行碳排放统计和监测，中小型企业在信息披露、经营实力、信用状况等方面与大型企业相比处于劣势，不容易获得金融支持。在地方政府的支持下，可以利用碳账户将中小型企业的煤、电、气等能耗信息折合为标准煤，核算企业的碳排放，并以企业碳排放量为依据进行企业分级评价，从而匹配差异化的绿色金融支持。

## （5）出口型企业

欧盟将于2027年起对进口商品正式征收碳关税，在其主导的碳边界调整机制下，进口商品将根据含碳量承担与欧盟同类商品相同的碳成本，初期涉及商品包含钢铁、铝、水泥、化肥、化学品、塑料等多个行业。对于国内企业而言，需要针对涉及的产品开展碳核算工作，确认核算边界、碳排放强度等。基于当前现状，国内产品侧核算标准还不健全，碳足迹核算体系无法通用，因此存在一定的局限性。未来可以通过建立企业碳账户的形式，将企业上下游信息打通，促进企业实现供应链上的碳减排信息统一记录，为产品层面的碳标签提供基础核算数据。

### （6）金融机构

金融机构碳核算可为决策层制定业务发展策略提供数据支持，为投融资活动低碳转型提供助力，通过向减排效果较佳的企业提供更优惠的投融资条件，有助于促进企业加速碳减排。从实际操作来看，金融机构投融资碳核算按照其在企业或项目中的投融资资金占比，对企业或项目碳排放量按比例折算。

以中国西南某大型水电项目为例，项目设计年发电量100亿千瓦时，项目总投资133亿元，某银行提供贷款资金20亿元，根据2019年中国银行保险监督管理委员会发布的《绿色信贷项目节能减排量测算指引》测算，项目年二氧化碳减排量＝对外供电量 × 区域电网基准线排放因子 $=100 \times 0.5422 \times 10^5$ =542.2万吨；该行贷款所形成的年减排量＝项目年排放量 ×（该行贷款余额/项目总投资）$=542.2 \times (20/133) \approx 81.53$ 万吨。

在实践中，以中国人民银行衢州市中心支行企业碳账户、广州市花都区企业碳账户为代表，一系列企业碳账户的建设案例不断涌现。

中国人民银行衢州市中心支行联合衢州市发展和改革部门、生态环境局等，通过衢州市能源大数据中心实时采集企业的能源消费数据（原煤、电力、天然气、蒸汽等），通过市生态环境局获取企业经审核的工艺碳排放月度数据，二者加总得到企业的碳排放总量。在以农户为主体的碳账户核算中，衢州市将重心放在提高农业后端资源利用率所能实现的碳减排效果方面，确定秸秆综合利用、土壤固碳、禽畜粪污资源化利用三条统计主线，核算该账户下的碳减排能力。在数据采集方面，衢州市对工业企业逐户安装能源数据记录装置，以实现自动化采集，对农业主体由农业农村局下属农技站的人员和商业银行的信贷人员逐户采集，确保数据的准确性。在核算环节，衢州市采用金融稳定理事会（FSB）气候相关财务信息披露工作组（TCFD）公布的《气候相关财务信息披露工作组建议报告》进行规则核算，与中国人民银行公布的《金融机构碳核算技术指南（试行）》相一致。中国人民银行衢州市中心支行还与相关政府部门联合若干著名高校院士团队共同开发了相应的算法模型，确保核算的科学性。基于碳核算结果，给予企业绿色评级，并引导商业银行提供差异化的金融服务。

2022年9月，广州市金融局联合中国人民银行广州分行、市工业和信息化局、广东电网有限责任公司、广东电网广州供电局等机构，共同出台了《关于金融支持企业碳账户体系建设的指导意见》，提出构建企业碳排放核算评价体系。在数据采集方面，为解决企业碳排放核算计量难等问题，市工业和信息化局联合广东电网广州供电局开发了"穗碳计算器"小程序，搭建了"穗碳"大数据平台。通过打通市供电局、燃气公司等各家机构数据，获取企业电力、煤炭、天然气等能源消耗数据，在此基础上，进一步推动了企业政务数据、用电数据、能源类发票数据、税务发票信息数据和工业企业经济运行数据等的共享，丰富了平台数据来源。在核算环节，通过引入赛宝认证中心等第三方专业机构，根据国家、省、市及行业有关碳排放核算标准，在"穗碳计算器"小程序中内嵌测算模型，实现对企业碳排放测算的自动化。通过以上举措，基本实现了企业能耗数据的追本溯源以及对碳排放的科学计量。

## （三）消费端碳核算

### 1. 居民碳核算范围及方法

随着城市化的推进，家庭碳排放在全球碳排放中的占比持续攀升，在"双碳"目标的背景下，学术界及政府公共部门对家庭碳排放的研究逐步增加。

个人与家庭碳排放主要包括直接碳排放与间接碳排放。直接碳排放是指直接产生碳排放的活动，例如照明、炊事、取暖制冷、交通等；间接碳排放是指在商品或服务生产过程中产生了较多碳排放，但在使用过程中并不产生碳排放的消费，例如食品、衣着、教育文化娱乐、医疗保健等。虽然家庭消费并没有消耗能源造成碳排放，但由于商品或服务在生产过程中会产生碳排放，而家庭消费是这些生产过程存在的原因，因此需要将其列为家庭的间接碳排放进行衡量。以家庭二氧化碳排放核算（HCEs）为例，家庭总碳排放量包括直接HCEs和间接HCEs，前者主要衡量煤炭、天然气等直接能源消耗造成的直接碳排放，后者主要衡量家庭因食品、日用品等消费产生的间接碳排放。

在碳核算方法方面，直接碳排放可以采用排放系数法进行计算，即以家庭消耗的每种能源总量乘以相应的碳排放因子计算每种能源消耗的碳排放量，再将各种能源碳排放量归总。间接碳排放可以采用投入产出法计算，该方法涵盖了不同部门之间的所有间接联系，而家庭的间接碳排放就是对应商品生产过程的碳排放量。

此外，碳足迹分析是一种评价碳排放影响的全新测度方法，其从生命周期的角度揭示不同对象的碳排放过程，具体衡量某种产品全生命周期或某种活动过程中直接和间接相关的碳排放量。在居民碳排放核算中，产品消费占据重要比重，因此基于产品层面的碳足迹分析对居民碳排放水平核算具有重要意义。

不过，由于居民消费端场景具有分散、数据识别难等问题，且国家层面暂缺少统一的规范与标准，国内产品碳排放核算机制处于不断完善中，如何科学测量碳排量仍处于不断探索阶段。在应用实践上，以地方碳普惠及平台企业为主的机构，主要围绕居民低碳消费行为的碳减排测算。

居民消费端碳减排的核算遵循基准线排放量减去项目排放量，同时扣除过程泄漏的碳排放量（如果有）的原则。基准线排放量是指与项目达到相同效果所产生的碳排放量，项目排放量包括项目活动，以及项目活动后处理需求所使用的能耗对应的碳排放当量。在测算基准线排放量及项目排放量时，一般均采用"活动数据 × 排放因子"的测算方法。

## 2. 碳减排核算流程及步骤

居民消费端碳减排核算流程主要包括确定核算边界、确定基准线及项目情景、排放因子的确认、核算项目减排量等步骤。以个人低碳出行为例，参考深圳市生态环境局发布的《深圳市低碳公共出行碳普惠方法学（试行）》，具体碳减排核算流程如下。

**（1）确定核算边界**

核算边界，即为项目的运营边界，该方法学限定为深圳市行政区域范围内的出行里程，核算的温室气体种类仅含二氧化碳。

**（2）确定基准线及项目情景**

该方法学基准线情景为居民采用私人小汽车、出租汽车、公共汽车和地铁等交通工具的平均碳排放水平。项目情景为项目期个人采用纯电动公共汽车或地铁出行的平均碳排放水平。

**（3）排放因子的确认**

排放因子的计算涉及大量的数据和复杂的计算，主要包括核算边界范围内各类交通工具出行的年客运周转量、各类能源的年消耗总量和碳排放因子，其结果的准确性直接影响项目碳减排核算的科学性，需要专业机构完成并获得生态环境局的认可。

以基准线情景排放因子计算为例，测算流程为 $E_b = \Sigma_k ( EF_k \times AC_k ) / Q_t$。其中 $t$ 代表基准年基准线情景的交通工具类型，包括汽油私人小汽车 $t_1$、纯电动私人小汽车 $t_2$、混动式私人小汽车 $t_3$、纯电动出租汽车 $t_4$、纯电动公共汽车 $t_5$、地铁 $t_6$；$E_b$ 为基准年基准线情景城市交通出行的人千米排放因子；$EF_k$ 为基准年能源 $k$ 的碳排放因子；$AC_k$ 为基准年基准线情景能源 $k$ 的年能耗总量；$Q_t$ 为基准年基准线乘客采用各类交通工具出行的年客运周转量。

根据方法学披露的数据，2019 年深圳城市交通出行的排放因子为每人每千米 0.081 2 千克二氧化碳；纯电动公共汽车的排放因子为每人每千米 0.054 3 千克二氧化碳；地铁的排放因子为每人每千米 0.034 5 千克二氧化碳。

**（4）核算项目减排量**

在该项目下，假设某人全年累计地铁出行 4 000 千米，公交出行 1 000 千米，则其通过参与该项目获得的碳减排量等于基准线（城市交通出行）排放量减去项目（电动公共汽车＋地铁）排放量，即（0.081 2-0.034 5）×4 000+（0.081 2-0.054 3）×1 000=213.7 千克。通过汇集平台所有注册客户的出行数据，则可核算整个项目的年排放量。

### 3. 居民碳账户的碳核算

居民碳账户主要以个人或家庭为核算主体，与企业碳账户的相同之处在于，碳核算的操作对象是存储在碳账户中的碳资产，其功能是盘点碳资产的准确性，具备碳核算功能的居民碳账户在记录个人碳配额与碳减排量时，也可以自动进行校对。因此，整个碳账户体系不再只是一个存储工具，而是成为包含碳排放数据采集、碳核算、碳排放等级评价和场景应用等功能在内的碳减排支持体系，帮助居民算清"碳账"，提高碳减排效率和意识，实现真正意义上的"账户即服务"（AaaS）。

与企业碳账户的不同之处在于，当前居民碳账户的建设主体为个人，用户同质性较强。由于针对居民或个人设置碳配额的机制，在现实条件下面临着配额分配方式难以平衡各方关系的问题，因此当前针对个人的碳账户主要以鼓励个人参与更多低碳项目或行为为目的，建设基于个人减排量核算的碳账户。

在居民碳账户的核算过程中，由于方法学的制定和应用是一项复杂的工作，除了少数有能力独立设计核算框架并完成核算全部流程的机构，多数平台需要专业碳核算企业协助或全权代理完成，所以碳账户项目一般由多方合作搭建。围绕个人碳账户的建设主体类型较多，包括政府、互联网企业及商业银行等，它们在碳核算方面各有所长。

### （1）地方政府主导型

由地方政府支持的个人碳普惠，在个人直接碳排放的数据获取方面具有天然的优势，可通过打通电网公司、供电局、燃气公司及城市公交、地铁等机构，获取居民消费行为数据，进而开发对应场景，例如绿色用电、绿色出行、旧物回收等减碳方法学。

广东省于2016年起在全国率先开展碳普惠机制的研究与探索，陆续开发了《广东省使用高效节能空调碳普惠方法学》《广东省自行车骑行碳普惠方法学》《广东省废弃衣物再利用碳普惠方法学（试行）》等6种项目核证方法，是全球首个将公众各种绿色低碳行为系统量化并通过商业激励、信用激励及交易激励3种模式进行鼓励推广的区域。

深圳市生态环境局也于2021年12月和2022年6月分别印

发了《深圳市低碳公共出行碳普惠方法学（试行）》和《深圳市居民低碳用电碳普惠方法学（试行）》，分别由腾讯的"低碳星球"小程序和南方电网的个人"碳普惠"基于对应的方法学开展碳减排核算，该模式是政府与企业合作的成功案例。

从核算减排量的使用场景来看，一般做法是将其折算为碳积分，用户可用来兑换公益权益或经济性权益。在生态环境局等主管单位的支持下，已有部分实现地方碳交易所核证交易的成功案例，企业可购买经核证的个人减排量用于抵消自身碳排放实现碳中和，也可为大型会议、运动会等场景实现碳中和服务。例如，腾讯的"低碳星球"小程序由平台汇集所有注册用户积累的减排量，经核算核证后可挂牌至深圳排放权交易所交易。

**深圳碳普惠案例**

深圳碳普惠机制下的碳账户，目前已覆盖绿色出行及绿色用电场景的碳减排核算。

绿色出行项目以腾讯推出的"低碳星球"小程序为载体，针对客户通过腾讯地图与腾讯乘车码刷码参与的公共出行行为，纳入项目碳减排核算范围，测算以《深圳市低碳公共出行碳普惠方法学（试行）》提供的模型及排放因子为依据。该平台碳减排量已通过深圳市生态环境局的认证，于2022年12月实现平台碳减排量的核证交易。

南方电网推出的个人"碳普惠"，则针对居民住户在深圳市范围内低碳用电产生碳减排量的核算。其核算基准线为深圳市居民生活用电的每人日均排放量，若居民住户实际用电所产生的排放量低于基准线，则直接通过与基准线的排放量比较，以获得减排量。同时，为引导用能水平较高的居民住户进行低碳用电，对于居民住户实际用电产生的排放量高于基准线的情景，鼓励居民住户与"上一日往前计7日的'7日均线'实际排放量"做比较，以获得减排量。

### （2）平台企业主导型

由平台企业建设的个人碳账户，主要以履行社会责任、绿色产品服务创新，吸引并促活绿色低碳用户消费交易为目的。平台企业在碳减排场景的选择、核算和认定上，自由度较高，相应核算产生的碳积分，主要用于平台权益兑换，部分在地方碳普惠机制下可为企业或个人发放碳减排证书，助力企业或个人实现碳中和。

对于互联网企业，业务已渗透至居民衣食住行用等多维度消费场景，对个人直接碳排放数据与间接碳排放数据的获取均具有便利性，且用户量大、使用频率高，其数据收集及服务能力较强。在方法学开发方面，可选择自主开发或与交易所合作的开发模式。部分大型互联网公司，比如阿里巴巴的业务布局较广，其发布的"88碳账户"汇集了淘宝、闲鱼、饿了么、菜鸟等平台的数据，通过平台下单、客户拍照上传等方式，可实现有据可依的目的，其场景均经过专业的方法学开发或专家评审，目前已有30余个场景形成团体标准。例如，闲鱼与北京绿色交易所联合开发了基于二手交易、二手回收的碳减排量化方法学；饿了么与中华环保联合会共同制定了行业首个减少食物浪费碳减排量化方法学，与天津排放权交易所联合制定了"无需餐具"的碳减排测算模型；钉钉与北京绿色交易所联合开发了基于视频会议、智能填表、云盘及打卡等场景的碳减排模型。部分企业的业务类型较为集中，比如哈啰单车聚焦在骑行场景，其凭借在骑行领域的方法学研究和算法技术，以及丰富的行业专家、交易市场渠道、政府合作经验等资源累积，陆续开发了深圳市、重庆市、上海市等8个城市的骑行方法学。

短期内，商业银行在客户活跃度等方面弱于大型互联网公司，在底层消费数据的获取及积累方面还有待完善，因此其自主开发方法学的难度较大，需要与外部交易所、学术研究团体合作开发。例如，中国建设银行碳账本的碳减排核算模型由北京绿色交易所提供支持；平安银行的"低碳家园"由上海环境能源交易所提供算法支持。从未来趋势看，随着核算模型的完善及CCER的重启，居民消费场景的碳减排核算标准有望逐步升级为国家标准，据此核算的碳减排量有望进入全国碳交易市场，从而联通控排企业和以碳中和为目标的自愿减排企业，为个人碳资产的变现提供交易渠道和金融服务。

**平安银行"低碳家园"案例**

在个人碳账户碳减排核算方面，平安银行"低碳家园"根据账户中的行为是否有碳减排价值，共筛选了21种绿色低碳行为测算碳减量。

其中，公交出行、地铁出行、新能源汽车充电、公共事业缴费、12306铁路出行、共享单车、网购电影票、网购汽车票、电子政务9种绿色低碳行为的碳减排核算模型，由中国银联授权，上海环境能源交易所开发并授权平安银行使用，现阶段作为平台体系内激励性积分的奖励标准，后续随着核算标准的统一和实践经验的积累，将进一步强化此类模型的精准性。其余12种绿色低碳行为由平安银行与上海环境能源交易所合作开发，这部分方法学开发可以充分利用银行的原有数据及与活动相关的新数据，并且遵循碳核算架构，完成数据、算法和模型应用之间的联结，保证方法学开发的完整连贯，以及后期的可复用性。以其中的"虚拟卡"为例，其基准线情景为实体卡的发放，包含制卡本身以及办卡、发卡过程带来的碳排放量。在计量的过程中，需要充分收集各个环节的碳排情况，以及相关的因子数据，包括制卡、物流、人工、服务等环节，然后根据业务场景及参考场景进行量化调优，最终输出碳减排核算标准。需要注意的是，与方法学相对应的碳减排核算标准有严格的场景及适用范围限定，包括对象和数据的采集形式，如果其中有部分因素发生变化，则方法学将不再适用，需要重新开发或调整。

## （四）数字技术助力碳账户核算

### 1. 数字技术在数据采集环节的应用

数据采集是碳账户建设的初始环节，准确、合理地采集碳数据是进行核算等后续操作的基础。碳数据作为最原始的根基，在采集环节需要充分保证其完整性、即时性、可信共享和准确性，人工智能等技术的应用可以优化碳数据的采集环节。

在完整性方面，碳账户的核心关注是个人和企业碳减排数据，在不同场景下的数据类型存在差异，科技手段多措并举可以保障从多个渠道获得完整的碳减排行为数据。例如，对于文本类数据，多源异构知识图谱与关联决策知识体系可以应用自然语言处理置信度模型对候选文本进行特征整理，从而对海量的非结构数据进行全面挖掘，构建符合账户搭建需要的数据库及数据集。对于图像数据，视觉数据感知标识和多模态数据智能融合可以完成手写体识别以及视觉数据聚类算法研究，这对原本无法获取有效碳减排信息的非结构化数据是一个突破。

在即时性方面，科技手段的应用大大缩短了人工处理的时间，并且基于自动化处理流程，整个数据采集环节可以实现无缝衔接和时刻运转，最终保证了数据的即产即采和无时延。基于自然语言处理技术的文本处理系统，可以对实时发生的资讯、报告等信息做分析及提取关键信息，以支持个人及企业碳减排行为数据的多维度数据提取及交叉核验。例如，通过对上市公司年报或社会责任报告的文本分析，可以获取碳减排的关键事项和量化数据等。

在可信共享方面，首先，区块链技术具有不可篡改的特点，可解决多方协作中的信任问题，提高来自不同组织的数据可信度，从而提升"双碳"业务中的公信力；其次，分布式特性能让各节点机构在统一标准下实现数据交换和碳减排的智能化协作，为碳交易提供数据与技术支撑；最后，区块链具备的多方共识、链上信息可追溯特征，可记录链上任意一次数据的流转信息，从而保障数据要素变更记录的可信、可追溯和可审计，监管部门可直接接入区块链网络，审计和处理共识机制识别出来的作假行为。

在准确性方面，主要通过科技手段应用实现对数据的筛选处理或优化数据采集方式，从而在源头上优化数据质量。由于数据的细微偏差会造成后续结果的天壤之别，因此准确性是数据采集的重中之重。在数据处理方面，一是根据历史场景的业务模板及科学的采集方法论，对无效数据进行剔除，对无关数据进行标记，对部分有效的数据进行填充或舍弃，最终形成可以在碳减排核算环节应用的全量准确的数据；二是通过对碳排放数据进行预处理，得到结构化可用数据，主要包括通过身份标识进行数据确权，设计标准统一的数据结构、数据转换与清洗、数据加密及脱敏等处理措施。在数据采集方面，首先通过区块链模组在边缘端实时采集排放数据，通过区块链客户端对接现有系统接口的形式采集排放数据，根据业务场景对单排放源进行多渠道数据采集，利用多维度交叉核验，提升采集数据的准确性和可信性；然后以数据接口方式，为上层业务应用提供可信数据，支撑业务稳定运行。其中，可结合区块链及物联网的优势，利用物联网设备采集碳数据，并将数据自动上链，减少人为干预，从而增强数据的真实性和准确性。该环节数字技术的主要功能包括提供数据接口适配器，进行数据格式转换、数据结构化，上层应用接口统一管理，对采集数据进行加密脱敏处理，打包计算生成区块，上链存证，基于分布式账本技术实现数据操作行为的审计等。

  目前，各大平台公司充分利用大数据、人工智能等手段挖掘数据，同时加大对个人消费、企业经营等行为数据的保护，不断提升数据安全管理能力，切实保障用户信息安全。通过优化数据采集，拓展场景应用，可进一步实现碳数据安全共享。政府部门可以牵头建立碳账户数据互通机制，形成有序的数据共享与流转体系，同时明确数据使用过程中的权限边界，在法律框架下实现数据价值性与隐私性的平衡，[1]形成各平台公司的数据互补、场景整合；同时，平

---

[1] 董希淼，朱美璇.商业银行碳账户的实践探索与政策建议［EB/OL］. https://www.financialnews.com.cn/ll/sx/202208/t20220822_253867.html, 2022-08-22.

台公司可以充分挖掘并丰富碳账户的应用场景，拓展碳积分的使用范围并匹配丰富的金融服务，在碳账户的激励下推动社会公众更多地参与到碳账户的应用实践中，共建绿色低碳美好生活。

## 2. 数字技术在核算环节的应用

碳核算可以分为行为记录、方法核算和备案认证三个环节。行为记录是指基于某一用户的碳减排行为数据集，结合需要被核算的具体场景，筛选并标记其中的核心字段及数据范围。方法核算是指根据科学严谨的核算方法学进行算法落地。备案认证是指将核算后的数据与碳排放交易所或相关机构进行对接，在个人或企业的维度备案其减排成果。对于碳核算的场景，由于其原始数据基本来源于业务数据，一般包含客户信息等敏感信息，数字信任与数据安全问题随之出现，使用时需要注意隐私保护问题。对此，区块链技术融合隐私计算、数字身份等技术，能有效增强客户碳账户的数字身份识别和防篡改能力，在充分保护数据和隐私安全的前提下，达到对数据可用、不可见和可控、可计量的目的，完成数据价值的转化和释放。在满足监管和行业的要求下，隐私计算在保证安全的前提下进行适当处理与数据传输将数据价值最大化，避免传统数据安全手段（比如数据脱敏或匿名化处理）带来的牺牲部分数据维度的代价。

基于上述碳核算环节，在进行用户碳减排核算时，可以构建包含数据、算法、模型和应用在内的完整的核算系统架构（见图 5-1）。

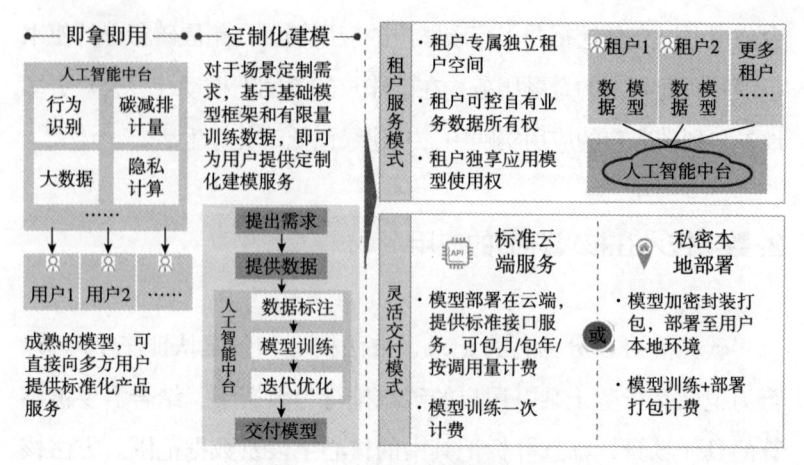

图 5-1 构建碳核算系统架构

从数据角度看，整个核算系统架构中的数据是在采集并预处理的基础上，根据行为的定义、方法学及场景的需要，参照碳排放因子库进行深度加工生成的。从算法角度看，以经典机器学习算法为基础，主要用于复杂数据的处理准确性问题和数据的深度挖掘。从模型角度看，可以根据业务需要进行定制化开发，实现定制化建模。从应用角度看，可以采用租户服务模式或灵活交付模式：租户服务模式下租户拥有独立空间，可以进行自主应用修改；灵活交付模式则分为标准云端服务和私密本地部署，根据需要进行选择。无论何种模式，都是为了实现快速、精准、高效的碳核算服务，可根据业务场景及数据获取等特殊性做个性化选择。总之，数据和算法是通用部分，可以实现即拿即用；模型和应用需要根据具体业务需求进行定制化开发，在有限量训练数据的前提下提供定制化建模服务。

排放因子的计算可采用上述的核算系统架构，利用历史的大量数据及采集后预处理的数据，再根据因子库的其他数据，结合数据特点及业务场景新开发的模型，得出初始输出值，然后根据验证数据及补充数据，进行反复调优和修正，最后输出相应结果。由于背后的数据和计算逻辑会随着环境和时间的变化而变化，排放因子的计算需要根据实际应用情况及现实变化不断调整。

### 泸州市"绿芽积分"[①] 案例

2020 年 12 月，四川省泸州市推出西部首个个人绿色生活积分体系"绿芽积分"平台，北京绿普惠网络科技有限公司承建项目平台，微众银行为该平台提供社会治理框架"善度"及区块链开源技术支持。

平台持续深化移动互联网和大数据技术在生态环境领域的应用，通过连接多种数据接口，融合区块链、云计算、大数据等前沿科学技术，全方位采集、核算公民在绿色生活、绿色出行、绿色循环、绿色金融等多个维度绿色场景的碳减排行为，并对其进行科学量化，打造了低碳步行、绿色停驶、绿色金融、公交出行、光盘行动、旧衣回收、环保志愿服务七大减碳场景，最终形成了分布式架构的绿色账本和一套集纳个人绿色生活的多维体系算法，进而建立泸州市政府、企业、个人碳减排数字账本，完善个人绿色生活回馈机制，引导公民主动选择绿色低碳生活方式。

此外，项目利用 FISCO BCOS 区块链技术支持多方数据流通和业务协同的技术优势，打通多个机构的系统，比如发行方、

---

[①] 北京金融科技产业联盟.基于区块链技术的碳数据价值体系探究［EB/OL］.https://www.xdyanbao.com/doc/k4up8ng0gu?bd_vid=8620792932052019860，2023-02-28.

分发方、兑换平台等，使链上数据能够在多方流通，并在不同机构间协同相关业务操作。

## 二、碳信用

碳市场的建设是推动我国实现"双碳"目标最主要的市场化减排工具之一，而基于项目的碳信用交易是碳市场建设的重要组成部分。碳信用是指企业或个人依据相关方法学开发的可再生能源、林业碳汇、甲烷利用等温室气体减排项目，经过国际组织、独立第三方机构或者政府确认，依据其实现的温室气体减排效果所签发的温室气体减排量，单位为吨二氧化碳当量。在碳交易、碳税及自愿减排机制下，碳信用可用于抵消主体自身的碳排放量，帮助企业完成碳市场履约、碳税抵减以及实现自身碳中和[1]等。简单来说，碳信用的本质就是碳减排量，其交易价值的核心在于可以用来抵消主体的实际碳排放量。

无论是宏观层面国家设定碳减排目标和实施自主碳减排行动[2]，还是微观层面经济单位开发固碳项目和自愿低碳消费，都带来了生态资本的节约或新增，本质上都是通过替代性低碳劳动创造性地实现新增价值。对此类劳动价值进行货币补偿，是一种推动低碳发展的有效激励手段，因此，将碳信用机制纳入碳市场交易机制中，使碳信用核证作为碳配额分配机制的有效补充，形成包括

---

[1] 包括在自愿减排机制下形成的零碳工厂、零碳园区、网点碳中和、管理资产碳中和、企业碳中和等碳减排行动。

[2] 是指为实现《巴黎协定》框架下提出的国家自主贡献目标而采取碳减排行动。

碳配额与碳信用的多层级碳资产发行机制，是碳市场未来的发展方向。

根据减排原理的不同，碳信用可以分为碳吸收和碳减排两类。碳吸收主要是指对自然界存在的温室气体进行吸收及封存，包括碳捕集、利用与封存等技术固碳手段和林业碳汇等生态固碳手段；碳减排主要通过清洁能源、绿色生产方式替代等，实现传统高碳行业的绿色转型，降低其原本的碳排放水平。根据开发项目规模的不同，碳信用可以分为企业项目形成的碳信用和个人及小项目形成的碳信用，现阶段前者主要通过国家政府部门备案并形成国家核证减排量，后者主要通过地方政府部门备案并形成地方核证减排量。目前，国内围绕居民部门开展的生活端碳减排量采集、核算及激励等一系列活动被称为碳普惠机制，是对我国碳市场的重要补充。碳信用与碳交易、碳普惠机制的关系见图 5-2。

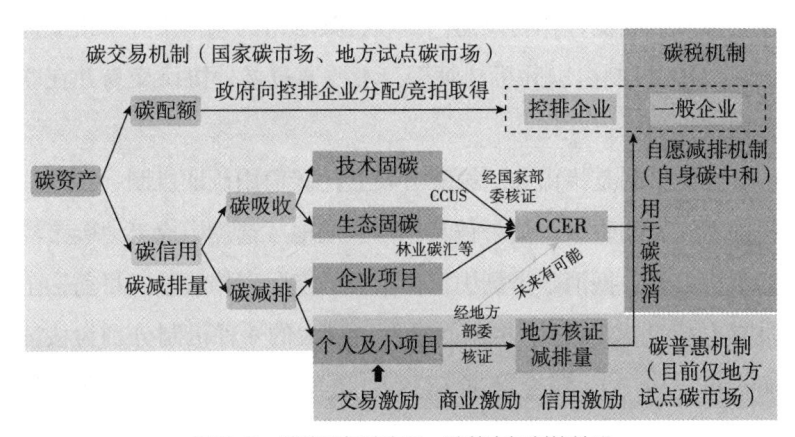

图 5-2　碳信用与碳交易、碳普惠机制的关系

## （一）碳信用机制

### 1. 国际碳信用机制发展概况

1997年签订的《京都议定书》可以看作是全球碳信用市场的起源。《京都议定书》提出了国际社会碳减排履约的三种灵活合作机制，分别为IET、CDM和JI。其中，以IET机制为基础发展出各国家和地区的碳排放权交易市场，以CDM机制为基础发展出碳信用机制。

根据设立主体的不同，碳信用机制可以分为国际机制、独立机制、国家与地方自愿减排机制三大类。

国际机制主要是指受国际气候公约制约的CDM机制，它明确了发达国家可以通过提供资金和技术的方式，向减排成本较低的发展中国家购买减排量，以抵消或换取投资项目所产生的部分或全部减排额度，作为发达国家履行其承诺的减排义务的组成部分。CDM机制由国际机构管理，主要通过场外协议交易并在联合国碳抵消平台注销。

独立机制是指由独立第三方设立的碳信用认证机制，在这些机制下签发的碳减排量可被其他国家或地区选择构成当地碳市场的组成部分，抵消碳市场中控排企业的实际碳排放量。目前，全世界有超过20种独立机制，签发量最大的4种机制分别为核证碳标准（VCS）、黄金标准（GS）、美国碳登记（ACR）和气候行动储备（CAR）。

核证碳标准是全球使用范围最广的碳信用机制，参与国家数量达80个，由气候组织、国际排放交易协会、世界可持续发展商业委员会和世界经济论坛等机构于 2005 年发起设立。核证碳标准机制下签发的减排量为 VCUs，目前已备案 49 个方法学，覆盖能源、制造、建筑、交通、农业等领域，CDM 机制下的方法学都适用。VCUs 可用于哥伦比亚碳税、国际航空碳抵消和减排计划（CORSIA）、南非碳税等机制下的碳抵消。

黄金标准由黄金标准基金会管理，世界自然基金会和其他非营利性组织共同设立，是针对 CDM 和 JI 机制下减排项目开发的具有良好实用性的基准方法，可以在碳贸易交易所场内交易。黄金标准签发的减排量为 GS VERs，目前已备案 39 个方法学，覆盖可再生能源、能源效率、土地利用等领域。

美国碳登记是全球最早的自愿减排标准平台，由环境资源信托基金于 1996 年成立，主要针对来自美国的项目；签发的减排量为 ERTs 和 ROCs（交易渠道不同），目前已备案 14 个方法学，覆盖能源、工业、土地利用、碳封存等领域。

气候行动储备抵消登记项目由非营利性环保组织气候行动储备设立于 2001 年，主要针对来源于美国各州、墨西哥和南美洲的项目；签发的减排量为 CRTs，目前已在美国 45 个州和墨西哥 10 个州备案了 400 个项目方法学，覆盖煤矿甲烷、森林有机废弃物堆肥等领域。

国家与地方自愿减排机制主要是指只适用于区域、国家和地区的碳信用机制，一般只受本国、本省或双边国家的制度约束。目前，全球共有 17 个区域、国家和地区实施碳信用机制并已签发碳信用，典型机制包括日本国内抵消机制、韩国碳信用机制、澳大利亚碳减排基金、CCER 等。国家碳信用一般用于国家碳市场、碳税或自愿减排市场下的碳抵消，部分国家（如韩国、澳大利亚）的碳信用抵消机制接受国际碳信用抵消。地方碳信用一般用于地区碳市场、碳税或自愿减排市场下的碳抵消，可以根据自身情况设置方法学规则和标准，也可采用国际规则或独立机制的规则和标准，典型机制包括加拿大艾伯塔省排放抵消系统，我国的福建林业碳汇抵消机制、广东碳普惠抵消信用机制等。

碳信用机制的核心是在各个经济活动领域中开发统一的具有较强权威性、科学性和可行性的方法学，并准确地对项目减排量进行监测、核证和评估，从而保证发行的碳信用资产在质量上和数量上具有一致性。例如，CDM 机制经过 20 多年的发展，已经备案了 117 种方法学，是目前方法学最全面的碳信用机制，覆盖领域包括工业、建筑、交通、农业等。在 CDM 机制下开发的碳减排项目需要国际机构的管理，申请备案为核证减排量，最终通过场外交易签订协议并在联合国碳抵消平台注销，或是在指定的交易所（例如航空碳交易所、碳贸易交易所等）进行场内交易，用于发达国家碳减排履约。

据世界银行统计数据，2020 年全球碳信用项目注册数量达 18 664 个，较 2019 年增加了 11%；碳信用签发量约 3.58 亿吨，较 2019 年增加了 10%。2021 年，全球碳信用签发量增加至约 4.78 亿吨，其中，独立标准类型的碳信用机制贡献了近 74% 的增量。自 2002 年以来，全球合计签发碳信用总量约达 47 亿吨二氧化碳当量，相当于 2 200 亿棵树一年的吸收量，或全球温室气体年排放量的 8.6%。[①]2021 年各类碳信用机制下减排量签发情况见表 5-6。

---

① 温室气体排放量采用全球大气研究排放数据库（EDGAR）2015 年的数据。

表5-6　2021年各类碳信用机制下减排量签发情况

| 碳信用机制 | 类型 | 注册项目数量 | 注册减排量（百万吨） |
| --- | --- | --- | --- |
| 美国碳登记 | 独立机制 | 18 | 8.83 |
| 气候行动储备 | | 44 | 4.83 |
| 黄金标准 | | 51 | 43.79 |
| 核证碳标准 | | 110 | 295.08 |
| 清洁发展机制 | 国际机制 | 0 | 59.49 |
| 艾伯塔省排放抵消系统 | 国家和地方机制 | 33 | 0.39 |
| 澳大利亚碳减排基金 | | 142 | 17.04 |
| 加州履约抵消计划 | | 38 | 17.42 |
| 福建林业碳汇抵消机制 | | 3 | 0.33 |
| 广东碳普惠抵消信用机制 | | 20 | 0.28 |
| 日本碳信用机制 | | 44 | 0.93 |
| 魁北克抵消信用机制 | | 3 | 0.18 |
| 韩国碳信用机制 | | 28 | 5.20 |
| 埼玉县目标设定排放交易系统 | | 592 | 6.40 |
| 瑞士二氧化碳认证信用机制 | | 13 | 1.40 |
| 泰国自愿减排计划 | | 32 | 3.03 |
| 东京总量管制与排放交易计划 | | 12 | 0 |
| 西班牙碳减排项目 | | 0 | 0.86 |
| 台湾地区温室气体抵消管理机制 | | 20 | 12.41 |

资料来源：世界银行。

根据世界银行报告[①]，从碳信用的需求角度看，尽管碳税和

---

① 世界银行.State and Trends of Carbon Pricing 2022［EB/OL］. https://openknow-ledge.worldbank.org/handle/10986/37455，2022-5-24.

碳排放权交易机制下的履约义务带来碳信用需求的增长，但远远小于自愿减排市场及承诺净零企业的碳信用需求，2019年（可获得数据的最近年份），自愿减排买家对碳信用的需求超过1.04亿吨二氧化碳当量，较2018年增长6%，在独立标准碳信用的项目开发商中，近3/4称有买家在排队购买待发行的碳信用，这些信息表明全球碳市场正转向以自愿市场为主导的需求格局。截至2020年10月，全球已有1 565家公司做出净零承诺，其中包括科技巨头、石油巨头、消费品牌和航空公司等，这些公司中约有一半明确表示，计划依靠碳信用资产抵消部分碳排放量以实现净零目标。从碳信用的实际交易情况来看，2020年林业碳汇（REDD[①]组合）、风能、光伏项目形成的碳信用交易量最大，分别约达2 330万吨、1 260万吨以及620万吨，独立机制下水净化、沼气等项目交易量相对更大，可持续农场等绿色农业项目取得了相对更高的交易单价，达到每吨10美元以上（见图5-3）。

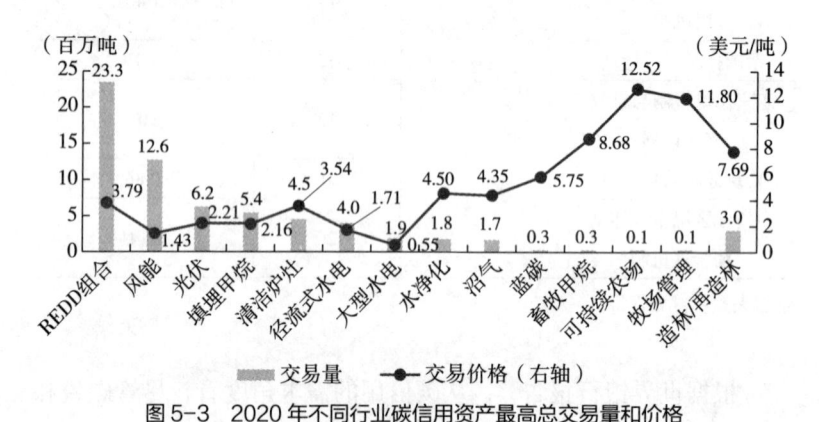

图5-3 2020年不同行业碳信用资产最高总交易量和价格

---

① Reducing Emissions from Deforestation and Degradation（减少砍伐森林和森林退化导致的温室气体排放）。

## 2. 我国国家碳信用机制

CCER 是我国为了促进国内碳减排项目的发展而自行开发建设的国家碳信用机制。我国 CCER 建设工作最早可追溯到 2009 年，由国家发展改革委负责国家自愿碳交易行为规范性文件的研究和起草工作。2012 年，国家发展改革委印发了《温室气体自愿减排交易管理暂行办法》和《温室气体自愿减排项目审定与核证指南》两份文件，基本确立了我国自愿减排项目的申报、审定、备案、核证、签发和交易等工作流程。2015 年 1 月，国家自愿减排交易注册登记系统上线，标志着我国温室气体自愿减排交易市场正式运行。

自 2012 年以来，在 CCER 机制下我国先后分 12 批共备案 200 个碳减排核算方法学，覆盖电力、交通、化工、建筑、碳汇等 30 多个领域，其中约 2/3 是由 CDM 机制下的项目方法学转化而来，其余为结合我国实际情况自行开发的方法学。CCER 项目的签发流程主要分为项目备案和减排量备案两个阶段（见图 5-4），整体流程基本沿袭了 CDM 机制的框架，包括项目文件设计、项目审定、项目备案、项目实施与检测、减排量核查与核证、减排量签发 6 个步骤。CCER 机制下创建的碳减排项目，一般具有单项目周期长、核证程序复杂、交易成本高、金额较大等特点，项目参与者以大型企业为主。

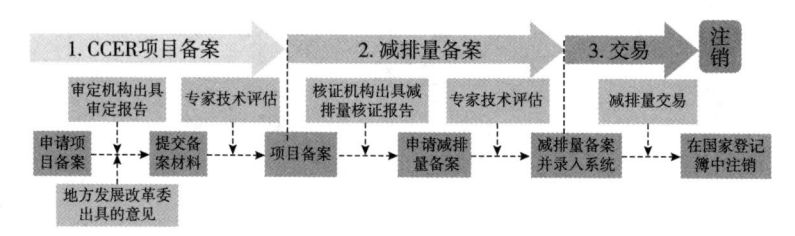

图 5-4　CCER 项目的签发流程

CCER 自 2012 年推出以来备受控排企业青睐,被广泛用于地方试点市场的碳配额清缴履约,但由于实施过程中存在 CCER 项目不规范、减排备案速度远远大于抵消速度、交易空转过多等问题,2017 年 3 月,国家发展改革委发布《国家发展和改革委员会关于暂缓受理温室气体自愿减排交易方法学、项目、减排量、审定与核证机构、交易机构备案申请的公告》,暂停了温室气体自愿减排项目新项目申请、减排量签发等相关工作的受理。

据统计,目前我国累计公示 CCER 审定项目共 2 871 个(2017 年 3 月前备案项目),其中,已获批备案项目 1 315 个,已签发项目 391 个,签发总量约 7 700 万吨/年。项目类型方面(见图 5-5),在已审定的 2 871 个项目中,风力发电、太阳能发电项目总数达 1 773 个,占比最高,其他数量较多的还有农业项目(猪粪便沼气回收利用等)、水力发电及生物质发电等其他清洁能源项目、碳汇造林项目等。已审定 CCER 项目区域分布见图 5-6。

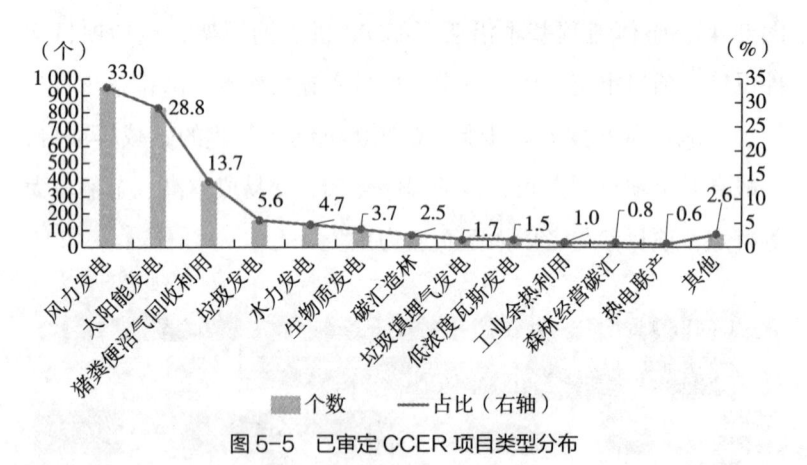

图 5-5 已审定 CCER 项目类型分布

资料来源:中央财经大学绿色金融国际研究院。

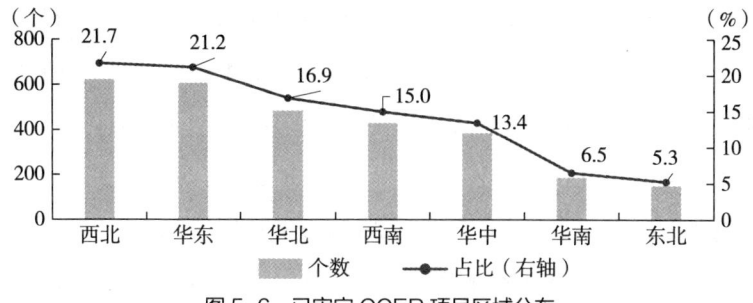

图 5-6 已审定 CCER 项目区域分布

资料来源：中央财经大学绿色金融国际研究院。

2021年3月，生态环境部起草了《碳排放权交易管理暂行条例（草案修改稿）》，指出可再生能源、林业碳汇、甲烷利用等项目的实施单位可以申请国务院生态环境主管部门组织对其项目产生的温室气体削减排放量进行核证，该条例重新纳入自愿减排核证机制。随着2021年7月全国碳排放权交易市场正式运行，CCER新项目备案有望重启。

从宏观层面来说，碳信用是使碳排放限额和交易成为一种完整机制的重要组成部分，有助于形成绿色发展的市场导向，因此完善碳信用机制是国家发展碳市场的必由之路。尽管CCER暂停备案已超过五年，但在政策方面，从国务院到生态环境部，再到地方政府，都为CCER的重启留下了一定空间。在现实层面，相对于我国约80亿吨的年排放量来说，存量CCER项目的签发量规模占比非常低，无法满足市场减排履约的需求，在此背景下，加强碳信用建设既是完善碳市场机制的重要举措，也可以增强我国在气候问题上的话语权。

CCER重启对控排企业、低碳项目开发方及碳市场都具有重要意义。对控排企业而言，CCER提供了一种成本更低的减排履约的灵活性安排，碳信用机制可以加速全球的减排行动。对低碳项目开发方而言，碳市场交易为绿色项目提供了可量化的交易收益，增强了正向激励效应，有望鼓励更多绿色产业和减排技术的创新。对碳市场的整体发展而言，CCER交易有助于碳市场的价格发现，是调控碳市场的重要工具之一，同时，CCER也是发展碳金融衍生品的良好载体，有助于碳金融市场的多元化发展。现阶段国内碳市场的交易仍以碳配额的现货交易为主，交易品种十分有限，CCER重启备案并参与交易将起到活跃碳市场的作用。2021年，北京绿色交易所已启动全国统一的温室气体自愿减排注册登记系统和交易系统的建设工作，CCER重启的相关基础建设工作正在有条不紊地推进。

根据目前国家碳市场安排，存量CCER可抵消企业碳排放量，抵消比例不应超过企业碳配额的5%（见表5-7）。现阶段国家碳市场仅纳入电力行业，年排放总量约40亿吨，若按5%的抵消上限计算，我国CCER年需求量约2亿吨；未来当碳市场扩容至钢铁、建材、有色等八大行业，碳排放量总额将达到70亿~80亿吨/年，对应CCER需求量或将达到3.5亿~4亿吨/年。市场规模的扩大或将使CCER供不应求，进一步推升CCER交易价格。

此外，我国自愿碳减排市场的快速发展，也为碳信用资产提供了良好的需求渠道。近年来，我国大力推动园区绿色低碳发展，出台了《关于在国家生态工业示范园区中加强发展低碳经济的通知》《关于推进国家生态工业示范园区碳达峰碳中和相关工作的通知》等政策，引导工业园区进行低碳转型。以金风科技股份有限公司碳中和园区建设为例，在北京绿色交易所的技术支持下，金风科技亦庄智慧园区实现碳中和，迈出国内园区碳中和的第一步。

表 5-7　现阶段国家碳市场及地方试点碳市场碳信用抵消要求

| 市场 | 交易品种 | 比例限制 | 类型限制 | 地域限制 | 时效限制 |
|---|---|---|---|---|---|
| 国家 | CCER | 5% | 无 | 无 | 无 |
| 深圳市 | CCER | 10% | 清洁能源：风力发电、太阳能发电、垃圾发电、户用沼气、生物质发电等；绿色交通项目；海洋固碳项目；林业碳汇项目；农业减排项目 | 除清洁能源、林业碳汇、农业减排项目外，其余项目需要来自深圳市和与深圳市签署碳交易战略合作协议的省份 | 无 |
| 上海市 | CCER BCER | 5% | 水电项目除外 | 长江三角洲以外地区项目的抵消比例不超过2% | 2013年1月1日后的减排量 |
| 北京市 | CCER | 5% | 水电项目除外；氢氟碳、氟碳化合物、氧化亚氮、六氟化硫气体减排项目除外 | 50%以上来自北京市 | 2013年1月1日后的减排量 |
| 广东省 | CCER PHCER | 10% | 二氧化碳、甲烷减排占比超50%；水电、化石能源项目除外 | 70%以上来自广东省 | 注册后产生的减排量 |
| 天津市 | CCER | 10% | 水电项目除外；仅限二氧化碳减排项目 | 50%以上来自京津冀地区 | 2013年1月1日后的减排量 |
| 湖北省 | CCER | 10% | 农村沼气及林业项目 | 来自长江中游城市群和湖北省的贫困县 | 2015年1月1日后的减排量 |
| 重庆市 | CCER | 8% | 水电项目除外 | 重庆市本地项目 | 2010年12月31日后的减排量 |

续表

| 市场 | 交易品种 | 比例限制 | 类型限制 | 地域限制 | 时效限制 |
|---|---|---|---|---|---|
| 福建省 | CCER FFCER | 10% | 水电项目除外；仅限二氧化碳、甲烷减排项目 | 福建省内项目 | 2005年2月16日后开工建设 |

资料来源：各地方环境交易所。

园区碳中和实践路径包括以下三个环节：一是研究并制定园区低碳发展行动方案及路线图；二是进行园区绿色化改造，通过技术手段降低碳排放，布局节能和新能源项目；三是明确核算范围及排放源等要素，进行碳核算、碳信用资产交易等，最终实现园区碳中和目标。金风科技通过对一定时间内的园区温室气体排放水平进行核算，发现园区仍有部分碳排放无法通过技术改造手段来完全消除。北京绿色交易所结合多年的低碳服务经验，为金风智慧园区提出碳中和方案：在园区2020年自发自用电量不计入碳核查范围的基础上，对全年间接排放产生的11 937吨二氧化碳当量温室气体，通过购买注销等量CCER予以抵消，从而实现碳中和。经过北京绿色交易所对排放数据和CCER注销的监督核实，2021年1月28日，我国首个可再生能源碳中和智慧园区认证仪式在北京举行，北京绿色交易所向金风科技颁发了碳中和证书。

CCER重启核证将使2017年后新开发的绿色产业项目得到核证并参与碳市场交易，从而增加自身收益。以2022年CCER成交均价56.5元/吨计算，参与碳交易或将为风电、光伏等新能源发电企业带来20%以上的业绩弹性，为垃圾发电企业带来2%~8%的业绩弹性（测算参考行业头部企业新能源项目装机规模、历史业绩等信息)。

综上所述，碳信用资产拥有两个维度的碳减排价值：一是在一级市场，即项目的开发过程，项目本身可以取代高碳排放项目产生实实在在的碳减排效果；二是在碳交易的二级市场，项目经核证为减排量，可以抵消企业的实际碳排放量，同时为可再生能源、林业碳汇和其他减碳技术的项目提供方带来现金收入，助力生态保护补偿和产业升级，推动区域协调发展和"双碳"目标的实现。

基于项目核证减排量的碳账户设计见图5-7。

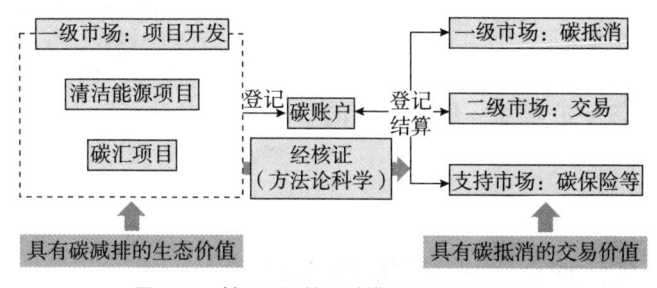

图5-7 基于项目核证减排量的碳账户设计

在碳信用资产中，碳汇是促进碳循环的重要方式，是通过植树造林、植被恢复等措施，吸收大气中的二氧化碳，从而减少温室气体在大气中浓度的过程、活动或机制，主要类型包括林业碳汇、草原碳汇、海洋碳汇、废弃物填埋等。目前，我国在碳汇造林等碳信用资产领域拥有较为丰富的项目核证交易、金融产品创新等实践经验。

2016年8月，河北省塞罕坝机械林场首批造林碳汇项目18.28万吨碳减排量获得国家主管部门签发，是迄今为止全国签发碳汇量最大的林业碳汇自愿减排项目。2018年8月，首笔 3.6 万吨造林碳汇碳减排量通过北京绿色交易所成交。截至 2020 年底，塞罕坝机械林场通过北京绿色交易所累计交易林业碳汇碳减排量 15 万余吨，实现收入 300 余万元，真正实现了从"绿水青山"向"金山银山"的价值转化。

林业碳汇项目的发展，同时促进了市场化金融产品的创新。以平安产险创新开发的行业首款森林碳汇遥感指数保险为例，这项保险产品以碳汇的变化量为赔偿依据，保险责任不但包括对碳汇损失的赔偿责任（将森林受各种意外灾害对林木的损失指数转化为碳汇的损失），还包括对碳汇增长的投入补偿责任，在传统林业险的基础上，用碳汇指数保险为森林经济提供更全面的保障，助力灾后林业碳汇资源救助和碳源清除、森林资源培育、加强生态保护修复，从碳保险的角度为碳信用资产的发展保驾护航。

## （二）生活消费领域的碳信用机制

在碳减排领域，很多小型的、分散的或与终端用户相关的项目虽然具有巨大的碳减排潜力及良好的社会效益，但这些项目在传统的碳信用方法学中并没有被覆盖，因此无法转化为碳信用，实现交易价值。在此背景下，2006 年 12 月，联合国执行理事会第 28 次会议发布了对规划方案（PoA）下的清洁发展机制（PCDM）的指导意见，并于第 32 次会议通过了《将 PoA 及其下的活动注册为单个 CDM 项目的指导意见草案（第 02 版）》和《将 PoA 注册为单个 CDM 项目以及为其签发减排量的程序草案（第 01 版）》两份文件，开启了基于个人及小企业项目减排量核证的 PCDM 运作实践。

PCDM 是指，把为执行相关政策或者为达到目标而采取的一系列减排措施或活动作为一项规划方案，整体注册形成一个 CDM 项目，由于在这一规划方案下项目产生的减排量在经过核证后也可以签发相应的减排量，因此是对 CDM 的延伸和补充。PCDM 允许在一个规划方案下整合多种方法学，将那些在 CDM 下作为单个项目开发经济效益低、市场开发潜力小的减排活动，以规划实施的形式，将实施主体由点扩展到面，形成规模效益，从而促进减排技术与活动的推广普及，典型的减排场景包括小型水电项目、居民家庭使用太阳能热水器项目、分布式能源项目、节能白炽灯项目、居民采用共享出行方式等。

PCDM 的最大进步在于可以实现对个人和家庭在消费领域，以及小型企业组织在生产领域节能减排活动的可度量与可核证，与之相应，当这些节能减排活动核证为碳信用形式后，也可以参与碳市场交易，以及其他类似碳配额的使用、流通、支付、储存及借贷等功能，扩充了消费领域和生产领域的碳货币实践路径。

PCDM 下的碳账户设计见图 5-8。

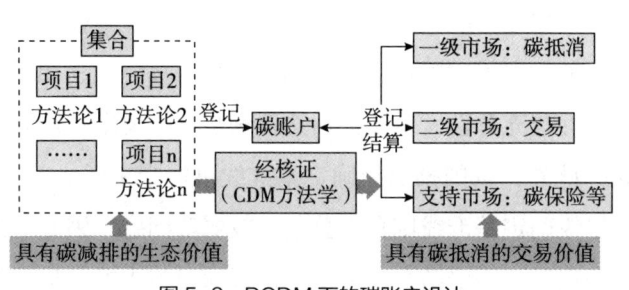

图 5-8　PCDM 下的碳账户设计

由于在 PCDM 中，一个 PoA 下包含若干个小项目（CPA），因此，PCDM 下的核算方法学与一般 CDM 项目的核算方法学有一定的区别。一方面，PCDM 要求每个 CPA 只能包含在一个 PoA 之中，不可以重复计算，因此当某个主体的减排行动能够被多次采集时，确认这项行为的归属并做唯一性标记就成为核证过程的一项重要环节；另一方面，PCDM 要求一个 PoA 之下的所有 CPA 必须采用相同的基准线方法学和监测方法学，而拥有多个子项目的群体确定基准线水平比单一项目确定基准线水平困难。

从方法学角度总结而言，聚焦生活消费及小项目领域，联结"小、微、散"用户的碳信用机制，在减排量核算原理方面与常规项目并无二致，即以基准线排放量与规划项目实际排放量之间的差值量化项目的减排量，但在具体测算过程中需要关注三个核心环节。首先是数据采集环节，小项目碳排放数据来源较广，包括用户的日常消费支付、商品的碳标签信息、出行里程与时长、能源资源的消费使用等，想要广泛获取这些信息就必将面临数据可得性问题与数据安全性问题，而解决这些问题就需要开展在物联网、区块链、大数据平台等信息技术领域的基础设施搭建与技术研发。其次是基准线核算环节，基准线的选取与核算是决定碳信用质量的一项关键因素，涉及如何优化核算公式、如何论证样本的代表性与充分性，以及如何选取满足数据要求的监测方法学等问题，此外，以国家层级确定基准线可能带来巨大的工作量，以地区层级确定基准线则存在公信力较弱等问题，因此基准线核算层级的选择还需要结合实际情况进行探讨与决策。最后是核证过程环节，理论上小项目的核证过程也需要经历类似常规项目的严格的论证审批环节，包括由专业的第三方核证机构协助编制项目资料、论证核算过程，由国家或地方政府部门组织专家会进行项目审核签发等。

PCDM方法学要求每个单独的小项目（例如某人的绿色出行减排量）不能重复核证，但目前碳账户平台在某些场景下存在对同一项目的重复采集问题。例如，深圳市民的共享单车出行数据既可以被深圳市地方碳账户"低碳星球"小程序获取，也可以被共享单车的运营商获取。因此，在实现交易激励的路径中，各碳账户建设平台之间就可能出现对碳信用资产的竞争。此时，个人及小项目碳减排量资产就需要经过唯一性编号及唯一性备案审核，实现完整的核证过程。唯一性编号是指，个人碳减排量资产可以通过用户的身份信息、支付信息、订单编号、时点信息等进行唯一性确认。例如，目前各信息采集一般采用实名制注册，不同绿色场景也都有相应的活动编号（比如共享单车场景的订单编号、步行出行的时间和起始点位置、购买节能家电的电子支付记录等）。唯一性备案审核是指，个人碳信用资产理论上归属于践行绿色消费行为的个人，但通常是由平台企业开发采集，在个人授权企业采集绿色行为并完成核证备案后，由于每个行为都有唯一性编号，因此已经核证过的项目就可以被识别且不再进行二次备案。在实践中，信息的一手采集者往往最有条件完成核证工作，例如顺风车运营商、信用卡刷卡行等。据此推论，类似步行这类可被并行记录且各采集平台没有明显先后顺序的减排行为，在核证过程中就可能面临平台竞争，算法科学、具备交易所资源、有核证经验的平台更容易抢先完成碳信用资产的备案核证。居民消费相关碳信用创设的方法学要点见表5–8。

表 5-8　居民消费相关碳信用创设的方法学要点

| 项目 | 内容 |
| --- | --- |
| 核算原则 | 个人碳减排量 = 基准线减排量 − 项目实际测算减排量；在便利性场景下可采用简易算法，即个人碳减排量 = 项目减排量计算因子 × 减排行为活动水平 |
| 唯一性认证 | 实名制 + 活动编号 |
| 核心环节 | 环节一：数据采集　数据来源包括消费支付、商品碳标签、里程/时长、能源/资源消耗等信息采集；需兼顾数据可得性与数据安全性。采集技术包括物联网、区块链、大数据平台等 |
| | 环节二：基准线核算　算法科学：涉及如何优化核算公式，论证样本代表性与充分性，满足数据监测方法学要求等；核算层级：包括国家层级、地区层级等 |
| | 环节三：核证过程　账户平台：聚合个人碳资产、提供源数据等；第三方核证机构：编制项目资料、减排量核算等；环境管理部门（国家或地方）：项目审核、签发核证减排量等 |

在我国已经备案签发的 CCER 项目中尽管没有个人碳信用资产，但这并不代表现阶段我国在个人碳减排场景下没有可参考的核算方法学（见表 5-9）。例如，在 CCER 体系下，已经备案的方法学除了 109 个常规项目和 5 个农林项目，还包括 86 个小规模项目，覆盖户用分布式光伏、居民绿色出行等相关场景；在我国广东省、重庆市等一些地方的试点碳市场，也开发了专门的碳普惠核证方法学；此外，一些企业与社会团体也结合自身业务或机构特色，自行开发本行业内特定场景下的碳减排核算方法学。例如，2022 年 5 月，中华环保联合会发布了《导则》，对公民绿色行为进行了系统梳理，并明确了绿色行为减排量核算的基本原则。不过，虽然方法学明确了相关低碳场景的适用范围、基

准线测量要求、减排量通用计算公式等内容，但在核证具体项目时，还需要申请者自行监测并提供公式中的包括基准线排放水平等指标在内的参数值，这些数据的取得同样需要进行深入、科学、有说服力的论证过程。

表 5-9　国内现行与消费端碳信用相关的核算方法学

| 层级 | 发布方 | 文件名称 | 时间 |
| --- | --- | --- | --- |
| 国家层级 | 国家发展改革委 | 《公共自行车项目方法学》《电子垃圾回收与再利用》《电动汽车充电站及充电桩温室气体减排方法学》等 | 2012—2017 年 |
| 地方层级 | 广东省 | 《广东省自行车骑行碳普惠方法学》 | 2019 年 7 月 |
| | | 《广东省安装分布式光伏发电系统碳普惠方法学》 | 2019 年 7 月 |
| | | 《广东省使用高效节能空调碳普惠方法学》 | 2019 年 |
| | | 《广东省废弃衣物再利用碳普惠方法学》 | 2020 年 11 月 |
| | 深圳市 | 《深圳市低碳公共出行碳普惠方法学（试行）》 | 2021 年 12 月 |
| | | 《深圳市居民低碳用电碳普惠方法学（试行）》 | 2022 年 6 月 |
| | | 《深圳市共享单车骑行碳普惠方法学》等 | 2022 年 12 月 |
| | 青岛市 | 《青岛市低碳出行碳减排方法学》 | 2022 年 4 月 |
| | 北京市 | 《北京市低碳出行方法学》 | 2022 年 4 月 |
| | 上海市 | 《上海市碳普惠机制建设工作方案（征求意见稿）》 | 2022 年 2 月 |
| | 成都市 | 《成都市"碳惠天府"机制碳减排项目方法学》 | 2020 年 10 月 |
| 企业层级 | 阿里巴巴 | 《范围 3+ 减排：超越价值链的企业气候行动方法学》 | 2022 年 8 月 |
| 社会团体 | 中华环保联合会 | 《导则》 | 2022 年 5 月 |

## （三）碳账户服务于碳信用资产的互联互通

个人及小项目碳信用机制的引入，激发创造出一种新的碳资产服务形式，即将众多零散项目整合进行核证的"聚合"服务，以及将碳资产整体进行分解的"切分"服务。2010年，上海世博会零碳馆展示了由上海环境能源交易所和零碳中心联合建设的公益碳平台——零碳信用置换平台，是我国最早的基于PCDM建设的碳货币实践平台。该平台根据2005年英国剑桥大学马丁中心研究学者论证的个人行为低碳激励原理而设计，同时面向企业和个人开放，平台除了支持碳核算、碳交易等常规功能，最特别之处在于具备碳聚合与碳切分功能。

碳切分是指，平台可以将企业开发的大额碳信用签发量切分为以1千克单位计算的标准交易起点，满足众多企业与个人小额购买以实现资源减排的需求。碳聚合是指，平台集聚许多无法直接核证的小额减排量，打包成大额碳信用资产并进入碳市场交易，从而让更多主体的碳减排行动获得交易回报。"碳切分＋碳聚合"的零售市场，有助于实现社会全体企业与个人参与碳市场交易的目标，而作为小额碳信用的聚合核证，也丰富了碳交易市场的层次。

零碳信用置换平台（见图5-9）于2012年由零碳中心开发并上线运行，但由于当时国内试点碳市场尚未启动，也未明确提出碳中和时间表，因此碳信用需求以非强制性的自愿碳减排为主。在项目层面碳信用核证还未走通的情况下，个人及小项目减排量核证显得更加超前，所以当时零碳信用置换平台除了与上海环境能源交易所开展过零星项目试点，并未形成更大的声浪。但是，平台设计的碳计量、碳置换、碳交易等服务内容以及碳聚合、碳切分等，即使在今天也具有很强的借鉴意义。

在个人及小项目碳信用领域，碳账户发挥着基础性的作用。

通过碳账户实现对大量且分散的绿色行为的采集、记录与核算，是个人及小项目碳信用得以备案核证的前提。此外，方法学的提升将有助于提高居民部门碳信用资产的质量，当碳信用具有更高的公信力时，就可以为更广泛的碳市场及自愿碳减排市场所吸纳，从而得到更大的市场需求空间。随着我国碳市场发展及"双碳"阶段性目标期限的临近，控排企业将面临更严格的减排要求，碳配额发放也将趋于收缩，进一步提高市场对碳减排量资产的需求。届时，科学核算的居民碳信用将有望参与更多的企业减排场景，促进企业与个人的碳账户互联互通，推动形成覆盖企业与个人更完善的碳市场机制。

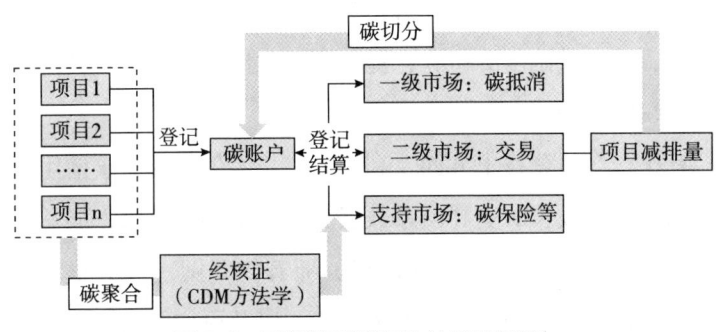

图 5-9　零碳信用置换平台的碳账户设计

2023 年 2 月 4 日，在北京城市副中心建设国家绿色发展示范区——打造国家级绿色交易所启动仪式上，北京绿色交易所董事长表示，CCER 全国统一的注册登记系统和交易系统已经开发完成，将为建设自愿减排市场提供重要的基础设施保障。这再一次释放了 CCER 核证即将重启的信号。CCER 是碳市场中控排企业低成本履约的补充选择，同时也是一种调节全国碳交易价格的灵活手段，在"3060"目标背景下，越来越多的控排企业、非控排企业和个人将拥有真实的碳减排需求，未来碳信用市场的发展前景巨大，碳信用机制也将在方法学、核算技术、金融产品创新等领域不断完善。

首先，在方法学层面，确保碳减排量的核算方法科学有效是至关重要的。碳信用签发量应该代表真实的、可核查的和永久的碳排放量减少，碳信用作为一种抵消工具的合法性依赖于足够的信任和保障。目前，我国多种碳信用机制并存，不同的方法学代表了尚不统一的质量标准，使各方法学之下的碳信用很难形成统一价格并彼此交易。未来，国家层面有可能采取多种有效措施促进多种碳信用的质与量的标准达成统一，例如，注重方法学的开发和调整，降低方法学的固有不足对碳信用质量的影响，增加对碳标签、碳足迹制度的研究，提高碳普惠制度下减排量核证的科学性和权威性等。

其次，在核算技术方面，利用数字技术创新提高碳信用开发过程的效率，改善对更高质量数据和分析结果的获取，能够帮助创建运转良好、流动性强的市场。随着物联网、大数据、区块链、人工智能等新型信息技术的进步，以及更加先进、精准的监测设备和无人机、遥感卫星等辅助设备的应用，碳核算中相关参数的监测方式有望得到改善，进而提升监测结果的精准度。因此，未来在方法学的更新与碳信用的核证中，相关技术手段的应用或许将越发主流，碳信用的质量也有望随之提高。

最后，在金融产品创新方面，充足的碳信用资产供应，将促进以碳信用资产为标的的碳金融产品开发和应用，进而吸引更多的碳市场参与者。2023年2月，中金公司、中信建投证券、东方证券、申万宏源证券、华泰证券、华宝证券相继收到中国证券监督管理委员会碳市场准入无异议函，叠加 2014 年、2015 年已经获得批准的中信证券和国泰君安证券，目前碳市场已扩容至 8 家券商。券商资金规模大、参与交易的能力与意愿强，通过碳金融产品的开发和服务，能够帮助企业盘活碳资产并进行风险管理，预计券商的参与将为碳市场带来较强的流动性，强化碳价格发现功能，未来期待看到碳金融衍生品在国家碳市场得到创新应用。

## 三、碳审计

在碳账户的运行过程中，碳审计也是重要的一环。碳审计是依据一定的审计规则，运用合理的审计程序和方法，对被审计者碳减排的合法性和效益性进行检查和监督，以及碳信息披露的真实性等社会责任履行情况进行评价的活动。碳审计是在全球可持续发展与经济低碳转型的大背景下产生的，直接目标是增强碳信息核算与披露的规范性，提高碳管理水平，推动低碳相关政策的有效落实，根本目标是缓解全球气候变暖和保护地球生态安全。

碳减排量作为一类新型资产，当拥有资产的主体是企业时，就是生产端碳审计；当拥有资产的主体是个人时，就是消费端碳审计。由于生产端碳减排全链路实践了以碳核算、碳信用、碳配额等为基础的碳交易市场机制，生产端碳审计在学术界也已经展开较长时间的讨论和研究。当前，消费端碳减排的实践探索呈现快速发展趋势，消费端碳审计也必将受到普遍关注并展开进一步探讨。准确且合理的碳审计通过监控企业和个人的碳减排行为，可以规范碳排放主体约束自己的交易行为，进而保证碳交易过程的公正有效性，进一步激活碳资产的金融货币属性，从而增强碳交易市场的流动性，推动碳账户的互联互通和健康发展。因此，碳审计是碳账户有序运行和发展的重要保障。

## （一）生产端碳审计

生产端碳审计是由独立的审计机构对政府和企业在履行碳排放责任方面进行的检查和鉴证，是对碳排放管理活动及其成果进行独立性监督和评价的一种行为。在宏观上，政府部门机构的能源使用状况需要被检查，公共资源的有效节约使用需要被监督，进而推动低碳经济和绿色能源技术的应用。在微观上，企业作为经济主体的资源利用投产关系，能源的具体开发利用程度需要被测量改善，促进企业合规，提高企业资源利用率。因此，根据审计目的的不同，生产端碳审计的主体可以是国家审计机关、企业审计委员会或外部审计机构。

当审计对象为企业时，生产端碳审计旨在核实与企业碳排放相关的行为活动和碳减排量。例如，低碳政策的制定和执行情况、低碳相关财税资金的使用情况、节能减排目标的达成情况等。在审计标准方面，政府间气候变化专门委员会发布了《2006年 IPCC 国家温室气体清单指南》，并于 2019 年发布了修订版国家温室气体清单指南，对需要纳入碳审计范围内的温室气体进行了归纳，并详细介绍了这些气体排放的危害与可能造成的影响。该清单还绘制了能源、工业、农业、林业、土地和废弃物处理行业温室气体排放清单的树状图。审计人员可以根据树状图上的项目对企业产生的温室气体种类进行判断，从而确定详细的温室气体审计清单。[①] 审计步骤主要分为7步（见图5-10）：主体与客体的明确、审计目标的确定、计划的制订、预审计（包括现场考察、评价能耗状况、确定审计重点）、项目现场实施审计（包括确定排放源、编制排放清单、计算碳足迹）、低碳减排方案的确定（包括筛选减排方案、确定减排方案、实施减排方案）、形成碳审计报告。

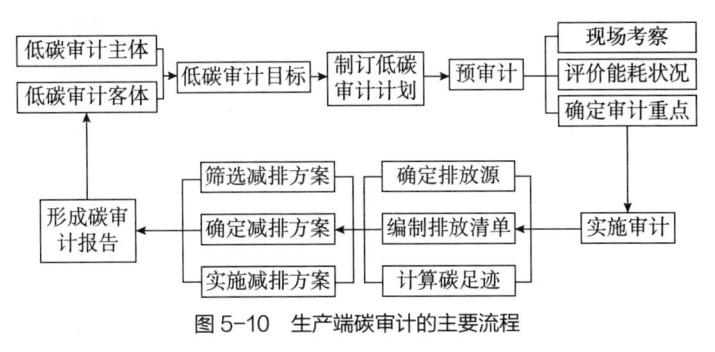

图5-10 生产端碳审计的主要流程

资料来源：方宏圆.低碳经济环境下的碳审计研究——以中石化为例［D］.安徽：安徽财经大学，2020.

审计准则的统一制定是开展碳审计工作的前提和保障。以英国为例，2008年，由英国环境、食品和乡村事务部与英国碳信托联合发起的，英国标准协会编制的《商品和服务在生命周期内的温室气体排放评价规范》发布。该标准主要应用于产品和服务在整个生命周期中所产生的温室气体排放量的核算与评估，是国际首例针对产品碳足迹的核算标准，为各企业、组织等利益相关方的碳审计工作提供了清晰一致的参考指引。

---

① 范钦.碳中和背景下碳审计的制约因素及对策研究［J］.审计观察，2021（10）.

当前，我国生产端碳审计的主要对象是控排企业，比如电力行业、石油化工行业企业等，现有的审计规则多是政府规章和规范性文件。目前，生产端碳审计的核心是以各行业企业温室气体排放核算方法（国家发展改革委已经发布24个行业指引）为基础，由第三方权威机构根据规则对碳排放企业进行审计，参考国际ISO 14064标准和温室气体核算体系的标准，对企业碳核算、碳核查、碳监测等全流程进行审计。2016年，国家发展改革委和7个碳交易试点地区主管部门公布了碳核查的相关规范，其中对碳审计的范围、核算指南、审计程序等进行了界定。但由于当前各地区存在较大差异，规范只能指导当地审计机构开展碳审计工作。随着全国碳市场的发展，若想要在全国范围内开展碳审计，则需要建立完善、统一的规范。虽然全国碳市场已经正式启动交易，但2020年12月发布的《全国碳排放权交易管理办法（试行）》仅覆盖发电行业企业，更加普适的碳排放量监测和鉴证制度仍需要建立和完善。此外，制定碳审计法规所应遵循的上位法律《注册会计师法》《审计法》等涉及碳审计的条例内容较为零散，使碳审计实践中缺乏统一化的、强制性的流程规范约束，影响了碳审计报告的有效性和可比性。企业碳账户作为企业碳排放的核算承载主体，其核算范围包括企业直接碳排放（范围1）、间接碳排放（范围2）、企业上下游造成的碳排放（范围3）三个层次。目前，生产端碳审计以核实企业内部直接碳排放（范围1）和内部间接碳排放（范围2）为主，还没有达到能够审计外部排放（由审计企业上下游企业造成的碳排放，范围3）的程度。生产端碳审计也包含大型金融机构。金融机构在核算碳足迹过程中，逐渐形成了碳核算金融联盟，致力于协调金融机构衡量和披露其贷款和投资相关的温室气体排放，并初步制定了相应的碳核算金融联盟审计准则。

除审计规则外，建立完善的碳审计组织体系也是保证碳审计工作有序开展的基础。经过多年的探索，部分国家已经建立了相对成熟的碳审计组织体系。美国碳审计的实施机构主体是美国审计署（GAO）和美国国家环境保护局（EPA），其中美国审计署属于美国国会，主要负责宏观层面的规则制定；美国国家环境保护局则直接向美国总统汇报，侧重于制定碳审计的具体指导准则和方针。美国审计署对美国国家环境保护局具有审查监督的权力，在实施审计的过程中，美国国家环境保护局需要与美国审计署的自然资源利用与保护司密切合作。在英国，目前已经发展建立起以政府审计为主导、社会审计和内部审计协同合作的完善的碳审计组织体系。在我国，碳审计工作基本由政府主导，只有少部分企业自愿进行内部审计或接受社会审计。如果仅依靠政府审计的力量，则难以覆盖所有企业的碳审计业务需求，不利于碳审计工作的全方位展开，随着碳审计需求的扩大，应建立政府、行业、企业三位一体的、相辅相成的碳审计组织体系。

在生产端碳审计，数字技术可以应用于多个环节。类似于碳排放计量和碳减排核算，在监测碳足迹和跟踪碳排放的过程中，可以利用人工智能驱动的物联网设备对数据进行收集整理。此外，由于审计对独立性和专业性的要求，以及对真实性、准确性和公允性有很高的要求，利用区块链技术对数据进行全流程确权，可以大大提高碳审计的质量效率。首先，区块链技术可以用于碳排放数据的全流程监测与记录，保障碳排放数据的安全存储与责任落实，不可篡改且可追溯，并对企业碳数据进行验证；其次，区块链技术可用于跟踪企业的碳交易流程，将碳配额和历史碳交易数据存储在区块链，不同节点互相连接且实现多信息系统交互，比如碳信息和环保金融等机构信息实现交互，及时发现漏洞并防范舞弊风险；最后，区块链还可以解决抽样偏差，降低审计风险，保障全部数据可以被获取，减少由样本推断总体带来的偏差。

目前，第三方审计机构能够为企业在碳审计方面提供的结论主要是有限保证（有限保证水平低于合理保证），能够提供合理保证（指注册会计师对发表的鉴证意见提供的高水平但非百分之百的保证）的案例并不常见。国际上比较有代表性的出具合理保证的案例是普华永道为一家海外保险公司 Aviva 在 2021 年提供的关于可持续发展进展的审计报告，碳审计是该审计报告中的重要内容。目前，我国以出具有限保证为主。例如，普华永道在 2021 年为中信银行的可持续发展报告出具了有限保证，其中涉及碳排放相关信息。审计机构之所以难以出具合理保证，主要是由于碳排放计量不同于财务计量，财务时点计量能够反映企业的财务全景，而在企业的碳排放过程计量的当前条件下，难以通过时点计量反映企业碳排放的全流程，因此第三方审计机构无法鉴证企业碳排放的全景。

## （二）消费端碳审计

消费端碳审计是对个人碳减排行为产生的碳减排量的真实性与准确性，以及相关主体依托这些碳减排量产生的获利是否公平合理的核实。在碳账户的发展过程中，如果个人碳减排量存在记录不真实、核算不准确等情形,承载个人碳减排量核证的平台企业就会承担相应的内控风险,对应个人碳减排行为的正当权益和收益将无法得到保障,碳普惠制度体系的公信力将受到威胁,消费端碳减排措施的有效性和个人碳市场的运行将难以保障。因此,消费端碳审计通过核实个人碳减排量的真实性与准确性,是实现经济绿色转型、促进碳市场建设、规避平台企业内控风险、保障个人正当权益的有力保障。

根据消费端低碳转型面临的发展阶段,可以将消费端碳审计分为两个阶段。第一阶段是指个人碳减排量未能在公开碳市场上进行交易的阶段,第二阶段是指当碳账户体系实现局部的或全社会的互联互通时,个人碳减排量可以作为碳资产在公开碳市场进行交易的阶段。消费端碳审计在第一阶段仅通过直接审计平台公司,间接核验个人碳减排量获取、记录情况;而在第二阶段,则需要同步对个人用户和平台公司进行审计。

在第一阶段,个人碳减排量以兑换平台企业内部流通的积分或绿色权益为主,由于个人碳减排量仅在平台企业内部流通,还未在公开碳市场上进行交易,对个人碳减排量逐一做审计的必要性并不明显,叠加短期内实现难度较大,因此,这个阶段的审计对象以承载个人碳减排信息的平台企业为主。审计范围主要包含三类:内控审计、信息技术审计、报告审计。首先,内控审计是指在内控流程上核实是否有"洗绿""漂绿"行为,或是在为不同主体提供积分回馈等激励步骤时是否公平。例如,内控流程不严谨造成的碳积分与绿色权益兑换过程中的纰漏,使碳减排行为与相应获得的积分权益出现不匹配的现象。其次,信息技术审计是指平台企业在个人碳减量记录中所应用的信息技术系统是否存在纰漏，例如是否存在碳排放因子使用不当、碳核算过程未能使用正确的公式、碳减排行为未能准确记录在信息技术系统中等情形。信息技术审计的难度较大，对审计机构的专业性要求较高。最后，报告审计旨在核实平台企业在对外披露的自身为生态圈所做的可持续发展贡献的信息和报告中，是否有夸张的记录和陈述而获取品牌或市值效应。

在第二阶段，碳账户体系已初步实现互联互通，个人碳市场基本成熟，个人碳减排量已具备碳资产属性，既可以兑换平台企业内部的积分权益，又可以在平台企业外部的碳市场上进行公开交易，消费端碳审计在第二阶段呈现需要同步对个人用户和平台公司进行审计的特点。此时，个人碳减排量的资产属性相对完备，可以公开流通和交易，逐一的个人碳审计旨在个人碳减排量交易的过程中，防止个人夸大碳减排量而获取不正当的收益行为，维护整个碳市场的稳健运行。同时，在此阶段还需要对平台企业做碳审计，平台企业承载着数以亿计用户的碳减排量，当个人碳减排量和企业碳减排能够交易时，平台企业可以将汇总的个人碳减排量打包代为在碳市场上进行交易，此时碳审计的作用就更加显著，因为平台企业也同样具有通过批量为个人行为"洗绿""漂绿"而在碳市场上牟取不正当利益的可能性。

消费端碳审计的主要内容是核实个人碳减排量的真实性与准确性，由于个人的碳减排行为与企业不同，单笔数量小且笔数多，消费端场景复杂、零散且以间接排放为主，因此消费端碳审计需要借助大量的人工智能、物联网、云计算等数字技术手段，将审计流程尽可能地嵌入、渗透到碳减排行为的过程中，通过制度设计和科技手段实现"记录即审计"。审计的重点应从具体的碳减排行为转换为对记录制度和碳减排核算算法等技术问题的审计工作。此外，由于个人的碳减排量根据每天的行为产生，逻辑上不会出现单笔大额差异，因此，对个人单笔碳减排量的逐一核实力度较弱，消费端碳审计旨在核实与个人碳排放相关的行为活动和碳减排量。数字技术在消费端碳审计的应用体现在以下三个方面。

一是在个人碳减排行为捕捉和记录方面，架构在算法平台与数据中台上的人工智能，基于自然语言处理和图像识别等技术，可以智能识别碳减排行为并对其做出相应分类。例如，哪些行为可判定为"深绿"，哪些行为可判定为"浅绿"，哪些行为属于"棕色"。在碳减排行为识别后，可自动在碳账户中记录该行为的相关参数，例如，在出行场景中自动记录起点、终点、出行方式，在购买消费品场景中自动记录消费品的碳足迹等。此外，为了避免同一碳减排量在多个碳账户中被重复记录，隐私计算技术可以实时在多个碳账户体系中进行跨碳账户式的校对，并确保碳减排信息"可用不可见"。

二是在碳减排量核算方面，基于大数据、物联网、卫星遥感等技术，可以实时形成精准的用户碳减排画像，验证并提高碳减排计量模型的科学性与合理性。碳核算模型可以实现对个人碳减排量的合理估测和预判。例如，若某用户的历史画像一直是高碳的，突然在其碳账户中记录了一笔额度较大的碳减排量，那就需要反复验证，因为这与用户过去的画像不符。再如，若某用户的历史画像总体是绿色低碳的，但在出行习惯上相对高碳，那么就需要用历史画像对记录的碳减排量所映射的碳减排行为进行进一步的验证。

三是在实时性方面，因为碳账户实时反馈个人的碳减排效益，能更好地激发个人的碳减排行为，因此消费端碳审计的理想实现路径是"记录即审计"，这就需要借助数字技术将审计过程无缝嵌入碳减排记录的过程中，在碳减排量计入碳账户的同时审计其真实性与准确性。"记录即审计"将从根本上重新定义审计主体和审计方式，审计主体除了传统的审计机构，也包含具有专业能力的科技公司，而审计方式则转型为平台化。

在信息技术审计、制度搭建以及区块链技术应用等数字技术的加持下，消费端碳审计有望实现"记录即审计"，第三方审计机构也有望在该领域出具合理保证的碳审计结论。

## （三）碳审计是碳账户的重要保障

有效地开展碳审计工作具有十分重要的意义。一是碳审计能对企业和个人的经济行为实施监控，以此来监督审核有关温室气体排放或废物污染问题；二是碳审计能为制定低碳产业政策提供实践依据，政府可以通过碳审计了解经济运行的真实情况，以保证国家对企业的环保要求得到切实贯彻与执行；三是碳审计能及时提供低碳预警，帮助政府尽早发现环境问题，引导政府和企业建立合理的核算体系，为推动低碳产业的发展提供科学依据；四是准确合理的碳审计通过监控企业和个人的碳减排行为，规范碳排放主体约束自己的交易行为，进而保证碳交易过程的公正有效性，进一步激活碳资产的金融货币属性，从而增强碳交易市场的流动性，推动碳账户的互联互通和健康发展。因此，碳审计是碳账户有序运行和发展的重要保障。

作为承载记录企业碳资产并进行交易结算的载体，企业碳账户的主体数量、记录规则和交易程序等都是碳市场稳健运行的基础。因此,生产端碳审计应在现有审计规则、审计流程的基础上,纳入企业碳账户的全流程审计,包括碳账户的开立、碳资产的记录、托管、交易收付、清算结算等。目前,居民端碳账户体系虽然刚刚起步但势头迅猛,消费端碳审计也处于行业讨论和发展初期,在此阶段,消费端碳审计的服务功能宜全不宜缺,审计力度宜轻不宜重。第三方机构所提供的碳审计定位,也要更多地从服务的角度帮助企业更科学、更规范地自愿履行企业社会责任,而相对弱化传统审计中的负面评价功能,才能鼓励更多的企业主动参与到推进碳账户的建设中来。

碳审计与碳市场、碳账户的健康发展是有机统一的。一方面,碳审计通过规范碳核算和交易主体的碳减排行为,可以促进碳市场的活跃和碳账户的全面发展;另一方面,只有当碳排放市场真正活跃起来,促进碳审计的需求增加,才能推动碳审计的蓬勃发展。未来,随着经济发展方式绿色转型的进一步深化和升级,碳审计在深度、广度和精细度等方面将克服挑战并不断完善,为全社会碳减排的体系化构建保驾护航。

## 四、碳保险

### (一)绿色保险与碳保险

根据 2022 年 11 月中国银行保险监督管理委员会发布的《绿色保险业务统计制度的通知》,绿色保险是指保险业在环境资源保护与社会治理、绿色产业运行和绿色生活消费等方面提供风险保障和资金支持等经济行为的统称，包括为 ESG 提供保障、为绿色产业提供保障、为绿色生活提供保障三个方面。近百年来，以变暖为主要特征的全球气候变化已成为科学事实，全球气候变化导致极端天气气候事件发生的强度和频率呈非线性快速增长趋势，对自然生态系统、人类管理和社会经济产生了广泛影响。绿色保险一方面针对极端天气气候事件对农业生产和各类财产损失进行风险分摊和风险补偿；另一方面针对环境保护、碳交易及生态工程建设等绿色发展提供风险保障。

针对如何应对和适应气候变化风险，推进碳达峰碳中和目标的实现，我国保险业已发展了巨灾保险、环境污染责任保险、碳保险、森林保险、生态保险等创新产品，并根据行业需求研发了巨灾保险模型，搭建了多方联合的数字化服务平台。

巨灾保险是为自然灾害造成的经济损失提供保险保障，自 2014 年起，逐步在宁波市、云南省、四川省、广东省、河北省、重庆市等地试点。各地的保险方案量身定制，保障范围涉及台风、暴雨、洪水、雷击、海啸、冰雹、内涝等各类自然灾害造成的人身伤害、房屋倒塌、财产损失等。巨灾保险中农业保险发展较成熟，全国农业保险的保障水平已达 23.21%。[①] 针对其他工程设备、船舶航运等重资产商业巨灾保险的渗透率偏低，与全球平均水平相差甚远。

环境污染责任保险是海外绿色保险中发展最成熟、最具代表性的险种，主要针对高环境风险的企业或设备等采取强制性投保

---

① 资料来源：《中国农业保险保障研究报告（2019）》。

模式，对企业环境污染责任带来的损失提供保险保障。目前，全国环境污染投资达万亿元规模，环境污染责任保险试点已基本覆盖全国各省（区、市），涉及石化、重金属、危险化学品、废物处置、医药、电力、印染等多个领域。

碳保险主要基于碳交易衍生发展，一方面可以为节能减排企业的减排量进行保险保障；另一方面可对碳交易价格进行风险保障。全国首单碳保险于2016年在湖北碳排放权交易中心落地，目前，碳保险已陆续在北京市、上海市、深圳市等试点交易所推进，是碳金融在保险方面的创新实践。

森林保险是应对和适应气候变化的创新生态保险产品，当前市场上的森林保险主要为森林火灾保险，保障对象为天然林或人工林中生长的林木或已采伐待运的林木。

生态保险主要以苗木与生态工程建设为保险保障对象，与农业保险和工程保险存在一定的交叉。

近年来，我国先后出台了多部关于环境保护和污染方面的法律法规和制度，2016年8月，中国人民银行等七部委联合出台的《关于构建绿色金融体系的指导意见》正式提出大力发展绿色保险，将绿色保险纳入绿色金融体系范畴。其后，国家不断完善与绿色保险相关的法律制度，从指导意见、管理办法等逐步向法律层面过渡，政策体系不断完善和深化。根据2023年2月22日发布的《中国地方绿色金融发展报告（2022）》，绿色金融经过"十三五"时期的快速发展，形成了三大功能、五大支柱的总体发展思路，绿色保险制度初步建立，投融资流程形成规范，累计保额超过45万亿元。

在多年的实践当中，我国绿色保险逐步形成了以环境污染责任保险和巨灾保险等传统绿色保险为主的保险产品体系，其中环境污染责任保险是重中之重，投保规模逐年递增，已为数万家企业提供百亿元以上的风险保障，初步形成"保险＋服务＋监管＋科技"的联动发展模式。此外，我国保险业也不断加快对其他创新险种的开发，例如，绿色建筑保险、可再生能源保险、新能源汽车保险、森林碳汇指数保险、绿色信贷保证保险、气象指数保险、碳保险等。

碳保险作为绿色保险范畴下的一种创新产品类型，具有其独特性，不同于一般意义上的低碳保险，它是与碳配额交易、碳信用直接相关的金融产品。碳保险可以定义为以《公约》《京都议定书》为前提，以碳排放权为基础，在京都规则中或是在非京都规则中模拟京都规则而产生的碳金融活动的保险，承保范围是碳活动融资风险、碳资产交付风险以及碳价格波动风险等。

广义概念的低碳保险保障范畴见表 5-10。

表 5-10　广义概念的低碳保险保障范畴

| 减碳项目开发环节 | 减碳效果产生环节 | 碳交易环节 |
| --- | --- | --- |
| 碳减排技术研发类首台（套）、新材料、科技保险 | 碳捕集、利用与封存等科技保险 | 碳排放权交付履约 |
| 碳生物转化（如二氧化碳转淀粉）技术研发类首台（套）、新材料、科技保险 | 森林碳汇相关保险 | 碳排放权交易信用 |
| 新能源项目开发运营等 | 其他方式碳汇相关保险 | 碳排放权价格波动 |
| — | 环境污染责任保险 | 碳排放权质押融资 |

在碳交易机制下，企业面临的风险包括：在应用新型生产技术实现碳减排时，可能因生产设备的意外损毁而无法按时通过监

管部门的认证；在参与碳市场交易时，可能因为交易对手违约而无法按时向监管部门交付配额，也可能因为碳价格波动而增加自身财务支出；在以碳资产为抵押物向银行融资时，需要承担由以上因素造成的信用损失风险，同时贷款银行也将承担相应的后果等。正是由于这些风险的客观存在，企业才有必要通过购买碳保险产品分散风险。保险公司在保障企业降低相关风险损失的同时，也通过预防机制帮助客户进行风险防控，通过保费优惠等方式激励企业提高绿色低碳发展水平，还在实质上起到了为企业信用水平提供增信的作用（见表5-11）。

表5-11 保险公司通过碳保险为用户提供四种服务

| 类型 | 内容 |
| --- | --- |
| 预防机制 | 保险公司联动专业的第三方公司，为客户提供风险防控服务，实时监控投保企业的温室气体排放水平，以预防和减少风险事故的发生 |
| 赔偿机制 | 在风险事故发生后，保险公司向受益人赔偿保险金或者等价的碳资产，帮助投保人控制减排成本，增强财务稳定性 |
| 激励机制 | 在续保时，保险公司会根据上一保险期间企业的风险状况，采取差异化的承保策略，比如向未出险的客户提供费率优惠或附加权益，以提升企业的履约积极性，激励企业加快向低碳经济发展模式的转型 |
| 增信机制 | 保险公司从经济制度上为碳交易、碳融资等活动提供风险保障，提升排放单位信用水平 |

从保险行业自身来看，目前我国财产保险公司的业务主要依赖机动车辆保险，尽管近几年在非车险领域有所探索，但总体而言存在场景零散、不可持续、受众面窄等局限性。保险公司非车险转型适逢"双碳"战略目标，围绕碳市场开展的相关碳保险创新有望为财产保险公司开创一个更稳定且庞大的新赛道。

## （二）不同碳保险类型及创新实践

基于保险的风险管理功能，碳保险可以成为所有参与低碳转型主体的风险管理工具之一。无论是高碳行业转型，还是低碳行业的技术开发，均需要投入大量资金，且转型过程与技术孵化具有一定的不确定性，有效的风险管理可以避免引发其他风险。保险公司可以通过保险机制为行业转型与发展提供风险保障，进一步助力行业平稳发展。

根据保险标的的不同，碳保险产品可以分为三种类型。第一种是对碳信用质量进行担保，例如保障项目投资人在项目运行过程中达成预期的温室气体减排量；第二种是对碳信用可获得性的担保，例如在 CCER 项目开发核证阶段，对于项目可通过审批注册为 CCER 项目结果的担保；第三种是围绕碳价提供的保险，例如为碳资产需求方提供相关期权类产品，确保其以目标价格购买到碳资产。

### 1. 以碳信用质量为保险标的的保险产品

碳信用质量是指，预期具有碳减排能力的资产在现实中真实实现的碳减排能力，按照碳信用资产类型的不同，以碳信用质量为保险标的的保险产品可以细分为森林碳汇保险、建筑节能保险、碳捕获保险等（见表 5-12），国外的部分实践被统一称为碳损失保险。2009 年 9 月，澳大利亚斯蒂伍斯·艾格纽保险公司首次推出碳损失保险，缓解雷击、森林大火、飞机失事、冰雹或者暴风雨等导致森林不能达到经核证的减排量而带来的风险。

表 5-12  以碳信用质量为保险标的的保险产品

| 产品 | 定义 |
| --- | --- |
| 森林碳汇保险 | 以天然林、用材林、防护林、经济林等可以吸收二氧化碳的林木作为投保对象,针对林木在其生长全过程中,自然灾害、意外事故等可能引起吸碳量下降而造成的损失给予经济赔偿 |
| 建筑节能保险 | 以建筑节能改造项目作为投保对象,对于建筑建造过程中不满足设计规划等导致的碳减排效果不足给予经济补偿 |
| 碳捕获保险 | 在碳捕获的过程中,可能会面临碳泄漏的问题并导致碳信用额度损失、财产损失等,同时还可能使碳排放由严格限制排放区域向气候相关法规相对宽松区域转移,并由此引发风险转嫁。因此,碳捕获保险可用于利用碳捕获技术进行碳封存时效果降低带来的各类风险,通常其受益人为受碳泄漏影响的自然人 |
| 碳损失保险 | 投保人通过购买碳损失保险可获得一定额度的减排额,当条款事件触发后,保险公司向被保人提供同等数量的碳信用资产(如 CERs) |

国内保险公司在森林碳汇保险及建筑节能保险领域都已进行了诸多尝试。2021 年,中国人寿财险福建省分公司创新开发出林业碳汇指数保险产品,将火灾、冻灾、泥石流、山体滑坡等合同约定灾难造成的森林固碳量损失指数化,当损失达到保险合同约定的标准时,则视为保险事故发生,保险公司按照约定标准进行赔偿,保险赔款可用于灾后林业碳汇资源救助和碳源清除、森林资源培育、加强生态保护修复等。2021 年 4 月,中国人民财产保险青岛分公司向青岛立信达能源服务有限公司签发全国首张"减碳保"建筑节能保险保单,为青岛蓝海大饭店(黄岛)节能改造项目未来 3 年的节能降耗指标提供风险保障,在项目改造完成后,预计年均减碳量达 542.62 吨。

碳信用备案审批过程发生在项目实际运营之前,而单个碳信用所对应的碳减排量是对于未来可能发生情况的预测值。因此，如果核算方法学不科学，或是在项目实际运营过程中发生风险事件，都将造成碳减排量的损失，影响碳信用资产的质量。以碳信用质量为保险标的的保险产品就是将这种损失风险转嫁到保险公司，继而保障碳信用资产所代表的碳减排能力得以实现或得到补偿。碳保险产品的引入，极大地降低了碳资产价值的判断难度，有助于激发更活跃的碳市场交易，帮助生产部门更好地实现减排目标。

由于碳保险整体提高了碳信用资产的质量，因此也被用在碳质押融资等金融业务场景下，帮助提高用户的主体信用水平。2006年，美国国际集团与达信保险经纪公司合作推出碳排放信贷担保以及其他与可再生能源相关的新的保险产品等，通过降低企业投融资成本，促进企业积极参与碳抵消和碳减排活动。这类碳排放信用担保产品重点保障企业新能源项目运营中的风险，提供项目信用担保，促进企业参与碳减抵项目和碳排放交易，并辅助企业在金融市场的融资活动。

### 2. 以碳信用可获得性为保险标的的保险产品

碳信用的可获得性可以从两个方面理解：一是对处于开发或备案申请阶段的碳减排资产，投资人不会因为意外情况而无法达成资产核证的目标；二是对碳信用资产的需求方，不会因为任何原因而无法正常获得碳信用资产的交付。以碳信用可获得性为保险标的的保险产品见表5-13。

瑞士再保险公司曾经与总部位于纽约的私人投资公司RNK

合作，开发了用于管理碳信用交易中与《京都议定书》项目相关风险的碳保险产品，主要为碳信用资产按预期获得相应的核证签发量提供保险保障。

表 5-13 以碳信用可获得性为保险标的的保险产品

| 产品 | 定义 |
| --- | --- |
| CDM 支付风险保险 | 主要管理碳信用在审批、认证和发售过程中产生的风险。当 CDM 项目的投资人因核证减排量的核证问题或发放问题遭受损失时，保险公司会对 CDM 项目投资人给予期望的核证减排量或者等值补偿 |
| 碳交易信用保险 | 以合同规定的排放权数量作为保险标的，向买卖双方就权利人因某种原因而无法履行交易时所遭受的损失给予经济赔偿。该保险为买卖双方提供了一个良好的信誉平台，有助于激发碳市场的活跃性 |

2004 年，联合国环境署、全球可持续发展项目和瑞士再保险公司推出了碳交易信用保险，由保险或再保险机构担任未来核证减排量的交付担保人，当根据商定的条款和条件，当事方不履行核证减排量时，担保人负有担保责任。该保险主要针对合同签订后出现各方无法控制的情况而使合同丧失了订立时的依据，进而各方得以豁免合同义务的"合同落空"情景进行投保，例如突发事件、营业中断等。

以碳信用可获得性为标的保险产品，也是一种用来解决碳信用的投资或购买时间与交付时间错位问题的保险工具。这种对未来不确定性提供的管理服务，能够在很大程度上增强投资者与购买者的信心，提高碳资产的市场认可度，从而促进碳市场高效运行。

### 3. 以碳信用价为保险标的的保险产品

在碳排放权交易市场中，不同因素造成的配额供需关系对碳交易价格的影响较大，因此存在价格波动风险。不断变化的价格加重了相关企业对碳排放权交易的担忧与疑虑，不利于市场的健康发展，交易主体需要相应的金融工具管理碳排放权价格波动的风险。

2006年，瑞士再保险公司的分支机构——欧洲国际保险公司首次针对碳信用价格提供了一种专门管理其价格波动的保险，其实质是碳资产的持有人以保险费的形式聘请更具经验和能力的保险公司为其管理碳资产价格，从而使其不会因为碳市场价格波动而蒙受损失。

2021年5月，中国人民财产保险股份有限公司顺昌支公司开展了国内首次针对林业碳汇项目碳交易价格的保险产品创新，保险公司为福建省南平市顺昌县国有林场提供林业碳汇价格损失风险保障，降低市场林业碳汇项目价格波动造成的经济损失，该产品承保林业碳汇项目面积达6.9万亩，总减排量可达25.7万吨。这是全国首个针对林业碳汇项目开发的保险产品。

2012年，英国Kiln保险集团发行了碳信用保险产品，将碳信用与传统的金融衍生工具相结合，保障商业银行在一定成本范围内有效获得碳信用。在保险产品合同中，银行作为碳信用买方先买入"碳期权"，在期权可行权的期限内，如果碳信用价格高于行权价格时，银行会行使期权买权。金融衍生品如期货、期权等，都是进行资产价格管理有效的金融工具，碳保险与金融衍生品结合，相当于为保险公司提供了更优的价格管理策略，进而帮助用户更好地实现风险管理目标。

碳保险与期货的搭配对碳市场中普遍具有碳资产价格管理需求的参与主体而言，具有更高的普适性与接受度、更低的专业要求，且能够以更低的成本锁定价格。保险作为普通的金融产品，与企业经营管理的方方面面有关，相较于企业自身通过碳期货等金融衍生品进行资产管理，保险更具有认知度和普适性。通过金融衍生品实现价格发现、套期保值等功能，需要企业跨市场进行盯市操作，要求具备一定专业能力的团队执行相关工作，但购买保险产品相对简单，一般的财务人员即可完成。此外，按照一般期货交易规则，企业购买期货产品需要缴纳一定比例的保证金及交易费用，并且随着市场行情的变化，企业也有可能因为管理不善而出现亏损风险，但购买保险产品就只需要支付保险费，相比之下，保险更具成本优势。

## （三）碳保险对碳账户功能的支撑

促进碳市场要素有效流动是创新碳金融产品的核心诉求。基于我国全国碳市场及地方试点市场的基本现状，碳市场需要创新易于推广和操作的金融产品或者搭配创新模式，拓展服务碳市场参与主体的广度与深度，调动各主体参与碳交易的积极性，从而充分发挥碳资产的金融价值，支持控排企业进行绿色低碳改造，提高降碳减排能力。

碳账户作为碳市场的金融基础设施，具有搭建数据底座、提供账户服务等功能，但若想进一步为用户提供更高质量的碳资产管理服务，或是促进碳资产在不同交易主体之间的流通，则还需要借助更多其他的金融产品。碳保险作为一种便于用户理解且功能强大的金融工具，可以起到提高碳信用资产质量、进行碳价格管理等作用，有望对碳账户进行高效赋能。在碳保险产品的加持下，碳资产的信用水平得到提高，有助于碳资产对接更大的交易市场和更广泛的交易人群，保险公司更强大的价格管理能力，也将为在客观上有碳资产持有需求的主体提供更优质的服务，促进更多企业与个人进行碳减排活动的探索。保险业可以通过风险管理和资金运用等各种功能，开发与碳交易相关的保险产品，支持"两高"企业转型，助力低碳行业发展。

绿色金融业务发展是我国碳达峰碳中和目标的重要抓手，除投资端和融资端协同外，市场化环境风险管理也不可或缺。在传统产业结构升级、构建绿色产业发展的过程中，也需要避免碳交易、碳信用相关活动造成的损失。这也为保险公司开发创新绿色产品、发挥市场化风险管理作用并承保相关保险风险提供了更广阔的空间。因此，加快发展绿色保险，运用市场化手段、实现多方联动、进行环境共治将成为发展趋势。

2023年2月，中国银行保险监督管理委员会办公厅发布《关于印发银行业保险业贯彻落实〈国务院关于支持山东深化新旧动能转换推动绿色低碳高质量发展的意见〉实施意见的通知》，其中提出，"支持有条件的银行保险机构在山东开展碳账户、碳保险、碳资产证券化等探索创新""鼓励保险机构将企业环境与碳减排等纳入投资决策体系与保费定价机制"。山东省是经济和人口大省，也是能耗和碳排放大省，在新旧动能转化的过程中，既有巨大的传统工业转型需求，也有发展清洁能源等新技术及促进绿色消费的广阔市场。碳保险一方面可以为企业参与碳交易、投资碳减排资产等活动提供资产质量、交易价格等方面的保险保障，支持更多主体参与市场交易，活跃碳市场；另一方面，保险公司作为市场上重要的资金方，将绿色技术作为资产配置的重要考量因素，也有助于支持绿色产业的发展。

但是，目前碳保险领域的发展仍面临市场需求及产品设计等方面的一些挑战。首先，在市场发展基础方面，虽然我国碳市场已经从七个区域试点稳步过渡到了全国碳市场交易，但整体配额总量和交易活跃程度仍然有待提升，碳市场的法律制度、计量体系、市场建设等方面仍有待加强。现阶段，全国碳市场的配额总量约45亿吨，但全国碳排放权交易市场的换手率仅约3%，碳交易市场的规模和成熟度有待提升，保险机构参与碳市场的基础有待夯实。对市场中的参与者而言，碳金融的保障机制及激励政策有待完善，碳资产的金融属性有待加强，外部激励力度有待加大，各企业和金融机构的参与意愿有待提升。企业的投保意愿增强可以提高保险机构对新产品创新研发的积极性，进一步丰富碳保险产品种类。其次，在产品设计方面，目前我国碳市场规模和行业覆盖范围有待扩大，运行年限还较短，相关数据有待丰富，保险机构在产品设计中面临一定挑战。例如，现阶段我国企业碳信用数据有待补充，且碳信用价值中存在一些模糊成本，碳价值评估难度较高，使建立在精算基础上的碳保险产品面临着定价挑战。丰富基础数据可以充分支持研究，助力碳保险产品的设计开发与创新升级。

总体而言，目前我国碳保险尚处于起步阶段，随着国家碳市场的不断升级、交易量的不断活跃、碳减排资产及数字技术的不断增强，我国碳保险市场将大有可为，是保险业转型的重要机遇。为推动碳保险行业的发展，可以从制度安排、市场运作及产品创新三个方面发力。在制度安排方面，加快碳达峰碳中和"1+N"体系中"N"的制度建设，使碳保险的风险承担机制和路径更加清晰，完善已有保险法律体系中与碳保险相关的制度，加快碳保险配套法律制度的出台。在市场运作方面，在政府引导、监管推动的背景下，丰富碳金融工具创新，促进形成更活跃的全国碳市场，使保险产品能在大数法则下进行精准定价、分类定价和定价回溯，并与其他金融工具实现积极有效的配合。在产品创新方面，可以加强碳保险创新产品的地区试点，在试点过程中通过多种形式的比对，在吸取经验教训的同时找到最佳路径，政府部门也可以加强对碳保险领域的考核激励与财政补贴力度，同时通过政府、行业、保险公司等多方宣传，提升社会公众对碳保险的认知水平。

第六章

# 碳账户的应用领域:"碳账户+X"

碳账户作为一项绿色金融创新工具，能够量化企业、个人的碳排放或碳减排量，未来有望发展成为一项金融基础设施。碳账户体系的建立推广，有助于丰富碳市场的交易主体，增强碳市场的流动性和活跃度，进而提升碳资产的货币属性，并激发碳市场的价格发现和资源调配功能。具体而言，碳账户能够在绿色金融、绿色农业和乡村振兴、企业 ESG 评价、增强人民币国际竞争力等"X"领域发挥潜在作用和助力，推动我国碳金融市场的发展及经济整体绿色转型。

在绿色金融领域，碳账户不仅能为企业碳排放或碳减排提供碳核算等服务，并据此匹配差异化的绿色金融支持，还能基于其承载的碳资产数据向碳金融市场延伸，拓展碳质押等融资类服务，以及碳期货、碳期权等碳金融衍生品资产管理服务。与此同时，在消费端建立个人碳账户，通过"谁减排谁受益"的碳普惠机制，将个人减排行为量化并进行分级评价，可以建立基于绿色消费水平的信用评价机制并给予相应的差异化金融政策，进而引导个人养成低碳消费的行为习惯，通过消费需求转变进一步带动生产端的低碳转型。碳账户作为一项创新工具，将随着绿色金融与转型金融的不断深化探索，在标准、方法学、信息披露、审计、技术等方面持续完善。

在绿色农业和乡村振兴领域，碳账户可以量化农业经营主体绿色种养的碳减排能力，在政府和监管机构的引导下，商业银行可以通过与碳账户挂钩的信贷产品创新，有效引导农业农村系统加快低碳生产转型及技术推广，助力绿色农业发展和乡村振兴战略。此外，碳账户还可以应用于农村人居环境整治，以碳账户为载体围绕农户周边环境情况进行量化评分，匹配相应的积分礼品兑换和贷款信用评级，从而改善农村人居环境，推动宜居宜业和美乡村建设。

在企业 ESG 评价领域，目前在部分上市公司对外披露的环境社会治理报告等文件中，碳账户建设情况已成为重要的组成部分。商业银行和互联网企业通过构建碳账户平台，能够量化呈现企业 ESG 治理成果，并通过碳账户的客户权益体系和积分激励场景优势，广泛带动企业客户及上下游生态伙伴在环境、社会公益等方面的行动贡献。部分商业银行和互联网企业还通过个人碳账户平台的客户权益体系，涉足生态保护及生物多样性保护等议题，同时满足客户及企业参与生态环保活动的意愿，符合企业 ESG 治理的内在要求。

在增强人民币国际竞争力方面，随着碳交易市场的逐渐成熟，围绕碳资产进行的碳交易有望带动国际资本流动，并形成碳交易结算货币的国际环流。我国通过强化新能源技术优势，推进碳账户体系建设，一方面可以拓展绿色转型的深度和广度，为人民币国际化提高绿色产业能力；另一方面可以增强生产端与消费端的碳资产开发与交易互通能力，在以碳资产为锚的货币体系构想下，不断提升我国在国际碳市场的话语权，为人民币国际化提供重要的推动作用。

## 一、碳账户作为绿色金融的创新产品

2016年8月，中国人民银行等七部委在《关于构建绿色金融体系的指导意见》中将"绿色金融"定义为："支持环境改善、应对气候变化和资源节约高效利用的经济活动，即对环保、节能、清洁能源、绿色交通、绿色建筑等领域的项目投融资、项目运营、风险管理等提供的金融服务。"

面对碳排放这一覆盖面广泛且影响超越当前时间和空间的外部性问题，在市场不能有效配置绿色发展资源的情况下，需要外生的绿色金融工具进行有效引导。例如，通过降低绿色投融资的成本，增强绿色资金的可获得性，甚至创造新的交易市场以解决市场失灵导致的绿色投融资不足的问题。目前，相关绿色金融产品和工具已被广泛应用到经济活动的实践中，主要产品包括绿色信贷、绿色债券及资产证券化、绿色股票指数和相关产品、绿色产业基金、绿色保险、碳金融及其衍生品等。碳账户通过核算记录企业与个人的碳排放、碳减排资产，成为衡量企业主体开展绿色生产经营及个人绿色消费水平的有效工具，金融机构可以根据碳账户的评价结果为企业及个人提供相匹配的融资服务，以及差异化的授信额度和利率。因此，碳账户可被视为绿色金融领域的创新产品，未来有望发展为一项金融基础设施，通过发掘和实现碳资产价值，为企业生产和居民生活绿色低碳转型提供创新性金融服务。

## （一）我国绿色金融发展概况

据中国金融学会绿色金融专业委员会课题组发布的《碳中和愿景下的绿色金融路线图研究》，在碳中和情景下，自2021年起，中国未来30年的绿色低碳投资累计需求将达约487万亿元（见图6-1）。

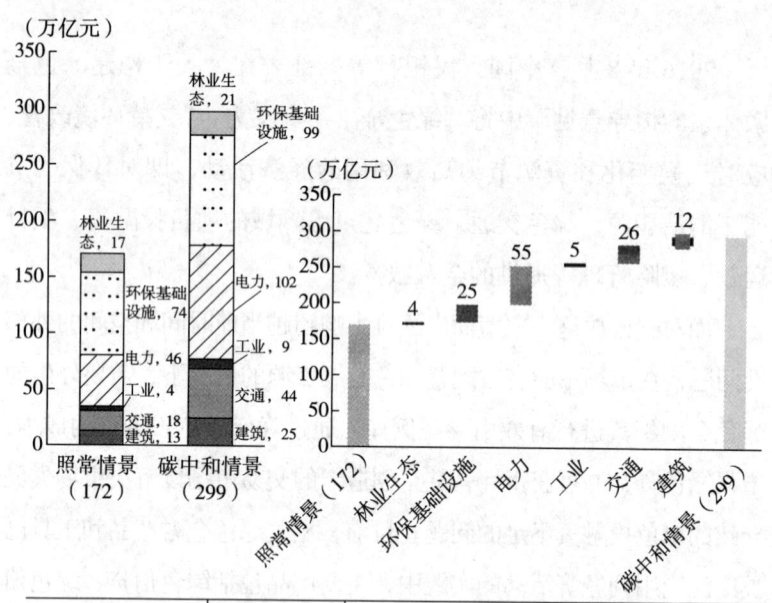

| 时期 | 报告口径投资需求 | 模型口径投资需求 ||||
|---|---|---|---|---|---|
| | | 低碳 | 环保 | 生态 | 总计 |
| 2020年 | 50 854 | 12 618 | 15 411 | 3 172 | 31 201 |
| 2021—2030年 | 814 467 | 250 811 | 206 405 | 42 490 | 499 706 |
| 2031—2040年 | 1 613 929 | 598 794 | 324 595 | 66 818 | 990 207 |
| 2041—2050年 | 2 439 928 | 938 487 | 463 159 | 95 343 | 1 496 989 |
| 2021—2050年 | 4 868 324 | 1 788 092 | 994 159 | 204 651 | 2 986 902 |

图6-1 绿色金融投资需求及分布测算

注：照常情景为2050年不因碳中和发生改变的投资情况；碳中和情景为2050年因碳中和发生改变的投资情况。表格中的数据单位为亿元。

资料来源：《碳中和愿景下的绿色金融路线图研究》（中国金融学会绿色金融专业委员会课题组）。

为发挥绿色金融的资源配置功能，为绿色产业筹集资金，并防范环境气候因素导致的金融风险，我国通过自上而下的政策推动，建立了系统性绿色金融政策框架。在监管政策方面，通过绿色金融顶层架构、绿色金融分类标准、信息披露要求、激励约束机制等多个方面进行政策规制和指引，并在此基础上初步形成多层次的绿色金融产品和市场体系。

**1. 绿色金融顶层架构**

我国已搭建绿色金融基础政策体系，为绿色金融标准体系、信息披露及激励约束机制的建立与完善提供了指引。

2012年2月，中国银行业监督管理委员会出台了《绿色信贷指引》。该指引从组织管理、政策制度、能力建设、流程管理及信息披露等方面对银行业金融机构的绿色信贷做出了明确的引导，是境内所有银行业金融机构发展绿色信贷的纲领性文件。同时，该指引对绿色信贷的内容进行了界定，提出绿色信贷应包括对绿色经济、低碳经济、循环经济的支持，防范环境和社会风险，提升自身环境和社会表现等基本内容。

2016年8月，中国人民银行等七部委联合出台《关于构建绿色金融体系的指导意见》，确立了中国绿色金融体系建设的顶层架构，从界定标准、信息披露、政策激励、产品创新等角度提出了35条具体措施。这是当时全球第一份由中央政府主导的、较为全面的绿色金融体系政策框架。2019年，中央各部门出台了近20项绿色金融相关政策和规定，规范了绿色金融业务，形成了对绿色金融创新发展的有效激励。

2022年6月，中国银行保险监督管理委员会印发《银行业保险业绿色金融指引》（以下简称《指引》）。《指引》将银行业保险业发展绿色金融上升到战略层面，同时提出银行业保险业应将环境、社会、治理要求纳入管理流程和全面风险管理体系，这被视为中国绿色金融发展的重要里程碑。对比《绿色信贷指引》，新版《指引》以新时代金融环境和绿色金融发展需求为背景，拓展了关注点和适用性。首先，政策的适用对象从银行拓展到银行保险机构及其客户。其次，风险类别在环境、社会风险的基础上增加了治理风险。再次，业务活动从信贷拓展到各类绿色金融业务。最后，强调了科技手段对推动绿色金融发展的重要性。

## 2. 绿色金融分类标准

建立绿色金融分类标准的意义在于，明确和统一绿色产业投资方向及绿色金融产品认定标准。目前，我国绿色金融分类标准发展最成熟的领域是绿色信贷和绿色债券（见表6-1）。

绿色信贷体系建设起始于《绿色信贷指引》。2013年，中国银行业监督管理委员会制定了《绿色信贷统计制度》，明确了12类节能环保项目及服务的绿色信贷统计口径，开启了绿色信贷业务的统计工作。2019年3月，国家发展改革委等七部委联合印发《绿色产业指导目录（2019年版）》，完善绿色产业分类标准，明确梳理六大类绿色产业投资方向，包括节能环保、清洁生产、清洁能源、生态环境、基础设施绿色升级、绿色服务。在此基础上，中国人民银行和中国银行保险监督管理委员会分别于2019年12月和2020年6月形成针对绿色信贷和绿色融资的产品认定标准，因为两者基本采用了《绿色产业指导目录（2019年版）》的主要框架与标准，所以从整体上实现了绿色信贷统计标准的趋同，但在中国银保监会的体系下，围绕消费侧的绿色信贷也纳入统计范畴。根据中国银行保险监督管理委员会印发的《关于绿色融资统计制度有关工作的通知》，绿色消费融资的定义为支持个人、公共机构及企业绿色消费的融资，其中，绿色消费的范畴具体包括购置节能建筑与绿色建筑，既有住房节能改造、购置新能源和清洁能源汽车，又有购买获得国家节能、节水、环保等认证的产品等，信贷业务类型包括但不限于信用卡分期、消费贷款等。

绿色债券认定方面，2021年前曾存在多项标准并行的情况。一是绿色金融债、公司债、债务融资工具、资产证券化产品，主要参考2015年中国人民银行发布的《关于在银行间债券市场发行绿色金融债券有关事宜公告》，以及中国金融学会绿色金融专业委员会编制的《绿色债券支持项目目录（2015年版）》，该公告及目录明确了对金融企业发行绿色债券的审批程序、对资金用途的监管、披露要求和环境效益评估等问题，规定了绿色债券支持项目的界定和分类。二是绿色企业债，主要参照2015年12月国家发展改革委发布的《绿色债券发行指引》，该指引界定了绿色企业债的项目范围和支持重点。

2021年4月，中国人民银行、国家发展改革委以及中国证券监督管理委员会联合印发《绿色债券支持项目目录（2021年版）》，正式统一绿色债券的认定标准。2022年，绿色债券标准委员会发布《中国绿色债券原则》，进一步统一了不同绿债品种应遵循的原则，特别是明确了募资投向必须全部用于绿色项目，保证绿色的"纯度"。

表 6-1 我国绿色信贷、绿色融资及绿色债券现行产品标准

| 项目 | 绿色信贷 | 绿色融资 | 绿色债券 |
|---|---|---|---|
| 监管文件 | 《关于修订绿色贷款专项统计制度的通知》 | 《关于绿色融资统计制度有关工作的通知》 | 《绿色债券支持项目目录（2021年版）》 |
| 覆盖范围 | 银行贷款 | 贷款、贸易融资、票据融资、融资租赁、债券投资、银承、信用证等 | 金融债、企业债、公司债、债务融资工具、资产证券化产品 |
| 统计方式 | 每季度统计报送 | 每季度统计报送 | 贴标发行 |
| 产业投向 | 参照《绿色产业指导目录（2019年版）》 | 在《绿色产业指导目录（2019年版）》的基础上进行细微调整，并纳入贸易类融资和消费类融资 | 在《绿色产业指导目录（2019年版）》的基础上进行细微调整，增加CCUS建设运营，删除油气开采、煤炭生产利用、火电改造等内容 |
|  | 六大方向：节能环保、清洁生产、清洁能源、生态环境、基础设施绿色升级、绿色服务 |||

资料来源：作者根据中国人民银行、中国银行保险监督管理委员会发布信息整理。

### 3. 信息披露要求

企业和金融机构开展充分的环境信息披露是金融体系引导资金投向绿色产业的重要基础，被投企业和项目的碳排放信息披露是低碳投资决策的重要基础。有效的信息披露机制主要解决绿色金融市场的信息不对称问题，从而降低政府或市场主体在参与绿色金融时面临的交易成本。绿色信息披露包含两个维度：一是上市公司环境信息的披露，二是金融机构、股权投资机构等对所持资产绿色信息的披露。

在上市公司环境信息披露标准方面，近年来，我国政府监管机构已逐步明确上市公司须强制披露生产过程中的主要环境污染物、主要处理设施及处理能力等信息。中国人民银行等七部委在《关于构建绿色金融体系的指导意见》的分工方案中已经明确表明，要建立强制性上市公司披露环境信息的制度。中国证券监督管理委员会的上市公司环境信息披露工作实施方案分三步走[①]：第一步为2017年底修订上市公司定期报告内容和格式准则，要求进行自愿披露；第二步为2018年3月强制要求重点排污单位披露环境信息，未披露的须做出解释；第三步为2020年12月前强制要求所有上市公司进行环境信息披露。在绿色债券发行人环境信息披露标准方面，中国人民银行、沪深交易所及交易商协会先后公布了关于绿色债券信息披露的标准，要求发行人按年度、半年度、季度披露募集资金使用、项目进展及实际的环境效益等情况。

在金融机构信息披露标准方面，为促进气候信息披露，2021年，中国人民银行发布《金融机构环境信息披露指南》，对金融机构环境信息披露的形式、频次、应披露的定性信息及定量信息等提出要求，并指导200余家金融机构试编制环境信息披露报告，包括环境风险的识别、评估、管理、控制流程。2022年6月，中国银行保险监督管理委员会印发《指引》，明确指出银行保险机构应公开绿色金融战略和政策，充分披露绿色金融发展情况；借鉴国际惯例、准则或良好实践，提升信息披露水平；对涉及重

---

① 中国金融新闻网.上市公司环境信息披露全面升级［EB/OL］. https://www.financial-news.com.cn/jigoussgs/201802/t20180209_133113.html, 2018-02-09.

大环境、社会和治理风险影响的授信或投资情况，建立申诉回应机制，依据法律法规、自律管理规则等主动、及时、准确、完整地披露相关信息，接受市场和利益相关方的监督。

### 4. 激励约束机制

金融机构在承担企业社会责任的同时，也需要通过激励约束机制促使其自觉、自愿遵循绿色金融准则，发挥绿色金融的重要调控职能，针对金融机构的激励约束机制是推动绿色金融政策落地实施的重要保障。目前，我国已在绿色信贷方面开展了许多激励措施的实践，针对绿色信贷建立了相对完善的评估体系，并围绕其他绿色金融产品积极开展模式创新。

2012年6月，中国银行业监督管理委员会印发《银行业金融机构绩效考评监管指引》，该指引要求银行业金融机构在绩效考评中设置社会责任类指标，对银行业金融机构提供金融服务、支持节能减排和环境保护、提高社会公众金融意识等方面的业务进行考评，同时要求银行业金融机构在社会责任报告中对绿色信贷相关情况予以披露。

2014年6月，中国银行业监督管理委员会出台《绿色信贷实施情况关键评价指标》，并指导中国银行业协会于2017年出台《中国银行业绿色银行评价实施方案（试行）》，持续开展对全国性主要银行的绿色信贷自评价工作。根据该方案，评级结果将纳入中国银监会对银行的监管体系中。

2018年7月，中国人民银行出台《银行业存款类金融机构绿色信贷业绩评价方案（试行）》等文件，绿色信贷业绩评价每季度开展一次，从定性、定量两个角度对金融机构绿色信贷进行评价。

2021年6月，中国人民银行发布《银行业金融机构绿色金融评价方案》(以下简称《方案》)，《方案》与试行方案相比，其最主要的变化是将绿色债券纳入银行绿色金融业务的考核范围，且明确了绿色金融评价结果纳入央行金融机构评级等中国人民银行政策和审慎管理工具。根据《方案》，绿色金融评价指标包括定量和定性两类，定量指标权重80%，定性指标权重20%。定量指标体系包括4项，分别为绿色金融业务总额占比、绿色金融业务总额份额占比、绿色金融业务总额同比增速、绿色金融业务风险总额占比。定性指标体系包括3项，分别为执行国家级地方绿色金融政策情况、机构绿色金融制度制定及实施情况、金融支持绿色产业发展情况。评级结果较优的银行可能取得较低的核定存款保险差别费率，或者在规模扩张、业务准入及再贷款等货币政策工具的运用上得到央行的激励。

### 5. 国内绿色金融产品规模、投向及政策工具

#### （1）绿色金融产品规模

当前，国内已形成多层次绿色金融产品体系。其中，绿色信贷和绿色债券发展较快，绿色产业基金、绿色指数和相关产品等发展较为缓慢，多元化的绿色金融市场还有待增强。

截至2022年12月，中国人民银行统计口径下，我国绿色信贷余额约22.03万亿元，存量规模位居世界第一（见图6-2）。自2020年以来，国内绿色信贷余额增速显著高于同期金融机构本

外币贷款余额增速，2022年末绿色信贷余额较年初增长38.55%，在本外币贷款余额中的占比由2020年初的6.7%提高至10.3%，同时，绿色金融资产质量整体良好，绿色信贷不良率远低于全国商业银行不良贷款率。

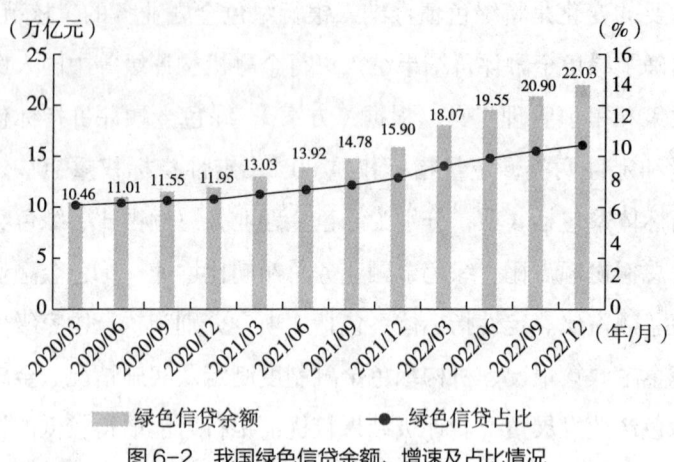

图6-2 我国绿色信贷余额、增速及占比情况

资料来源：作者根据万得资讯数据整理。

截至2021年末，我国在境内外市场累计发行贴标绿色债券3 270亿美元，其中近2 000亿美元符合气候债券倡议组织（CBI）制定的国际标准。无论是按照符合气候债券倡议组织定义的绿色债券累计发行量还是年度发行量计，我国均是全球第二大绿色债券市场（见图6-3）。

与债券市场不同的是，我国金融机构在投资活动中融入绿色投资理念的比例较低，绿色权益市场处于起步阶段。私募股权投资/风险投资（PE/VC）、绿色企业首次公开募股（IPO）和再融资规模较小，远远小于绿色信贷及绿色债券。在全球各国共同推动碳中和的大趋势下，与气候风险及低碳转型相关的投资机遇很可能成为未来十年ESG投资的焦点。近年来，保险、养老金、社保基金等具有长期投资导向的资金，在ESG投资方面的意识已有所提升，陆续开展战略性布局。

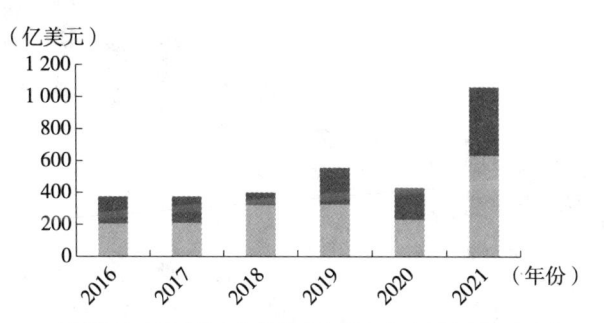

图6-3 我国绿色债券规模

资料来源：《中国绿色债券市场报告2021》，气候债券倡议组织、中央国债登记结算有限责任公司。

### （2）资金投向仍较为集中

从投向来看，我国绿色信贷投放行业较为集中，需要更多元化。如图6-4所示，2022年12月末，基础设施绿色升级产业、清洁能源产业和节能环保产业绿色信贷余额分别约为9.82万亿元、5.68万亿元和3.08万亿元，占比分别约为44.58%、25.78%和13.98%，分别同比增长32.7%、34.92%和58.76%。

如图6-5所示，绿色债券方面，2021年，我国绿色债券市场募集的大部分资金中约88.3%投向了可再生能源、低碳交通和低碳建筑领域。其中，用于可再生能源的募集资金增长了3.6倍，增长至413亿美元，占同年绿色债券市场整体募集资金（境内外）的60.6%。募集资金用于可再生能源的最大发行交易来自国家开发银行、国家电网和国家电投。

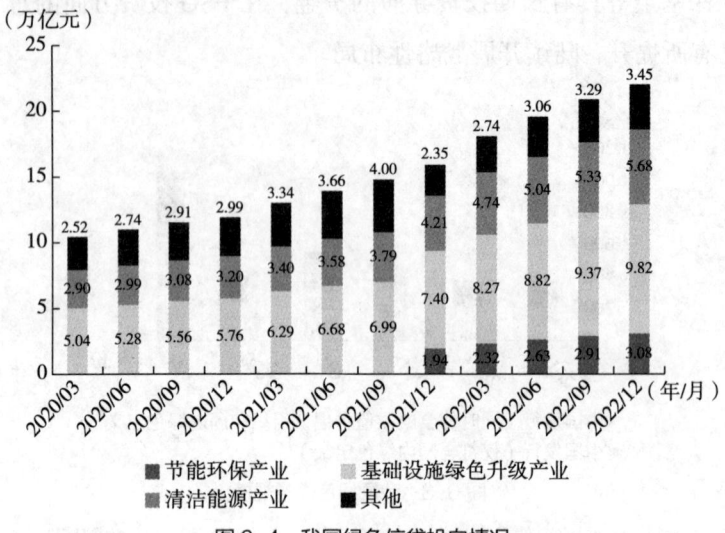

图 6-4 我国绿色信贷投向情况

资料来源：作者根据万得资讯数据整理。

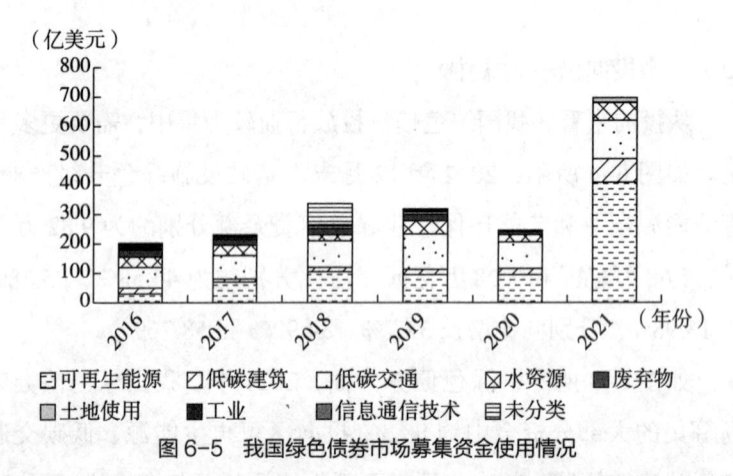

图 6-5 我国绿色债券市场募集资金使用情况

资料来源：《中国绿色债券市场报告 2021》，气候债券倡议组织、中央国债登记结算有限责任公司。

### （3）阶段性政策工具形成引导

2021年11月，中国人民银行创设推出碳减排支持工具，重点支持清洁能源、节能环保和碳减排技术三大领域的发展（见表6-2）。政策面向全国性金融机构，按照本金的60%提供低利息贷款，利率1.75%，银行应按照与市场报价利率大致持平的利率给予信贷支持，同时计算和披露贷款所带动的碳减排量。

2021年11月，中国人民银行创设支持煤炭清洁高效利用专项再贷款，总规模2 000亿元，2022年上半年增至3 000亿元，引导金融机构向煤炭安全高效绿色智能开采、煤炭清洁高效利用等领域提供优惠利率贷款。

截至2022年9月，碳减排支持工具累计使用2 400多亿元，支持碳减排贷款超过4 000亿元，带动减少碳排放8 000余万吨。[1] 截至2022年上半年，煤炭清洁高效利用专项再贷款已经累计支持银行向企业发放低成本贷款约439亿元。[2]

**表6-2 中国人民银行创设碳减排支持工具支持范围**

| 三大领域 | 内容 |
| --- | --- |
| 清洁能源 | 风力发电、太阳能利用、生物质能源利用、抽水蓄能、氢能利用、地热能利用、海洋能利用、热泵、高效储能（包括电化学储能）、智能电网、大型风电光伏源网荷储一体化项目、户用分布式光伏整县推进、跨地区清洁电力输送系统、应急备用和调峰电源等 |

---

[1] 财联社.易纲：截至今年9月末碳减排支持工具累计使用2 400多亿元 [EB/OL]. https://finance.ifeng.com/c/8L7j5Q9jtlQ, 2022-11-21.

[2] 国务院新闻办.国务院新闻办就2022年上半年金融统计数据情况举行发布会 [EB/OL]. http://www.gov.cn/xinwen/2022-07/14/content_5700948.htm, 2022-7-14.

续表

| 三大领域 | 内容 |
|---|---|
| 节能环保 | 工业领域能效提升、新型电力系统改造等 |
| 碳减排技术 | 碳捕集、利用与封存等。后续支持范围可根据行业发展或政策需要进行调整 |

资料来源：作者根据中国人民银行发布信息整理。

## （二）我国绿色零售业务现状

在国家政策引导下，我国绿色金融规模实现快速增长，绿色金融产品也呈现多样化发展趋势，但整体而言，绿色零售业务仍处于发展初期。近年来，随着需求端节能降碳受重视程度的提升，国内各家银行陆续推出了面向个人的绿色金融产品，绿色零售业务有望迎来高速增长期。

### 1. 资产端绿色消费信贷业务

绿色消费信贷是指金融机构向个人或小微企业提供用于绿色消费的信贷产品，通过差异化的资源安排和授信政策等方式，引导消费者践行绿色低碳消费理念的金融产品。开发更多面向消费端的绿色金融产品，能够有效提升绿色消费需求，并与供给端绿色金融形成合力，共同促进实现低碳转型。近年来，已有多家银行面向个人或小微企业的绿色金融业务进行了有益的探索，针对不同类型的资金需求推出了相应的绿色产品。

绿色建筑按揭贷款是为支持绿色建筑、被动式建筑和装配式建筑而设置的绿色建筑消费或按揭贷款。以马鞍山农村商业银行为例，通过给予不同等级绿色建筑差异化利率优惠、可配比购买绿色家居、提前还款免收违约金等激励措施，支持居民购买绿色建筑。

绿色汽车消费贷款是为购买节能型汽车、新能源汽车等绿色交通工具提供的贷款。国内商业银行主要通过与新能源主机厂深度合作的模式，提供多元化的新能源汽车消费贷服务。以中信银行为例，其早在2015年与特斯拉达成战略合作，提供最低20%首付、贷款期限最长5年及弹性尾款支付等优惠，并能享受特斯拉"保值承诺"服务。

绿色标识产品消费贷款是为购买具备绿色标识产品提供的贷款。对获得国家节能、节水、环保等认证的产品，以及获得国际统一绿色产品认证并加贴标识的各类绿色产品，均可列入中国银行保险监督管理委员会的绿色消费统计范畴。同样以马鞍山农村商业银行为例，其客户在购置绿色建筑配套设施时，针对绿色家具符合生命周期绿色评价指标（GB/T 35607-2017），绿色家电获得中国一级或二级能效标识及获得中国节能认证的产品，均可享受不同的利率优惠。

绿色户用光伏贷是为支持家庭安装分布式光伏发电设备而提供的贷款。随着国内新能源产业的大力发展，据《BP世界能源展望（2020年）》预测，以光伏、风电为主的可再生新能源在我国能源消费结构中的比例，预计将从2020年的4%提高到2050年的55%，市场空间广阔。多家银行均已发放针对个人或家庭的户用光伏贷产品，例如，平安银行联合隆基绿能推出了KYB户用光伏贷，有效解决了农户融资难的问题。

绿色普惠农林贷款是为满足农户、林户生态化生产而提供的贷款。实际业务中以林权抵押和生态农业贷为主，比如兴业银行推出的林权按揭贷款，可为农户提供最长期限达 30 年的林权抵押贷款，马鞍山农村商业银行推出的稻虾连作绿色贷款，可为农户发放最低 5 万元、最高 200 万元的纯信用贷款。

"低碳贷"是指根据碳账户评价情况，对绿色程度更高的主体给予金融产品优惠。浙江衢州市在建设个人碳账户的创新实践中，通过对个人碳积分按"深绿""中绿""浅绿"三个层次评级，围绕门槛准入、利率优惠、授信额度等方面，与客户碳积分或碳评级挂钩，进行差异化的设置安排。比如衢江农商银行的点碳成金贷，在系统利率定价测算的基础上，融合个人碳账户的碳积分，每增加 500 积分利率优惠 0.01%，贷款利率最高可降低 0.3%。

## 2. 负债端绿色零售产品

在负债端，根据零售客户需求，国内多家银行陆续推出绿色账户或"绿色存款计划"，通过发行绿色存款产品，将所吸收的资金用于可持续绿色经济及环保等项目。

2018 年，马鞍山农村商业银行面向全国发放了绿色环保理念银行卡——"绿金卡"。"绿金卡"除具备银行卡所有功能外，持有"绿金卡"的客户还可享受由马鞍山农村商业银行提供的绿色消费、绿色商品兑换、树苗认养等绿色金融和生活服务。该银行卡可让客户的"绿色"身份实现可视化，成为客户日后享受该银行绿色贷款产品的优惠政策、免费使用该银行推出的"绿色商业银行"小程序、成为绿蜂网会员，以及马鞍山绿色生态服务圈的绿色专享服务凭证。此外，马鞍山农村商业银行通过绿色存款产品汇集客户的闲散资金，最终将用于支持绿色环保项目。

2020年初，安吉农村商业银行开出了全国首张绿色存单"绿意存"，该绿色存单是安吉农村商业银行在负债端创新的绿色普惠金融新业务，吸收的绿色存款将专项用于投向绿色信贷，使绿色资金循环，支持县域绿色发展。同时，绿色存款在该行产生的效益将回馈居民开展绿色生活的行为，用于奖励居民开展垃圾分类、低碳出行、绿色支付等积累"绿币"兑换的礼品中。该绿色存单中的"绿色童年"产品主要面向青少年，旨在培养青少年绿色发展的意识，普及绿色理念，鼓励青少年用行动赚取"绿币"，兑换礼品，丰富"绿色童年"生活。

2021年9月，厦门国际银行面向个人客户成功发行了首笔挂钩"碳中和"债券指数的结构性存款。该存款以上海清算所"碳中和"债券指数为挂钩标的，产品收益与碳中和净价指数的表现挂钩，向投资者宣传碳中和绿色金融理念。

### 3. 绿色零售中间业务产品

在中间业务方面，绿色信用卡、绿色理财成为商业银行积极创新发展的方向。

绿色低碳信用卡通过给予刷卡、分期等消费优惠的措施，鼓励客户参与更多绿色低碳行为。此类产品在国内发展较为成熟，截至2022年末，已有超过20家商业银行陆续发行低碳信用卡产品，通过建立生态环境保护基金、建立个人绿色档案、环保账单、购买或获赠碳减排量、提供免费环保咨询等多种形式，倡导消费者养成低碳环保的习惯。

绿色理财将发行募集的资金用于绿色环保项目和绿色债券。例如，兴业银行2016年面向个人发行的"万利宝－绿色金融"开放式理财产品；中国银行2019年推出的绿色证券主题理财产品；农银理财2019年推出的绿色金融特色系列产品，基于国际资管行业的绿色投资理念，重点投资绿色债券、绿色资产支持证券等债券类资产；中国邮政储蓄银行2019年推出该行首款绿色主题公募净值型理财产品——邮银财富·瑞享一年定开2号（绿色金融），投资绿色资产，支持环保新能源产业发展；华夏银行2019年推出以ESG为主题的理财产品，覆盖节能环保、清洁能源及生态保护等领域。

### 4. 国内绿色零售发展待完善事项

随着国内消费端发展绿色金融的力度逐步提升，绿色零售在认定标准、激励措施等方面存在的待完善事项，需要各方力量共同推动改进。

当前监管未出台绿色消费信贷的细化标准和评估体系，针对绿色消费的统计范围较窄，且相关融资并未纳入中国人民银行统计口径。国家在出台激励绿色消费的政策时，整体力度不如产业端政策。

现阶段的绿色零售产品主要以商业银行创新为主，提供给客户的各项优惠基本靠银行自身资源，同时针对个人消费端的碳减排，因缺乏成熟的核证方法学，短期内难以通过碳市场交易变现，在一定程度上抑制了绿色消费信贷的投放。

在实践中，部分股份制银行较早启动了绿色零售的达标工作，以全面摸排自身绿色零售贷款规模，实践中存在的难点主要包括两方面：一是由于零售业务金额小、笔数多，现有银行业务系统中未设置明确标签，且客户交易信息依赖银联、网联返回银行的数据字段，存在数据不全、无法批量识别等问题；二是在没有额外补贴或利率优惠的前提下，客户配合上传佐证材料的意愿不强。

针对上述问题，银行端可逐步完善其业务系统，比如将绿色认定工作嵌入业务流程，满足标识统计需求，并在产品层面采取更多的差异化安排。整体而言，绿色零售业务的发展仍需要监管完善并构建全面统一的绿色消费标准指引及评估体系，有针对性地出台绿色零售的鼓励支持政策。

## （三）绿色金融领域创新产品碳账户建设

### 1. 企业碳账户细化绿色金融资金投向

碳市场成熟需要时间，碳账户体系的建立也将在发展中分步骤完成。在构建基础架构的过程中，需要有效利用企业碳排放及碳资产数据，开展产品与服务创新。在碳账户与绿色金融业务的结合层面，一是可基于算法模型对企业碳排放或碳减排水平进行打分，通过发放碳积分或绿色评价的模式，提供差异化信贷金融服务，比如基础费用减免、快速审批通道、绿色金融资讯及绿色财务顾问等；二是可基于企业碳账户碳配额及碳减排核证资产数据，向碳金融市场延伸，发展碳质押、碳配额/CCER现货及衍生品交易等业务。

短期来看，在碳市场环境尚不成熟、CCER 未重启的阶段，企业碳账户应重点关注碳排及碳减排核算的科学性，开展金融机构碳核算系统及碳征信等基础设施建设工作。基于碳排及碳减排核算数据，通过构建企业碳信用评价体系，出具碳征信报告，可提供更全面的绿色画像，破解银企间碳信用信息不对称的难题。具体而言，需要收集企业电力、热力、油品、煤炭及天然气等能源消耗量，按照国家温室气体排放核算指南，科学核算企业在一定时期内的碳排及碳排放强度，并结合企业经营情况，与行业基准值进行对标，生成企业碳征信报告。在贷前，商业银行借助碳征信报告全面掌握企业碳账户的信息，进行贷前碳效分析，提高信贷审批效率；在贷后，商业银行可评估具体项目贷款的真实碳效，比较企业贷前及贷后的碳排放水平，对非项目贷款进行碳效评估。通过绿色评级、碳征信报告的模式，引导商业银行推出并落地更多与碳强度挂钩的金融产品，以金融力量引导企业控碳减排。

中期来看，未来我国全国碳市场将纳入更多控排行业，国家核证减排量项目的申请注册也将重启，碳抵消机制得到进一步完善，通过企业碳账户建立的碳核算系统，可为企业提供自愿减排项目开发服务，有机会经核证并在碳交易市场上获益。同时，随着碳资产属性及碳交易活跃度的提升，以企业碳账户助力碳资产质押融资等信贷业务有望得到发展。

长期来看，信贷领域的碳账户金融创新，随着全国碳市场的日益成熟及与欧美市场的融合，尤其是欧盟对进口商品开征碳关税后，免费配额或将逐步缩减。在此背景下，国内企业需要加快低碳转型，加强对产品全生命周期碳排放量的管理，推动碳资产管理需求大幅提升。依托企业碳账户对经济主体碳排放量、碳配额、碳减排量等信息的全面记录，金融机构可开发围绕与碳交易相关的碳期货、碳期权等衍生品交易、碳资产证券化，融资服务市场的碳质押融资、碳资产管理，辅助服务市场的碳指数、碳保险等金融产品与服务创新，均可依托企业碳账户对经济主体碳排放量、碳配额、碳减排量等信息的全面记录。同时，碳账户运营主体因掌握全面的碳数据信息，可作为中间商推动企业之间的撮合交易。

## 2. 个人碳账户延展绿色消费融资导向

推动绿色低碳发展是一项系统性的工程，除了企业端加大节能减碳力度，也需要消费端改变居民生活习惯促进绿色低碳行为，以消费端的行动模式变化反向推动生产端的绿色转型。2021年10月，国务院印发的《2030年前碳达峰行动方案》明确提出，增强全民节约意识、环保意识、生态意识，倡导简约适度、绿色低碳、文明健康的生活方式，把绿色理念转化为全体人民的自觉行动。

2022年以来，国内地方政府、平台企业等陆续布局与居民绿色行为挂钩的个人碳账户，在用户授权的基础上将个人日常的减碳行为记录并量化，转化为绿色能量等碳积分的模式，对个人绿色消费行为进行鼓励，引导经济金融资源向绿色消费领域倾斜。目前，个人碳账户产品尚处于平台企业自发建设阶段，依赖自身投入资源，为客户提供包括公益、实物兑换等权益，从整体而言，现阶段监管机构对个人碳账户缺乏统一支持和指导。

从碳账户的未来发展趋势来看，为拓展碳账户的绿色金融属性，监管机构应进一步引导碳账户的平台建设。

首先，需要由官方统一建立消费端环境效率测算标准和方法学。根据中国银行保险监督管理委员会2020年发布的《绿色融资统计制度》，对于绿色消费融资项目无须测算环境效益。为了更加精准地引导消费端低碳减排，应制定统一的消费端碳减排量核证方法论，科学量化消费融资项目碳减排量，细化项目的环境效益评价，推动消费端碳减排可量化。

其次，在当前绿色消费融资范畴的基础上增加居民绿色生活场景融资。2022年5月，中华环保联合会发布团体标准《导则》，推荐了衣、食、住、行、用、办公、数字金融7大类别，合计包含40种公民绿色低碳行为。建议针对个人碳账户建设中已纳入的绿色出行，例如公交、地铁、自行车购买、共享单车、新能源汽车充电，以及节能减排类智能家居购买等消费场景，积极开展绿色信贷业务认定，并在零售贷款领域延伸绿色信贷利息优惠政策，进一步扩大绿色消费融资规模。

最后，建议银行业绿色金融评价方案范畴进一步延展至绿色消费融资，以及消费端碳减排创新产品碳账户的设立和推广。2020年6月，中国银行保险监督管理委员会印发《关于绿色融资统计制度有关工作的通知》，对绿色消费做出了明确定义，并对绿色消费融资的统计范畴进行了明确界定。不过，2021年中国人民银行发布的《方案》，未明确绿色零售业务的量化考评指标，定性指标评价也主要围绕对国家及地方已有绿色金融政策执行情况、机构自身绿色金融制度制定及实施情况、金融支持绿色产品发展情况等，商业银行为推动消费端碳减排而自发建立的个人碳账户创新试点平台未纳入评价体系。为激发商业银行利用自身资源激励扩大对社会居民绿色消费的支持，使消费端碳减排形成自上而下的良性循环机制，建议在央行考核评价机制中增加绿色消费贷款，以及以碳账户为创新试点的金融产品等定量或定性指标。

## （四）碳账户参与转型金融发展

### 1. 转型金融概念

转型金融概念是在可持续金融的范畴内，基于全球气候治理背景下高碳行业的低碳转型的需求而提出的。2020年3月，欧盟委员会发布《欧盟可持续金融分类方案》，将可持续金融中的绿色金融与转型金融的概念进行区分。在支持对象方面，欧盟将转型金融作为绿色金融的补充和延伸，在绿色企业、绿色项目之外更加关注高碳排放的棕色产业的融资需求。[1] 近年来，国际上对转型金融已开展广泛的研究和讨论，比如经济合作与发展组织、气候债券倡议组织、国际资本市场协会、欧盟、日本等政府和研究机构等，关于转型金融的认识和研究已达成一定共识。归纳起来，转型金融是金融机构根据不同国家、地区碳中和目标及实现路径，对高碳行业在技术改造、产业升级、节能降碳等领域

---

[1] 张明生. 从国际创新实践看转型金融在我国的发展前景[J]. 中国外汇，2022（16）.

支持并促进传统行业减少污染、实现向低碳或零碳转型，同时降低转型风险等各类风险暴露的金融服务。2022年G20（二十国集团）峰会正式批准了《2022年G20可持续金融报告》，转型金融作为该报告中最重要的部分，被定义为在可持续发展目标的背景下，支持实现更低和净零排放以及适应气候变化的经济活动的金融服务。

在G20转型金融框架下，对于转型活动和转型投资的界定大体可分为"分类目录法"和"指导原则法"，前者以目录（清单）方式列明符合条件的转型活动（包括技术路径和对转型效果的要求），后者则要求转型活动主体用科学的方法确定符合《巴黎协定》要求的转型计划，并且获得第三方的认证。为明确界定转型活动，欧盟设定了明确的原则性标准：如果某一经济活动支持向符合《巴黎协定》1.5℃路径过渡（包括逐步淘汰温室气体排放，特别是固体化石燃料的排放），并且该活动温室气体排放水平符合该部门或行业的最佳表现，同时不妨碍低碳替代品的开发和应用，也不会导致资产出现碳锁定效应，则可以纳入转型活动。

### 2. 绿色金融与转型金融

绿色金融与转型金融之间存在紧密联系，两者都是为了实现社会可持续发展而进行的金融活动。"双碳"目标的实现需要双轮驱动：一是推动绿色低碳产业发展，二是促进高碳排放行业的低碳转型，两者存在共同目的，但在业务内容上存在区别。

经过多年发展，我国绿色金融体系基本成熟，形成了相对完善的标准、产品、信息披露及评价体系等。但在传统的绿色金融框架下，转型活动没有得到充分支持，比如针对"两高一剩"行业，尽管企业有转型意愿及技术路径能力，但较难获得资金支持。

绿色金融的界定标准主要基于《绿色产业指导目录（2019年版）》，多数为"纯绿"或接近"纯绿"的项目[①]，覆盖节能环保、清洁生产、清洁能源、生态环境、基础设施绿色升级、绿色服务六大领域，其中仅涉及部分高碳转型领域，比如钢铁企业超低排放改造、节能改造和能效提升，以及煤炭清洁生产和利用等。但转型金融覆盖更大的范畴，围绕煤炭、钢铁、有色、水泥等高碳排放行业，进行转型场景及业务的进一步细化。对许多高碳企业来说，即使它们有可行的低碳转型方案，但由于不符合绿色金融的界定标准，也很难获得绿色金融的支持。

在信息披露方面，为防止"洗绿"风险，监管针对绿色金融业务已建立起较完善的信息披露制度，转型金融也同样面临"假转型"风险，因而面临更复杂的信息披露要求，包括需要披露转型计划及进展情况、气候相关数据、确保转型计划得以实施的公司治理安排及筹集资金使用情况等。

综合而言，转型金融是对绿色金融的重要补充，绿色金融侧重于对"纯绿"的企业与项目的支持，转型金融倡导关注高污染、高能耗、高碳行业的融资需求，前者聚焦于新增绿色项目，后者聚焦于存量项目。

---

① 中国经营报.马骏谈"绿色金融这十年"：政策体系初建成 转型金融将成为新亮点［EB/OL］. https://baijiahao.baidu.com/s?id=1747957760386165207&wfr=spider&for=pc，2022-10-29.

## 3. 转型金融实践

高碳行业碳转型是实现碳中和目标的必要环节，面对传统行业脱碳转型的融资需求，已有可持续金融标准面临巨大挑战，发展转型金融的必要性由此凸显。

近年来，国内外市场上比较典型的转型金融产品包括可持续发展挂钩贷款和可持续发展挂钩债券，两者都是债务融资工具，主要特征为要求借款方承诺努力实现可持续目标，比如降低温室气体排放、提高能源效率等，目标实现情况与融资成本挂钩，而在募资用途方面不做规定。

2020年6月，国际资本市场协会推出《可持续发展挂钩债券原则》，可持续发展挂钩债券作为目标挂钩债券，设定了企业的可持续绩效指标及关键表现指标，关键表现指标未实现时会触发约定的惩罚机制（比如利率上升），以此达成推动企业可持续性表现的目标。2019年3月，贷款市场协会、亚太贷款市场协会和中国银行业协会银团贷款与交易专业委员会联合发布了《可持续发展挂钩贷款原则》，明确了可持续发展挂钩金融作为重要转型金融工具的内涵及结构。由可持续发展挂钩贷款和可持续发展挂钩债券构成的可持续发展挂钩融资业务产品自推出以来持续快速增长，截至2021年，全球可持续发展挂钩债券累计发行规模达到1 350亿美元，占所有可持续债券市场的比重约4.8%；2021年全球可持续发展挂钩债券和可持续发展挂钩贷款的发行总量超过5 300亿美元，相较2020年上涨超过3倍。

目前，国内尚未出台转型金融的明确标准，但相关监管部门、金融组织和机构都已开始关注转型金融课题，并探索开展转型金融应用实践。2021年4月，中国银行间市场交易商协会参考国际资本市场协会的原则推出了可持续发展挂钩债券，并汇总整理了常见的业务问答，形成《可持续发展挂钩债券十问十答》，旨在为企业可持续发展拓展新融资渠道。2022年4月，中国人民银行年度研究工作电视会议提出，要以支持绿色低碳发展为主线，继续深化转型金融研究，实现绿色金融与转型金融的有序有效衔接。2022年6月，中国银行间市场交易商协会发布《关于开展转型债券相关创新试点的通知》，创新推出转型债券以应对气候变化目标，支持传统行业绿色低碳转型。上海证券交易所也发布《上海证券交易所公司债券发行上市审核规则适用指引第2号——特定品种公司债券（2022年修订）》，新增低碳转型公司债券、低碳转型挂钩公司债券的规则安排。截至2022年6月，我国可持续发展挂钩债券共发行36只，发行总金额为504亿元，主要发行行业涉及电力、煤炭、钢铁等，债券期限在2~5年。在转型债券方面，截至2022年6月，我国共发行转型债券14只，发行总金额109亿元，债券期限在2~5年，募集资金用于推动传统行业低碳转型升级。[1]

可持续发展挂钩贷款也逐步在国内银行业得到应用，各类创新贷款产品不断涌现，据彭博社统计，截至2022年3月，中资商业银行累计参与中资企业可持续发展挂钩银团贷款共13笔，银团总金额超500亿元。例如，中国建设银行发放可持续发展挂钩贷款支持绿色建筑项目，中国邮政储蓄银行发放可持续发展挂钩贷款支持电力企业减碳项目。

---

[1] 张明生. 从国际创新实践看转型金融在我国的发展前景 [J]. 中国外汇, 2022(16).

2022年初，浙江省湖州市在全国率先出台《深化建设绿色金融改革创新试验区探索构建低碳转型金融体系的实施意见》，系统规划了区域性转型金融发展路径，从项目和行业两端发力。在项目端，聚焦能源、工业等重点领域，滚动编制生产制造方式转型节能减碳项目清单，定期梳理减碳效应显著、低碳转型路径清晰的转型项目，推动项目和资金对接。在行业端，聚焦碳密集细分行业，编制转型金融支持目录，制定低碳转型技术指引，构建低碳转型目标体系，引导转型金融精准支持。通过积极探索，湖州市创新推出了绿色航运贷、绿金宝、转型金融贷等产品，对地方转型金融项目的融资需求形成了有效的支持。

2022年6月，中国人民银行行长易纲在接受中国国际电视台记者专访时提出，"今年，我们的重点是推动制定转型金融框架，引导市场资金支持高排放行业稳妥有序地实现低碳转型"。目前，监管部门正牵头制定转型金融框架，在转型标准、披露要求以及激励措施等方面，给出明确要求和指引。

### 4. 转型金融与碳账户结合发展

转型金融与碳账户作为碳减排的两个新概念有很大的类似性，即均能助力高碳排放行业开展绿色转型。通过建立企业碳账户，可提高企业碳排放核算能力，助力金融与产业发展需求相结合，针对高碳减排企业，通过创新金融产品模式，推动转型金融的发展。以下将通过政府或监管机构制定标准、信息披露要求、金融工具和政策激励四个方面对两者进行对比理解。

第一，在政府或监管机构制定标准方面，要推动转型金融的发展，就必须对转型活动有明确的界定标准。一是在原则层面的界定，二是给出一个具体的转型活动目录。类似于绿色金融分类目录，转型金融分类目录是以目录、清单的方式列明符合条件的转型活动，其中包含对技术路径和转型效果的要求。通过界定标准，可以降低对转型活动的识别成本，规避"假转型"风险。目前，全球统一的转型金融标准尚未形成，G20可持续金融工作组已对转型金融标准有了一些初步性的原则，国家发展改革委等多部委已出台一系列与转型路径相关的指导性文件，可作为转型金融分类目录的编制依据，央行也正在组织制定钢铁、煤电、建筑建材、农业等领域的转型金融标准，并将根据实际需要扩大领域。碳账户作为记录经济主体碳资产的载体，也需要对生产企业或项目的碳减排制定统一的核算标准和方法学，形成统一规范的碳减排效益评价标准。企业碳账户统计数据或有助于为转型金融的标准制定提供依据。

第二，在信息披露要求方面，要反映转型金融所支持的主体和项目与碳中和目标是一致的，确保不出现"洗绿"或"假转型"的问题，转型活动就必须披露其转型的计划、起点的碳排放量，以及未来不同时点碳排放量下降的绩效、碳排放计算公式和基准、公司治理落实减排计划、转型资金的使用情况等。碳账户作为经济主体碳资产的记录和交易载体，要保证碳资产的公信力，政府应该完整规划设计生产端和消费端碳审计的服务功能，通过碳审计对碳账户中承载的碳减排信息进行核实、验证，特别是消费端场景复杂且零散，消费端的碳审计标准比生产端的碳审计标准在制定难度上要大很多，审计主体除了包含传统审计机构（以会计师事务所为主），也涵盖具有专业能力的科技公司。

第三，在金融工具方面，转型金融当前已经有债务性融资工具，包括可持续发展挂钩贷款、可持续发展挂钩债券、低碳转型债券等，未来还应该创新更多的转型基金、私募股权投资/风险投资基金、并购基金等投资类工具，以及保险、担保等支持型金融工具。碳账户作为碳市场最重要的基础设施，记录每个市场主体、每项经济活动的碳资产，并基于碳账户完成登记、托管、交收、清算、结算等功能。基于企业碳账户碳配额及CCER等资产，还可衍生出碳配额/CCER质押贷款、碳远期、碳掉期、碳配额回购及碳基金等诸多碳金融产品。碳账户作为消费端碳减排的创新工具，既是承担消费端个人碳减排量的记录载体，又是商业激励和个人碳信用激励、碳交易激励的载体，通过消费端碳信息流和价值链的循环，助力实现消费端碳减排目标。

第四，在政策激励方面，转型金融作为生产端碳减排的重要应用，碳账户作为碳减排的一项基础设施，对实现"双碳"目标意义都很大。因此，政府应该增大对两者的政策激励。一是出台转型金融的专项金融、财税激励政策，使转型经济活动用较低成本的资金获得较高的盈利，来吸引社会资金投入；二是由政府和监管机构主导推动碳账户的建设，碳账户作为绿色金融领域的一项创新服务产品，应充分调动银行监管部门和国有银行的参与，共同推进碳账户作为碳市场基础设施的发展推广；三是在金融机构考评激励约束机制中，增加转型金融和创新碳账户工具推动等排名维度，激励商业银行等金融机构通过转型金融和碳账户的作用发挥金融引导和资源配置作用。

转型金融与碳账户的结合已得到实践应用。2022年9月，衢州市率先颁布《衢州市人民政府办公室关于深化基于碳账户的转型金融工作实施意见》，明确提出通过实施转型金融强基、激励、创新、数字智治、产研合作五大工程，实现金融创新促转型、改革示范争标杆、低碳转型见实效三大目标，打造传统产业低碳转型全国创新示范标杆。衢州市率先探索构建基于碳账户的转型金融路径，以金融支持传统产业绿色低碳转型为主线，服务和引导高碳经济主体向低碳甚至脱碳转型，以助力实现低碳转型目标，即到2026年末，全市非化石能源消费比重达到35%以上，单位国内生产总值二氧化碳排放降幅达到25%以上，单位国内生产总值能耗降幅达到18%以上，可再生能源装机比例达到58%以上。

在转型金融强基工程工作措施方面：一是扩大碳账户主体范围，充分发挥碳账户数据准确、核算科学、评价客观的优势，扩大六大领域碳账户主体覆盖面；5年内，力争工业企业和银行个人碳账户覆盖率达到100%，重点行业重点产品全生命周期碳足迹核算全覆盖。二是提升碳账户数据质效，加快以产品产量为核心的"三维四色"贴标进度，5年内三维贴标实现能源、钢铁、造纸、水泥、化工、有色六大高碳行业规上企业全覆盖；提高数据自动采集率，创新碳账户应用平台自动纠错与预警筛查的数据校核机制，确保碳账户数据的准确性和即时性；建立碳账户数据发布机制，明确六大领域碳账户数据发布主体和流程，增强碳账户数据的有效性和权威性。三是建立转型金融支持标准，持续完善六大领域碳账户建设标准，在全国率先建立工业领域重点行业重点产品全生命周期碳足迹标准，建设全国领先的水稻、柑橘（胡柚）种植和生猪养殖、有机肥生产碳足迹核算标准；建立基于碳账户的纵（货币价值）、横（贷款碳排放强度）两个维度评估体系，形成转型金融企业和项目支持标准。目前，衢州市已经建立覆盖工业、农业、能源、建筑、交通运输和个人六大领域的碳账户体系，截至2022年11月，纳入工业、能源、建筑、交通运输和农业领域合计3 000余家企业，针对企业出具碳征信报告，通过"四色贴标"绿色评级的形式，引导金融机构信贷资金助力企业降碳转型。

2022年9月，广州市地方金融监督管理局、广州市工业和信息化局等四部门制定了《关于金融支持企业碳账户体系建设的指导意见》，推动企业开展碳账户建设，通过"穗碳计算器"小程序统计企业电力、热力、油品、煤炭、天然气等能源消耗量和经营情况，基于国家和省二氧化碳排放核算指南，核算企业在一定时期内的碳排放量和碳排放强度，对比企业所在行业基准值将企业评价贴标为A、B、C、D、E五个等级，并引入征信机构创新编制标准化碳信用报告，鼓励金融机构推广依托碳账户的"碳足迹""碳减排量"挂钩贷款。以广州市花都区为试点，已为500余家企业开通碳账户，约170家企业完成了近两年碳排放情况评级贴标。

目前，转型金融仍是生产端绿色转型的一个新概念，衢州市、广州市花都区等地作为国家绿色金融改革创新试验区，拟进一步发挥碳账户的本地先天优势，将碳账户作为转型金融的一项重要工具，利用碳账户数据准确、核算科学、评价客观的优势，探索构建基于碳账户的转型金融路径，发挥金融助力社会绿色低碳转型的牵引作用。

## 二、碳账户赋能绿色农业与乡村振兴

农业碳排放是目前我国碳排放总量的重要组成部分，为落实"双碳"目标重要战略，农业部门必须在碳减排上发挥更大作用，农业农村减排固碳既是重要举措，也是潜力所在。在发展绿色农业和推进乡村振兴的进程中，我国通过一系列绿色金融政策和工具，发挥金融资源的优化配置和引导作用，推动生态农业、低碳农业等新兴农业的快速发展。碳账户作为一项绿色金融创新工具，在农业领域可以有效量化农业经营主体的绿色生产碳减排情况，在地方政府或监管机构主导并与当地商业银行合作推动下，通过与碳账户挂钩的一系列信贷产品创新，可以进一步引导农业农村系统加快低碳生产工艺、技术推广，助力绿色农业发展和乡村振兴战略。

### （一）绿色农业与乡村振兴

#### 1. 乡村振兴战略概述

2005年，党的十六届五中全会提出"社会主义新农村建设"，界定了"生产发展、生活富裕、乡风文明、村容整洁、管理民主"的新农村内涵。2012年，党的十八大报告提出加快生态文明建设，并首次将生态文明建设作为"五位一体"总体布局的一个重要组成部分。2016年，"十三五"规划将"绿色发展"列入五大发展理念，并对"加快建设美丽宜居乡村"进行了宏观部署。2017年，党的十九大报告首次提出乡村振兴战略和五大目标，即产业兴旺、生态宜居、乡风文明、治理有效、生活富裕。2017年12月，中央农村工作会议强调，坚持绿色生态导向，推动农业农村可持续发展。2018年中央"一号文件"强调，推进乡村绿色发展，打造人与自然和谐共生的发展新格局。2023年中央"一号文件"提出，扎实推进乡村发展、乡村建设、乡村治理等重点工作，加快建设农业强国，建设宜居宜业和美乡村。从顶层设计来看，乡村振兴战略必然走绿色、可持续的发展之路。

**2. 绿色农业与乡村振兴的关系**

产业兴旺、生态宜居是乡村振兴战略的两个基本要求，这两个要求都包含着发展绿色农业的要素：产业兴旺是乡村振兴的基础，为乡村振兴提供物质保障。[①] 要实现乡村振兴，必须改变传统粗放式生产经营方式，走绿色农业发展之路，实现农业生产经营与社会、生态资源的协调发展，解决传统生产方式带来的环境污染加剧、资源约束趋紧、生态系统破坏等弊端，构筑生态化的产业兴旺。生态宜居是乡村振兴的一个重要任务，建设宜居宜业和美乡村，不仅关系到乡村振兴的"成色"，也寄托了广大农民群众对美好生活的向往。要实现农村生态宜居也离不开绿色农业的发展。绿色农业倡导人与自然、经济的和谐共生，只有通过发展资源节约、环境友好、生态保育的绿色农业发展道路，推进有机肥替代化肥、畜禽粪污处理、农作物秸秆综合利用、废弃农膜

---

[①] 吕娜.乡村振兴背景下绿色农业发展问题探析[J].安徽农业科学,2022,50(5): 231-233.

回收、病虫害绿色防控等生态环境保护行动，才能从根本上解决农业农村的生态环境问题。同时，绿色农业强调高科技、高效益的特点，旨在推动农业的可持续发展，积累更多的物质财富，从而为生态宜居和美乡村建设提供坚实的物质保障。因此，发展绿色农业是实现乡村振兴战略和生态文明建设的内在要求。

目前，我国已初步构建了绿色农业发展的顶层设计和系统政策框架。发展绿色农业离不开金融的关键支撑作用，依靠金融"活水"可以有效引导农业绿色生产方式和生活方式的转变，促进农民收入增长和城乡居民收入差距缩小，有效推进乡村振兴战略的实施。

## （二）农业碳减排和绿色农业政策

农业温室气体排放主要来自农业活动和能源消耗两方面。其中，农业活动（见图6-6）包括动物肠道发酵、动物粪便管理、水稻种植、化肥施用、粪便还田、牧场残余肥料、作物残留、有机土壤培肥、草原烧荒、燃烧作物残留等。根据2014年国家温室气体清单测算，2020年，我国农业活动碳排放约8.2亿吨二氧化碳当量，占全国碳排放总量的7%，其中，农业土壤、动物肠道发酵、水稻种植和动物粪便管理碳排放占比分别约35%、24%、24%和16%。能源消耗包括种植业、养殖业和渔业的机械用能，如果叠加农业生产生活用能排放，农业温室气体排放约占全国碳排放总量的15%。[①]

---

① 谢茹.做好乡村振兴的"双碳"文章［EB/OL］. http://www.rmzxb.com.cn/c/2022-11-24/3246463.shtml, 2022-11-24.

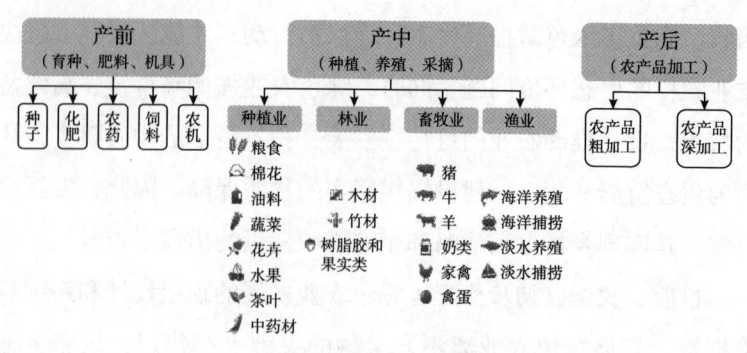

图 6-6 农业活动内容

资料来源：中国平安《绿色金融助力高质量发展白皮书》(2022)。

农业主要排放甲烷、氧化亚氮和二氧化碳三种温室气体。二氧化碳主要来自能源消耗，动物肠道发酵和动物粪便管理分别是甲烷、氧化亚氮的主要排放源。根据中金公司研究部报告的数据，动物肠道发酵和动物粪便管理的碳排放随着人均肉类消费同步提升，占农业碳排放量的比例分别由2020年24%、16%将提升至2060年30%、20%。

2020—2060年农业碳排放量预测与结构预测分别见图6-7与图6-8。

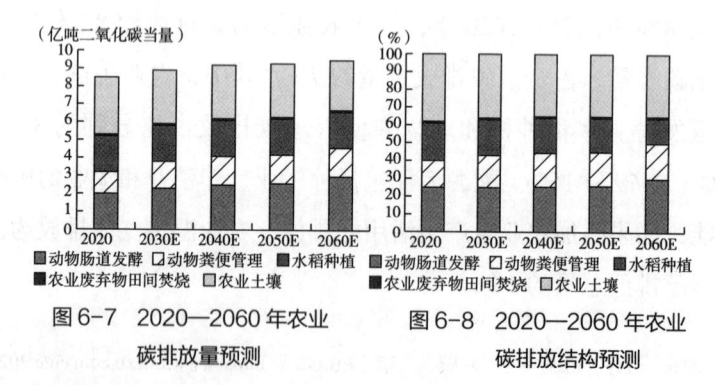

图 6-7 2020—2060年农业碳排放量预测

图 6-8 2020—2060年农业碳排放结构预测

注：E为预测值。

资料来源：《中国农业展望报告》，中金公司研究部。

农业既是重要的温室气体排放源，又是一个巨大的碳汇系统。碳汇主要包含林业碳汇、草原碳汇、海洋碳汇、废弃物填埋等。例如，林业碳汇是通过植树造林、森林管理等措施，利用植物的光合作用吸收大气中的二氧化碳，并将其固定在植被和土壤中，从而降低温室气体在大气中的浓度。根据《IPCC 2006 年国家温室气体清单指南 2019 修订版》定义，林业碳汇的统计范围包括"仍为林地的林地"和"转化为林地的土地"，即经营性碳汇和造林碳汇两个方面。根据联合国粮食及农业组织发布的《2018 年世界森林状况》报告，全球森林每年吸收约 20 亿吨的二氧化碳。截至 2021 年，中国森林植被总碳储量已达 92 亿吨。[①] 2022 年中央"一号文件"明确提出，推进农业农村绿色发展，研发应用减碳增汇型农业技术，探索建立碳汇产品价值实现机制。发展碳汇产品如开发林业碳汇遥感指数保险，除了能够起到固碳效果，还能通过建立市场化、多元化生态补偿机制，使碳减排量在碳市场中循环起来。

面对农业可持续发展的环境资源挑战，以推动农业绿色发展，转变农业发展方式为抓手，在制度、保障措施等层面，我国明确了推动农业绿色发展的重点任务，并以标志性措施的方式，强化了农业绿色发展的关键领域。2015 年 5 月 27 日，农业农村

---

① 国家林业和草原局政府网. 降碳减排在行动 我国森林植被总碳储量已达 92 亿吨［EB/OL］. http://www.forestry.gov.cn/main/61/20210207/041704351693742.html, 2021-01-15.

部发布《全国农业可持续发展规划（2015—2030年）》[①]，作为纲领性文件对未来推进我国农业可持续发展提出五项重点任务。一是优化发展布局，稳定提升农业产能。到2030年全国基本实现农业废弃物趋零排放。二是保护耕地资源，促进农田永续利用。防治耕地重金属污染，建立农产品产地土壤分级管理利用制度，实施退耕还林还草。三是节约高效用水，保障农业用水安全。实施水资源红线管理、推广节水灌溉、发展雨养农业。四是治理环境污染，改善农业农村环境。到2030年养殖废弃物实现基本综合利用，农业主产区农膜和农药包装废弃物实现基本回收利用、农作物秸秆得到全面利用。五是修复农业生态，提升生态功能。增强林业生态功能，保护草原生态，恢复水生生态系统，保护生物多样性。

## （三）绿色农业金融政策实践

### 1. 国外绿色农业金融政策实践

发达国家农业绿色金融起步较早，产品体系较为完善，包括绿色信贷、绿色债券、绿色基金、绿色保险、数字技术、供应链金融等，参与主体包括政府主体、金融机构和多边机构。近年来，不少发展中国家在农业绿色金融创新方面结合当地产业特色进行产品和服务创新，支持当地绿色农业发展，例如，印度专业

---

[①] 人民网.全国农业可持续发展规划（2015—2030年）：5年后农业科技进步贡献率达到60%以上［EB/OL］．http://politics.people.com.cn/n/2015/0527/c70731-27065961.html, 2015-5-27.

农业保险公司推出的天气指数农保产品、肯尼亚农业金融科技公司推出的数字农业钱包等。

绿色金融支持绿色农业的国际案例见表6-3。

表6-3 绿色金融支持绿色农业的国际案例

| 金融工具 | 细分领域 | 金融机构或其他组织 | 案例 | 特点 |
| --- | --- | --- | --- | --- |
| 绿色信贷 | 农业 | 世界银行、法国开发署 | 贷款 | 专项支持摩洛哥的绿色农业生产及相关的创业和培训项目 |
| 绿色债券 | 大豆种植 | 可持续投资管理公司 | 发行绿色债券以恢复退化农用地 | 要求大豆种植者致力于制止森林砍伐并将大豆种植扩展到现有的砍伐土地上。作为交换，他们将有资格获得由绿色债券资助的低息循环信用贷款。通过该计划生产的大豆将通过专门的交易所出售，从而为经过认证的可持续生产的大豆提供了市场 |
| | 渔业 | 塞舌尔政府 | 主权蓝色债券 | 募集资金用于海洋保护和可持续渔业项目；世界银行帮助其获得优惠融资 |
| 绿色基金 | 森林保护 | 多国政府和国际组织 | 森林碳伙伴基金 | 全球性伙伴关系，在国家层面上示范实施REED+政策机制 |
| 绿色保险 | 种植业 | 印度专业农业保险公司 | 天气指数农保产品 | 覆盖重要农产品和主产地的"政府-市场结合型"农业保险制度（NAIC制度）；强制参与，由政府提供财政补贴，并同农户的银行信贷额度挂钩；相继实施了诸多"降雨指数-产量"保险产品 |
| | 种植业 | 孟加拉国绿色三角洲保险有限公司，国际金融公司 | 基于天气指数的农业保险 | 为孟加拉国的农民和农作物生产场提供服务，可以按一定的保险费率使用该保险设施，以在发生财务风险以及天气变化对农作物的生产导致损害的情况下向农民提供保险 |

续表

| 金融工具 | 细分领域 | 金融机构或其他组织 | 案例 | 特点 |
|---|---|---|---|---|
| 数字技术 | 种植业 | 肯尼亚农业信贷平台 | 农业保险和信贷服务 | 通过使用卫星数据、土壤数据、农民行为数据和作物产量模型评估农民信用风险，并根据农民的具体位置提供定制化的农业保险和信贷服务产品 |
| | 种植业 | 肯尼亚农业金融科技公司 | 数字农业钱包 | 通过将 Rabo 基金会提供的专用贷款转入一个数字账户，农民可以使用他们的农业钱包从商店购买种子和肥料，还可以通过数字钱包获得收入 |
| 供应链金融 | 种植业 | 印度 Samunnati 公司 | 供应链金融贷款和支付卡 | 通过同时满足价值链不同部分的需求，可以不间断地将输入的资金流向农民，并向最终买家提供产品；向农民发放支付卡用于从合作的农业投入品商店购买投入品 |

资料来源：《绿色金融、普惠金融与绿色农业发展》（马骏等），金融论坛。

## 2. 我国绿色农业金融政策实践

围绕绿色农业发展的重点任务和目标，我国金融业在支持绿色农业发展方面起到了一系列的推动作用。发挥金融资源的优化配置和引导作用，将更多的资源投向农业产业转型发展，推动生态农业、低碳农业等新兴农业快速发展，实现农业供给侧结构性改革。同时，金融机构围绕绿色农业拓宽绿色融资渠道，加大绿色信贷投放力度，推动农村减少二氧化碳排放，增加碳汇，助力"双碳"目标的实现。

在金融支持绿色农业发展的过程中，金融机构创新金融产品和服务方式，包括绿色信贷、绿色债券、绿色基金、绿色保险、绿色租赁、供应链金融以及数字技术等，有利于发展绿色乡村经济，将生态优势转化为经济优势，创造更大的经济效应和社会效应。未来，应该大力发掘供应链金融、数字技术与其他绿色金融产品结合的潜力，更科学有效地满足绿色农业融资主体的需求，在精准脱贫目标完成之后加快实现乡村全面振兴，促进共同富裕目标的实现。

绿色金融支持绿色农业的国内案例见表6-4。

表6-4 绿色金融支持绿色农业的国内案例

| 金融工具 | 细分领域 | 金融机构或其他组织 | 案例 | 特点 |
|---|---|---|---|---|
| 绿色信贷 | 茶叶 | 安吉农村商业银行 | 两山白茶贷 | 引进浙江两山农林合作社联合社风险基金池担保，创新将白茶"茶园证"作为融资反担保物，对绿色发展的白茶经营主体实施批量授信、发放信用贷款，同时利用财政资金补贴优势，贷款利率按照中国人民银行基准利率下调10%执行 |
| | 绿色食品 | 哈尔滨市方正县人民银行，农村信用社 | 土地经营权抵押贷款 | 利用中国人民银行支农再贷款优惠利率，发放土地经营权抵押贷款，支持绿色食品企业 |
| | 渔业 | 浙江泰隆银行 | 生态捕捞贷，绿色排污贷 | 以村或合作社为单位发放绿色信贷 |
| | 绿色果、药、菌 | 河南西峡农商银行 | "果贷通""药贷通""菌贷通"等绿色产业链产品 | 通过产融对接、银企合作、项目对接、集中授信等形式，积极开展订单融资业务 |

续表

| 金融工具 | 细分领域 | 金融机构或其他组织 | 案例 | 特点 |
|---|---|---|---|---|
| 绿色债券 | 可持续渔业 | 渤海水产综合开发有限公司 | 公司债券支持海上粮仓项目 | 债券募集金额的75.6%用于海上粮仓项目,剩余金额用于补充营运资金 |
| | 远洋渔业 | 平太荣远洋渔业集团 | "平海"资产收益权产品 | 以公司拥有的国际海洋资源费作为基础资产,帮助企业盘活权益,破解融资难题 |
| | 蓝莓产业 | 黔东南州开发投资有限责任公司 | 企业债券 | 该只债券不仅是贵州省首只农业产业企业债券,也是贵州省首只以地方投融资平台为主体、以农业种植项目为债券募投项目申请发行的企业债券 |
| 绿色基金 | 绿色农业产业及相关领域 | 世界银行,地方政府 | 河南高质量绿色农业发展促进基金 | 多边金融机构支持地方政府设立产业基金,支持绿色农业产业及相关领域项目,并开展机构能力建设 |
| | 园艺作物等 | 甘肃省政府 | 甘肃省绿色生态产业发展基金 | 采用"母基金+子基金"架构,重点支持循环农业、戈壁农业、高效节水农业等十大绿色生态产业项目建设 |
| 绿色保险 | 农牧业 | 人保财险和中华联合保险公司 | 锡林郭勒盟农业保险 | 为牲畜疾病责任、意外责任、自然灾害等造成的损失提供保险保障;牛羊天气指数保险 |
| | 养殖业 | 人保财险衢州市分公司 | 生猪保险 | 定制专属保险条款,扩大生猪保险范围;实行政府保费补贴,提高养殖农户参保积极性;建立冷库和无害化处理中心,集中统一对病死猪进行无害化处理;无害化处理前置,相互监督确保理赔真实 |

续表

| 金融工具 | 细分领域 | 金融机构或其他组织 | 案例 | 特点 |
|---|---|---|---|---|
| 绿色租赁 | 农业废弃物再利用 | 中国农业银行 | 农银租赁平台 | "设备直租+项目贷款"融资模式 |
| 供应链金融 | 奶制品加工 | 某银行+原奶供应企业+收奶企业 | 农金通之奶金快线业务模式 | 银行与贷款方（原奶供应企业）的下游奶制品加工企业签订战略合作协议，保证原奶生产企业每月鲜奶销售款回笼 |
| 供应链金融 | 养殖业 | 益客集团，蚂蚁金服 | 绿色供应链融资模式 | 核心企业与上游养殖主体签订订单协议并对其提出相关绿色要求，同时引入网商银行为上游养殖主体提供融资服务 |
| 数字技术 | 林业和农产品 | 蚂蚁金服 | 蚂蚁森林 | 蚂蚁森林是世界首个通过使用数字技术和社交媒体、自下而上促进居民绿色消费行为的大规模试点；在通过种树提供就业机会的同时，蚂蚁金服还帮助农民和电商平台直接对接，通过开发生态农产品实现农民增收 |
| 数字技术 | 林业和农产品 | 平安银行 | 低碳家园 | 低碳家园是全国首个借信双卡碳账户，提供捐赠种树及红树林保护公益。通过在平台中引入助农产品作为兑换权益，帮助农民拓宽销路，支持特色农业产业化发展；通过设置"清洁能源使用"绿色行为激励，为"千乡万村沐光"户用光伏提供助益 |

资料来源：《绿色金融、普惠金融与绿色农业发展》（马骏等），金融论坛。

## （四）碳账户赋能绿色农业和乡村振兴

在农业实践中，针对农业经营主体的涉农企业或农户开立的碳账户，被笼统地定义为农业碳账户。农业领域的碳核算不同于工业和个人，因涉及环节复杂且国外没有可以参照的标准，碳核算成为建立农业碳账户的一个难点。衢州市作为农业碳账户的实践先行者，在以农户为主体的碳账户核算中，将重心放在因提高农业后端资源利用率所能实现的碳减排效果角度，将传统种养殖生产、畜牧业循环利用、肥料使用等环节作为减排关键点，确定农作物秸秆综合利用、土壤固碳、禽畜粪污资源化利用三条碳中和主线，核算碳账户下的碳减排能力。通过三条主线，一方面实现了碳账户主体碳减排数据的核算；另一方面也将农作物秸秆综合利用、土壤固碳、禽畜粪污资源化利用作为引导农户转型的重点方向。

在发展绿色农业和推进乡村振兴的进程中，基于不同类型的服务主体和服务目标，地方政府或监管机构主导并与当地商业银行合作开设了不同形式的企业或个人碳账户产品，并与融资信贷相结合，助力绿色农业低碳转型。

一是针对央行资金重点支持绿色企业名录库的绿色涉农企业和民营小微企业开立企业碳账户，为企业提供多样化的与碳账户挂钩的融资产品，将碳账户核算的企业碳减排量作为贷款授信额度和利率的依据，典型产品案例如江苏银行"苏碳融"。二是为支持农业经济低碳发展，针对农业新型经营主体开立农业碳账户，量化农业经营主体的碳排放量或碳减排水平，对碳中和主体和低碳主体提供低成本融资，实施精准的绿色支持，发挥绿色金融在推进农业绿色转型进程中重要的资金支持作用，典型案例是衢州农业碳账户。三是为提升农村人居环境整治效果，改善农村居民生活质量，针对村民和村小组开立碳账户，通过碳账户围绕农户周边环境情况进行量化考核评分，并进行记录排名考核，匹配相应的积分礼品兑换和贷款信用评级，典型产品案例如广东省肇庆四会市大沙镇人民政府联合四会泰隆村镇银行推出的"治村宝"产品。四是为积极支持户用光伏装机等新能源建设重要举措，平台企业通过个人碳账户平台的绿色行为定义以及客户权益体系对接，可以将农户的绿色行为纳入平台体系范畴，通过平台完整的生命周期运营激励农户的绿色行为，支持贫困地区农业绿色项目向绿色产业化发展。典型产品案例如平安银行的"低碳家园"碳账户平台，其将户用光伏场景作为"清洁能源使用"绿色行为纳入，同时将客户权益体系对接助农产品绿色权益。

基于碳账户可以科学核算并量化农业经营主体的绿色生产或生活情况，有效记录农业经营主体的碳减排，金融机构可以利用碳账户细化评估农业经营主体的生产经营情况等，将碳账户记录与绿色信贷的贷款利率、授信额度、费用减免等要素挂钩，优化涉农领域的绿色金融资源配置，更好地助力绿色农业发展和乡村振兴战略。

## 1. 江苏银行"苏碳融"[①]

为服务支持国家碳达峰碳中和战略目标，充分运用结构性货

---

① 金融界网.全国首创再贷款支持、挂钩碳账户绿色金融产品——"苏碳融"落地江苏银行［EB/OL］.https://m.jrj.com.cn/madapter/finance/2021/08/26184333325679.shtml，2021-08-26.

币政策工具支持绿色金融产品创新，在中国人民银行南京分行的大力支持下，2021年8月，江苏银行创新推出"苏碳融"产品。该产品精准聚焦绿色涉农小微企业，服务对象为江苏省央行资金重点支持绿色企业名录库内的绿色涉农企业和绿色民营小微企业，杜绝授信企业"洗绿""漂绿"风险。针对绿色涉农企业和绿色民营小微企业，产品提供多样化融资服务，包括发放优惠利率贷款、中长期贷款和信用贷款，满足企业在价格、期限、担保方式等方面的不同需求。产品的创新之处在于产品的授信额度和利率与企业碳账户挂钩，内嵌的碳核算模型能自动核算碳减排量并计入企业碳账户，作为核定授信额度和利率的依据。在此基础上，产品还与再贷款政策对接，中国人民银行提供全额再贷款资金支持，针对符合财政部门政策要求的，还可由省普惠金融发展风险补偿基金提供增信和风险补偿，通过配套的激励实现对绿色低碳项目的精准支持。

江苏银行通过"苏碳融"产品向泰州核润新能源有限公司发放500万元贷款，支持企业光伏电站建设。根据该企业碳账户情况，核定贷款年利率为3.85%，较同类型贷款低1.2%。该笔贷款可推动企业年减排二氧化碳5.2万吨，年节约标准煤1.9万吨，年减少二氧化硫、氮氧化物排放分别为399吨、135吨。通过与企业碳账户挂钩的绿色金融产品创新，"苏碳融"将企业授信额度和利率与企业碳减排量进行联动，精准支持绿色涉农企业和绿色民营小微企业的绿色低碳经营。

## 2. 衢州市农业碳账户与"碳融通"贷款[①]

衢州市作为全国绿色金融改革创新试验区,以绿色发展为导向,于2021年建立了涵盖工业、农业、能源、建筑、交通运输、个人六大领域的碳账户体系。围绕农业生产绿色低碳转型目标,衢州市从生猪、水稻、柑橘(胡柚)、有机肥四大主导产业切入,初步形成了"一个产业配套一个核算标准、一个低碳技术规范、一套政策支撑体系、一个应用场景"的建设模式,构建了农业碳账户基础数据采集体系,创新农业碳账户核算评价办法,出台制定《农业碳账户碳排放核算与评价指南》,填补了国内农业碳核算理论空白。在农业碳账户数据采集技术上,衢州市的实践超越了欧盟等国际领先市场,其注重解决绿色金融实践中存在的问题,锁定农业领域碳排放的关键点,通过农作物秸秆综合利用、禽畜粪污资源化利用、有机肥替代化肥的土壤固碳机制三条碳中和主线,引导农业农村系统加快低碳生产工艺和技术推广。

在农业碳账户建设的探索中,衢州市综合集成绿色低碳生产技术,创新推出准确反映农业主体减排固碳水平的"四色贴标"管理办法。通过"四色贴标",企业可以实时查阅碳排放等级、减排固碳等核心数值,对照年度贴标情况进行产业结构调整和生产技术改进,配套形成绿色低碳导向的政策体系和监管模式,推动农业生产绿色低碳发展。截至2022年11月,全市共有近1 000个农业主体纳入贴标管理范围,涌现一大批碳账户应用案例。

---

[①] 蓝晨,方慧,罗敏.列入省数改重大应用场景 衢州农业碳账户填补国内标准空白[N].衢州日报,2022-11-10.梅丹.区域金改看浙江③ | 绿色金改双城记:"湖州经验"与"衢州模式"[N].钱江晚报,2022-03-04.

开化县农牛科技有限公司通过碳账户系统精准定位发酵工艺为碳减排的关键因素，择优选择碳排强度最低的槽式发酵工艺，相比条垛堆肥，每生产1吨有机肥可减少0.22吨碳排放量。常山县为推广使用有机肥，提高低碳果园固碳能力，创设"低碳券"，打造"低碳券"兑换有机肥应用场景；该县胡柚生产每增施1吨有机肥，可直接实现净固碳0.076吨，胡柚生产企业可凭净固碳量兑换商品有机肥，形成固碳获有机肥奖励、使用有机肥促进固碳的正向循环。以碳账户应用为契机，衢州市还对配方肥推广使用给予"真金白银"补贴：头部经营主体销售配方肥每吨补贴50~60元，粮油作物种植主体购买配方肥每吨补贴200~400元。2022年，全市配方肥补贴资金已达1 033.7万元，配方肥推广使用达4.8万吨。

浙江天蓬畜业有限公司全面推进现代化"零碳牧场"建设，做好企业绿色转型。"零碳牧场"引入"楼房猪舍"概念，采用双夹层保温、全漏粪系统，运用智能化养殖模式、自动环境控制系统、自动喂养、自动清粪等先进工艺，将尿液、粪便、废气等产出废物通过一系列无害化处理，转化成有机肥、电能等，最终实现牧场"零碳"排放，牧场建成投产后预计可以年减少碳排放量2 872吨。

未来，农业农村部生态总站与衢州市将共建全国绿色低碳农业先行区，农业农村部将在政策指导、模式探索、技术引领、示范创建等方面给予衢州市进一步的支持，双方在科研等方面搭建合作大平台，合力创新农业绿色发展模式，推行绿色低碳生活方式，推进投入品减量化、生产清洁化、废弃物资源化、产业模式生态化，打造全国农业领域绿色低碳标杆，用绿色方式推动衢州地区乡村振兴。

## 3. 广东肇庆四会市大沙镇"治村宝"[①]

2022年4月,广东肇庆四会市大沙镇人民政府联合四会泰隆村镇银行举行人居环境整治"治村宝"产品发布仪式,这是广东首次探索以数字绿色金融"碳账户""碳积分"体系推动农村人居环境整治的新举措。

"治村宝"是一款专门聚焦人居环境整治而开发的App,主要用于激发村小组、村民参与人居环境整治积极性,实现共建共治共美。村小组、村民在App内开设"碳账户",通过开展"村对组、组对户"人居环境情况量化考核评分,形成"碳积分"。据介绍,考核项目涵盖清洁卫生、绿化美化、物品摆放整齐等内容,并对好人好事、主动认领、绿色金融等项目给予加分。"村对组"考核是指由驻镇工作队、镇乡村振兴办、村"两委"干部成立考核组,每季度对村小组开展人居环境情况量化积分考核,排列名次,对前三名的村小组给予现金奖励。"组对户"考核是指由村"两委"干部组成村级考核组,每两周对村民房屋周边的环境情况进行量化考核评分,村小组年度积分排名前三的农户可获得现金奖励。

四会泰隆村镇银行将"碳积分"与礼品兑换、农户的贷款信用评级等相结合,围绕"农户碳账户"开发绿色农链贷、绿色鱼塘贷、绿色家园贷等绿色金融产品。在首发仪式上,四会泰隆村镇银行向应用"农户碳账户"获得"碳积分"的3户绿色农链贷、1户绿色家园贷现场发放贷款250万元,向6个应用"农户

---

[①] 肇庆金融.肇庆农民有了"碳账户"!广东首个"农户碳账户"在肇庆四会开通[N].西江日报,四会泰隆村镇银行,2022-04-18.

碳账户"的行政村授信1亿元，320名拥有"农户碳账户"的村民将合计获得授信1亿元。全额资金来源于四会泰隆村镇银行和相关村委，为"治村宝"机制有效推进落实提供了资金保障，并为农村人居环境整治进行了创新探索。

农村生态宜居建设是提升农村居民生活质量的关键举措，"治村宝"定位于乡村振兴中的生态宜居和乡风文明要求，通过碳账户积分与礼品兑换、农户的贷款信用评级等相结合，实现绿色金融助力乡村生态环境改善。

### 4. 平安银行碳账户助力乡村振兴

在"双碳"政策下，光伏产业成为乡村振兴的重要抓手之一。户用光伏是国内清洁能源的重要场景，根据国家能源局发布的数据，2022年我国光伏新增装机8 741万千瓦，其中户用光伏新增装机2 525万千瓦，在分布式光伏装机中占比约49.4%。预计"十四五"期间分布式光伏装机占新增装机比例达50%以上，未来五年总投资规模超6 000亿元；国家整县推进政策要求农村屋顶安装光伏比例不低于20%。国家能源局在中国人民政治协商会议第十三届全国委员会第五次会议上做出答复，将推进研究户用光伏电力纳入绿电、绿证、碳排放权交易市场。

2022年11月，为响应国家"千乡万村沐光"行动，平安银行与国内光伏龙头隆基合作，推动绿色户用光伏数字贷创新产品的落地，计划5亿元敞口授信，由隆基及其核心经销商提供保证金增信，给予农户信贷资金支持屋顶光伏的安装。同时，平安银行"低碳家园"碳账户平台将户用光伏场景作为"清洁能源使用"绿色行为纳入,通过星云物联网实时获取客户发电量数据,搭建科学模型测算屋顶光伏项目碳减排量,再以绿色能量进行计量,通过农户兑换利息抵免券等形式进行正向激励,发挥金融资源调控效能助力户用光伏的推广建设。此外,"低碳家园"碳账户平台还设置了助农农产品兑换权益,通过客户权益体系对接乡村振兴助农产品,帮助农户拓宽销路,支持贫困地区农业绿色项目向绿色产业化发展。

碳账户平台建设一方面量化农户户用光伏项目的碳减排水平,为银行优化金融资源、支持绿色低碳主体提供依据;另一方面通过碳账户将农户碳减排资产有效归集,为支持农村经济绿色转型提供助益。

## 三、碳账户完善 ESG 评价体系,助力生物多样性保护

ESG 是一种关注企业环境、社会责任、公司治理表现,而非仅关注财务绩效的投资理念和评价标准。2006 年,联合国成立责任投资原则组织,正式提出 ESG 概念,开始构建 ESG 相关原则和框架,将环境、社会及公司治理作为衡量可持续发展的重要指标,并推动各国交易所采用 ESG 披露标准,目前已逐步形成较为完整的 ESG 信息披露和绩效评价体系。ESG 要求企业在经营管理中注重经济与环境、社会和公司治理之间的平衡发展,为社会可持续发展做出贡献。从投资者角度来看,已有大量实证研究证明企业的经营绩效在长期内与 ESG 表现呈现正相关,投

资者可以基于投资对象的 ESG 评级结果评估其在促进经济可持续发展、履行社会责任等方面的贡献，并基于此进行投资决策。

商业银行和互联网企业构建碳账户平台，既能量化呈现企业 ESG 的建设成果，又能通过碳账户的客户权益体系和积分激励场景优势，广泛触及并影响企业客户、上下游生态伙伴在环境、社会公益、生态保护等方面的行动贡献。在部分上市公司对外披露的绿色金融、碳中和、环境社会治理等报告中，碳账户建设已成为上市公司对外披露内容的重要组成部分，待中国 ESG 体系进一步健全完善，碳账户建设在企业 ESG 进程中发挥的作用有望更加显现。碳账户是在中国 ESG 监管框架下，企业践行绿色可持续发展的一项创新价值应用。

## （一）ESG 评价体系

ESG 评价体系主要包括信息披露、评估评级及投资应用三个维度。信息披露主要是指，企业遵循国际、国内政策要求，对自身 ESG 活动信息对外做出披露，这是 ESG 评价体系的基础。评估评级是指，评级机构以企业披露的 ESG 信息为依据，对企业 ESG 水平做出评估。投资应用是指，投资者根据企业的 ESG 评估结果进行投资活动。

### 1. ESG 信息披露

在国际 ESG 信息披露标准方面，在全球使用范围较广的信息披露标准包括 SASB（可持续发展会计准则委员会）针对特定行业发布的 77 个行业标准，GRI（全球报告倡议组织）制定的《可持续发展报告指引》。SASB 标准具备行业针对性，其指标更强调会影响公司当前和未来市场的与可持续性发展相关的风险和机遇，鼓励企业根据利益相关方的不同目标和不同信息诉求来选择所要披露的可持续发展信息，帮助组织提高透明度和更好地管理风险，打造更强的品牌和可持续发展，既适用于上市和未上市公司，也适用于管理股票或者债券的投资者。GRI 标准侧重评估企业经营活动对经济、环境、社会三方面的影响，是一个模块化的且模块之间相互关联的标准体系，GRI 在 2021 年改版后包括三大类标准——通用标准、行业标准和议题标准，企业在一定范围内可以进行选择和组合通用、行业、议题三个维度的披露指标信息，形成自身的 ESG 披露体系，因此 ESG 主要适用于报告企业的自身披露。

在我国，ESG 信息披露主要是中国证券监督管理委员会和证券交易所对上市公司的信息披露要求（见表 6-5）。ESG 在全球市场逐步主流化，越来越多的机构已将 ESG 纳入投资考量，强制 ESG 信息披露已成为满足市场投资需求的内在要求，因此监管对上市公司 ESG 信息披露的规定越来越明确和细化，并形成强制化趋势。其中，上海证券交易所于 2019 年 4 月发布的《科创板股票上市规则》，就对 ESG 相关信息做出强制披露要求。2021 年 6 月，中国证券监督管理委员会发布的《公开发行证券的公司信息披露内容与格式准则第 2 号——年度报告的内容与格式（2021 年修订）》也对我国上市公司 ESG 方面的公司治理信息和污染物排放信息提出了强制披露要求。香港联合交易所于 2019 年 12 月确定新版《环境、社会及管治报告指引》，首次将"强制披露"要求纳入港股 ESG 信息披露要求，标志着香港联合交易所从"不遵守就解释"阶段迈向"强制披露"阶段。

表6-5 中国证券监督管理委员会和证券交易所对上市公司ESG层面的信息披露规则

| 发布时间 | 发布机构 | 发布规则文件 | 主要内容 |
| --- | --- | --- | --- |
| 2012年 | 香港联合交易所 | 《对于ESG信息披露的建议性指引》 | 上市公司自愿性披露建议 |
| 2015年 | 香港联合交易所 | 《环境、社会及管治报告指引》 | 将环境层面指标列为"不遵守就解释" |
| 2018年9月 | 中国证券监督管理委员会 | 修订《上市公司治理准则》 | 确立ESG信息披露基本框架 |
| 2019年4月 | 上海证券交易所 | 《科创板股票上市规则》 | 对ESG相关信息做出强制披露要求,重点披露科创板公司在保护环境、保障产品安全、维护员工与其他利益相关者合法权益方面履行社会责任情况 |
| 2019年12月 | 香港联合交易所 | 《咨询总结检讨〈环境、社会及管治报告指引〉相关〈上市规则〉条文》 | 将社会层面指标提升至"不遵守就解释",并将包括ESG管制架构在内的部分内容纳入"强制披露"项,首次将"强制披露"要求纳入港股ESG信息披露要求 |
| 2020年9月 | 上海证券交易所 | 《科创板上市公司自律监管规则适用指引第2号——自愿信息披露》 | 科创板申请人可以主动披露包括污染物排放、能耗结构、职业健康安全、产品安全、治理结构、投资者权益保护等更大范围、更具体化的ESG信息,帮助投资者全面深入了解企业情况 |
| 2020年9月 | 深圳证券交易所 | 修订《上市公司信息披露工作考核办法》 | 明确提出对上市公司履行社会责任披露情况进行考核,对于发布社会责任报告和披露ESG信息的情况予以加分 |

续表

| 发布时间 | 发布机构 | 发布规则文件 | 主要内容 |
|---|---|---|---|
| 2021年6月 | 中国证券监督管理委员会 | 《公开发行证券的公司信息披露内容与格式准则第2号——年度报告的内容与格式（2021年修订）》 | 公司治理章节规定了应当披露公司治理相关情况，环境与社会责任规定应当披露排污信息，以及报告期内因环境问题受到行政处罚的情况 |
| 2022年1月 | 上海证券交易所 | 《关于做好科创板上市公司2021年年度报告披露工作的通知》 | 明确提出科创板上市公司应当在年度报告中披露ESG信息，并"视情况"单独出具报告 |
| 2022年4月 | 中国证券监督管理委员会 | 《上市公司投资者关系管理工作指引》 | 正式将ESG纳入作为投资者关系管理中上市公司与投资者沟通的内容之一 |

资料来源：作者根据中国证券监督管理委员会、上海证券交易所、深圳证券交易所、香港联合交易所公开政策信息整理。

## 2. ESG 评估评级

ESG评级结果是投资者与企业ESG评级的沟通基础。根据企业披露的ESG信息，由独立的第三方对企业ESG信息进行评估评级。目前，国际上大型有公信力的ESG评级机构包括美国明晟、美国道琼斯、加拿大汤森路透、英国富时罗素等。我国ESG评级仍处于探索阶段，呈多元发展格局，尚未形成官方的、权威的评级体系，大致可分为三类：一是由咨询公司构建的，如华证ESG体系、商道融绿ESG评级等；二是由金融机构构建的，如嘉实ESG评分体系、中国工商银行绿色金融课题组ESG评级体系等；三是由科研高校构建的，如中央财经大学绿色金融国际研究院等建立的ESG评级体系等。主流ESG评价商一级评价指标见表6-6。

在独立第三方对企业ESG信息进行评估评级的过程中，不同评级机构的评估评级方法存在很大差异。评级机构主要的信息获取途径包括企业问卷、企业公开披露的信息和有关报告，ESG评级机构的团队对不同行业企业进行分析并生成评级结果。由于不同评价体系的评价指标、占比等均不尽相同，且各机构仅对外公布评级结果，相关评级过程处于保密状态，因此各机构的评级结果不具备完全可比性。

表6-6 主流ESG评价商一级评价指标

| 范畴 | 汤森路透 | 明晟 | 彭博资讯 |
| --- | --- | --- | --- |
| 环境 | 资源利用 | 气候变化 | 碳排放 |
| | 排放 | 天然资源 | 气候变化效应 |
| | 创新 | 污染 | 污染 |
| | — | 环境机会 | 废弃物 |
| | — | — | 可再生能源 |
| | — | — | 资源消耗 |
| 社会 | 劳动力 | 人力资本 | 供应链 |
| | 人权 | 产品责任 | 歧视 |
| | 社区 | 利益相关人反对 | 政治献金 |
| | 产品责任 | 社会机会 | 分散 |
| | — | — | 人权 |
| | — | — | 社区关系 |
| 公司治理 | 管理 | 公司治理 | 累计投票 |
| | 股东 | 公司行为 | 高管薪酬 |
| | 社会企业责任 | — | 股东权益 |
| | — | — | 收购防御 |
| | — | — | 分期分级董事会 |
| | — | — | 独立董事 |

资料来源：《系统化构建我国银行业的ESG披露、评价、应用体系》(刘星)。

## 3. ESG 投资应用

ESG 投资作为一种新型投资理念，把环境、社会和公司治理因素与传统财务因素一并纳入考虑，关注投资回报收益，同时还强调环境价值和社会价值的创造，从而实现社会和环境的可持续发展。ESG 围绕可持续发展目标的三大功能，即实现发挥资源配置、市场定价和风险管理的作用。关于资源配置功能，ESG 帮助公共部门增加企业负外部性经济活动的成本，促进企业主动改善可持续发展能力，减少对自然环境和社会资源的低成本侵占。关于市场定价功能，学术研究表明，ESG 对企业价值存在长期的正向影响[1]，即 ESG 能够提高企业的营业收入，同时，ESG 能通过提供额外的投资定价信息，降低企业的融资成本。在风险管理功能方面，ESG 风险是企业的可持续风险，且大部分是非财务风险，但与企业的财务状况有相关性，不重视 ESG 风险的企业更容易出现声誉风险，进而可能会引发财务风险、信用风险。[2] 因此，无论是监管者、企业还是投资者都可以将 ESG 作为风险管理的重要工具，管理好经营风险和投资风险。

从国内外大量研究和实践看，企业的经营绩效在长期内与 ESG 表现呈现正相关，因此催生了大量的以 ESG 为主题的投资基金。除了在证券行业的应用，在银行业方面，国际银行监管也

---

[1] Fatemi A, Glaum M, Kaiser S. ESG performance and firm value: The moderating role of disclosure [J]. Global Finance Journal, 2018 (38): 45–64.

[2] 刘均伟, 金成, 等. 中金 | ESG 手册（1）：ESG 的边界和影响 [EB/OL]. https://mp.weixin.qq.com/s/lGW0_r3Qy68PxRax4OfoJQ, 2022-11-28.

逐步将 ESG 纳入银行监管体系范畴。《巴塞尔协议》作为现代银行监管的统一标准，《巴塞尔协议Ⅲ》没有涵盖环保政策。2021年4月，巴塞尔委员会发表了两份报告，指出银行和金融机构需要扩大和调整其现有的风险管理框架，以更好地应对与气候相关的金融风险。2021年10月，欧盟委员会发布实施《巴塞尔协议Ⅲ》改革（又称《巴塞尔协议Ⅳ》）的立法方案，将《巴塞尔协议》目前未要求的 ESG 指标纳入银行监管。[①]

## （二）我国银行业 ESG 实践

商业银行是资金供给方，也是资金需求方。作为资金供给方和上市公司，商业银行不仅需要遵循中国证券监督管理委员会、证券交易所的 ESG 信息披露规则，同时还需要遵循绿色金融银行业务监管要求，且 ESG 框架所倡导的企业治理与风险管理等可持续发展实践也与银行自身风险管理需求、履行社会责任目标相契合；作为资金需求方，商业银行也需要建立良好的 ESG 评级以便为自身市值管理和融资成本提供支撑。因此，我国商业银行日益重视自身的 ESG 评级，并且将绿色金融业务作为 ESG 的一项核心内容。

---

① EY. The European Commission has published new rules to strengthen banks' resilience [EB/OL].https://www.ey.com/en_gl/banking-capital-markets-risk-regulatory-transformation/how-the-eu-s-banking-package-2021-has-started-the-basel-4-endgame，2021-11-15.

## 1. 积极加入国际通用可持续金融原则

在绿色金融的实践探索中，我国商业银行积极加入国际自愿组织，签署采纳国际可持续发展倡议，在融入国际绿色标准的同时加大对银行自身ESG的约束。当前，国际上广泛认可的绿色金融标准主要包括"负责任银行原则"和"赤道原则"。

2019年，联合国环境规划署金融倡议组织发布《负责任银行原则》，倡导银行在业务经营中融入可持续发展理念，该原则旨在从国际组织的宏观视角为银行提供一致性的框架，需要银行在符合联合国可持续发展目标、《巴黎协定》等原则的基础上，在其最具实质的领域设定目标，并从战略规划、组织管理、产品交易等方面，将整个业务融入可持续发展。如图6-9所示，中国工商银行、兴业银行、华夏银行为2019年首批签署的中资商业银行，当前已有越来越多的中资商业银行开始采纳此国际通用的可持续金融和社会责任标准。

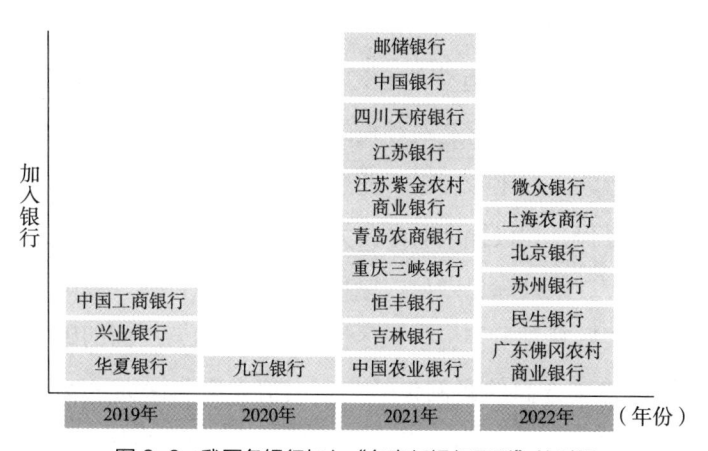

| 加入银行 | 2019年 | 2020年 | 2021年 | 2022年 |
|---|---|---|---|---|
| | 中国工商银行 | | 邮储银行 | |
| | | | 中国银行 | |
| | | | 四川天府银行 | |
| | | | 江苏银行 | |
| | | | 江苏紫金农村商业银行 | 微众银行 |
| | | | 青岛农商银行 | 上海农商行 |
| | | | 重庆三峡银行 | 北京银行 |
| | 中国工商银行 | | 恒丰银行 | 苏州银行 |
| | 兴业银行 | | 吉林银行 | 民生银行 |
| | 华夏银行 | 九江银行 | 中国农业银行 | 广东佛冈农村商业银行 |

图6-9 我国各银行加入"负责任银行原则"的时间

资料来源：作者根据图中机构可持续发展报告、环境信息披露报告、社会责任报告及公开资料整理。

2002年形成的"赤道原则"旨在判断和评估项目的融资环境、社会风险，对提高商业银行可持续发展意识、强化社会责任感、增加绿色金融产品供给有重要意义，该原则目前被公认是全球范围内较全面、科学和权威的环境风险评估指南。中国自2008年起，以兴业银行为首，不断有新的商业银行加入"赤道原则"（见图6-10）。

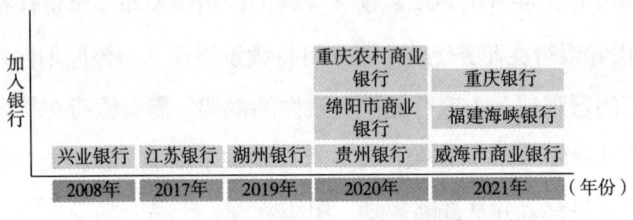

| 加入银行 | | | 重庆农村商业银行 | 重庆银行 |
| --- | --- | --- | --- | --- |
| | | | 绵阳市商业银行 | 福建海峡银行 |
| 兴业银行 | 江苏银行 | 湖州银行 | 贵州银行 | 威海市商业银行 |
| 2008年 | 2017年 | 2019年 | 2020年 | 2021年（年份） |

图6-10 我国各银行加入"赤道原则"的时间

资料来源：作者根据图中机构可持续发展报告、社会责任报告及公开资料整理。

## 2. 主动加强自身运营 ESG 实践

在商业银行自身运营的 ESG 实践方面，部分银行通过践行节能降碳理念，主动营造对环境的积极影响，并以此树立良好的企业社会形象。近年来，银行业金融机构将可持续发展理念融入日常运营过程，积极探索对办公大楼、网点等建筑进行绿色建造及运营维护，鼓励绿色办公、绿色采购等节能行为，尝试参与碳市场并购买碳减排量等，争取尽快实现自身运营层面的碳中和。

绿色建筑方面的案例包括北京中信大厦和深圳平安金融中心。中信大厦建成于2019年，自建成以来，先后获得 LEED-CS 金级认证（2020年）、WELL 铂金级认证（2021年）、中国绿色建筑评估标准中的三星级绿色建筑标识（2021年），大厦采用智能LED（发光二极管）照明系统、应用变频技术的空调系统、垂直电梯、光伏屋顶、综合能源管理系统等预计可帮助大厦全年节约电量相当于间接降低碳排放4 000吨。[①]2021年，中信大厦制定了"双碳"目标规划，预计2024年实现碳达峰，未来将通过精细化能源管理、节能改造、需求侧减量、能源替代、生物固碳等途径，力争2050年实现碳中和。中国平安作为传统金融创新和转型的先行者，全方位升级绿色金融行动，凭借出色的科技能力，将绿色运营理念融入旗下建筑的全生命周期，在项目设计及建设期就运用科技手段进行绿色创新。深圳平安金融中心通过窗帘太阳自适应控制系统、高空取风、冰蓄冷制冷系统、热回收系统及变风量空调系统、雨水回收及水循环系统等八大绿色系统的运用，一年节约能耗共约710万度，节约用水近4.1万立方米，在实现节能减排、保障环境品质的同时，大大降低了大楼的整体运营成本。[②]2021年底，深圳平安金融中心获得了美国LEED铂金级以及中国三星级绿色建筑双料认证，刷新全球超高层办公建筑的"绿色高度"。

绿色办公和绿色采购方面的案例包括兴业银行和中国平安的低碳运营实践。兴业银行自2013年起对办公场所进行节能改造，通过推广LED灯具、建设机房精密空调系统等，降低银行运营碳排放；在供应链企业筛选方面，对供应商在环保认证、安全生产、劳工保障等方面开展审查，将供应商的环境与社会绩效作为

---

① 中信集团网站. 中信和业打造绿色建筑 践行"双碳"战略［EB/OL］. https://www.group.citic/html/2022/News_0429/2526.html，2022-4-29.

② 南方周末. 打造绿色建筑新标杆，中国平安书写"双碳"答卷［EB/OL］. http://www.infzm.com/contents/240666，2022-12-20.

采购参考标准。中国平安在公司内部通过制定环保目标、推动无纸化运营等绿色运营方式，将节能减排工作嵌入企业运营的各部门、各环节，持续通过绿色办公降低环境负担。平安金融中心在深圳还连续四年参与"地球一小时"活动，领衔国内多个城市的地标性建筑熄灯一小时，向公众传递倡导节能环保的理念。

"零碳网点"方面的案例有中国建设银行中山市翠亨新区支行。其外部通过在广州碳排放权交易所购买7吨国家核证自愿减排量实现对前期建筑过程中造成碳排放的中和，内部全面落实节能用电、节约用水、减少用纸、垃圾分类等绿色低碳经营，并引入围绕个人、企业全生命周期服务的智能服务模块，通过个性化产品推荐、"移动优先"策略以及"千项政务"升级功能等举措，发挥示范作用，积极引导客户有效减少出行碳排放。2021年5月，中国建设银行中山市翠亨新区支行正式挂牌营业，成为全国银行业首家"零碳网点"。[1]

在改造优化绿色信贷管理系统方面的案例有广发银行。广发银行2020年起探索优化绿色信贷管理系统，最终引入中诚信绿金科技（北京）有限公司作为第三方专业咨询公司。优化后系统建设专业全面的绿色指标映射库，以"关键字搜索/推荐法"和"纯绿行业投向法"两种方式优化绿色金融识别流程，提高银行绿色信贷数据统计质量；通过后台植入绿色信贷环境效益公式，可线上自动计算绿色信贷投向项目或资金所产生的环境效益；通过多维度数据对比分析，引导基层一线拓展重点行业业务。

---

[1] 李琪.践行ESG理念，实现商业银行自身的绿色运营——中国银行业绿色低碳金融产品创新系列典型案例[J].中国银行业，2022（6）.

### 3. 依据监管要求扩大 ESG 信息对外披露

除了中国证券监督管理委员会和证券交易所对上市公司的 ESG 信息披露要求，银行监管机构也对银行业制定了相关信息披露规则，包括绿色信贷、绿色债券等绿色金融统计标准以及环境社会效益、环境信息等披露要求。根据监管规定，我国国有银行和大中型商业银行会按照监管要求在年报、可持续发展报告或社会责任报告中披露绿色信贷的总体发展战略、目标、规划及案例等，其中部分银行还会披露绿色信贷实现的环境社会效益；绿色债券的环境信息披露要求更加明确，按照监管规定按季度披露募集资金使用情况，并在年报中披露投放项目实现的环境效益，包括节约标煤量、减少温室气体排放量、减少化学需氧量等。

近年来，受气候相关风险重视程度逐渐提高的影响，部分银行开始发布独立的环境信息披露报告。例如，2021 年 7 月，兴业银行深圳分行发布《2020 年环境信息披露报告》，成为首个公开发布环境信息披露报告的全国性银行分支机构。2022 年 7 月，中国建设银行发布首份《环境信息披露报告》，成为首个正式发布环境信息披露报告的国有大型银行。环境信息披露报告主要参照中国人民银行《金融机构环境信息披露指南》、气候相关财务信息披露工作组披露建议框架等。

### 4. 创新探索在授信流程纳入 ESG 评价

在关注服务实体经济对象的 ESG 信息披露、评估评级和投资应用方面，商业银行将 ESG 统计信息及评价结果纳入银行授信机制是重要的实践方向。作为以间接融资方式为主的金融机构，银行业需要合理调配信贷资源以适应经济发展要求。

近年来，我国银行业为解决资本金不足等问题重点开展供给侧改革，重视对信贷资产质量的动态管理，自2020年第三季度以来商业银行不良贷款率持续下降。绿色金融作为一种将环境风险纳入经营决策的新发展方向，是银行业供给侧改革的重要方面。当前，银行业金融机构践行绿色金融发展主要通过绿色信贷投放，以及发行和承销绿色债券两种方式，依据的政策文件包括《绿色产业指导目录（2019年版）》《绿色债券支持项目目录（2021年版）》等。

未来，绿色金融的发展将不局限于当下已经形成的绿色产业指导目录等定性和行业引导方面，而是通过将ESG信息及评价结果纳入授信机制，从业务基本操作流程、信贷审批逻辑等角度向更深层次递进。将ESG纳入授信机制有助于加强银行业的风险识别与管理，弥补依靠单一财务指标进行企业评价的局限性，从而减少对高污染、高排放行业的投资，转而投向评级更高的优质产业，实现自身业务和客户的健康可持续发展。

2019—2022年第二季度我国商业银行不良贷款余额及不良贷款率见图6-11。

在创新探索授信流程纳入对服务对象ESG评价的实践中，目前中国建设银行已经进行了成功探索并应用于实际业务流程。2022年12月，中国建设银行率先研发适用于全量对公客户的自动化ESG评级工具并在全行推广应用，目前满足评价条件的客户数量约70万。该对公客户的自动化ESG评级工具从环境、社会、公司治理三个方面综合评价客户的可持续发展能力，基于行业和规模两个维度划分为 74 个模型，对大中型和小微企业开展差别化评价。利用数字技术，深度挖掘行业内外 ESG 的相关信息，积极引入外部数据，由系统自动生成客户 ESG 评价结果，成为数字技术、授信自动化、ESG 评价应用的成功实践案例。

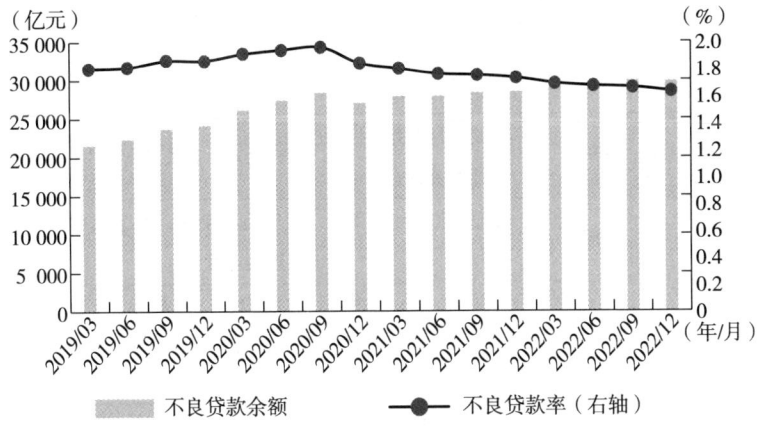

图 6-11　2019—2022 年第二季度我国商业银行不良贷款余额及不良贷款率

资料来源：万得资讯。

## （三）我国互联网企业 ESG 实践

作为一种防范社会环境风险、推动可持续发展的理念，ESG 议题在中国经历了一个从"自愿披露"到"强制披露"的演变过程。基于中国证券监督管理委员会及证券交易所先后出台的在不同 ESG 层面的信息披露指引和证券交易所对上市公司 ESG 表现的审核要求，在企业合规经营、树立企业社会责任等多重因素的推动下，互联网平台公司正致力于企业 ESG，加快自身的 ESG 或企业社会责任报告信息披露的速度。《2022 中国 A 股公司 ESG

评级分析报告》显示，2022年ESG评级企业数量达到1 267家，相比2021年新增467家，覆盖行业拓展为57个。2022年国内互联网公司ESG/企业社会责任报告见表6-7。

表6-7  2022年国内互联网公司ESG/企业社会责任报告

| 发布时间 | 企业名称 | 报告名称 | 报告关键词 |
| --- | --- | --- | --- |
| 2022年3月 | 字节跳动 | 《2021北京字节跳动企业社会责任报告》 | 推动科技普惠；丰富文化生活；增进社会福祉；共创绿色未来 |
| 2022年4月 | 腾讯 | 《2021年环境、社会及管治报告》 | 用户为本，科技向善 |
| 2022年5月 | 美团 | 《2021企业社会责任报告》 | 共享美好生活；共享美好行业；共建美好社会 |
| | 快手 | 《2021年度环境、社会及管治报告》 | 治理为基；共赢为重；员工为本；体验为先；绿色为善；科技为翼 |
| | 百度 | 《2021年环境、社会及管治（ESG）报告》 | 以创新驱动ESG价值实现；AI（人工智能）助力美好生活 |
| | 京东 | 《2021年环境、社会及治理报告》 | 以新型实体企业有力推动"以实助实"和绿色转型 |
| | 哔哩哔哩 | 《2021环境、社会及管治报告》 | 社区优先；合作共赢；正直诚实；极致执行 |
| 2022年8月 | 阿里巴巴 | 《2022阿里巴巴环境、社会和治理报告》 | 创造商业之上的价值；阿里巴巴ESG"七瓣花" |

资料来源：各大互联网公司公开发布的相关报告，亿邦动力。

国内互联网公司发布的ESG报告显示，企业对ESG议题的实践既有专门的组织架构设计，也有针对环境、社会和公司治理三个议题方向的具体实践成果。在环境议题方面，"双碳减排"是互联网公司普遍重视的内容，具体举措包含两个方向。一是针对互联网基础设施的高碳排放，通过购买可再生能源电力、云计算数据中心等举措实现公司组织的绿色运营;二是协同上下游生态合作伙伴,通过绿色采购标准、绿色供应商管理体系等共同推进"双碳"目标的达成。国内互联网公司 ESG/ 企业社会责任实践议题见表 6-8。

表 6-8　国内互联网公司 ESG/ 企业社会责任实践议题

| 公司名称 | 环境 | 社会 | 公司治理 |
| --- | --- | --- | --- |
| 字节跳动 | 绿色数据中心;绿色供应链管理 | 增进员工福祉;用户隐私保护;乡村可持续发展;非遗传承;公益数字化 | 合规管理;内容治理 |
| 腾讯 | 气候变化与碳中和承诺;绿色运营;环境目标 | 关心员工成长;开发负责任的产品;支持产业数字化升级;乡村振兴与共同富裕 | 反舞弊;反垄断;反洗钱供应链管理 |
| 美团 | 推动绿色消费 | 助力骑手发展;支持小商户发展;服务农村电商 | 协同市场治理 |
| 拼多多 | 供应链数字化;绿色消费 | 乡村振兴;农业实践现代化;电商人才培养 | 反腐败;知识产权保护;开放平台 |
| 快手 | 绿色办公;生物多样性保护;排放物管理;绿色数据中心;可持续供应链 | 社区生态治理;提升用户体验;网络安全及隐私保护;员工发展/关爱;乡村振兴;产业振兴 | ESG;风险管控;商业道德;利益相关方参与重大性议题判定 |
| 百度 | 能源与资源节约;低碳运营;排放物管理 | 数据隐私保护;员工权益保障;用户体验提升;内容规范性管理;社区公益;供应商可持续发展管理 | 董事会治理有效性;反腐败与商业道德 |
| 京东 | 绿色运营;低碳供应链;可持续消费 | 全面服务实体经济;乡村振兴;消费者权益管理;供应商管理;高质量就业;公益聚焦 | 合规治理;风险管理;反腐败 |

续表

| 公司名称 | 环境 | 社会 | 公司治理 |
|---|---|---|---|
| 哔哩哔哩 | 环境管理；绿色运营；应对气候变化 | 优质内容和活跃社区；健康商业生态；信息安全与隐私保护；供应商管理；员工权益保障；社会价值 | 公司治理；ESG |
| 阿里巴巴 | 可持续运营和价值链；带动平台价值减碳；助力建设绿水青山 | 支持员工发展；助力乡村数字经济；助力中小微企业高质量发展；推动负责生产 | 构建企业信任；建立有效和专业的公司治理体系 |

资料来源：各大互联网公司公开发布的相关报告，亿邦动力。

从国内互联网公司发布的ESG报告可以看出，互联网平台企业正在通过发挥数字技术优势，协同多方生态合作伙伴，将ESG议题与企业经营活动紧密结合，在为企业和生态伙伴创造经济效益的同时，提高在社会价值上的贡献。

## （四）碳账户建设完善ESG评价体系

ESG的理念表现为，不仅追踪企业的财务状况，也形成与企业ESG发展水平相关的独立评价体系，要求企业在经营管理过程中注重经济与环境、社会、公司治理之间的平衡发展，进而为经济社会的可持续发展做出贡献。商业银行和互联网企业，一方面作为上市公司应符合监管的ESG信息披露要求，满足证券交易所对上市公司ESG表现的审核要求，不断提高企业自身的ESG水平，将ESG议题与企业经营活动相融合，将ESG纳入日常的生产经营范围和流程；另一方面作为平台企业，将ESG纳入上下游生态合作伙伴的运营，能进一步扩大ESG范围和影响，履行社会责任，获得社会认同，树立良好社会形象，也是企业实现价值成长、保持可持续竞争力的有效发展路径。

银行业金融机构和互联网平台企业通过碳账户建设，一方面建立自身的碳账户，可以对公司运营及员工办公过程的碳排放量核算进行量化，实现运营碳中和目标；另一方面建立针对平台客户的个人碳账户，可以将平台客户乃至上下游生态合作伙伴的碳减排贡献都归集到碳账户的积分值记录，实现量化环境效益测算，通过数据记录量化呈现企业的ESG建设成果。同时，商业银行还可以将服务对象的碳账户数据记录和评级结果应用于金融授信服务的贷前、贷中、贷后流程，将对服务对象的ESG评价与企业生产经营过程相融合。此外，银行业金融机构和互联网平台企业通过建立个人碳账户，可以将获客资源科学调配到绿色业务，用绿色场景聚拢和经营新的绿色客户，在实现商业逻辑的同时助力实现社会的帕累托改进，符合ESG的价值要求。因此，部分商业银行和互联网企业已在ESG报告及环境治理等报告中公开披露碳账户建设内容，碳账户建设已成为上市公司对外披露内容的重要组成部分。

中国建设银行在《2021环境信息披露报告》中披露其在个人碳减排领域推出"碳账本"个人金融服务，通过建行生活App和中国建设银行App为用户提供银行卡消费折扣及支付优惠、信用卡专项优惠、积分商城兑换权益等多元化的权益激励，引导消费者积极践行低碳生活理念。2021年，浦发银行在《金融助力碳中和发展与实现蓝皮书》中披露探索设立个人碳账户，建立符合我国实际的CCER交易体系。平安银行联合平安证券在《绿色金融助力高质量发展白皮书（2022）》中披露基于个人碳账户积分等级，配套差异化的消费信贷优惠政策。同时，大型互联网企业阿里巴巴和腾讯也分别在其环境、社会及治理报告中进行了碳账户建设的相关披露。阿里巴巴在《2022阿里巴巴环境、社会和治理报告》中披露了截至2022年7月，已有超过2 000万用户在日常生活中主动参与减碳，践行绿色生活方式。腾讯在《2021年环境、社会及管治报告》中对与深圳市生态环境局联合打造的"低碳星球"碳普惠运营平台进行了披露（见表6-9）。

表6-9 商业银行、互联网企业上市公司碳账户建设披露内容

| 银行/互联网企业上市公司 | 报告文件 | 碳账户建设内容 |
| --- | --- | --- |
| 中国建设银行 | 《2021环境信息披露报告》 | 基于"碳账本"的个人金融服务：……识别用户在日常低碳生活及金融场景中的绿色行为，记录消费端个人碳足迹，并引入权威碳排放计量规则，进行碳减排测算，形成个人"碳账本" |
| 浦发银行 | 《金融助力碳中和发展与实现蓝皮书》 | 支持各地区积极参与全国碳市场，进一步突出地方碳市场特色，做优做大国家CCER交易。探索设立个人碳账户，建立符合我国实际的CCER交易体系。鼓励企业积极参与用能权有偿使用和交易试点，推动能源要素高效配置 |
| 平安银行、平安证券 | 《绿色金融助力高质量发展白皮书（2022）》 | 个人碳账户及衍生差异化消费信贷政策：视线聚焦于客户的日常生活，践行绿色消费即可在个人碳账户里积累碳积分，获得相应的权益等级及礼品兑换。同时，基于个人碳账户积分等级，配套差异化的消费信贷优惠政策 |

续表

| 银行/互联网企业上市公司 | 报告文件 | 碳账户建设内容 |
| --- | --- | --- |
| 阿里巴巴 | 《2022阿里巴巴环境、社会和治理报告》 | 消费者减碳：2022年，阿里巴巴建立了"88碳账户"体系，覆盖淘宝、饿了么、闲鱼、高德地图、菜鸟等多种场景……碳账户的目的是衡量和记录每个用户经过科学标准评估的在特定场景的减碳足迹，数据采集必经用户授权。这些场景都达到范围3+的衡量标准，并通过专业科学评审 |
| 腾讯 | 《2021年环境、社会及管治报告》 | 打造碳普惠平台：腾讯与深圳市生态环境局联合打造了深圳首个碳普惠运营平台"低碳星球"小程序，用户通过腾讯乘车码参与公共出行行为，可累积相应碳积分，帮助星球进化成长，让用户亲身参与并为社会低碳转型做出贡献 |

资料来源：作者根据公开报告整理。

ESG不仅可以构建一个具象化的体系来刻画可持续发展理念和实践，还能基于可持续发展的价值观在经济活动中构建动态循环机制。ESG评价信息能够引导投资转向可持续发展，在企业和投资者参与ESG评价过程并获得市场价值反馈后，能够正向激励双方持续参与并提升ESG价值生态，进而提高整个经济体的可持续发展水平。

## （五）碳账户助力生物多样性保护

生物多样性是动物、植物、微生物与环境形成的生态复合体，以及与此相关的各种生态过程的总和，包括生态系统、物种和基因三个层次。根据联合国粮食及农业组织的统计，全球40%的经济直接或间接依赖生物多样性资源。当前，全球生物多样性正在加速丧失，潜在威胁人类的经济、社会和生活。2021年10月，中共中央办公厅、国务院办公厅印发《关于进一步加强生物多样性保护的意见》，提出生物多样性是人类赖以生存和发展的基础，是地球生命共同体的血脉和根基。党的二十大报告也明确指出，提升生态系统多样性、稳定性、持续性，加快实施重要生态系统保护和修复重大工程，实施生物多样性保护重大工程。生物多样性保护已成为我国的一项重要议程。

目前，国际通用的保护生物多样性的经济手段主要是财税、金融和市场三大机制。其中，全球用于生物多样性保护的资金主要依赖公共部门。据联合国《生物多样性公约》秘书处测算，到2030年全球生物多样性保护资金的缺口每年达7 110亿美元，但目前相关领域的年度资金投入仅为1 430亿美元，且近80%的资金依赖国内公共部门。因此，金融机构作为资源优化配置的重要部门，可以主动发挥作用并引导资金流向生物多样性保护相关领域。绿色金融在推动生物多样性保护方面的作用有三点。一是可以通过创新金融工具加强对生物多样性保护投融资活动的支持，构建投融资项目的生物多样性风险和影响评估，将生物多样性项目的经济效益与项目产生的社会效益挂钩，提高生物多样性项目盈利能力。二是管理与生物多样性相关的负面风险，预防和管理生物多样性丧失导致的金融风险。通过绿色金融的助力，可以在一定程度上弥补生物多样性保护的资金缺口。三是可以通过量化生态效益，针对不利于生物多样性保护的经济主体征收费用、生态系统服务付费等市场补偿机制调整利益相关方在生态经济利益上的分配关系。

生物多样性保护作为可持续发展的重要领域，是绿色金融应该关注的议题，也是企业 ESG 治理中在环境和社会方面的关注点。在碳账户建设的实践中，部分商业银行和互联网公司平台企业已经将生物多样性保护主题纳入碳账户平台建设实践。在部分商业银行和互联网企业的个人碳账户平台中，通过碳账户的客户权益体系对接生态保护及生物多样性保护议题（见表 6-10），一方面利用平台的积分激励场景优势将个人的日常绿色行为转化为生态及生物多样性保护的公益价值，满足了绿色客户的生态保护意愿，也进一步激发了个人的生态保护行动；另一方面也体现了平台企业的生态保护贡献，满足了企业 ESG 的内在要求和价值体现。

2016 年，支付宝推出"蚂蚁森林"，用户可以将通过治沙种植活动以及共享出行、旧衣回收等低碳行为积累的能量捐献给蚂蚁森林与多家环保基金会，将个人力量转化贡献为治沙种植、自然保护地保护行动等公益活动，并获得相应的环保证书。商业银行借助低碳主题信用卡产品，利用信用卡产品的成熟营销模式，满足细分客群的生态保护意愿。例如，每发行一张浦发银行珠峰无界卡，就会由浦发信用卡中心捐赠 10 元至珠峰自然保护区管理局，用于珠峰环保事业；民生银行守望自然野保卡持卡人可参与野生动物保护公益活动等。另外，近年来，商业银行通过个人碳账户平台，利用 App 线上营销获客模式，打造绿色客群的平台权益体系，并通过客户权益体系对接生态保护及生物多样性保护议题。例如，平安银行低碳家园平台客户通过绿色行为积攒绿色能量后，可以参与捐赠种树、守护红树、保护湿地和候鸟等公益项目。此外,中国人民银行衢州市中心支行、腾讯等多家平台碳账户的权益兑换内容均致力于生态及生物多样性保护。

表6-10 平台企业碳账户/低碳主题信用卡权益对接生态保护议题

| 产品类型 | 平台企业 | 生态保护权益 |
|---|---|---|
| 低碳主题信用卡 | 浦发银行 | 1. 动感熊猫卡（信用卡,2019年11月）：大熊猫基地门票优惠,积分可捐赠给熊猫保护公益活动<br>2. 珠峰无界卡（信用卡,2021年10月）：办卡即由浦发信用卡中心捐赠10元至珠峰自然保护区管理局,用于珠峰环保事业 |
| | 民生银行 | 守望自然野保卡（借记卡,2020年9月）：参与野生动物保护公益活动,获取经认证的公益时长、证书及勋章,还有机会获得入学推荐信 |
| 个人碳账户 | 中国人民银行衢州市中心支行 | "一村万树""浙里有柯树"：相关村落先种1万棵树,用户可以直接认购认养,也可以参加与国土绿化有关的劳动或公益保护活动。此外,还可以向企业及个人客户出售林业碳汇的期权 |
| | 平安银行 | 通过绿色行为积攒绿色能量后,可以向中华环境保护基金会、平安公益基金会、平安云森林机构捐赠指定能量,参与种植山樱桃、蒙古栎、樟子松等树木,也可以通过能量换取参与守护红树、保护湿地和候鸟等公益项目（红树林基金会）；此外,平台还推出"一起守护'生态雨林',保护生物多样性"等系列宣传活动 |
| 个人碳账户 | 支付宝 | 通过日常绿色行为和平台互动,获取绿色能量,可在陆地上种树（中华环境保护基金会及各地公益基金会）、在海洋中种植物、捐赠给保护地（中国互联网发展基金会数字碳中和专项基金）等 |
| | 腾讯 | 通过绿色出行获得碳积分后,可以转换为公益金捐赠给深圳湿地保护（红树林基金会）项目,助力"蓝碳"保护 |

资料来源：作者根据公开资料整理。

## 四、碳账户增强人民币国际竞争力

货币国际化是指一国货币在世界范围内被广泛认可，从而行使通用货币职能的过程，它随着世界市场和国际贸易的发展而形成。能源因在经济活动和国际贸易中发挥重要作用，是货币实现国际化发展的重要载体。

18世纪的蒸汽机革命及20世纪的内燃机革命分别带动了以煤炭和石油为核心的能源的兴起，进而使与煤炭绑定的英镑和与石油绑定的美元相继成为国际货币。在碳中和的背景下，低碳能源在国际能源市场上扮演的角色越来越重要，如果美元无法实现与新能源资源的绑定，能源格局的变化势必冲击目前美元本位制的格局。与此同时，人为创设的碳交易市场在支持新能源产业的同时，将碳减排活动抽象为具有一般等价物特性的资产类型，面对国际货币体系现有的矛盾，部分国家及学者提出了构建碳本位货币体系的思路。

2021年，《中华人民共和国国民经济和社会发展第十四个五年规划和2035年远景目标纲要》提出，要"稳慎推进人民币国际化，坚持市场驱动和企业自主选择，营造以人民币自由使用为基础的新型互利合作关系"。货币国际化的构建以一定的经济发展水平为基础，既是国家发展张力的体现，也是一国谋求发展空间的必然要求。

### （一）煤炭能源与英镑

18世纪60年代，在英国的资本主义生产中，大机器生产开始取代工厂手工业，生产力得到突飞猛进的发展，历史上把这一过程称为"工业革命"。第一次工业革命率先发生在英国，除了资产阶级革命政治因素、殖民掠夺积累原始资本等经济条件，以及技术革命等要素的推动，丰富的煤炭资源在第一次工业革命的进程中提供了廉价能源，为英国的经济发展提供了重要支撑。在工业革命的城市发展进程中，随着人口的快速增长、工业的迅猛发展，社会对钢铁和能源燃料的需求递增。英国煤炭产量远高于其他国家，在19世纪中叶，英国煤炭产量占世界总产量的2/3。因此，煤炭能源为英国工业革命提供了重要的经济支撑。

工业革命进一步推动英国的殖民扩张加剧，满足其全球制海权的政治目的，并掠夺殖民地的原料和市场以满足国内工业革命的需要。随着英国的经济实力和军事实力的迅速壮大，英镑逐渐取代黄金成为世界通用货币，在国际贸易中成为主要的结算货币，并成为许多国家的中央银行国际储备。此外，英国伦敦金融市场的发展和完善的国债制度等，也吸引着国外投资者的资金，形成以伦敦为中心的国际资本市场，进一步助推英镑的国际化。英镑作为世界货币地位的确立，是英国的殖民贸易、航海交通和地理位置等多因素作用的结果，但需要说明的是，英镑成为世界货币离不开煤炭能源的推动作用，这在世界货币史上，可以被视为能源与货币的第一次联系，能源作为一国货币背后的经济支撑，推动了主权货币的国际化。

## （二）石油能源与美元

二战后，英、美两国经济实力此消彼长，西方世界形成了以美元为核心的布雷顿森林体系,即美元与黄金直接挂钩,成员国货币再与美元挂钩,同时成立国际货币基金组织控制汇价。布雷顿森林体系的建立促进了战后资本主义世界经济的恢复和发展,但由于美元危机与美国经济危机的频繁爆发,美国无力承担稳定美元汇率的责任,1971年美国停止了美元与黄金的兑换,布雷顿森林体系瓦解。

为了维系美元的国际结算地位,在布雷顿森林体系瓦解后,美国利用其强大的军事、政治实力主导了全球化,使美元成为国际石油交易的结算货币。随着经济、科技的发展,石油替代煤炭成为国际能源市场的核心,巨大的石油需求客观上导致了美元的持续输出,此时,美元的发行已没有明确的制约条件,基本取决于美联储实施的货币政策。石油美元也带动其他大宗商品使用美元计价,其他国家出于贸易需要将美元作为国际储备货币,极大地推动了美元国际化发展水平。石油生产国对大量美元盈余的吸收能力有限,便在全球范围寻找投资机会,促进了美元在全球的使用。美国具备发达的金融市场,通过各国政府购买美国国债等,美元再次回流到美国,逐渐形成美元环流,这种建立在美元信用基础上的美元本位制货币体系被称为"布雷顿森林体系2.0"。

随着石油金融化属性的不断增强,石油定价权逐渐由生产国转移到包含更多国际投资者及期货、期权等更多金融工具在内的国际金融市场,美国发达的金融市场维护了石油交易中美元的结算货币地位,进一步巩固了石油美元体系。因此,石油美元地位的形成不仅是美国与产油国合作的产物,还伴随国际金融市场、金融衍生工具等的快速发展,是现代信用货币体系下货币国际化发展的经典例证。

近年来，随着世界经济形势的变化，石油美元环流格局也逐渐发生变化。一方面，作为石油需求主要增长点的亚太地区在石油定价权上的影响力逐渐增加，冲击了现有石油美元体系；另一方面，金融投资市场的热情逐渐由美国、英国等发达经济体向具有更高回报率的中国、东南亚等新兴经济体扩散，逐渐改变美元环流方向，这些变化在一定程度上冲击了美元的地位，促使美元指数与原油价格的"脱钩"。此外，近年来美国滥用经济金融制裁等霸权手段，国际社会开始寻求减轻对美元的依赖，"去美元化"成为部分国家的一种政策考量，"布雷顿森林体系2.0"遇到挑战。例如，2019年1月，英、德、法三国建立了INSTEX结算系统，旨在绕过美国对伊朗的制裁，用新的国际支付体系同伊朗交易；2022年俄乌冲突爆发后，以美国为首的西方国家对俄罗斯进行了严厉的金融制裁，包括冻结其外汇储备、将其踢出环球同业银行金融电信协会等，在此背景下，俄罗斯改用卢布和人民币结算，印度央行宣布建立卢比贸易结算制度。

根据国际能源署发布的《BP世界能源展望》（2020年版），全球石油消费增长的时代即将结束，并将在2030年前结束。石油在国际能源市场中地位的逐渐弱化，成为改变美元在国际货币体系中地位的重要突破口，新能源发展对全球金融格局的影响或将弱化原有货币格局。一方面，新能源的发展需要大量资本投入，因其在研发、建设、投产等环节都离不开金融的支持，因此，国际能源结构的变化将影响国际信贷资源的跨国流动，与新能源绑定的结算货币也将在国际货币体系中扮演重要的角色；另一方面，通过人为制造碳交易市场支持新能源产业，是新能源金融区别于传统能源金融最突出的特征，碳交易将为新能源产业的金融化发展提供广阔前景。

## （三）欧洲的新能源战略进程

回顾世界货币史上英镑和美元的崛起，英镑的国际化离不开英国丰富的煤炭资源所提供的经济推动力，美元世界货币地位的确立，与第二次工业革命后石油能源的重要地位紧密相关。据统计，全球石油探明可采储量[①]的46%位于中东地区、14%位于北美、8%位于中亚和俄罗斯；全球天然气可采储量的41%位于中东地区、31%位于中亚和俄罗斯、6%位于北美；西欧、中国、日本、韩国、印度等重要经济体的油气资源储量均相对匮乏。传统能源地理分布不均衡，这使资源相对匮乏的主要经济体有责任也有动力发展新能源产业，以保障本国能源安全。

欧盟作为全球首提碳中和目标的地区，是全球能源转型和应对气候变化的率先发动者，其在能源转型及碳中和目标上的态度与成败，将对全球实现碳中和目标的信心及格局产生影响。碳中和实质上是从不可持续的黑色工业向可持续的绿色工业发展的新一轮工业革命，其核心是能源领域的绿色转型，以风电、光伏、氢能等清洁能源替代传统化石能源，或以CCUS等清洁技术吸收传统能源使用造成的碳排放。以风电、太阳能为代表的新能源与传统化石能源的最大区别在于，新能源高度依赖技术进步，并渗透在开发、运用、运输、储存等各个环节，随着技术进步速度

---

① 指经过详细勘探，在预期的当地经济条件下，可用现有技术开采的储量。

加快，新能源技术的综合运用成本呈逐渐降低趋势，与传统能源的差距逐渐缩小，甚至有望比传统能源更具有经济性。

自20世纪70年代起，欧洲国家为了维护能源安全和环境治理两大目标，已经在推动能源及经济结构转型方面展开了较长时间的探索和努力，并收获了转型经验和政治、经济红利。一是确立了欧盟的全球能源转型和绿色发展领袖地位，为欧盟争取了更多的国际事务主导权，二是可再生能源技术快速发展助推欧盟确立全球创新领导者的地位，且可再生能源发展为欧盟带来了显著的经济效益。为激励可再生能源快速发展，欧盟1997年发布《可再生能源白皮书》，并陆续发布2001/77/EC、2003/30/EC、2009/28/EC等可再生能源指令，形成了相对完备的可再生能源发展法律框架。欧盟委员会要求成员国将可再生能源指令转化为国家立法，并制订相应的国家可再生能源行动计划和支持政策。据国际能源署测算，2021年欧洲新增太阳能和风能发电量平均每千瓦的全生命周期成本，仅为2022年化石燃料发电边际成本的1/4，2020年欧盟可再生能源占电力供给比重（38%）也首次超过化石能源。

### （四）新能源与人民币突围

改革开放以来，按照稳步推进的原则，我国人民币国际化进程取得一系列重要进展。2009年7月，我国正式启动跨境贸易人民币结算试点；2011年，跨境贸易人民币结算境内地域范围扩大到全国，境外地域范围扩展至全球；2015年底，人民币被国际货币基金组织批准纳入特别提款权篮子货币，成为重要里程碑事件，标志着人民币逐渐被国际接受和认可；2022年5月，国际货币基金组织进一步将人民币权重由之前的10.92%上调至12.28%，权重保持第三位。随着人民币国际化的持续推进，人民币作为计价单位、储备货币和交换媒介的职能不断增强。

然而，与国际主要货币相比，人民币国际化进程仍处在初级阶段。联合国贸易和发展会议发布的全球商品序列显示，截至2021年11月，在42种主要出口商品中，有29种以美元计价，11种以欧元计价，其他以指数计价。根据环球同业银行金融电信协会发布的数据，截至2022年1月，人民币在主要国际支付货币中排名第4，占所有货币支付金额的3.2%，显著低于美元（39.9%）、欧元（36.6%）和英镑（6.3%）。国际货币基金组织发布的数据显示，截至2021年第四季度，人民币在全球外汇储备中的占比仅为2.79%，而同期美元、欧元、日元和英镑的占比分别为58.8%、20.6%、5.5%和4.7%。

根据历史经验，能源的开发及使用可以成为一国货币国际化的重要助推力，而碳中和为我国实现人民币国际化提供了新的路径。近十年来，绿色经济产业在全球范围内迅速发展，氢能、储能、新能源汽车、智能电网等领域的技术竞争已经白热化。我国凭借强大的装备制造、国内超大规模市场，以及掌握核心技术和关键产业链等优势，已在可再生能源、新能源汽车等领域处于世界领先地位。碳中和目标将加速我国能源转型和能源革命进程，通过大幅提升能源利用效率和大力发展非化石能源，逐步摆脱对化石能源的依赖，以更低的能源消耗支撑我国经济社会发展目标的实现。

俄乌冲突爆发后，欧洲国家从俄罗斯进口天然气受到影响，进一步导致了国际能源价格飙升。这一突发事件使欧洲面临巨大的能源供给危机，德国甚至被迫需要重启煤电项目、复兴核电以保障国内能源安全。由此，欧盟加大了发展新能源的决心，而我国也应该把握欧洲短暂倒退这一窗口期，积极提升本国的能源竞争力。未来，我国可以利用新能源领域的技术和市场优势，推动新能源绑定人民币，形成"新能源—人民币"环流，进一步增强人民币在国际货币体系中的竞争力。

在具体的行动策略方面：一是要利用低碳技术争取行业主导权，与传统能源存在资源垄断不同，新能源（如风电、太阳能、水电等）分布更加均匀，因此在新能源领域，较难通过供给垄断掌握定价权，而要以技术输出掌握市场定价权；二是要利用绿色金融，引领国际资本流动，通过绿色金融政策，发展绿色信贷、绿色债券及阶段性政策工具等产品为新能源融资提供支持，降低新能源企业的融资成本，并抢占国际新能源市场；三是利用"一带一路"倡议，加强推广新能源金融，"一带一路"沿线国家传统能源缺口大，在这些国家推广新能源，具有较强的可操作性，同时，以新能源建设为契机，推动绿色债券等创新融资形式，在为新能源金融市场创新更多金融产品、拓展市场深度和广度的同时，可以增加使用人民币作为投资结算货币的场景，借助新能源金融，逐步实现人民币区域货币功能。

## （五）从碳账户视角推动人民币国际化

人民币国际化依赖经济发展和贸易合作水平，在碳减排约束下，跨国贸易投资与其他经济活动更偏好在低碳经济体之间进行，以绿色低碳产业为重心的国际新经贸结构将逐渐代替原有的经贸格局，调整反应快速的国家就更有可能增加国际贸易额。与此同时，未来国际资本的投向偏好，也将倾向于环境保护、生态修复等领域，与碳中和相关的融资、并购、发债等议程，将升级为国际金融市场的重点热门话题，掌握绿色化动向的国家也有可能塑造未来国际投融资的趋势。

从碳交易的角度来看，《京都议定书》提出通过IET、CDM和JI实现市场化减排，实质上是以国际公约的形式确立了绿色减排资产的价值和法律地位。正如WTO制定了世界有形商品的贸易体系，《京都议定书》则制定了全球范围内流动的以碳资产为标志的无形商品的贸易体系。碳资产天然具有的货币属性使其有条件在低碳经济中充当大宗商品的计价和结算工具，并逐步发展为真正的碳货币。

面对美元本位制下国际货币体系存在的诸多内在缺陷，世界各国对重建全球货币体系呼声很高，部分学者提出了构建碳本位货币体系的思路。全球贸易额度的不断膨胀和交易平台的融合一体化，都为碳资产在低碳经济、低碳能源和低碳技术的计价及国际结算方面奠定了坚实的基础，从而为碳资产成为国际货币提供了可能。随着碳交易市场逐渐成熟，从长期来看，不排除全球碳交易市场容量超过石油市场、成为世界第一大交易市场的可能性，而碳资产也有望取代石油成为世界第一大商品。届时，围绕碳资产进行的碳交易带动国际资本流动，将形成碳交易结算货币的货币环流；国际资本通过信贷融资等方式参与全球新能源技术产业链投资，将形成新能源产业链投资结算货币的货币环流。根据石油美元的经验，随着新能源使用程度的不断提升，与新能源绑定的结算货币也将在国际货币体系中扮演重要角色。

国际货币体系中主权货币困境问题的核心在于国际货币的锚定。在碳本位下，提高碳储备的方法是提高低碳能源比例，大力推动节能减排，提高劳动生产率，从而提高单位碳货币的经济产出。一旦碳货币体系建立，碳货币的储存和占有程度就会直接影响一个国家的经济体系。碳货币富裕的经济体可以通过在市场上出售碳货币获取经济补偿，而经济落后、碳排放强度高的国家，就会成为碳货币的求购者，从而增加经济发展的成本。面对世界主要发达国家不遗余力地利用碳交易扩大本国货币的国际交易和结算能力，我国应抓住作为绿色技术大国的机遇，提升人民币在国际货币中的地位。

在新的人民币国际战略的指引下，推动以碳账户为基础的碳市场建设，将碳账户发展成为一项金融基础设施，有效提升碳市场的流动性和活跃度，并利用我国新能源经济的发展优势扩大中国碳市场的规模，进而提升我国在国际碳市场的话语权，有助于促进人民币的国际资本流动，增强人民币的国际竞争力。

首先，依托碳账户的基础设施作用，进一步推动我国绿色转型，为人民币国际化增强绿色产业能力。在碳中和趋势下，清洁能源、绿色生产、绿色交通、绿色农业等都是各国经济发展的必由之路，掌握这些领域先进技术的国家更能够实现技术输出与资本引进，相应地，也有机会为本国货币争取更多的交易结算场景，提高本国货币的国际地位。碳账户作为碳市场的金融基础设施，能够帮助企业了解自身与行业的绿色转型水平并进行碳资产管理，同时嫁接绿色金融产品从资金端推动企业低碳转型，还可以从消费端激励个人用户采取绿色生活方式、形成碳减排资产，由下至上影响企业端的生产决策，这些活动有助于拓展我国经济绿色转型的深度和广度，为人民币国际化提供良好的综合国力基本面。

其次，碳账户支持碳市场多元化的交易活动，吸引更多参与主体，从而增强碳资产的流通性。对碳金融市场而言，碳账户为产品创新提供活动的平台及基础服务功能，随着市场流动性的提升和规模的扩大，未来国家碳市场或将接轨国际标准，实现与国际碳市场的对接流通，同时吸引更多的国际资金投资我国的碳金融产品。我国有种类丰富且空间巨大的碳减排资产，通过参与国际市场活动有望提升人民币在国际竞争中的话语权，推动人民币的国际流动。

最后，在碳账户的互联互通交易机制下，通过生产端和消费端碳减排资产的交易互通，可以丰富碳资产类型，增加碳资产储备，提升我国货币实力。随着碳减排方法学、碳核算机制等标准的统一，不同平台的碳资产将趋向标准化、统一化。在生产端与消费端碳减排资产交易打通的条件下，随着碳交易机制不断完善，国家可以逐步缩减免费配额发放，从而扩大生产企业对消费端碳减排资产的交易需求，激发消费端个人碳减排资产的创设和潜力挖掘，而我国消费端碳减排资产有较大的挖掘潜力，可售碳信用资产规模大。在建立以碳资产为锚的货币体系构想下，碳减排资产的创造能力将决定一国的货币实力，因此以碳账户为依托，大力开发生产端与消费端的碳减排资产，将对人民币国际化起到重要的助推作用。

第七章

# 碳账户的发展趋势与政策视角

## 一、碳账户的发展趋势

"双碳"目标的提出有力地促进了国内碳账户实践的创新与发展,各平台已基本探索出一整套有关碳账户架构搭建、碳数据获取与核算、碳减排行动激励与碳征信运用的体系框架。但在肯定成果的同时,也应该清醒地意识到,目前碳账户尚处于发展早期,不仅在覆盖主体与数据核算方面仍有很大的提升空间,而且现阶段各平台设立的碳账户互相割裂,并不利于国家"双碳"战略的整体统筹,也无法满足我国应对全球化竞争所需要的碳资产实力。未来,随着碳市场机制的完善与数字化等行业能力的提升,碳账户将朝着更加完备、科学、有效的方向发展。

在覆盖主体方面,未来的碳账户体系(见图7-1)有望覆盖大型企业、中小企业以及家庭与个人,以满足大众普遍存在的碳资产预防、交易与投资需求。在数据核算方面,碳账户将借助物联网、区块链、大数据、云计算等科技手段,碳标签、碳足迹、碳审计等制度支持，完善覆盖企业与个人碳排放量和碳减排量的科学核算。在互联互通方面，通过国家碳交易机制、碳普惠机制建设，碳核算国家标准、碳货币价格体系的确立，逐步实现碳资产在企业与个人及各市场之间的交易流转。在功能服务方面，账户服务能力、产品创新能力及资金支持能力等持续完善。在账户价值方面，碳账户将成为国家统筹"双碳"工作、引导绿色减碳发展的重要工具，真正发挥其作为重要基础设施的作用，为我国强化碳货币发行能力、碳货币国际化提供强大支撑。

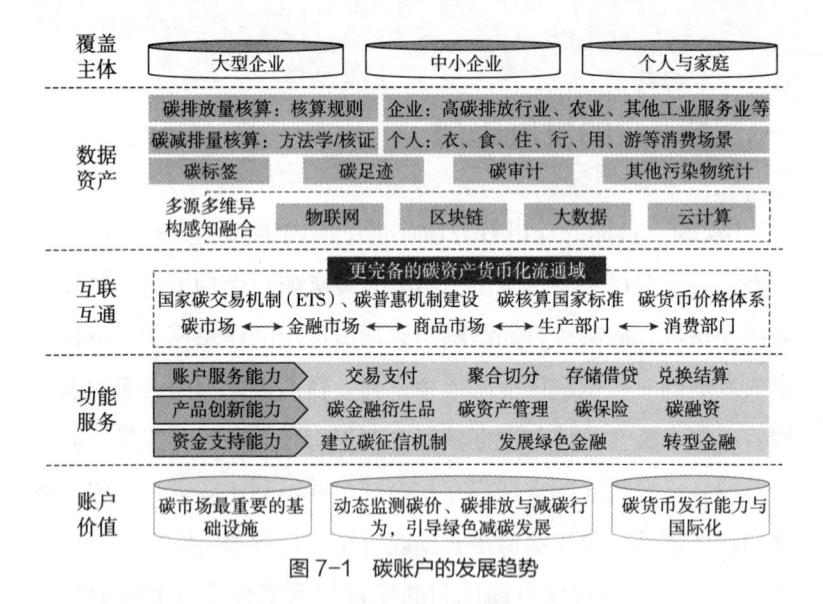

| 覆盖主体 | 大型企业 | 中小企业 | 个人与家庭 |
|---|---|---|---|
| 数据资产 | 碳排放量核算：核算规则<br>碳减排量核算：方法学/核证<br>碳标签　碳足迹　碳审计　其他污染物统计<br>多源多维异构感知融合　物联网　区块链　大数据　云计算 | | |
| 互联互通 | 更完备的碳资产货币化流通域<br>国家碳交易机制（ETS）、碳普惠机制建设　碳核算国家标准　碳货币价格体系<br>碳市场 ↔ 金融市场 ↔ 商品市场 ↔ 生产部门 ↔ 消费部门 | | |
| 功能服务 | 账户服务能力　交易支付　聚合切分　存储借贷　兑换结算<br>产品创新能力　碳金融衍生品　碳资产管理　碳保险　碳融资<br>资金支持能力　建立碳征信机制　发展绿色金融　转型金融 | | |
| 账户价值 | 碳市场最重要的基础设施 | 动态监测碳价、碳排放与减碳行为，引导绿色减碳发展 | 碳货币发行能力与国际化 |

图 7-1　碳账户的发展趋势

## （一）碳账户将覆盖更广泛的市场主体

实现碳达峰碳中和需要各方社会主体共同参与、共同发力，随着各国家乃至全球各地区碳交易机制的逐渐完善，将有越来越多的企业、家庭与个人以不同形式进入碳交易体系，碳账户也将相应地覆盖更加广泛的市场主体。现阶段，我国国家及地方碳市场大多仅纳入部分高碳排放行业的大型企业，众多中小企业与居民并未明确减排目标。中小企业是我国产出、就业和税收的重要贡献者，占据了碳排放的较大份额，因此鼓励中小企业绿色低碳转型是实现碳中和目标的重要一环。在居民层面，现阶段的碳普惠机制并未全国性铺开，仅部分商业银行及大型互联网企业自发布局个人碳账户产品，以及少数拥有地方碳交易所或人口相对密集地区的政府部门统筹规划区域碳账户体系与交易激励路径。随着绿色消费政策的逐步传导，未来更多地方的家庭与个人也将拥有自己的碳账户。

此外，从货币角度来看，碳资产具有一般等价物的特性，能够充当支付手段和价值尺度，还能度量和支付商品的生态附加价值，补充官方货币在某些特定领域的资源配置失灵，未来有望作为补充货币与官方货币并行，成为企业与个人普遍需求的资产类型。因此，未来的碳账户体系或将不限于碳配额发放的对象或具有减排量开发能力的个人，而是覆盖全体企业与个人，碳账户的具体功能也将不断丰富，以满足用户对碳资产广泛存在的预防、交易与投资需求。

与大型企业相比，中小企业的碳核算与碳披露能力较差，家庭与个人碳核算也仍然存在诸多基础条件不足的障碍，因此，在碳账户体系的完善过程中，需要地方政府、金融机构及企业、个人的多方参与协作。例如，地方政府可以借鉴并推广"衢州碳账户"等模式，利用大数据与云计算采集中小企业的煤炭、电力、天然气等用能与碳排放数据，建立面向中小企业的统一的碳账户体系，依据碳排放量和低碳贡献将企业划分为不同等级，设立中小企业绿色低碳发展基金，联合金融机构加大对符合条件的企业提供低息贷款、发行绿色债券、提高再贷款额度等支持，推动中小企业实现绿色低碳转型。

## （二）碳账户将形成场景更完善、核算更科学的数据资产

碳排放量及碳减排量资产核算是碳账户的基础功能，理想条件下的碳账户能够准确核算企业与个人全面的碳排放水平，尽可能多地纳入碳减排场景并实现减排量的科学统计，但目前受限于数据来源、统计方法、技术水平等因素，碳账户在数据核算层面仍有许多欠缺。在企业环节，尚有部分行业没有明确制定碳排放量核算规则；在个人环节，由于个人消费场景的碳排放量核算依赖生产端产品制造的碳核算统计，因此个人环节的全面核算更加困难。在居民碳账户体系下，全面的消费场景应该覆盖衣食住行用游等不同场景，碳数据统计也应该同时覆盖实际碳排放量与碳减排量两个维度。但目前各平台发布的个人碳账户，全部着眼于对个人碳减排量的核算，从侧面反映出当前个人碳排放量完整核算的困难；而在碳减排量核算的消费场景中，也只有出行场景获得了相对广泛的关注并完成了地方交易所的核证交易尝试，线上办公、线上支付等场景虽然已经形成简易的碳减排量核算方法，但还没有达到科学论证并核证签发的阶段，更不必说对其他更复杂场景的核算方法学的探索。在企业碳账户体系下，目前仅火电、钢铁等碳排放相对集中的行业可以实现企业碳排放量的完整核算，而众多中小企业以及农业等核算较为困难的行业，仍处于碳排放量局部核算或减排项目核算的阶段。

未来，随着碳排放数据来源的疏通、核算方法的建立以及制度水平的不断提高，碳账户有望形成场景更完善、核算更科学的数据资产。在数据来源方面，企业的能源利用及生产数据主要掌握在地方环保局、发展改革部门等政府机关手中，在碳账户体系下如果能够实现官方数据的自动化采集与传输，将大大增强碳账户核算的可信度与实时性；个人的消费数据主要掌握在商业银行及支付平台，如何将多方数据融合并形成统一的账户体系，将是未来政府与各平台权衡决策的重点。在核算方法方面，目前居民消费的各主要场景的经营企业，都在积极尝试本行业碳减排项目的创立与碳减排量核算的探索。例如，垃圾回收企业通过明确不同回收物的碳减排效应以及建立回收渠道，探索回收再利用场景的碳减排量核算方法学；餐饮企业在减少一次性餐具使用、减少餐饮浪费等方面探索绿色餐饮的碳减排量核算方法学。随着不同场景方法学的不断完善，碳账户的数据品种将不断丰富。在制度水平方面，碳标签、碳足迹等制度的建立将为企业范围2、范围3的碳排放量核算打下基础，也将逐步开启个人碳排放量核算的新篇章。

居民减排能力的开发有助于从消费端促进绿色低碳行为，以消费端的行动模式变化反向推动生产端的绿色转型，同时建立生产与消费相连接的碳资产流通域，横向打通碳市场，促进碳货币价值的实现。从长期来看，采用科学的方法学进行自愿减排项目开发是实现碳资产价值的必由之路。从短期来看，在碳市场环境尚不成熟、碳资产价值无法通过交易实现的阶段，政府、银行、商户及个人应积极展开合作，搭建自愿减排联盟。其中，政府端以财政补贴等形式对具有核证潜力的自愿减排行为进行奖励；商户端建立推动同时解决企业与用户痛点、具有低碳消费特征的自盈利商业模式，最终实现碳账户机制的良性可持续发展。

目前，国内的碳账户实践已经基本建立企业碳资产与个人碳资产核算的整体架构，形成了部分行业与场景下的碳排放量与碳减排量核算方法学，搭建起数据源网络，并建立了适合当下条件的碳核算模型。在进一步深化拓展的过程中，还需要依靠企业探索更多的减排量场景及核算方法学，依靠政府部门统一核算标准、制定碳数据统计制度、归拢数据来源，依靠金融机构提供数据采集支持以及账户服务支持。

从碳账户管理标的类型来看，目前碳账户的构建主要满足温室气体减排的发展要求，然而如果企业只是降低了碳排放，却增加了其他污染物的排放，则不符合中国碳中和的发展路径，因此，未来的碳账户还应在约束碳排放行为的同时，与绿色发展的其他内涵相平衡，兼顾生态修复、减少其他污染物排放、节约水资源等要求，在规定碳减排责任的同时明确常规污染物处理、水污染治理、生态修复等方面的治理责任，从技术上将碳账户、绿色责任、生态账户等打通，将碳核算与生态核算相统一，激励社会主体设立长期目标，协同推进减碳、减排、增绿与增长等发展目标。

## （三）碳账户将促成更完备的碳资产货币化流通域

碳市场的核心在于交易，基于不同信用基础创造的碳资产如果无法形成统一的衡量标准，就只能各自为政，形成各自信任基础下的小众市场，这与碳排放的公共外部性及全球性并不相符合。因此，市场在发展中始终追求科学的核算标准，目标是最终形成获得最广泛认可的碳信用与碳排放量度量标准，使碳配额、碳减排量以及相关衍生品在不同地区、不同类型市场中被确认、记账、交易、置换，真正呈现一般等价物的特征。

完备的流通域是货币实现经济功能和货币职能的重要基础，经济功能的发挥要求碳货币拥有融合生产投资和居民消费的流通域，货币职能的实现要求碳货币能够在要素市场和商品市场自由流通。目前，我国碳市场建设仍处于早期，生产、消费领域各自完整的流通域尚未形成，没有实现碳资产与商品市场的流通（碳普惠机制略有涉及），生产与消费领域的流通也处于局部尝试中。

未来碳市场的发展可能遵循以下思路：第一，建立全国性的统一碳市场，在企业控排方面逐步纳入八大高碳排放行业，尝试形成推动中小企业减排的碳价机制，推动碳金融市场产品创新，吸纳更多企业与个人以不同身份参与碳市场交易活动；第二，基于碳普惠机制建立全国性的消费领域的碳市场，其中既包括生态补偿性的碳消费，也包括商品市场中的交易性消费，扩大碳货币单独支付及联合支付的适用范围；第三，逐步实现生产与消费双向连接的碳货币流通域，兼顾场内市场及场外市场，从而形成真正全国统一的完备的碳货币流通域。

生产、消费领域互通的关键在于开发普遍适用于企业生产和居民消费的碳核算方法学，促进市场互认。要素、商品市场互联互通的关键则在于完善碳标签制度和碳货币价格体系。前者是指将商品在生产、流通和消费生命周期中的温室气体排放量在产品上进行量化标识，一方面，消费者可通过标签获取商品隐含的碳排放信息，构成个人碳排放量的核算依据之一；另一方面，在消费者付费的原则下，碳标签有助于形成商品生态附加值的碳货币价格体系，辅助碳货币行使职能，便于商品交换和碳货币的流通。

未来国家可能采取多种有效措施促进碳信用的质与量的标准达成统一。在企业层面，统一碳核算的技术标准，进一步提升碳排放量核算、监测的技术水平，提高温室气体减排量核证的准确度，保证配额型碳货币和项目减排型碳货币质量标准的一致性。在个人层面，加快对生活性碳足迹减排量方法学的开发，增强碳普惠机制下减排量核证的科学性和权威性。在同时覆盖企业与个人的碳信用层面，注重方法学开发和调整，降低由方法学固有不足对碳信用质量造成的影响。在此背景下，未来碳账户业务的开展应该注重自愿减排项目市场方法学的研究及开发，一方面，这是实现碳资产价值的客观要求；另一方面，碳货币的创造基于碳减排行为，客户对不同主体运营的碳账户选择具有一定使用黏性，如果不能提早布局市场，将不利于用户与资源的归集。为发挥我国在减排项目方面的优势，一是应推动开发适合不同情境的方法学，借助数字技术手段，为不同经济主体的减排行动提供准确的碳减排量核算；二是在方法学的开发方面，要注重与国际标准相衔接，提高我国碳资产的公信力水平，为将来多层级碳市场互联互通、实现碳资产的内在价值打牢基础。

## （四）碳账户将不断探索功能与服务的创新升级

国家碳交易机制建设往往需要历经多年实践，在不断修正完善后逐步走向成熟。未来，我国国家碳市场也将纳入更多控排行业，完善碳减排项目抵消机制，并重启 CCER 项目的注册核证。在交易品种及金融市场创新方面，将加强对具有对冲机制和价格发现功能的碳期货等衍生品的开发，以及对服务碳市场流动性、价值实现等功能的碳质押融资、碳基金、碳保险等服务支持工具的开发，通过不断提高市场定价效率，吸引更多社会主体参与碳市场。

无论是信贷领域的碳账户金融创新，还是围绕碳交易一级市场的碳减排项目开发，二级市场的碳期货等衍生品交易、碳资产证券化，融资服务市场的碳质押融资、碳资产管理，辅助服务市场的碳指数、碳保险等金融产品与服务创新，都依靠碳账户对有关经济主体碳排放、碳配额、碳减排量等信息的全面记录。碳市场的成熟需要时间，碳账户的建立也是在发展中分步骤完成的。在构建基础架构的过程中，应该有效利用主体碳排放及碳资产数据，开展产品与服务创新，为科学支持绿色金融发展提供思路，同时也应该围绕碳资产货币化以及碳货币全球化的终极目标，积极构建满足相关需求的账户服务体系。

围绕碳账户的金融创新，可以从两方面思考。一是以碳排放数据为基础建立碳征信机制，从碳维度推动绿色金融发展，将对经济主体的碳评估融合到制度、产品、流程的设计中，并贯穿贷前、贷中与贷后环节，推动绿色金融从产业到企业、从定性到定量的发展。二是提升碳金融业务能力，增加二级市场的碳聚合、碳切分、碳衍生品等服务创新，促进形成完备的碳货币流通域，支持市场提高碳资产管理、碳保险等服务能力，全面参与金融市场建设。

除了协同促进相关标准的统一及制度的建立，碳账户的运营方还可以尝试开发普遍适用于企业生产和居民消费的账户服务，允许不同资金规模的交易者购买适合自己需求的碳资产。例如，通过碳聚合服务将采集核算的众多小型自愿减排行为打包进行减排量核证，并统一在碳市场交易实现货币价值；通过碳切分服务将大型项目核证减排量拆分为更小的货币单位，以满足更多个人与企业碳中和或消费支付需求等，从而真正促成生产与消费、货币与商品市场的全面连接。

## （五）碳市场完善及碳价提升将使碳账户真正发挥基础设施作用

碳账户让每个市场主体掌握自身拥有的碳资产水平，通过登记来确认对碳资产的权属，通过机构保管完成一系列与存管相关的经济活动，通过交收或转账实现碳资产在账户之间的转移，通过清算和结算实现碳资产转让和相关债权、债务的最终结清。随着碳市场不断发展成熟，逐渐表现出强烈的金融属性，碳市场交易标的的构成也将由以基础碳资产为主转向以衍生品为主，从而更好地实现市场的价格发现功能、流动性管理功能以及风险管理、套期保值功能等，这同时意味着碳账户的需求场景将持续扩充，交易的重要性和普遍性也不断增强，碳账户将真正作为碳市场重要的基础设施，为用户的各项碳市场活动提供基础支持。

在经济全球化的背景之下，寻求国际货币体系固有问题和跨国消费品碳排放责任承担问题的解决途径，在客观上都要求更加公平的货币。从长远来看，碳货币具有成为补充货币的可能性，可以为重构国际货币体系提供一种更加公平的国际储备资产，改善商品贸易和碳排放贸易的国际收支不平衡等问题，促进全球经济低碳发展。未来，当碳资产价值被广泛认可，交易范围不断扩大时，全球碳市场或可实现连接，从而为碳货币国际化发展奠定市场基础，最终碳资产或将与政府发行的官方货币形成兑换机制，真正完成货币化过程。

作为全球主要的碳排放国家，我国在全球碳减排行动中具有十分重要的地位，建立统一的全国碳市场并与全球碳市场接轨将是必然的发展趋势。目前，我国参与国际碳市场的主要途径是通过CDM项目，自2006年联合国CDM执行理事会批准我国第一个CDM项目以来，我国累计签发项目数量和减排量都居全球首位。但是，CDM项目减排量在国际碳市场发挥的作用有限（主要用于缔约国的碳排放量抵消），且存在天然的买方市场特性，尚不能支持我国在国际碳交易中掌握话语权。

在此背景下，我国需要提高多种途径的碳货币发行能力，积极参与国际碳交易活动，提升国际话语权。例如，加入具有权威性和约束力的国际减排公约，积极参与国际碳市场互认；制定与国际接轨的国内碳市场法律框架，处理不同碳减排机制之间的差异，避免在国内与国际碳市场接轨的过程中出现重复管制等问题；提升本国优势碳货币种类在国际市场的地位和话语权。其中，在基于核证减排量的碳货币方面，继续扩大我国在清洁能源及碳汇项目方面的比较优势，提高减排项目在国际主要碳市场的认可度和接受程度，积极探索消费领域的碳减排潜力与减排量资产化；在配额型碳货币方面，推动高碳行业转型发展，以低碳经济能力为碳配额货币发行奠定基础，提高配额型碳货币的信用质量。

当前，我国碳市场刚刚起步，生产端控排仅纳入火电行业，配额总量管理较宽松，市场参与交易主体较少，参考欧盟等国际碳市场情况，目前国内碳价水平较低。碳价格过低既不利于促进企业端生产转型，也不利于推动居民实践绿色低碳的生活方式，甚至限制碳账户提供交易激励的能力。未来随着全国碳市场机制的建设完善，控排企业发放配额趋于缩减，碳价格将更能体现国内绿色转型的技术水平及生态补偿的客观要求，碳价的提升也将带来碳账户下碳资产价值的水涨船高，从而促进碳资产的流通交易，加大对碳信用资产的资金奖励力度，碳账户的运用场景也将不断扩充。目前国内个人端碳减排行动发展势头强劲，且与国外相比，国内更具发展优势，也更受地方政府重视，若个人碳信用能纳入国家市场进行交易，将大大增加其市场需求，对生活端绿色转型形成更强的激励作用。

我国碳账户建设尚处于初步阶段，目前主要是对积极参与碳减排的企业和个人进行奖励，而对高碳排放的个人和企业并未采取惩戒措施。未来随着碳配额的收紧，碳账户可能不断调整账户的统计方式。例如，根据不同地区、行业的减排目标和历史数据动态调整碳核算方法，避免出现碳资源向碳生产率低的企业倾斜的情况，以保障碳账户构建与赏罚的公平性；将碳账户和碳配额分配框架与现有的区域能源供需结构、能源基础设施建设和收费制度进行有效协同，根据全生命周期方法配置区域间的减排责任，对弱势群体做出补偿性安排。为实现这一目标，未来政府各个职能部门也需要介入碳账户数字化管理平台，动态监测各社会主体的碳排放与减碳行为，避免在信息不对称条件下出现与发展阶段不相契合的盲目减碳行动；同时，政府需要统筹协调节能减碳一本账、碳排放权配额管理等工作，以碳账户为依据，出台相关法律法规，对碳排放量超标的社会主体实施强制处罚，有效约束负外部性行为，配合市场手段，激励受管控社会主体参与碳交易，提高碳减排效率，从全局出发，科学有序地推进实现"双碳"目标，正确引导绿色减碳发展。

## 二、平台发挥各自优势推动碳账户体系发展

基于对我国当前多种类型碳账户实践经验的比较和总结，碳账户体系的发展需要政府部门、平台企业、公众、社会组织等多方参与，通过各主体优势互补，共同推动碳账户体系的完善。其中，政府部门具有强大的号召力，是政策标准的制定方，能够借助行政力量实现平台企业与社会组织无法独立完成的资源凝聚；平台企业因为直接面对海量的用户，也是绿色消费场景最直接的营造方，因此在绿色减排场景的创设方面具有更高的敏感度与技术水平，应该主动承担市场专业性领域经验与技术输出的责任；商业银行等金融机构具备政府部门和平台企业都不具有的账户服务、资金结算能力以及金融产品创设资格，未来将为碳账户的发展与经济整体的绿色转型提供资金与产品支撑。

此外，在碳账户向终极目标发展的过程中，不同主体在企业碳账户与个人碳账户层面承担的阶段性职责也有所区别。在企业碳账户层面，需要政府发挥主导作用，以实现企业核心数据的采集整理、统一核算标准与规则、制定企业碳账户评价标准等目标；在个人碳账户层面，则可以先由平台企业进行带动，通过各

机构的多样化探索，形成丰富的经验和底层数据，再将分析结果向政策端进行传导，影响政府部门制定更有效的绿色消费政策。

具体而言，为了实现碳账户在扩充主体、丰富数据、账户联通及功能支持等方面的发展目标，政府部门、平台企业、商业银行具有不同的主体责任但又互相依靠、彼此协作（见图7-2）。

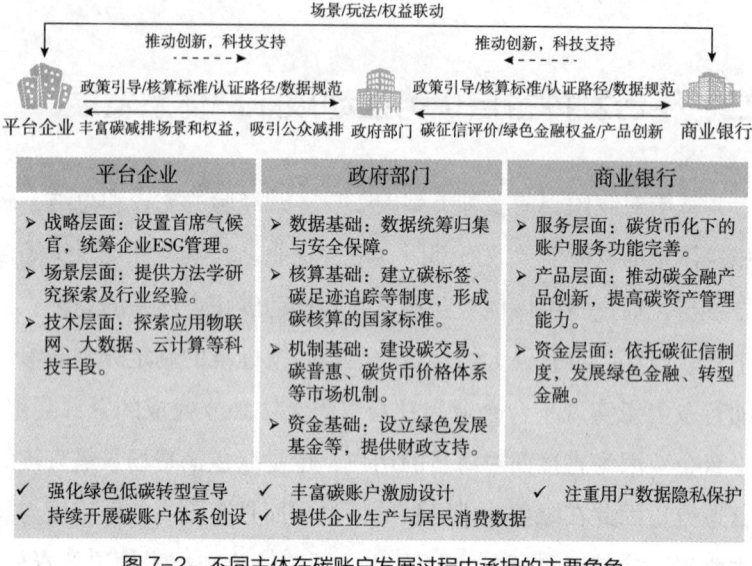

| 平台企业 | 政府部门 | 商业银行 |
| --- | --- | --- |
| ➢ 战略层面：设置首席气候官，统筹企业ESG管理。<br>➢ 场景层面：提供方法学研究探索及行业经验。<br>➢ 技术层面：探索应用物联网、大数据、云计算等科技手段。 | ➢ 数据基础：数据统筹归集与安全保障。<br>➢ 核算基础：建立碳标签、碳足迹追踪等制度，形成碳核算的国家标准。<br>➢ 机制基础：建设碳交易、碳普惠、碳货币价格体系等市场机制。<br>➢ 资金基础：设立绿色发展基金等，提供财政支持。 | ➢ 服务层面：碳货币化下的账户服务功能完善。<br>➢ 产品层面：推动碳金融产品创新，提高碳资产管理能力。<br>➢ 资金层面：依托碳征信制度，发展绿色金融、转型金融。 |
| ✓ 强化绿色低碳转型宣导<br>✓ 持续开展碳账户体系创设 | ✓ 丰富碳账户激励设计<br>✓ 提供企业生产与居民消费数据 | ✓ 注重用户数据隐私保护 |

图7-2 不同主体在碳账户发展过程中承担的主要角色

注：在本章中，平台企业既包括互联网企业，也包括商业银行。因此，平台企业部分的职责与角色同时适用于两类主体，商业银行部分的内容则主要指商业银行，区别于一般企业的角色与举措。

在扩充主体方面，政府与平台企业都应该强化对绿色生产与消费理念的宣导，吸引更多主体关注碳减排、开通碳账户，在碳账户建立统一标准之前，应该鼓励不同平台、区域持续进行碳账户的创新尝试，丰富完善碳账户的激励措施。但与此同时，政府更应该发挥自身资源整合的能力与强大的影响力，解决依靠企业力量无法完成的工作。例如，在企业碳账户的建设中，组织利用大数据与云计算等技术手段，实现企业用能与碳排放数据的统计，设立绿色低碳发展基金，专项支持绿色转型相对薄弱的中小企业及居民等群体；平台企业则应该积极履行社会责任，从战略层面提升对绿色环保工作的关注度，包括设置首席气候官，统筹推进企业 ESG 等。

在丰富数据方面，政府部门与平台企业都具有数据提供方的身份（例如，地方发展改革部门拥有企业的能耗数据，生态环保部门拥有企业的环境排放数据，银行业及互联网平台掌握企业与个人的商品采购与消费数据等），应该注重对用户数据隐私的保护，同时探索利用物联网、大数据、云计算等科技手段实现数据的广泛高效采集，但是在丰富数据核算场景、完善数据统计制度的侧重点方面，二者分工不同。首先，平台企业是最接近用户具体生产与消费场景的主体，它们提供的服务与商品将直接决定用户的绿色转型行动，企业也最了解不同行业与消费场景下的绿色转型方向，同时企业拥有大量的历史数据与研究经验，因此碳资产（包括碳排放量与碳减排量）核算方法学应由企业层面探索制定；其次，企业行为不具备广泛的号召力，此时就需要政府部门借助行政力量，完善相关制度安排，为碳资产的形成提供公信力方面的保障，包括制定碳标签、碳足迹追踪等行业制度，审核发布官方方法学标准等，将企业的研究成果向更广范围进行延伸和应用。

在账户联通方面，政府部门与平台企业应合作促成两项发展目标：一是在最大范围实现对碳核算制度与方法学的共识，提高碳资产的公信力；二是建立碳交易与碳普惠机制，以及碳资产与金融市场、商品市场、要素市场的流通路径，为账户联通提供完善的市场条件。在标准的统一方面，有赖于政府部门通过严格的调研与审核过程，建立专业化的认定团队，最终以政府信用为企业层面探索提出的方法学进行背书，与此同时，平台企业可以探索在碳账户中运用碳审计、碳保险等工具，为碳资产发展提供风险保障机制，降低政府部门的认证难度，此外，标准的统一还意味着现阶段碳账户的模式将向统一核算、认证、交易过渡，这进一步要求政府实现对企业与个人的生产、消费及碳排放数据的统筹归集，各碳账户平台不再各自为政甚至形成竞争关系，而是在一套数据基础之上，真正将碳账户发展成为一项全国通用的金融基础设施。在市场条件的建设方面，需要政府完善碳交易、碳普惠等制度的设计与推广，建立商品市场碳标签制度与碳货币价格体系，推动建设碳交易、碳普惠与商品市场的联通机制，此外，还需要银行业等金融机构积极开拓碳金融领域的创新市场，增强市场流动性，为各类主体运用碳资产在不同区域、市场的交易提供更多样的选择。

在功能支持方面，碳账户体系应该随着碳市场发展的阶段不断完善自身的功能设计，充分应用碳数据，支持绿色金融、转型金融、碳金融发展，以及应对碳货币化、全球化等趋势的要求。例如，在账户功能提供方面，需要不断完善碳资产交易支付、聚合切分、存储借贷、兑换结算等账户能力；在挖掘碳数据价值方面，可以探索推广碳征信制度，依托碳账户开发绿色金融、转型金融产品；随着碳资产价值与重要性的提高，综合提供碳衍生品交易、碳资产管理等账户服务，满足用户多样化的需求。

发展碳账户体系的举措清单见表7-1。

表 7-1 发展碳账户体系的举措清单

| 目标 | 举措 | 政府部门 | 平台企业 | 商业银行 |
|---|---|---|---|---|
| 扩充主体 | 强化对绿色低碳转型（包括绿色生产与消费）宣导 | √ | √ | √ |
| | 设立绿色低碳发展基金（覆盖中小企业、居民等群体） | √ | | |
| | 持续开展覆盖面更大的碳账户体系创设 | √ | √ | √ |
| | 组织企业用能与碳排放数据的采集利用 | √ | | |
| | 丰富碳账户激励（政策、商业、交易激励等）设计 | √ | √ | √ |
| | 设置首席气候官，统筹推进企业 ESG | | √ | |
| 丰富数据 | 研究探索碳资产（包括碳排放量与碳减排量）核算方法学 | √ | √ | |
| | 提供企业生产与居民消费数据 | √ | √ | √ |
| | 制定碳标签、碳足迹追踪等行业制度 | √ | | |
| | 注重用户数据隐私保护 | √ | √ | |
| | 探索利用物联网、大数据、云计算等科技手段实现数据的广泛高效采集 | | √ | |
| 账户联通 | 形成碳账户建设的国家级标准 | √ | | |
| | 统筹归集企业与个人的生产、消费及碳排放数据 | √ | | |
| | 推动实现碳核算方法学的国家级认定推广 | √ | | √ |
| | 在碳账户中运用碳审计、碳保险等工具，提升碳资产核算的公信力 | √ | √ | √ |
| | 建设全国碳普惠机制，打通个人碳信用资产交易路径 | √ | | |
| | 建立商品市场碳标签制度与碳货币价格体系 | √ | | |
| | 推动建设碳交易、碳普惠与商品市场的联通机制 | √ | | |
| | 推动碳金融创新 | | | √ |
| | 推动全国碳市场建设，优化配额分配方式及碳交易机制设计 | √ | | |
| 功能支持 | 完善碳资产交易支付、聚合切分、存储借贷、兑换结算等账户功能 | | | √ |
| | 探索推广碳征信制度 | √ | | |
| | 依托碳账户开发绿色金融、转型金融产品 | | √ | √ |
| | 综合提供碳衍生品交易、碳资产管理等账户服务 | | √ | √ |

## （一）政府部门引导碳账户发展

将碳账户作为碳市场的金融基础设施进行建设，需要从国家层面进行总体统筹与规划。政府部门作为社会基本经济秩序的管理者，具有较高的公信力、较强的资源协调能力，是政策制度的制定方，拥有最广阔的市场视野，因此在碳账户体系的发展进程中，政府部门应责无旁贷地承担起数据基础、核算基础、机制基础及资金基础的搭建职责，统筹调动社会各界的资源、智慧与技术能力，解决体系建设过程中最难协调攻克的难关，引导碳账户的发展方向。

### 1. 数据基础的搭建

在数据基础的搭建方面，政府部门一是要作为基础数据的提供方之一，强化数字化建设能力，促进体系内数据资源的调动与使用；二是要统筹归集来自不同支付体系的数据资源，建立统一的碳账户系统；三是要重视并制定数据安全与隐私保护的机制要求，保障碳数据体系的稳健运行。

首先，依托政府数字化能力，统计企业碳排放数据。碳资产的形成以企业与个人的碳排放量核算数据为基础，企业的碳排放量主要来源于采购生产过程，个人的碳排放量主要来源于消费使用过程。与个人消费数据主要通过支付平台或银行卡获取不同，企业数据由于消费时点与使用时点一般有较大差别、价格折算为能源使用量或碳排放量的算法较复杂，以及数据与企业生产机密信息关联度高，因此一般较难通过支付渠道获取并准确核算，而掌握这些信息的政府部门（如发展改革部门、生态环保部门、税务部门等）就成为信息获取并保障数据真实的核心接口之一。我国政府部门在数字化建设领域的探索实践已有 20 余年的发展历程，其思想基础是以信息化带动工业化进而赋能经济发展，工作重点包括完成数据底仓的基础设施建设、建立各部门数据互通的数据体系、探索数据的高质量运用、为企业与个人提供更便捷的政府服务，最终实现系统性、标准化、功能型的数字政府。碳账户为政府数据应用提供了新场景，碳账户体系的搭建离不开政府部门数字化能力的支持。

其次，打通数据底仓，为碳账户互联互通建立基础。当前国内各平台在建立碳账户时，主要利用其能够获取的用户部分生产消费信息，核算出对应的碳排放量，不利于实现对企业与个人碳排放量与碳减排量贡献的全面刻画，同时在碳资产的交易流通过程中，各平台也存在对数据资产的争夺，降低了整体层面的运营效率。打通数据底仓，使碳账户拥有统一且完整的数据来源，是为企业与个人建立真实、科学、全面的碳账户的基础，也是碳账户实现互联互通目标的重要内容之一。从公平性和保障用户隐私权的角度出发，政府是打通底层数据的最优主体。例如，在"衢州碳账户"的案例中，衢州当地依托浙江省数字化转型成果，统一核算全市企业与个人碳排放核算数据，建立覆盖衢州市大数据平台和银行端口的数据采集通道，所有数据入口归集到衢州市市政服务平台"浙里办"App 和云闪付，并在该入口上架不同金融机构提供的信贷产品，实现全市碳账户体系的统一建设。但是，该案例也同时反映了统一数据底仓的难点，即衢州碳账户底仓仅纳入政府部门可获得的数据（包括发展改革部门数据、银联支付信息等），而无法获得用户在其他支付平台的消费数据。政府、企业、银行都仅掌握用户的部分数据，未来是合作共建，还是分别建立再通过标准统一，还需要在市场的探索中通过各方的沟通、协商与讨论，形成最有效率的解决方案。

最后，完善数据安全制度，为碳账户发展保驾护航。企业的生产数据与个人的消费数据背后隐藏着企业的生产经营策略、个人的生活习惯隐私，具有极高的价值，同时也十分敏感。碳账户建设过程的数据接入与数字化创新，必须从法律和技术两方面保障数据安全，否则将失去大众的信任。在法律方面，政府部门应尽快出台保障大数据与碳账户信息安全方面的法律法规，强化数据使用监管，避免碳账户信息泄露成为新的风险点。在技术层面，要在可视化界面上注重保护公正隐私，让碳数据实现可用不可见；在监管检查方面，可通过现场检查、非现场监测等方式对居民碳账户的信息安全进行定期监测审查，对泄露和滥用客户隐私的行为严肃追究责任。

### 2. 核算基础的搭建

在核算基础的搭建方面，政府部门一方面要解决依靠行业自身无法完成的算法障碍，包括建立完善企业与个人碳排放量核算规则、建立碳标签及碳足迹追踪等行业制度；另一方面要建立碳资产核算的国家标准，为碳资产提供国家信用背书，提升国内碳资产核算方法学的公信力水平。其中，碳标签、碳足迹追踪制度的建立，有助于企业碳账户与个人碳账户的全面核算，碳信用方法学的开发，也将帮助企业端与个人端形成高质量的碳减排量资产。

首先，完善碳排放核算规则，搭建碳标签、碳足迹追踪制度。在碳排放核算规则方面，目前企业核算方法并未覆盖全体行业，官方也未制定出台个人层面的碳核算规则，不利于从微观主体层面真正建立国家碳排放数据库。行业规则的制定需要借助行业权威专家的研究，并在实践中平衡科学性与可行性要求，形成最适宜当下的路线选择。例如，目前农业领域碳核算方法在国际碳核算领域都仍属于难点，衢州碳账户在农业农村部的引荐下，获得该领域权威专家的强大支持，在农业领域最难解决的数据采集问题上，确定了"不执着追求全面，而重视实效与落地"的原则，最终选取秸秆焚烧、禽畜粪污无害化处理等场景，引导农户发展绿色农业手段，最终建立起一套农业碳核算规则。在产品碳核算层面，碳标签、碳足迹追踪制度能够把产品生产和流通等环节产生的碳排放量，通过层层追踪标记的方式，形成产品的碳排放核算标签标注在产品上，帮助实现企业范围3及个人产品消费造成的碳排放核算，同时更有效率地引导公众选择低碳产品，是一项需要由政府出面建立的政策标准。在此过程中，政府部门应重视发挥引导作用，推动行业专家、专业企业、非政府机构和社会组织等建立行业联盟组织，选取重点工业产品、出口导向型产品以及平台经济领域开展试点，共同研制产品全生命周期碳排放核算标准，推动国内标准和国际标准互认。

其次，统筹建立各行业、场景下核算方法学的国家标准，提高我国碳资产的公信力水平。制定在全国范围内通用的碳减排核算方法学，一方面，有利于鼓励更多企业进行碳信用资产开发，获取绿色资产收益；另一方面，方法学的统一使碳信用资产能够在更广大的市场参与交易，实现内在价值，同时也可以进一步扩大对居民部门绿色消费行为的交易激励。在具体实现路径上，一是引导推动不同市场主体积极开发适用于不同情境的方法学，包括 CCER 方法学、PCDM 机制、碳普惠方法学等，借助数字技术手段提高碳排放核算、监测的技术水平，对不同经济主体的减排行动提供准确的碳减排量核算；二是在方法学的审批核证方面，既要考虑本国特色，也要注重与国际标准相衔接，提高我国碳资产的公信力水平，为将来多层级碳市场互联互通、实现碳资产内在价值打牢基础。

### 3. 机制基础的搭建

在机制基础的搭建方面，政府部门一是要完善国家碳交易机制的设计，包括对控排企业的配额分配规则，使碳价能够反映绿色转型的真实进展，为其发挥价格调节能力、引导生产与消费部门转型奠定基础；二是在个人碳账户层面建立碳普惠机制，疏通消费端减排量资产核证与交易路径，促进碳账户实现在生产部门与消费部门之间的联通；三是形成不同机制下市场及参与主体的互联互通，形成碳货币价格机制，疏通碳资产在商品市场、金融市场的流通路径，完善碳货币的流通域，最终推动碳资产实现其货币化价值。

首先，完善碳交易机制设计，发挥碳价调节能力。碳市场机制的核心目标在于通过碳资产的市场化交易形成均衡碳价，反映碳排放的经济性成本，引导市场参与者调节自身的生产消费活动，因此，完善的碳交易机制应该能够为碳市场实现预期目标提供有效的制度条件。例如，应保障碳市场对参与主体有足够的吸纳力,只有覆盖足够多的市场主体,具有充分多元化的需求和供给,才能提高碳市场的交易活跃度,最终形成均衡价格。而这些需求和供给背后反映的则是不同的碳资产持有目的、风险偏好及预期。同时,在碳市场产品方面,碳配额的总量设定、分配方式、碳衍生品的交易设计、碳信用资产的抵消机制设计等,都将直接决定市场主体的参与目的与需求,同时也将影响碳市场价格发现的能力。另外,交易过程和最终结算若想要保证顺畅进行,就要有良好的流动性保障,以及高效的资金兑付机制,保证碳交易过程中涉及的资金足额及时到账。因此,碳交易机制在设计之初就应该考虑与商业银行资金账户体系,以及中央银行支付结算体系的充分有效耦合衔接,从而确保交易效率。

其次,推广碳普惠机制,疏通消费端碳信用资产交易路径。在可持续发展战略下,政府需要统筹制定低碳领域的行动目标,通过碳普惠机制的推广建设,将环境公共价值对应的利益返还个人,引导公众的自愿碳减排行为。在碳普惠机制的建设过程中,政府主要承担保障制度制定等基础性框架工作,为消费领域的碳信用资产参与市场交易提供可能。在绿色消费行为的激励方式层面,鼓励企业部门开展商业激励手段创新,包括提供绿色产品兑换机制、创新绿色服务形式、提供绿色信贷优惠等,同时将平台企业、政府部门、社会团体等纳入交易活动的覆盖范围,促进碳信用资产在市场中流通,通过建立低碳社群、给予荣誉称号等方式,满足参与低碳减排的公众对情感认同的追求。碳普惠机制的推广实行,不仅需要结合政策、技术、企业及金融等领域各方面的支持,还需要全面有效的宣传和引导,这样才能有效地培养大众的低碳理念与减排意识,形成绿色低碳的社会氛围,加快推动全社会生活方式的绿色化、低碳化。

最后，促成不同机制下市场及参与主体的互联互通，推动碳资产实现货币化。标准的统一能够促成碳账户在碳配额与碳信用、企业与个人、生产与消费部门、碳市场与碳金融层面的互联互通，而推动碳资产在不同平台间流转、实现碳资产与商品及服务购买等社会活动的自由兑换，则需要进一步建立一套完整的市场对接机制以及碳货币兑换方法，从而推动碳资产在不同平台之间的流动。具体措施包括充分整合现有数据库，推进碳普惠机制融入碳市场交易，推进区域市场融入全国市场，扩充碳市场的覆盖群体，建立碳资产在碳市场、金融市场、商品服务市场的兑换机制等。互联互通将对碳账户体系的基础能力建设提出较高的要求。一方面，碳账户需要依靠强大的运营系统实现不同平台的交易对接，从而提供交易结算的账户服务功能；另一方面，还需要将碳市场纳入金融监管范围，持续完善全国碳市场注册登记及交易结算系统，为市场参与者制定相关的行为规范。

### 4. 资金基础的搭建

在资金基础的搭建方面，政府部门一方面需要将更多资源向碳账户较难推广的领域以及绿色转型相对滞后的部门倾斜，发挥政府资金的引导作用；另一方面则需要在碳账户体系整体的统筹发展中，为基础设施的搭建提供必要的财政支持。具体在企业层面，政府或将继续通过碳减排支持工具、专项再回购等政策工具，直接对中小企业以及绿色溢价较高的行业提供资金补贴；在个人层面，则更多通过鼓励平台企业开展产品创新、提供基础设施建设资金支持等手段,间接完善个人绿色生活的机制路径。

一是为绿色转型相对滞后的部门提供财政支持,发挥政府资金的引导作用。高碳排放企业及大型企业是国家推动绿色转型工作的重点,政府层面已经通过多年的实践发展,创立了一系列激励政策,形成了如绿色信贷、绿色债券等专项支持工具,但对于中小企业以及消费端个人,由于其本身存在数据分散、统计困难等问题,政策相对起步晚,社会资金支持模式也尚不健全。因此,政府部门未来可以为碳账户推广较为困难的领域加大资源倾斜,推动更多主体纳入碳账户体系。

二是为碳账户体系基础设施的搭建提供资金支持。面对碳账户体系建设过程中的困难,政府应该有迎难而上的决心,牵头组建攻关小组,为相关领域探索可行的路径。例如,在数据底仓建立的过程中,对工业、农业等部门较难采集的数据源,通过安装采集设备等方式开展数据采集尝试,为企业在大数据、物联网等科技领域能力的开发提供资金奖励等,真正解决碳账户建设中的"卡脖子"难题,为市场发展开拓道路。

## (二)平台企业为碳账户发展提供创新源泉

平台企业(包括互联网企业与商业银行等)是市场中最有活力的参与主体,是碳减排措施最直接的实施主体,也是最具有技术创新能力的先锋主体,因此,平台企业应该将碳账户体系建设工作纳入公司的经营战略层面,通过不同业务场景的不断创新增强碳信用资产实力,以科技手段为支撑,推动碳账户体系的高效稳健发展。

在战略层面，平台企业可以设置首席气候官，统筹推进企业的ESG，将建立并应用碳账户、推进企业绿色转型、履行社会责任作为企业重要的战略方向。

平台企业一方面具有碳减排、绿色经营的责任；另一方面由于在各业务场景内最贴近消费者主体，因此是向消费者群体传导绿色政策的有力主体。平台企业通过绿色业务创新与激励绿色消费相结合，既能够以玩法和激励引导消费者形成绿色生活方式，又可以帮助自身业务实现绿色转型与绿色客群经营，是符合时代发展背景的必然选择。因此，应该鼓励平台企业设置首席气候官，统筹推进企业ESG，充分整合内部资源，在建立碳账户体系的同时为企业赢得声誉，助力企业的经营发展。

在场景层面，平台企业应该结合自身业务优势，充分利用其对行业的理解，创新发展绿色生产、绿色消费的新场景，推动形成丰富的碳减排量核证方法学，以及"双碳"趋势下的绿色盈利模式。

无论是绿色生产还是绿色消费，企业都是绿色场景的创造者，在绿色生产中表现为运用可再生能源替代传统能源、使用节能建筑及新能源交通工具、实施生产环节碳减排改造等，在绿色消费中表现为生产绿色商品、优化服务过程、开展商品的循环利用等。

对经营各具体细分领域的企业而言，凭借对具体行业的深入研究了解，以及丰富的市场经营经验，企业可以在相应领域里挖掘最具减排潜力的环节，也可以结合对用户的理解及自身禀赋，建立场景的绿色创新模式。例如，经营共享单车业务的哈啰单车专注于骑行减排领域并自行开发了骑行场景核算方法学，曹操出行等经营网约车业务的公司拓展共享出行、新能源汽车出行等线上服务，既为公司增加了业务收入，又助力了交通领域碳减排，此外还有闲鱼在资源循环利用领域进行业务创新，饿了么在餐饮外卖领域开展绿色消费探索等。

对经营综合业务的头部互联网集团而言，其优势在于广泛铺开的支付渠道接口以及集团内丰富的业务资源，前者帮助公司挖掘来自广大用户的数据价值，后者使集团内部形成更有创意、更具交互性的系统玩法，例如，统筹旗下各平台减排场景的阿里巴巴"88碳账户"等。平台企业将自身已有的商业资源和用户聚拢并拓展为新的碳账户绿色运营平台，在转化老用户的同时吸引新的绿色客户，统筹汇集了用户在衣食住行用游等多场景下的绿色行为，帮助平台企业全面掌握个人的绿色消费水平，也助力企业实现ESG。

碳资产的内在价值需要在流通中得以实现，企业自发创造的碳信用虽然可以在社群内得到相互认可，形成激励权益，但在获得国家或地区核证前，并不能通过交易被碳市场确认其内在价值，因此，平台企业在创新绿色场景的同时，应该重视探索通过业务本身获得额外收益的可持续路径，即在企业原本的生产服务过程中，融入绿色低碳理念，进行产品与服务的创新，在解决用户痛点的同时，不影响甚至提升企业业绩，形成可持续的商业模式，为中短期碳账户的发展提供借鉴。

权益模式的丰富与创新也可以促进碳账户体系的良性运行。例如，平台企业可以结合个人客户的绿色消费水平，提供不同等级的绿色商品促销折扣，既让用户有获得感，推动碳账户"普"而"惠及于民"，又实现绿色商品的促销，反向激励商家生产并提供更多绿色商品与服务，从而形成良性循环；商业银行为绿色转型程度更深的客户提供优惠贷款条件，实质上是将资金资源从高碳排放行业转向绿色低碳领域，有助于帮助商业银行统筹管理气候变化对传统行业造成资金损失的风险，提高自身稳健经营的能力。

在技术层面，平台企业可以开展物联网、大数据、云计算等科技手段的创新应用，赋能碳账户的科学核算与高效运营。

现阶段，我国碳账户构建对大数据技术的利用还主要停留在挖掘社会主体能耗数据方面，未来还需要进一步促进在云计算、数字化技术以及职能部门数字化管理等方面的应用，探索利用大数据、区块链等技术构建底层平台解决低碳数据缺失或重复计算等问题，打通碳配额、碳信用、碳金融衍生品等多种产品的市场交易，提高企业碳资产管理与绿色经营的效率。

## （三）商业银行保障碳账户的高效运行

商业银行区别于一般平台企业的特征在于其广泛分布的营业网点、强大的账户运营能力，以及契合碳资产货币化运行的金融创新能力。商业银行借助碳账户，既可以吸引客户将相关业务向开立碳账户的银行归集，也可以作为银行营销客户的重要切入点。因此，除了与平台企业一样可进行战略、场景与技术层面的创新发展，商业银行更应该发挥其本职优势，从服务、产品及资金等层面，保障碳账户的高效运行。

在服务层面，商业银行应该对标碳资产实现货币化的终极方向，不断完善账户服务功能，并通过服务创新促进碳资产的流通交易与货币化进程。建设碳账户的首要原则是便利，其中既包括开户的便捷性，即确保所有潜在的碳资产需求方能够随时、就近地开立碳账户，也包括能够对交易提供及时高效的流动性保障和清结算服务。商业银行遍布全国各地的服务网点，使其成为用户在考量账户功能服务方面的首选，同时与中央银行现代化支付系统的紧密结合，使其仅通过系统改造就能够实现碳账户体系的登记、托管、交收、结算、清算等功能，增加二级市场的碳聚合、碳切分等服务创新。因此，金融市场监管机构与碳市场管理部门可以联合协作，真正把碳账户作为金融基础设施进行建设，从提高碳市场活动度、流动性，提高交易结算效率等层面付诸政策安排。

在产品层面，商业银行可以积极尝试碳金融产品创新与应用，建立为企业与个人提供碳资产管理服务的产品能力。从国际经验来看，碳市场交易品种不仅包括碳配额、碳信用等基础资产，还包括以碳资产为底层资产创设的碳期货、碳期权、碳掉期等金融衍生品。此外，以碳资产为抵质押标的开展的融资产品创新有助于增强碳配额的流动性，围绕碳资产价值、核证过程等开展的碳保险创新有助于提高碳资产的公信力，商业银行作为碳市场及碳金融活动的核心参与者，应该顺应市场发展的要求，积极提升碳金融产品创新及碳资产管理能力，促进形成完备的碳货币流通域，使碳资产与碳账户体系的实践不断完善，全面参与碳金融市场建设。

在资金层面，商业银行可以依托并充分运用碳征信机制，开展绿色金融与转型金融业务，充分发挥金融系统的资源配置功能，引导绿色生产与绿色消费趋势。碳交易机制及碳资产的引入，使企业与个人的征信评价系统发生重要改变，一方面，围绕碳资产展开的生态履约及投资交易活动，对企业与个人的现金流及信用活动产生切实影响；另一方面，在碳资产货币化的趋势下，企业与个人是否采取绿色生产生活方式也成为一种新的信用形式。征信评价是商业银行开展金融业务的重要依据，作为社会资金资源调配责任的主要承担者，商业银行更应该以碳征信机制为基础，充分挖掘碳数据价值，将对经济主体的碳征信评估融入银行自身的制度、产品与流程设计中，辅助业务开展贷前、贷中与贷后的环节，推动绿色金融、转型金融业务从产业范围细化到企业与个人范围，从定性分类到定量方向发展，从而更高效地发挥资金支持作用。

目前，商业银行的绿色信贷指引及绿色债券目录等仍主要围绕大型企业展开，原因一是对中小企业缺乏有效的绿色认定手段，二是绿色消费领域信贷活动不纳入绿色信贷整体统计口径。未来随着碳账户体系的推广，中小企业及零售领域的绿色金融活动有望得到强有效的助力，而围绕绿色金融、转型金融的相关金融制度也有望得到完善和发展。

## （四）个人参与碳账户体系建设

国家碳中和目标的实现，有赖于每个地区、市场主体、家庭与个人形成绿色环保观念并参与绿色转型的积极意愿，而这最后都需要落实到个人"从我做起，身体力行"的尝试。碳普惠机制通过丰富个人碳减排权益，宣导"人人参与，人人受益"的观念，目的是强调居民个人既是推动全社会低碳转型的主要动力，也是碳减排行为直接受益者这一事实。其中，个人的收益不仅来自碳减排环境效益的经济价值实现，也包括环境改善对个人生活福利的提升。因此，政府部门、平台企业、居民个人都应该发挥主观能动性，维护碳市场与碳普惠机制的良性发展，培育绿色导向的社会氛围。个人参与碳账户体系建设，支持绿色转型的方式包括：积极搭建碳账户平台，了解自身碳排放情况，在碳账户场景的引导下，探索绿色消费及绿色生活方式；养成绿色生活习惯，将节能减排、循环利用、保护环境等概念落实在日常生活、出游及办公中，积极参与平台组织的环保活动，为改善大家共有的生活环境做出努力；以积极的态度和主人翁意识参与到碳市场建设的进程中，管理好自身的碳资产，应对碳市场发展所带来的社会经济生活变化。